脱贫攻坚口述史丛书

江|苏|卷

脱贫攻坚
口述史

主　　编　邢光龙

副 主 编　吴逶隆

执行主编　谢文雄

中共党史出版社

图书在版编目（CIP）数据

　　脱贫攻坚口述史.江苏卷/邢光龙主编；吴逵隆副
主编；谢文雄执行主编.－－北京：中共党史出版社，
2023.12

　　ISBN 978-7-5098-6255-1

　　Ⅰ.①脱… Ⅱ.①邢… ②吴… ③谢… Ⅲ.①扶贫－
工作概况－江苏 Ⅳ.①F126

　　中国版本图书馆 CIP 数据核字（2022）第 251937 号

书　　　名：**脱贫攻坚口述史（江苏卷）**

作　　　者：邢光龙（主编）　吴逵隆（副主编）　谢文雄（执行主编）

出版发行：**中共党史出版社**

协调编辑：王媛

责任编辑：姚建萍

责任校对：申宁

责任印制：段文超

社　　　址：北京市海淀区芙蓉里南街 6 号院 1 号楼　　邮编：100080

网　　　址：www.dscbs.com

经　　　销：新华书店

印　　　刷：北京中科印刷有限公司

开　　　本：710mm × 1000mm　　1/16

字　　　数：460 千字

印　　　张：31

版　　　次：2023 年 12 月第 1 版

印　　　次：2023 年 12 月第 1 次印刷

书　　　号：ISBN 978-7-5098-6255-1

定　　　价：75.00 元

"脱贫攻坚口述史丛书"编委会

（按姓氏笔画为序）

邢光龙　刘正平　刘荣刚　刘晓晨

严爱云　杜　丹　李　良　赵国卿

目 录

深入推进新一轮扶贫开发　确保低收入人口共同迈入全面小康社会

罗志军

中央关于打赢脱贫攻坚战的决定，是着眼实现第一个百年奋斗目标发出的脱贫攻坚动员令、冲锋号。习近平总书记在中央扶贫开发工作会议上所作的重要讲话，从战略和全局的高度，提出了脱贫攻坚的大政方针、目标任务、总体要求。我们要认真学习、深刻领会、全面贯彻中央扶贫开发工作会议精神，坚持创新、协调、绿色、开放、共享的发展理念，把低收入农户增收致富、经济薄弱乡村加快发展作为率先全面建成小康社会的重大使命，把实施脱贫致富奔小康工程作为"迈上新台阶、建设新江苏"的重要内容，以更高标准、更实举措、更大力度做好新一轮扶贫开发工作，在减少相对贫困、缩小收入差距、促进共同富裕上取得更大成效。

牢牢把握"十三五"时期我省扶贫开发
总定位、总思路、总目标

改革开放以来，我省实施了多轮扶贫开发行动，在不同时期、不同阶段，扶贫开发工作的定位和目标各有不同，但是有稳定性、连续性，也是不断递进的。归纳起来看，大体上可以分为四个阶段：第一阶段，20世纪末到本世纪初，主要是解决困难群众温饱，改善基本生产生活条件；第二阶段，2008年实施脱贫攻坚工程，主要是消除绝对贫困现象；第三阶段，2012年起实施脱贫奔小康工程，主要是解决帮扶对象收入水平低、发展能力弱的问题，增强社会保障兜底功能；第四阶段，就是"十三五"时期的扶贫开发，主要是减少相对贫困、缩小收入差距、促进共同富裕。与前三阶段相比，第四阶段的扶贫开发既要解决重点人群的增收问题，又要解决重点区域的发展难题；既要解决收入型贫困，又要解决因病因灾等支出型贫困；既要解决基础设施薄弱问题，又要解决基本公共服务均等问题。必须在多年来扶贫开发成效的基础上，着眼"两个率先"和"迈上新台阶、建设新江苏"，进一步提升我省扶贫开发的质量和水平。

总定位：更加注重减少相对贫困、缩小收入差距、促进共同富裕。借鉴国际通行做法，根据"量力而行、规模适度"的原则，省委省政府明确"十三五"时期以人均收入6000元为新一轮扶贫标准。按照这一标准测算，目前全省共有农村低收入人口300万左右，占乡村人口总数的6%左右。同时，对占行政村总数6%左右、约800个发展最薄弱的村给予重点帮扶，对苏北六个重点片区和黄桥茅山老区强化整体帮扶。苏南、苏中要根据自身实际制定本地的扶贫开发标准，进一步提高扶贫开发水平。要统筹考虑社会保障水平和财政状况，既要体现发展水平和民生需求的不断提高，又不能脱离实际，提过高的目标和要求。

总思路：标准再提高、重点再聚焦、内涵再丰富、底线再织牢。标准再提高，就是要按照率先全面建成小康社会和实现"百姓富"的目标，以更高的标准和要求，提高扶贫开发水平，补齐拉长"短板"，为全国率先探索减少相对贫困、促进共同富裕的新路子。重点再聚焦，就是要聚焦苏北低收入农户、经济薄弱村、重点片区和黄桥茅山老区，收拢五指、重拳出击，实行更加精准的帮扶，深入推进新一轮扶贫开发。内涵再丰富，就是要在提高低收入农户收入水平的基础上，切实改善经济薄弱乡村的基础设施条件，推进城乡基本公共服务均等化，满足群众日益增长的物质文化生活需要，促进人的全面发展。底线再织牢，就是要继续推动"开发式"扶贫与"救助式"保障有效衔接，加大农村社会救助力度，提高农村社会保障水平，及时有效解决返贫问题，织牢农村低收入人口保障网。

总目标：在 2015 年底完成 4000 元以下低收入人口脱贫任务的基础上，组织实施脱贫致富奔小康工程，落实习近平总书记视察江苏时提出的"一个不少、一户不落"的要求，确保低收入人口与全省人民一道迈入全面小康社会。中央关于脱贫攻坚的目标十分明确，就是到 2020 年实现"两个确保"：确保农村贫困人口实现脱贫，确保贫困县全部摘帽。我省要率先全面建成小康社会，必须提前实现脱贫致富奔小康的目标。省委省政府明确，全省扶贫开发工作要确保完成三项目标任务：一是确保 300 万左右农村低收入人口人均收入超过 6000 元。二是确保省定 800 个左右经济薄弱村更高水平地实现新"八有"目标，村级集体收入达到 18 万元以上。三是确保苏北六个重点片区农村生产生活条件明显改善，12 个省定重点帮扶县（区）分批全部退出。通过共同努力，争取 2019 年完成上述三项目标任务，2020 年巩固提升、总结完善。

着力提高扶贫开发的针对性和有效性

扶贫开发工作要取得实实在在的成效，关键是找准路子、构建好的体制机制，解决好"扶持谁""谁来扶""怎么扶"等核心问题。我们要坚持"五方挂钩"、帮扶到户到村等行之有效的做法，进一步创新思路、创新政策、创新机制，确保新一轮扶贫开发取得更加明显的成效，使低收入农户和经济薄弱乡村有更多获得感。重点在以下四个方面更大力度地推进。

（一）更大力度地推进精准扶贫、精准脱贫。精准扶贫是习近平总书记提出的重要论述。要全面落实"六个精准"要求，推动扶贫开发实行"精确滴灌"，做到扶真贫、真扶贫。一要在精准识别上下实功。我省在全国较早实施建档立卡工作，我们要总结经验，进一步把这项工作做细做实。按照程序规范、数据可靠、群众认可的原则，组织乡村干部进村入户，严格按照规定的程序认真细致地进行排查，做到符合条件的一户不漏、不符合条件的一个不进。要通过建档立卡，把相对贫困人口、贫困程度、致贫原因等搞清楚，为开展帮扶打好基础。对经济薄弱村的认定，要在省里初步筛选的基础上，由市县组织力量进行摸底排查，真正把发展水平和发展能力最弱的村找出来。精准识别才能精准扶贫，我们的工作一定要实而又实、细而又细，决不能大而化之、简单操作。二要在精准施策上出实招。找准病因，才能对症下药。对建档立卡低收入农户的帮扶，还是我们经常讲的两句话：有劳动能力的，要扶持其发展特色产业或实现转移就业；没有劳动能力的，要通过社会保障进行兜底。但这里的文章还需要进一步做深做透。要按照缺啥补啥的要求，帮助有劳动力的低收入农户解决好资金、项目、技能等方面的问题，鼓励他们因地制宜发展生产、转移就业，一家一户干不了的可以通过合作社、家庭农场等新型经营主体来带动，"抱团"实现脱贫增收。要针对因病、因灾、因残等致贫原因，帮助无劳动力的低收入农户落实新农合、大病医疗保险、养老保险、低保、助残、社会救助等保障措施，单因素致贫的采取单项措施，多因素致贫的采取综合措施。对经济薄弱村的帮扶，也要区别情况，村"两委"班子素质较好但发展思路不清的，要帮助找对路子；班子总体可以但发展存在困难的，要在投入和政策上给予更多支持；班子软弱涣散的，该换人的要坚决换人，该派人的要抓紧派人。在集体增收具体路径上，过去搞物业效果不错，现在经济下行压力比较大，一些地方已经建好的厂房租不出去。所以要转变思路，多方面想办法，多渠道增收。宿迁市搞"一村一品一店"，昆山锦溪镇搞集体合作农场，不仅集体增加了收入，而且有效带动了农民增收，值得各地学习借鉴。三要在精准落地上见实效。推动财政扶贫奖补资金直接扶持到户，是我省实施精准扶贫的有效措施。要总结推广财政扶贫资金作为产业项目发展资金、合作组织入社股金、用工企业就业补贴、公益岗位工资补助、扶贫资产收益量化到户等有效办法，促进低收入农户直接受益。要进一步完善机关单位、党员干部结对帮扶机制，经济薄弱村、低收入农户不稳定达到收入目标不脱钩。各类帮扶项目、帮扶措施最终有没有见到成效，要同农民一起算账，要低收入农户自己认可。对建档立卡的低收入农户，要实行动态管理，稳定脱贫的逐户销号，返贫的重新录入，做到有进有出、脱贫到人。总之，要通过精准扶贫、精准脱贫，为经济薄弱村破解发展难题，使低收入农户远离贫困底线，使已经脱贫人口免于因病因灾等返贫之忧，使低保人群没有生计之困。

（二）更大力度地推进重点片区整体帮扶。实施集中连片开发，是新形势下扶贫开发方式的重大创新。"十二五"扶贫开发的实践充分证明，对片区实行整体帮扶是行之有效的，"十三五"期间要更大力度地加以推进。根据片区发展水平和帮扶成效，省委省政府决定，对原有的六个重点片区，按照"有进有出、兼顾公平、合理调整、重在精准"的原则进行适当调整，对成效突出、变化明显的予以退出，并继续保留相关扶持政策；对虽有变化但仍需要努力帮扶的适当调整片区范围；对目前相比困难较大、低收入人口较为集中的地方列为重点片区。调整后，片区数量仍为六个，片区范围有所缩小，有利于表彰先进看到成效，有利于集中力量更好地开展帮扶。

推进片区帮扶关键要抓好三件事。一要大力加强基础设施建设。重点片区发展的最大瓶颈是基础设施建设滞后。要统筹推进安全饮水、交通出行、电力通信、农田水利等基础设施建设，切实改善农民的生产生活条件。从片区发展的实际看，最紧迫的还是"修路"和"改田"两项任务。要抓住当前建筑材料价格较低的时机，加大投入力度，把乡村道路建设好，使之真正成为致富路。要全面兴修农田水利，推进农业综合开发和高标准农田建设，为发展现代农业夯实基础。二要大力推动产业发展。推动扶贫开发由"输血"向"造血"转变，关键在于培育和发展产业。要坚持新型工业化、信息化、城镇化、农业现代化同步发展的要求，根据各地自身条件、产业基础和农民意愿，因地制宜发展产业项目，带动农民就业增收。要支持片区城镇化建设，提高小城镇的基础设施和公共服务水平，增强产业发展和人口集聚功能。鼓励发展劳动密集型产业，引导农民自主创业、返乡创业，让更多的农民在家门口转移就业。要多在"农"字头上做文章，充分利用农业农村的各种资源，大力发展特色种养业、农业服务业、乡村旅游业、农村电子商务等，通过农村一二三产业融合发展推动片区发展、农民增收。要特别强调的是，抓发展、抓扶贫开发，一定要牢固树立"绿水青山就是金山银山"的理念，决不能破坏生态、牺牲环境。开展招商引资，承接产业转移，兴办工业园区，都要注意保护好生态环境。三要大力兴办民生事业。发展教育、文化、卫生、社会保障事业，能够有效防止贫困的延续和发展。要下大力气统筹抓好片区民生事业发展，使教育、社保、就业、医疗、住房、养老"六大体系"覆盖到全体农民，并不断提高水平，促进基本公共服务均等化。

为推动片区整体帮扶、连片开发，对新调整的六个重点片区，继续实行片区整体帮扶联席会议制度，由省四套班子办公厅和省综合部门分别牵头。各牵头单位要会同所在市县，抓紧研究制定片区新一轮整体帮扶规划，谋划实施新的关键工程，省财政要切实加大投入。要坚持"区域发展带动扶贫开发，扶贫开发促进区域发展"的基本思路，继续加大对苏北发展的支持力度，组织实施好关键工程、重大项目，推进"四项转移"和南北共建开发园区，为片区扶贫开发创造良好的条件。要深入实施黄桥茅山老区富民强村行动计划，进一步加大政策支持，推动老区全面小康建设。

（三）更大力度地推动全社会力量参与扶贫。社会扶贫是我国扶贫开发的一条成功经验，也是我们政治优势和制度优势的重要体现，必须长期坚持。现在社会上有能力、有意愿参与扶贫的企业、组织、个人越来越多，社会扶贫蕴藏着巨大潜力。要建立有效的机制和平台，落实社会扶贫各项鼓励政策，畅通社会力量扶贫的渠道。要创新慈善事业制度，使慈善事业与社会保障救助制度互补衔接。积极推动企业与经济薄弱村结对帮扶，发挥资金、技术、市场等方面的优势，在帮扶发展中实现共赢。要发挥各人民团体、群团组织、社会组织和驻地部队的作用，开展好"扶贫日""光彩行动""春蕾计划""三支一扶"等社会扶贫活动，动员全社会力量广泛参与扶贫事业。全国道德模范赵亚夫，几十年如一日带领农民发展现代农业，许多低收入农户、纯农户在他的帮助下脱贫增收。对社会扶贫的先进典型和先进事迹，要以灵活多样的方式，加大宣传表彰力度，树立脱贫致富光荣、扶贫济困光荣的鲜明导向，凝聚起社会扶贫的强大正能量。

组织省级机关部门、部省属企业、高校科研院所、苏南发达县市，与苏北经济薄弱县建立"五方挂钩"机制，较好地整合了多方面扶贫资源，已成为我省推动扶贫开发的重要品牌。在新一轮扶贫开发中，我们要很好地坚持并不断完善。根据中央要求和我省实际，省委省政府决定调整苏北重点帮扶县（市、区）"五方挂钩"关系，不再保留未派驻省委帮扶工作队的县（市、区）"五方挂钩"协调小组，将相关单位充实到派驻省委帮扶工作队的县（区），推动优秀民营企业、省级农业龙头企业等加入"五方挂钩"帮扶行列。调整"五方挂钩"帮扶关系，是为了集中资源要素深入推进帮扶工作。各帮扶单位要按照既定的时间节点，把该负的责担当好，把该派的人派出来，把该出的钱出到位，同挂钩帮扶的县（区）一道，推动各项帮扶措施落实。要进一步强化南北挂钩协作，苏南不仅要帮钱帮物，更要推动产业层面合作；不仅要推动市县层面的协作，而且要推动镇村层面的结对。各单位要继续发扬扶贫济困的传统美德，加大帮扶力度，在推进"两个率先"、实现共同富裕的道路上，和苏北经济薄弱地区携手前行。

（四）更大力度地推进行业扶贫。长期以来，省市县各行业部门认真履行职责，积极参与扶贫开发，做了大量卓有成效的工作，为低收入农户脱贫增收发挥了重要作用。减少相对贫困、率先全面小康，需要行业部门继续勇挑重担、合力推动。各行业部门要把扶贫开发作为重要政治任务，加强对本部门本行业扶贫开发的组织领导，运用好部门职能和行业资源，加大对经济薄弱地区倾斜和支持力度，做到扶贫项目优先安排、扶贫资金优先保障、扶贫工作优先对接、扶贫措施优先落实。发展改革、经信、财政等综合部门，要从制定政策、编制规划、增加投入等方面加大支持，推动更多资源向经济薄弱地区聚集；交通运输、住房城乡建设、水利等专业部门，要帮助经济薄弱地区加快道路、农田、饮水、电力、电信等基础设施建设，改善农民的生产生活条件；农业、渔业、林业等农口部门，要帮助经济薄弱地区发展优势特色产业，带动低收入农户脱贫致富；教育、卫生、民政等民生部门，要帮助经济薄弱地区加快发展社会事业，提高公共服务水平。

开展行业扶贫，党政机关、各行各业都要立足自身实际，选准突破口，找到结合点，办好事、做实事，有力有效地加以推进。从低收入人口贫困现状看，特别要重视办好这样几件事：一是教育扶贫。教育是阻断贫困代际传递的治本之策。要继续从教育经费、办学条件、教师队伍等方面，加大对经济薄弱地区教育的支持，从普通高中、中等职业教育免除学杂费和"两后生"职业技能培训等方面，加大对低收入农户学生的政策支持，让经济薄弱地区的孩子和其他地方的孩子一样接受良好教育，站在同一条起跑线上。二是健康扶贫。一方面，要大力支持经济薄弱地区县、乡、村三级医疗卫生服务网络建设，加大农村全科医生培养和订单定向医学生免费培养力度，提高经济薄弱地区医疗服务能力。另一方面，要建立健全医疗保险和医疗救助制度，新型农村合作医疗和大病医疗保险要对低收入人口倾斜，在实现全覆盖的基础上提高实际保障水平。财政对低收入农户个人交费部分要给予补贴。对报销之后自付部分还有困难的，要加大医疗救助、临时救助、慈善救助等帮扶力度，解决好因病致贫返贫问题。三是保障扶贫。筑牢社会保障"安全网"，就兜住了经济薄弱地区民生底线。"十三五"期间，要继续实行农村扶贫标准和农村低保标准有效衔接，发挥低保线兜底作用。要继续加大社会保障投入，逐步提高农村低保、医疗保险、养老保险水平，积极推动苏北以县为单位实现城乡低保标准一体化。建立健全"救急难"工作机制，全面实施临时救助制度，对因灾等造成的临时困难群众要及时给予救助，稳定解决低收入群众基本生计问题。其他方面的行业扶贫，如金融扶贫、旅游扶贫、光伏扶贫、电商扶贫等，都大有文章可做，我省各地也有一些很好的做法，要认真总结，积极加以推动，探索多渠道、多元化的行业扶贫新路径。

切实加强对扶贫开发工作的组织领导

新一轮扶贫开发工作的目标已经明确。各地各部门必须坚定信心、勇于担当，加强领导、精心组织，把脱贫职责扛在肩上，把脱贫任务抓在手中，全力推动中央和省委省政府各项决策部署落到实处。

（一）严格落实责任，强力推进脱贫帮扶工作。要建立省负总责、市县抓落实的扶贫开发工作责任制，做到分工明确、责任清晰、任务到人、考核到位。按照中央的决策部署，省委省政府主要负责扶贫开发政策制定、关键工程规划、重大问题协调，抓好目标确定、项目下达、资金投放、组织动员、监督考核等工作。市级党委、政府主要负责上下衔接、域内协调、督促检查等工作。县级党委、政府承担主体责任，做好精准识别、进度安排、项目落地、资金使用、人力调配、推进实施等工作。扶贫开发任务较重的县（区）党委政府，要把扶贫开发作为"十三五"时期头等大事和第一民生工程来抓，亲自安排部署、推动落实。各级领导干部要按照"三严三实"的要求，切实转变工作作风，经常深入低收入农户和经济薄弱乡村调查研究，因地制宜提出措施办法。要充分发挥各级扶贫开发领导小组的作用，加强扶贫机构队伍建设。省委省政府已经明确，把扶贫开发列入市、县全面建成小康社会考核的重要内容，未完成 6000 元以下农村低收入人口脱贫任务的，不能宣布全面建成小康社会。

为了把扶贫开发各项目标任务落到实处，要层层签订脱贫致富奔小康责任书。省扶贫工作领导小组要抓紧制定责任书，由苏北五市和扶贫开发任务较重的县（区）党政主要负责同志签字。责任书就是军令状。有关市县每年要向省委、省政府报告扶贫开发工作进展情况，省里依据责任书对扶贫开发工作成效进行考核。有扶贫任务的市县，也要根据实际情况，层层落实责任，传导压力。要建立扶贫工作督察制度，省对市、市对县、县对乡镇、乡镇对村实行督察问责，未完成年度任务的要对主要领导进行约谈，形成"五级书记抓脱贫、上下齐心帮致富"的局面。要完善对扶贫开发重点县党政负责同志的考核，提高减贫、民生等方面指标的权重，引导县级党政领导班子和领导干部把精力聚焦到扶贫开发上来。坚持在扶贫一线考察识别干部，把经济薄弱地区作为锻炼培养干部的重要基地，把脱贫实绩作为选拔任用干部的重要依据，对扶贫工作成绩突出的要及时提拔重用，激励各级干部到扶贫开发一线干事创业。

（二）适应扶贫开发需要，加大资金投入力度。扶贫开发投入，必须与实现脱贫致富奔小康工程目标相匹配。当前，经济下行压力较大，财政增收不容乐观，但财政扶贫资金投入不但不能减少，还要明显增加。省级财政要继续加大扶贫投入，实行一次预算安排、分年度落实到位。市、县要建立与本地区经济发展水平和扶贫开发任务相适应的财政投入保障机制，将专项扶贫资金列入财政预算。苏北五市、扶贫开发任务较重的县（区），要下更大的决心增加扶贫投入。苏南市、县（市、区）既要增加本地扶贫资金，也要增加对挂钩帮扶的苏北扶贫开发任务重点县（区）的投入。其他参与"五方挂钩"帮扶的企业、单位，也要按照这个原则，相应增加扶贫资金。对明确退出的扶贫重点县和重点片区，各方面要继续给予支持。

落实扶贫投入，光靠财政资金毕竟有限，要吸引金融资金和社会资本参与扶贫开发。要做好金融扶贫这篇大文章，通过完善激励和约束机制，促进普惠金融覆盖经济薄弱乡村和低收入农户，推动各类金融机构实施特惠金融政策，加大对扶贫开发的金融支持。重视发挥政策性金融和开发性金融支持扶贫开发的作用，吸引社会资本成立小微型金融机构，增加农村金融产品和服务。发挥政府出资的担保机构作用，吸引更多信贷资金支持低收入农户发展生产和创业就业。进一步完善扶贫小额贷款政策，提高贷款额度，延长贷款周期，扩大贷款规模，让更多的低收入农户得益受惠。在增加扶贫资金投入的同时，要加强资金管理，提高使用效益。要支持县一级将专项扶贫资金、相关涉农资金、社会帮扶资金整合起来捆绑使用。加强扶贫资金阳光化管理，严格监管，确保扶贫资金切切实实地用在低收入农户和经济薄弱村脱贫致富上，决不能出现跑冒滴漏。对挤占挪用、层层截留、虚报冒领扶贫资金的，要从严惩处。

（三）发挥主体作用，激发内生发展动力。低收入农户和经济薄弱村脱贫致富，离不开外部的支持帮助，但根本的还要靠自身艰苦奋斗。要做好经济薄弱乡村干部群众的宣传、教育、培训、组织工作，以全面小康的目标凝聚人心，以勤劳致富的典型激发活力，让他们的心热起来、劲鼓起来，依靠辛勤劳动实现脱贫致富。脱贫致富的道路千条万条，关键是找到适合自己的路子。要引导低收入农户和经济薄弱村更新观念、拓宽思路，发挥自身优势，通过改革创新让农村的土地、劳动力、资产、自然风光等要素活起来，走出富民强村的新路子。

经济薄弱地区干部群众是脱贫致富的主体力量。要把夯实农村基层党组织同扶贫开发有机结合，选好配强经济薄弱乡镇一把手和领导班子，选派优秀年轻干部到经济薄弱村工作，实现经济薄弱村派驻"第一书记"全覆盖。要切实爱护基层干部，充分调动他们的积极性和创造性，发挥好基层党组织的战斗堡垒作用，发挥好第一书记和驻村工作队员的帮扶引领作用。要尊重低收入农户的主体地位，各类扶贫项目和扶贫活动都要围绕扶贫对象来进行，同他们商量着办，真正帮到点上、扶到根上。

（四）大胆改革创新，健全扶贫开发长效机制。做好新时期扶贫开发工作，必须在创新体制机制上下功夫。要善于学习借鉴，勇于实践探索，创新扶贫路径和方式方法，为扶贫开发提供源源不断的动力。过去，我们在精准扶贫、挂钩帮扶、资产收益扶持等方面，探索了一些有效办法。面对新形势新任务，我们要结合实际，与时俱进地创新政策，使各项扶贫举措更有针对性、更切实管用。要尊重基层干部群众的首创精神，支持他们改革创新，鼓励他们八仙过海、各显神通。宿迁是国家扶贫改革试验区，要抓住机遇，先行先试，力争多出成果、多出经验。
《江苏省农村扶贫开发条例》已正式施行，各地各有关部门要加强宣传
贯彻，坚持依法行政，强化法律监督，注重运用法治思维、法治方式抓
扶贫开发，推动扶贫开发走上法治化、规范化轨道。

（本文原载于《江苏农村经济》2016 年第 1 期）

坚持农业农村高质量发展　推动江苏乡村振兴走在全国前列

娄勤俭

　　农业全面升级、农村全面进步、农民全面发展，事关全面建成小康社会和全面建设社会主义现代化国家大局。实施乡村振兴战略是党中央从党和国家的事业全局出发，着眼"两个一百年"奋斗目标，顺应亿万农民对美好生活的向往作出的重大决策。中央农村工作会议上，习近平总书记作了全面部署，党中央、国务院出台了关于实施乡村振兴战略的《意见》。江苏省委省政府高度重视，紧扣中央要求，紧密结合实际，制定了关于贯彻落实乡村振兴战略的《实施意见》。我们要坚定不移地把实施乡村振兴战略作为新时代江苏"三农"工作的总抓手，动员全省上下以创新思路和务实举措，开创农业农村发展新局面，推动江苏乡村振兴走在全国前列。下面，结合江苏实际，我重点讲五个方面的问题。

深刻认识"三农"工作的成就和经验，准确把握"三农"工作的历史方位

习近平总书记总结了改革开放特别是党的十八大以来，我国农业农村发展取得的历史性成就和"三农"工作积累的宝贵经验，指出实施乡村振兴战略具有良好基础和条件；分析了"三农"工作本身、城乡关系以及城镇化过程中的发展不平衡不充分出发点是立足于解决我国社会主要矛盾；阐释了"三农"发展对全面小康社会成色和社会主义现代化质量的决定性作用，指出实施乡村振兴战略的鲜明目标导向；回顾了我们党为解决建设什么样的乡村、怎么样建设乡村这一近代以来中华民族的历史性课题所进行的探索实践和显著成效，指出实施乡村振兴战略是党的使命决定的；强调了解决"三农"问题的世界意义，指出实施乡村振兴战略也是为全球解决乡村问题贡献中国智慧和中国方案。总书记的这些重要论述，是我们领会好、领会透中央推动乡村振兴这一战略意图的根本指南。我们一定要悉心研学、仔细体悟，不断增强搞好"三农"工作的责任意识、使命意识和自觉意识。

江苏作为全国最发达的地区之一，改革开放特别是党的十八大以来，改革发展取得了历史性成就、发生了历史性变革，农业、农村、农民发展就是其中的亮点。一是在经济总量和城镇化加速提升、全国领先的同时，粮食总产量稳定在700亿斤左右，农业供给侧结构性改革取得重要进展，不仅全省8000万人民的饭碗牢牢端在自己手里，而且为全国农业生产提供了重要支撑，总书记称赞"这对一个东部沿海省份来讲很不简单"。二是工业化、城镇化的发展让广大农民广泛得到实惠，集体经济为农民共同富裕发挥了重要作用。农民人均可支配收入位居全国省区第二位，人均收入4000元以下的绝对贫困现象全面消除，江苏自加压力确定的新的脱贫目标加速推进。农村宽带覆盖率达到95%，信

息技术融入到乡村生产生活的方方面面，"四化"同步发展水平全国领先。三是农村基本经营制度进一步巩固完善，基本完成农村土地承包经营权确权登记颁证。适应现代农业发展需要，农村要素市场化配置机制基本建立。在实现小农户和现代农业发展的有机衔接上进行了卓有成效的探索，各种农村经济组织蓬勃发展，土地流转稳步推进，农村发展的活力不断增强。四是持续加大投入力度，整合"三农"领域相关项目和资金，着力提升农业基础设施建设水平和农业科技创新水平，高标准农田、设施农业占比分别达到 59.3% 和 18.8%，一大批新品种新技术新模式得到推广应用，农业科技进步贡献率高于全国平均水平 10 个百分点，"三农"发展的物质和技术基础更加厚实。五是各级党委政府对农村工作更加重视、更有办法，集中精力兴办了一批好事实事，解决了一批难事愁事，广大农民不仅生活越来越红火，而且对未来充满信心，更加坚定地跟党走、跟党干，党在农村的执政基础不断夯实，乡村治理能力和治理水平显著提高。

在肯定成绩的同时，对江苏农业农村发展的阶段和水平要有全面的认识、正确的估价。总书记指出的全国"三农"发展存在的问题完全适合江苏实际，由于江苏发展水平处于全国比较靠前的位置，有些问题更早遇到、更为突出。比如，就全局工作来讲，由于工业化、城镇化发达，实际中自觉不自觉地对"三农"工作用心用力不够，"说起来重要、干起来次要、忙起来不要"的现象依然存在；比如，就"三农"工作本身来讲，往往从外面推动、加大投入强调得多，这都是必要的，但真正从农业发展规律出发、解决区域不平衡、现代农业发展、农村"空壳化"等问题拿出切实可行措施，做得还不够；比如，就土地资源来讲，在可控要素极为有限的情况下，如何使乡村的价值进一步发挥，尚无有效办法。

习近平总书记强调，农业农村农民问题是关系国计民生的根本性问题，必须始终把解决好"三农"问题作为全党工作的重中之重。我们要深入贯彻落实党的十九大精神，以习近平新时代中国特色社会主义思想为指导，把总书记关于"三农"工作的系列讲话和视察江苏重要讲话精神作为根本遵循，全力写好乡村振兴的江苏篇章。全省农村工作会议印发征求意见的实施意见稿，提出了江苏实施乡村振兴战略的指导思想、目标任务以及十项重点工程，总的就是要按照"产业兴旺、生态宜居、乡风文明、治理有效、生活富裕"的总要求，围绕总书记作出的七个方面路径指引和"五个振兴"的布局安排，坚持解放思想，坚持系统思维，坚持问题导向，着力推动农业农村高质量发展，努力率先实现农业农村现代化，让农业成为有奔头的产业，让农民成为有吸引力的职业，让农村成为安居乐业的美丽家园，用经得起历史和人民检验的实践成果推动乡村振兴走在全国前列。我们一定要准确把握历史方位，紧盯目标任务，抓住机遇，顺势而为，趁势而上，奋力开创"三农"工作新局面。

按照"四化同步"理念，加快推进乡村现代化进程

总书记提出，要"重塑城乡关系，走城乡融合发展之路"。江苏是全国城镇化、工业化水平最高的地区之一，要坚持以工补农、以城带乡，积极探索城乡要素合理流动机制，逐步实现城乡要素平等交换，推动形成工农互促、城乡互补、全面融合、共同繁荣的新型工农城乡关系。在这方面，我们要努力为全国作出示范。

实现城乡融合、协调发展，一方面要对城乡发展统筹谋划、一体推进，加大对乡村发展支持力度，使资源要素平等交换、自由流通；一方面要以乡村发展存在的问题为导向，全面增强乡村发展的活力。只有乡村具有了一定的基础，人才、资源等要素向乡村流动才会有动力。根据江苏实际，要围绕改善住房和基础设施条件，按照主攻苏北、提升苏中、优化苏南的总体定位，全面落实"四化同步"发展理念，加快推进乡村现代化建设。

首先要突出规划引领。一是系统规划。就是既对接国家的战略规划，又顺应人民对美好生活的向往和乡村发展的规律，省市县乡四级联

动形成城乡融合、一体设计、多规合一、全面覆盖的规划体系。同时制定五年行动计划和年度推进计划，确保规划有效实施。二是分类推进。就是针对不同地域，区分政策、因势利导，引导农民有序搬迁集聚。对想进城的农民，要维护好合法权益，支持引导他们自愿有偿退出承包地和宅基地，放宽城市门槛、落实市民待遇，使他们舒心融入、无后顾之忧。三是有序实施。长江两岸的条件好些，群众的住房基础较好，重点是提升规划建设水平，推动城镇基础设施和公共服务向农村延伸。苏北住房普遍差些，群众收入也偏低，要学习借鉴中西部地区扶贫搬迁以及江苏阜宁县灾后重建的有益经验，统一规划建设一批农村新型社区，进一步优化乡村布局。

其次要突出品位质量。一是建设标准要高，对规划确定的"重点村"和"特色村"，要按照"百年大计、永续传承"的要求来建设和管理，引导规划、建筑、园林、景观、艺术设计、文化策划等方面的设计大师、优秀团队下乡，把每一个乡村都作为作品来精心打造。二是环境条件要优，教育、医疗、文化、交通、信息、环保、生态等各方面的配套，都要同步跟上。三是文化含量要足，把原生态村居风貌、传统乡土文化等与现代元素结合起来，加强对古村落、古建筑、文物古迹、农业遗迹的保护，打造一批乡土文化地标。

最后要突出机制创新。推进乡村建设，要解放思想、改革创新，让政府和市场"两只手"同时发力，形成务实高效的资金投入和建设运营机制。集体经济实力强的村子，可以自主开发、滚动建设；集体经济实力弱的村子，可以想办法盘活资源，引入市场机制，调动社会各方面的力量来共同建设，特别是有特色、形态好的村子，可以引入专业的文化旅游开发企业，作为景点来整体打造。江苏各地情况差别很大，要采用多样化、最适合自己的办法，但前提是要守住底线：一是按规划严格实行土地用途管制；二是地方政府和村集体不得违法违规变相举债；三是严禁资本下乡利用宅基地建设别墅大院和私人会馆；四是坚守农村集体所有制，不能损害农民利益。

坚持高质量发展，深化农业供给侧结构性改革

我国农业正处在转变发展方式、优化经济结构、转换增长动力的攻关期，江苏农业也不例外。必须把高质量发展作为主要导向，突出农业供给侧结构性改革这个主线，加快构建现代化农业的产业、生产和经营三大体系，全面提高综合效益和竞争力。

总书记多次强调，中国人的饭碗要牢牢端在自己手里。江苏自然条件优越，自古以来就是天下粮仓，作为经济大省、人口大省、农业大省，我们既要解决好自身的吃饭问题，也要把握农业主要矛盾变化，打造新时代的"鱼米之乡"，让"江苏熟"为"天下足"贡献更多力量。做到这一点，最重要的是适应人们对食物多样化的需求，着力破解结构性供过于求和供给不足的矛盾，发展高质量的现代农业。一是稳住产量。针对江苏户籍人口和流入人口都比较多的实际，始终绷紧粮食生产这根弦，把年产700亿斤粮食作为底线，开展好新一轮高标准农田建设、农田水利建设和农业全程机械化"三项工程"，藏粮于地，藏粮于技，不断提升农业综合生产能力。二是提升质量。要把握对农产品需求由"饱不饱"向"好不好"提升的大趋势，推进农产品质量安全整省创建，推进农产品品牌培育工程，引导农业加快向绿色化、优质化、特色化、品牌化发展。三是优化结构。结合江苏资源条件和市场需求，大力调整优化农业产业布局和产品结构，大力发展绿色蔬菜、应时鲜果、名优水产等高效作物和品种，既适应市场需求，又增加农业供给和农民收入。

在全国率先实现农业现代化，是总书记对江苏的明确要求。农业现代化就是要用现代工业、现代科学技术和现代经济管理方法武装农业，用新的发展理念和手段使农业具有先进的生产力水平。这就要求我们深化农业农村体制机制改革，在依法依规的前提下，因地制宜、积极稳妥推进农村土地经营权流转，为农业的规模化机械化生产创造条件；要按

照社会主义市场经济的要求，针对农业产业化的特征，更加注重发挥市场在资源配置中的决定性作用，为农业的现代化创造良好的经营环境；要更大力度推进农业科技创新，提升农业技术推广的能力，全面增强信息技术在农业各个领域的应用，为传统农业向现代农业转变提供有力支撑；要有更加务实的政策，尤其要针对江苏农业发展的难点重点问题，如科技研发、设施农业、品牌培育等，制定扶持和引导性措施，为加速农业的现代化进程提供保障。

全力推进农业供给侧结构性改革，全面加速农业现代化进程，不管哪一个方面的工作，最终都要落在人的身上，都要靠人来完成。从农业发展的现状来看，最迫切的是，在农村愿意从事农业、能够从事农业、善于从事农业的人越来越少。对江苏来说，这个现象尤为突出。所以，当务之急是要用更大的格局和气魄推进人才建设，促进各方面人才"上山下乡"，特别是要聚焦"谁来种地"的问题，培养大批能适应农业现代化需要的职业农民。这方面，近年来江苏做了不少工作。据统计，目前全省获得国家新型职业农民证书和国家农业行业职业技能鉴定证书的超过30万人、总量居于全国前列，但相对于整个农业的规模，相对于现代农业的需求，相对于农业走在全国前列的需要，还远远不够。当前，首要的是制定一个全省性的新型职业农民培育规划。在这个大规划下，各地都要有自己明确的规划和行动方案。在培育的方向上，要因地制宜，多管齐下，比如，如何结合江苏各地的农业特点，有计划地与全国各地的农业院校进行对接，吸引有意愿从事农业的大学生来江苏农村施展才华、创新创业；比如，如何对现有农民中有基础、有潜力、热爱农业农村的人，有计划地组织学习培训，参加国家层面的考试认定；比如，江苏农业园区、农业龙头企业多而且建设水平比较高，如何发挥这些载体优势，有计划地培养、输出更多的农业经营管理和科技创新人才；再比如，江苏从农村土地上走出去的人才非常多，很多人都有回报家乡的愿望，如何打好"乡情牌""乡愁牌"，有计划地推动乡贤回归农村、发展农业。只有把"谁来种地"这个问题解决好了，农业的持续发展才有保障，我们推进乡村振兴的所有政策举措才能真正落到实处。江苏省委、省政府《实施意见》虽然提出了要求，但农业部门还要牵头拿出具体的行动方案，做到目标明确、路径清晰、动作有力，力争通过3—5年的努力，建立起一支能够初步满足现代农业发展需要的新型职业农民队伍。

坚持绿色发展，切实保护乡村生态环境

总书记要求，要像对待生命一样对待生态环境，并多次将生态环境同农村发展放在一起强调。这一方面强调了农村在保护乡村环境中的重大责任，另一方面也说明了生态对农村发展的极端重要，说明良好生态环境是农村的最大优势和宝贵财富。江苏乡村历来以风光秀美著称，要把生态作为乡村振兴的生命线，更大力度推进保护和治理，展现鱼米之乡的"最靓颜值"，让江苏这方水土始终成为令人向往的地方。

一要加强生态保护和修复。要统筹山水林田湖草系统治理，划定江河湖泊限捕区域，保护好重要水源涵养区、自然湿地和野生动植物资源。造林绿化，重在挖潜，要持续推进城乡绿化，让每个村子都是"绿树村边合""花木四时新"。江淮生态经济区，承担了重要的生态涵养功能，要全面推进生态保护和修复，打造江苏永续发展的"绿心"。对直接承担生态保护责任的区域和农户，加大生态补偿、转移支付，让农民群众成为绿色空间的守护人。

二要推进农业污染集中治理。江苏耕地复种指数为1.67，化肥、农药的单位使用量分别是全国平均水平的1.5倍和1.3倍。要实施绿色生态农业建设行动，突出解决好两个问题：一个是农业面源污染问题，有效减少化肥、农药的使用量，提高农业废弃物综合利用水平；一个是畜禽养殖污染问题，这也是"263"专项行动治理的重点任务，要坚持标本兼治，按照"种养结合、畜地平衡"的原则，优化畜禽养殖区域布局调整，全面推进生态化养殖。

三要推动村庄环境整治常态化长效化。要全面落实中央提出的农村人居环境整治行动方案，大力推进农村"厕所革命"，推行农村垃圾就地分类和资源化利用。要制定实施专门计划，加强被撤并乡镇集镇区的环境整治。江苏水面占到省域面积的六分之一，要全面治理农村河塘沟坝，用五年时间基本消除农村黑臭水体。我们要有这样的决心，通过一段时间的努力，在乡村实现：河里是可以游泳的，溪里是可以捉鱼的，池塘是可以洗菜的。

总揽全局、协调各方，加强党对
"三农"工作的领导

　　总书记强调，办好农村的事情，实现乡村振兴，关键在党。党管农村工作是我们的传统，这个传统只能加强、不能削弱。各级党委要坚持"三农"工作重中之重地位，提高把方向、谋全局、定政策、促改革的能力，真正把党管农村工作的要求落到实处，确保乡村振兴战略顺利实施。

　　一要完善领导机制。重点是实行省负总责、市县抓落实、乡村组织实施的工作机制和考核机制，做到五级书记抓乡村振兴。各级党委、政府一把手是乡村振兴的第一责任人，要自觉关心了解"三农"，及时协调解决乡村振兴工作中的重大问题；分管领导要真正成为"三农"工作的行家里手。要旗帜鲜明地选拔重用经受农村锻炼、实绩突出的"三农"干部，打造一支懂农业、爱农村、爱农民的农村工作队伍。要健全并用好鼓励激励、容错纠错、能上能下"三项机制"，为农村干部松绑减负、撑腰鼓劲。

　　二要推进思想解放。乡村振兴是农业农村发展的一场深刻变革，必须对照习近平总书记"三农"工作思想，围绕走在前列的目标定位，打破固有思维定式和传统路径依赖，提高发展站位，聚焦关键环节，加强统筹谋划，解决好发展的信心问题、动力问题、思路问题。比如，构建富有竞争力的现代农业产业体系，就必须从增产导向、从抓传统农业的"老脑筋"中解放出来；构建山水林田湖草一体化、风光秀美的生态体系，就必须从不顾资源环境的发展方式中解放出来；构建适应"四化"同步发展的人才体系，就必须从传统的人才观、从重物轻人的思维中解放出来；构建体现历史文化印记的现代化村镇体系，就必须从自发渐进、重建设轻保护的局限中解放出来；构建崇德善治的乡村治理体系，就必须从已经不合时宜的基层管理体制机制中解放出来；构建促进资源优化配置的市场体系，就必须从政府大包大揽的老办法中解放出来；构建促进农村改革发展的政策体系，就必须从过去部门主导、条块分割、政策碎片化的工作格局中解放出来。讲这些体系，就是要强调发展中的问题从来不是孤立的，这几个方面本身也构成乡村振兴的大系统，一定要拓宽视野、整体谋划，联动探索、系统推进。

三要深化农村改革。2018年是改革开放40周年，我国改革是从农村突破的，对改革最好的纪念就是更加有力地推进农村改革。深化农村改革，不能就农村论农村，要紧扣城乡关系重塑，对城乡改革作出统筹谋划，加快构建城乡融合发展体制机制和政策体系。当前，要深入推进农村土地制度改革、农村集体产权制度改革、供销社综合改革、农垦改革、集体林权制度改革、国有林场林区改革等各项改革，为乡村振兴提供全方位制度性供给。已经部署的改革要全面发力，看准了的要一抓到底，鼓励地方创新、尊重基层创造，注重改革集成，可复制可推广的要加快在全省推开。要强调的是，不论怎么改，不能把农村土地集体所有制改垮了，不能把耕地改少了，不能把粮食生产能力改弱了，不能把农民利益损害了，这是必须坚守的原则。

四要强化投入保障。要加快形成财政优先保障、金融重点倾斜、社会积极参与的多元投入格局。公共财政要向"三农"倾斜，逐步解决欠账较多的问题。现在，财政投到"三农"上的项目不少，但碎片化现象严重，九龙治水的事还不少，钱不能拢起来用，最后问题解决不了，必须加快建立涉农资金统筹整合长效机制。要坚持农村金融发展改革的正确方向，健全适合农业农村特点的农村金融体系，推动农村金融机构回归本源，更好满足乡村振兴多样化金融需求。中央明确，要改进耕地占补平衡管理办法，建立高标准农田建设等新增耕地指标和城乡建设用地增减挂钩节余指标跨省域调剂机制。这是一项很大的政策，要解放思想，开拓思路，积极探索，用好这项政策，为乡村振兴提供强有力资金支持。

五要推动乡村善治。充分发挥农村基层党组织的战斗堡垒作用，健全自治、法治、德治相结合的乡村治理体系，让农村社会既充满活力又和谐有序。乡村组织振兴作为一项重要抓手，一方面要突出政治功能，加快提升组织力，特别是要有组织有计划地做好软弱涣散党组织的整顿转化；另一方面要强化发展功能，通过常态化的教育培训，帮助他们更新知识、拓宽思路，加快发展壮大集体经济，持续提高治理能力。习近平总书记多次强调治理乡村社会，要强化道德的教化作用，并对徐州马庄村精神文明建设的做法充分肯定。要总结推广徐州马庄经验，保护好、传承好乡村文化，持续开展文明村创建和移风易俗行动，让耕读传家、父慈子孝的祖传家训，邻里守望、崇信重礼的乡风民俗在江苏蔚然成风。

需要强调的是，打好精准脱贫攻坚战对全面建成小康社会具有决定性意义，也是乡村振兴的重要任务。贫困消除不了，乡村何谈振兴。这是底线任务，不能打任何折扣。江苏虽然已消除了人均4000元以下的贫困现象，但省定的6000元以下贫困人口还有125万人，要按照中央关于精准脱贫的要求和江苏的实施规划，扎扎实实推进，确保如期完成。一是要突出"精准"。目标要精准，措施要精准，退出要精准，每个环节都不能有丝毫的马虎。二是要坚持实干。坚决反对形式主义，不搞花拳绣腿，不搞繁文缛节，不做表面文章。要严格扶贫资金以及农村"三资"管理，对违规违法使用的行为坚决纠正，严肃处理。三是要强化责任。各级领导要提高政治站位，坚决反对脱贫在江苏不是重点任务的模糊认识，严防"疲劳症"和厌战情绪。在抓好江苏脱贫攻坚的同时，切实履行好对口帮扶责任。

实施乡村振兴战略，史无前例、开创未来，这既是一场攻坚战，更是一场持久战。让我们更加紧密团结在以习近平同志为核心的党中央周围，统一思想、坚定信心、求真务实、开拓创新、苦干实干、久久为功，奋力开创江苏乡村振兴的新局面，为推进"强富美高"新江苏建设、为全国乡村振兴大局作出积极贡献！

（本文原载于《江苏农村经济》2018年第5期）

苏北扶贫纪事

徐鸣

在中华人民共和国的地图上，江苏像一片轻盈的绿叶，镶嵌在黄海之滨。浩浩长江从江苏大地横贯而过，把江苏分成了苏南、苏北。苏南，又称之为江南，山温水暖，人文锦绣，历史上就是鱼米之乡，富甲天下。苏北，又称之为江北，土地肥沃，人民勤劳，也有着厚重的人文历史积淀。然而，历史上的苏北曾经多灾多难。自南宋始，黄河数次夺淮入海，造成了苏北徐淮等地洪水泛滥。清康熙年间，山东郯城发生8.5级大地震，使得临近的苏北平原几乎成为瓦砾之地。苏北又是一块英雄的土地。抗日战争时期，盐城成为皖南事变之后重建的新四军军部所在地，大江南北活跃着新四军战斗的身影。解放战争期间，以徐州为中心的淮海战役，奏响了新中国诞生的礼炮。新中国成立后，苏北一直是江苏乃至全国的重要农区，苏北运河里运粮运棉船的桨声帆影，记载着苏北农民对国家点点滴滴的贡献！历史的因果机缘，造成了苏北的一时贫弱。

江苏省委、省政府历来重视苏北发展，尤其牵挂苏北人民群众的脱贫致富。1995年初，江苏省委、省政府制定《江苏省扶贫攻坚计划》，把扶贫攻坚的重点放在了苏北。2002年4月、2006年4月，江苏省委、省政府先后制定了《江苏省扶贫开发"十五"规划纲要》《江苏省扶贫开发"十一五"规划纲要》。从 2005 年开始，江苏省实施了四轮大规模的扶贫开发。2005 年起，江苏以 1500 元作为扶贫标准，部署实施了"千村万户帮扶工程"，至 2007 年顺利完成了 310 万人的脱贫任务。2008 年，按照世界银行当时提出的人均生活费 1 天 1 美元的减贫标准，江苏将扶贫标准提高到 2500 元，组织实施脱贫攻坚工程，至 2011 年底，苏北 468 万农村贫困人口基本实现脱贫。2011 年底，中央扶贫开发工作会议对东部地区提出了新的要求，江苏于 2012 年部署实施脱贫奔小康工程，将扶贫标准再次提高至 4000 元以上；2015 年底，江苏 411 万低收入人口提前脱贫，1533 个经济薄弱村实现脱贫增收目标。2015 年 11 月，中央作出《关于打赢脱贫攻坚战的决定》。按照中央要求，2016 年初，江苏省提出"脱贫致富奔小康工程"；至 2019 年底，江苏 254 万建档立卡的低收入人口收入达到 6000 元以上，苏北经济薄弱地区面貌大为改善。江苏一轮又一轮的扶贫开发，提高了全省贫困和低收入群体的收入，改善了苏北的贫困面貌，也为全国打赢脱贫攻坚战贡献了江苏的智慧与力量。

在喜迎中国共产党成立一百周年的重要时刻，2021 年 2 月 25 日，习近平总书记在全国脱贫攻坚总结表彰大会上向世界庄严宣告，我国历史性地解决了绝对贫困问题。我以为，向贫困宣战，这是我们党百年孜孜以求的目标理想，也是中国最波澜壮阔的伟大事业，能够置身这伟大的事业，是每一个人的荣耀！我在江苏省政府工作期间，从 2011 年 12 月至 2016 年 7 月分管扶贫开发工作，亲身经历了第三轮的扶贫开发过程和第四轮扶贫开发的组织发动工作。事隔多年以后，从事扶贫工作过程中的许多人和事，仍历久而弥新，也成为我人生经历中一段不可磨灭的记忆！

精心组织　精准扶贫

2011 年年底，省政府发文，调整我分管农业农村和扶贫等工作。

省主要领导找我谈话时说，省里刚刚完成了"脱贫攻坚工程"，全省468万农村贫困人口提前脱贫，前不久，中央又召开扶贫开发工作会议，并发布《中国农村扶贫开发纲要（2011—2020年）》，我省下一步的扶贫工作，你找有关部门一起抓紧研究提出一个意见。

时间非常紧迫，好在这几年我在省政府工作期间也参与扶贫工作研究，对江苏扶贫工作情况有一定的了解。省扶贫办及有关部门工作十分努力，《江苏省农村扶贫开发"十二五"纲要》已经有了一个初稿。2011年12月9日，省委常委会听取了中央扶贫开发工作会议精神及我省贯彻意见汇报，原则同意《江苏省农村扶贫开发"十二五"规划纲要》，要求抓紧研究提出我省新一轮扶贫标准。会后，我随即召开苏北市县分管扶贫工作领导及扶贫办主任座谈会，听取大家对下一步扶贫开发工作意见。苏北一些市县已经对新一轮扶贫标准做了一些测算，我要求苏北各市将新一轮扶贫标准建议正式书面行文上报。经汇总苏北各市建议，省扶贫办会同有关部门研究，初步将新一轮扶贫标准确定在4000元。12月20日，我和省扶贫办负责同志专程赴北京，向国务院扶贫办领导作了汇报。国务院扶贫办充分肯定了我省在全国率先消除绝对贫困现象，为中西部省份提供了许多好经验。认为，江苏省新一轮扶贫开发，初步提出4000元的标准是适宜的、可行的。2012年2月27日，省政府常务会议对"十二五"我省农村扶贫标准及帮扶政策等事项进行了研究。会后，省长嘱咐我再了解一下广东、浙江扶贫开发的情况。3月2日，省委帮扶工作队集中出发奔赴各地。3月4日至8日，我又带领省有关部门负责同志赴广东、浙江两省就扶贫开发工作作了一次学习考察，了解他们对新一轮扶贫开发工作的部署。3月18日，省委常委会听取了我省新一轮扶贫标准及帮扶政策情况的汇报。会议原则同意我们对全省下一步扶贫开发工作的安排，并决定召开全省扶贫开发工作会议进行部署。

在新一轮扶贫标准确定之后，最重要的工作就是建档立卡，落实具体的扶贫对象。江苏省从2008年即启动扶贫的建档立卡工作，有一定的工作基础和经验，但这次建档立卡工作要求比较高。2012年4月13—14日，在宿迁召开的全省苏北工作暨扶贫开发会议上，省委书记、省长对扶贫建档立卡工作都提出了要求。4月20日，省委农工办、扶贫办联合有关部门下发了《江苏省新一轮农村低收入人口建档立卡方案的通知》，并在南京召开专门工作会议进行部署。经过一段时间的工作，建档立卡的数据汇总了上来。全省年收入低于4000元的农村人口为147万户411万人。我们要求对初步确定的农村低收入人口进行调查核实，并将所有低收入农户名单和帮扶责任人在村组公示，做到公开透明。在反复核实的基础上，进行建档立卡，落实扶贫措施。

扶贫建档立卡工作开展之后，我们陆续收到一些人民来信，反映基层农村建档立卡中的问题。建档立卡工作的质量如何？我们感觉心里没有底，决定分头开展一些暗访，以便了解真实情况。

初夏的田野，麦苗青青，吹着凉爽的风。我和省委农工办的几位同事找了一辆旧面包车，同行的朱子华找了一个农村调查员的牌子挂在胸前，我还让他带上几包烟和一些糖果。暗访中见到老乡递上一支烟，遇到小朋友发一些糖果，乡亲们乐于给我们当向导、反映情况。暗访进行得很顺利，我们第一次在苏北大地信马由缰随便地跑，感觉很惬意。我们每到一个村庄，首先找有没有公布低收入农户的公告；然后去几家公告上的低收入农户家看看，了解实际情况是否符合；再打电话给公示栏上的帮扶责任人，问问他是否与低收入农户联系过等。暗访过程中发现的问题，我们一一记下来，反馈给县乡扶贫办的同志，以落实整改措施。

在扶贫暗访过程中，有两件事情给我留下了深刻印象。一次是在淮安农村暗访的时候，我们到了一个村庄，请偶遇的老乡带我们去村里最穷的贫困户看看，老乡低头想了想，转身领我们去了村边上的一家农户。在一个低矮的老屋内，我看到了一个十多岁的女孩，带着四个弟弟妹妹。我问女孩，家里有其他大人吗？女孩说妈妈不在了，爸爸在田里干活。我问女孩，你怎么不去上学。她说家里穷，她要照顾弟弟妹妹。女孩双眼饱含泪水，但她倔强地不让泪水流下，我心头不禁一酸。我们随即找到了村支部书记，问他为什么这家不是贫困户？支部书记告诉我们，因为这家违反了计划生育政策。我给支部书记说，孩子是没有错的，这家的贫困户必须补上。我也给从田里赶来的父亲说，大家想办法帮你克服困难，一定不能让孩子辍学！另一次是在盐城农村暗访的时候，村里老乡听说我们是来访问贫困户的，一定要我们去村里一位老转复员军人家里看看。老军人家是两间平房，平房旁边还有一栋建了半拉子的小楼。老人家拉着我的手告诉我，本来日子过得挺好，儿子在外跑运输，也赚了一些钱，正准备盖楼房；但前几天突然出了交通意外，造成了死伤事故，家里钱都赔了，还欠下了债。老人从箱柜里捧出了一堆立功奖章，老泪纵横地说当年曾经光荣过，现在也不想给组织添麻烦。突然发生的事情，因此这家也不是贫困户。

暗访结束回到省里，我就和扶贫办的同志商量，无论什么原因，收入达不到4000元的农村低收入户都要补上；对扶贫对象要实行动态管理。2014年12月，习近平总书记来江苏视察时曾嘱咐我们，扶贫要做到"一个不少、一个不落"。国务院扶贫办对江苏省的扶贫建档立卡工作给予了充分肯定。2012年10月份，国务院扶贫办在我省淮安市举办2012年度全国贫困农户建档立卡培训班暨扶贫工作现场会，江苏省扶贫办在会上介绍了扶贫建档立卡的经验。

全力以赴　真情扶贫

中国扶贫最重要的一条经验，就是走开发式扶贫的道路。2015年10月，习近平总书记在2015减贫与发展高层论坛上的演讲中指出："我们坚持开发式扶贫方针，把发展作为解决贫困的根本途径，既扶贫又扶志，调动扶贫对象的积极性，提高其发展能力，发挥其主体作用。"江苏的扶贫实践就是中国开发式扶贫的一个生动写照。

在新一轮的扶贫开发中，围绕开发式扶贫，江苏省委、省政府采取了一系列措施。首先是选派扶贫工作队。从1992年开始，江苏省委、省政府每年从省级机关、省直属单位等抽调300余名干部组成扶贫工作队、工作组，派驻每个重点扶贫县和重点贫困乡镇开展工作。这些年来，江苏先后派出了20多批扶贫工作队，大约有6000多人参加了扶贫工作队的扶贫工作。在 2012 年脱贫奔小康工程实施过程中，我们向 12 个重点扶贫县派出了扶贫工作队。在省工作队的基础上，苏北市县也组织了扶贫工作队，乡镇安排了扶贫人员。许多扶贫人员都是党委组织部门选定的培养对象，让他们在扶贫过程中经风雨、见世面、受锻炼。从省到乡镇组织起来的这支扶贫大军，在脱贫攻坚中发挥了巨大的作用。其次是建立"五方挂钩"扶贫机制。"五方挂钩"是江苏在扶贫开发中创造的一个有效机制。省级机关部门、省属企业、苏南市县、高校院所与苏北经济薄弱县"五方挂钩"帮扶，集中资源要素加大帮扶力度。每年由"五方挂钩"牵头单位领导召开挂钩单位与扶贫县区的联席会议，落实当年的扶贫资金与扶贫项目。据不完全统计，2012 年至 2015 年，省里 247 个挂钩帮扶单位共投入各类帮扶资金 74.4 亿元，实施各类帮扶项目 4397 个，有力推动了扶贫工作的开展。随着扶贫工作发展，又逐步将优秀民营企业、省文明单位纳入"五方挂钩"范围。"五方挂钩"还演化出了"五个一"的帮扶方式，针对苏北经济薄弱村，安排一个扶贫指导员驻村、一个科技特派员挂钩、一个工商企业帮扶、一个发达镇村结对、一个主导产业带动。通过多种举措，加快经济薄弱村脱贫奔小康。第三是集中资金、项目加大投入。2012 年至 2015 年，省财政安排专项扶贫资金 46.6 亿元用于新一轮扶贫开发，其中脱贫奔小康奖补资金 27.8 亿元，按照约 236 万开发式扶贫人口测算，"十二五"期间平均每人可获得扶持资金 1130 元。切实做好扶贫小额贷款发放工作。"十二五"期间，累计发放扶贫小额贷款 149 亿元，有 128 万农户直接受益。积极创新财政资金使用机制，2013 年开展财政扶贫资金直接扶持到户，2014 年全面推开，通过扶持发展增收项目、合作组织入股、企业务工补贴、购买公益岗位就业、资金入股分红、建设物业资产量化到户等六种途径落实到户到人，增强了资金使用的精准度。我们将扶贫开发放到全面小康建设大局中统筹谋划，从 2013 年起组织实施黄河故道现代农业综合开发、重点中心镇建设、苏北铁路建设、城乡供水与污水处理、科技与人才支撑、脱贫奔小康重点片区帮扶等，有力促进了苏北地区的扶贫开发和经济社会发展。

在扶贫实践中，我们既抓好"滴灌"式扶贫，也注重局部地区的

"漫灌"式扶贫。2013年，省委、省政府决定，将"西南岗地区、成子湖周边地区、黄墩湖滞洪区、石梁河库区、刘老庄地区、灌溉总渠以北地区"这6个经济薄弱的集中连片地区作为重点帮扶片区，建立片区整体帮扶联席会议制度，由省四套班子办公厅和省综合部门分别牵头，制定实施帮扶三年规划，实行整体帮扶、连片开发。为加大片区帮扶力度，省财政对6个重点片区、30个关键工程安排项目资金6亿元，片区340个经济薄弱村每村补助60万元，扶贫开发重点县低收入人口脱贫奖补资金标准从每人1200元提高到1500元，共安排专项资金8.89亿元。2015年，根据我省黄桥、茅山革命老区的发展实际，省委、省政府又决定，对黄桥、茅山革命老区部署实施富民强村三年行动计划，省财政安排1.2亿元专项资金予以支持。这样，江苏重点片区扶贫形成了"6+2"的新格局。

在全省上下的共同努力下，苏北经济社会发展形势喜人，苏北重点县区的发展成绩亮丽。相比之下，苏中一些经济薄弱地区的发展被提上了议事日程。2012年11月，根据省委主要领导意见，我和省政府副秘书长于利中组织有关部门调查研究并撰写了《加大区域发展力度，加快苏北振兴苏中崛起步伐》专题报告。2013年2月，省政府印发了《关于促进苏中与苏北结合部经济相对薄弱地区加快发展的政策意见》。该意见主要是对苏中与苏北结合部的高邮、宝应、兴化等经济薄弱地区实施县级基本财力保障，对该地区按照不低于苏北地区的补助标准，保障其"保工资、保运转、保民生"基本支出需求，缩小与其他地区的公共服务均等化差距。对该地区的交通和水利项目、城乡统筹区域供水项目、建制镇污水处理和垃圾处理项目，适当提高省级以上补助标准等，进一步促进江苏区域协调发展。

扶贫资金、物资、项目、政策汇成一股股洪流，激荡着苏北大地。在扶贫的日子里，最让我们动容的却不是钱与物，而是那些可敬可亲的扶贫人。省委办公厅驻灌南扶贫工作队原队长蔡踊泓是军人出身，他带领的扶贫工作队员都有战士的气质。每次活动前要列队唱他们集体谱写的歌曲《我们走在精准扶贫的大道上》。他们有一个叫王超的队员来自苏州城里，在灌南一个贫穷的小圈村担任第一书记。他很快和村民打成一片，在村里修起了水泥路，帮助村民种植蔬菜、发展电商。我去看他时，王超被一群农村大妈围着讨教电商技术，像极了一个邻家大男孩。王超在苏州城里有一个三岁的女儿。女儿生日的那天，王超和女儿通过微信在两地共同吹生日蜡烛。女儿举起小拳头，稚声稚气地喊着："爸爸，加油！"

帮的动了真情，被扶的长了志气。淮安的刘老庄是一个英雄村。抗日战争时期，新四军为掩护乡亲们撤退，与日本鬼子拼死血战，82名烈士长眠于此。刘老庄也是一个贫困村，2013年被列入经济薄弱集中连片地区。刘老庄村党总支书记朱林也是军人出身，曾在苏南搞工程，收入颇丰。看到家乡的贫困面貌，他毅然返乡，当上了脱贫致富带头人。朱林自掏腰包拿出50万元注册建筑公司，并把股权划归集体，成立了刘老庄第一家集体企业。他还带领村民招商引资，办起了蔬菜大棚、光伏电厂等，刘老庄成为六个经济薄弱集中连片地区中第一个脱贫的村庄。

正是许许多多像蔡踊泓、王超、朱林那样的扶贫人，用自己的心血与汗水，一点一滴地在洗刷着苏北千年的贫困积垢。

解决相对贫困　走向共同富裕

脱贫奔小康工程进展顺利。2015年6月，按照国务院扶贫办和省委、省政府要求，省扶贫办委托省社科院、南京农业大学的专家、学者，对全省实施农村扶贫开发"十二五"规划纲要和推进脱贫奔小康工程情况进行了第三方独立评估。评估工作历时三个多月，专家组通过采取随机走访、问卷调查、复查电话调查记录、召开座谈会等多种形式，在22个重点县的88个乡镇、486个行政村，抽取了4873个低收入农户样本进行收入状况调查。评估结果表明，2012年初，全省建档立卡的低收入人口合计411.18万人，截至2014年底，已有295.14万人脱贫。剩余116.04万低收入人口，其中68.31万救助式扶贫人口，将通过提高农村低保标准实现低保兜底，剩余的47.73万扶贫开发人口中，约有46.16万人有望在2015年底实现脱贫。至2015年年底，全省建档立卡农村低收入人口总脱贫率将达99.62%，累计脱贫409.61万人。实施脱贫奔小康工程期间，全省低收入农户人均纯收入年均实际增速为11.2%，高出全省农民人均纯收入实际增速1.42个百分点。

脱贫奔小康工程即将完成，全省建档立卡的411.18万低收入人口有望提前一年实现年收入4000元以上。我们一方面继续抓好扶贫开发工作，按照习近平总书记视察江苏时的讲话要求，做到"一个不少、一个不落"；另一方面及时调整了全省低保标准，做到与新的扶贫标准相衔接。2015年7月，全省农村低保标准调整为350元/月，人均年收入不低于4020元，切实做到了低保兜底。

在第三方评估数据出来后，我随即召开省扶贫领导小组会议，通报了脱贫奔小康工程第三方评估情况，并要求大家对下一步扶贫工作研究并提出意见，及早谋划下一步的扶贫开发工作。会议讨论中，大家总体认为，按照《中国农村扶贫开发纲要（2011—2020年）》的要求，我省可以提前实现全国2020年贫困人口人均收入达到4000元的脱贫标准，基本消除绝对贫困，下一步的重点是解决相对贫困。对解决相对贫困，会议提出了两种意见：一是省不再设定统一的扶贫标准，而是各地按照农民人均收入的一定比例划定相对贫困标准；二是省仍设定一个统一的扶持标准，巩固扶贫开发成果。两种意见都有一定道理，会议并没有仓促做出决定。

2015年9月24日至25日，时任国务院副总理的汪洋同志来江苏考察农业农村工作。我跟随省委书记、省长陪同考察。在去徐州沛县的考察途中，我在车上向汪洋同志汇报了江苏扶贫开发的情况和下一步扶贫工作的思考。汪洋同志说：全国的扶贫开发工作仍将持续推进，任务十分艰巨。江苏能够提前完成人均4000元的脱贫目标非常好，但要注意巩固扶贫成果。江苏下一步的扶贫开发如何安排，你们可以与国务院扶贫办一起做一些研究。根据汪洋同志的指示，我和省扶贫办的同志一起去国务院扶贫办作了一次汇报。汇报之后，国务院扶贫办主任明确表示：江苏的扶贫开发工作是卓有成效的。对下一步的扶贫工作，建议仍测算一个合适的扶持标准，既是巩固扶贫成果，也是探索解决相对贫困。

2015 年 11 月 30 日，江苏省委召开常委（扩大）会议，传达学习中央扶贫开发工作会议精神，围绕"迈上新台阶、建设新江苏"的目标，以"更加注重减少相对贫困、缩小收入差距、促进共同富裕"为总定位，以"标准再提高、重点再聚焦、内涵再丰富、底线再织牢"为总思路，实施"脱贫致富奔小康工程"。2016 年 2 月，江苏省委、省政府印发了《关于实施脱贫致富奔小康工程的意见》，该意见提出：通过努力，到 2020 年使低收入人口人均年收入达到 6000 元，生活水平明显提高，义务教育、基本医疗和公共服务得到有效保障，经济薄弱村集体经济年收入达到 18 万元，重点片区和革命老区面貌显著改善，基本公共服务主要指标接近全省平均水平。

实施"脱贫致富奔小康工程"基本延续了上一轮的扶贫开发政策。其中，重点片区的帮扶按照"有进有出、重在精准、兼顾公平"的要求进行了一些调整，基本保留西南岗地区、成子湖周边地区、石梁河库区、灌溉总渠以北地区，增加了丰县湖西地区、涟沭结合部地区；在扶贫工作队的选派上，提出 2016—2017 年向苏北 12 县（区）派驻省委帮扶工作队，2018—2019 年对苏北 6 个县（区）派驻省委帮扶工作队，选派政治强、懂经济、善治理、作风正的优秀机关干部到苏北经济薄弱村任第一书记等。省委、省政府希望通过实施"脱贫致富奔小康工程"，为全面建成小康社会、建设"强富美高"的新江苏奠定坚实基础，也为全国的扶贫开发事业作出江苏应有的贡献。

2016 年 7 月，我因年龄原因，离开省政府到省政协担任副主席。人离开了扶贫岗位，割舍不了的是浓浓的扶贫情缘。2017 年 8 月，根据省里的统一安排，我再次来到连云港灌云、灌南县考察扶贫工作，慰问省委扶贫工作队员，共叙扶贫情谊。2020 年 1 月 8 日，我从新闻中得知，在省十三届人大常委会第十三次会议上，省扶贫办的同志作了关于脱贫攻坚工作情况的报告，报告指出：江苏脱贫攻坚工作取得了决定性成效，脱贫致富奔小康工程实施四年来，已实现脱贫 254 万人，脱贫率达到 99.99%。我为苏北脱贫致富奔小康取得的成绩从心底里感到由衷的高兴！这一年，我以南京大学长江产业经济研究院特聘研究员的身份，申领了省社科基金办《建立解决相对贫困的长效机制》的课题。课题报告以党的十九届四中全会精神为指导，提出消除贫困是社会主义本质要求，要构建低收入人群的幸福保障体系，为消除贫困、实现共同富裕而奋斗！

春回苏北，苏北大地绿意盎然，那是一派勃发的生机与活力！

江苏十年三次扶贫标准是如何提出的

胥爱贵

在庆祝中国共产党成立 100 周年大会上，习近平总书记代表党和人民庄严宣告："经过全党全国各族人民持续奋斗，我们实现了第一个百年奋斗目标，在中华大地上全面建成了小康社会，历史性地解决了绝对贫困问题。"豪迈铿锵的语言响彻神州、传遍全球、振奋人心。我们取得的这一历史性的伟大成就，践行了共产党对人民作出的庄严承诺，体现了社会主义制度的优越性，为实现中华民族伟大复兴梦想奠定了坚实基础，为人类减贫事业作出了重大贡献！江苏省和全国一样，组织实施的脱贫致富奔小康工程取得全面胜利，至 2020 年底，254.9 万农村建档立卡低收入农户人均年收入达到 6000 元以上，821 个省定经济薄弱村和 562 个低收入村集体经济年收入达到 18 万元以上，苏北 6 个重点片区农村生产生活条件显著提升，12 个重点帮扶县（区）全部摘帽退出，各项目标顺利实现。江苏以率先实施扶贫小额贷款政策，率先开展建档立卡帮扶到户，率先提出帮扶标准并不断提高，率先采用"工程"实施的办法开展帮扶，率先建立"五方挂钩"帮扶机制，率先组织省市县扶贫工作队并持续不断，率先探索建立缓解相对贫困长效机制，率先进行脱贫攻坚机制改革试验等理论和实践创新，在全国脱贫攻坚史册上书写下精彩纷呈的篇章！

我从大学毕业参加工作直至退休，一直没有离开过扶贫这项工作，从 1986 年下派全省当时最贫困的乡镇之一——阜宁县羊寨乡挂职担任党委副书记，到 1998 年担任省委驻泗洪县扶贫工作队副队长，再到 2002 年 12 月担任省扶贫工作领导小组办公室主任，走上扶贫工作的领导岗位，可以说是江苏扶贫的参与者、见证者。从 2003 年 1 月起又先后担任了省委副秘书长、省扶贫工作领导小组副组长，直至 2019 年 9 月省扶贫工作领导小组成员调整才不再担任副组长。在这期间，有幸经历了江苏 1500 元、2500 元、4000 元、6000 元扶贫标准的决策和实施过程。这里就前 3 次扶贫标准确定和实施的有关情况作些回顾。

关于"千村万户帮扶工程"的谋划与实施

我担任省扶贫办主任后的第一项重大任务，是集中实施农村草危房改造。这是省委、省政府"十五"时期推进苏北地区扶贫开发的一项重要举措，作为省扶贫办主任，我全力以赴推动工作落实。据调查，至 2002 年底，苏北地区 16 个经济薄弱县（区）还有 5 万余农户居住草房、6 万余农户居住土墙瓦顶房，黄桥、茅山老区以及其他经济薄弱地区也还有一定数量的草危房。为促进全省城乡经济社会协调发展，加快经济薄弱乡村小康进程，2003 年 8 月，省委、省政府印发《关于加快推进农村草危房改造工作的意见》，提出从 2003 年起，用三年时间，基本完成全省农村草危房改造任务。在帮助贫困农民发展生产、增加收入、提高自身改造住房能力的基础上，以政府为主导，统筹规划，动员社会各方力量，加大帮扶力度，重点支持苏北地区经济薄弱县（区）和黄桥、茅山老区集中实施农村草危房改造。2004 年 3 月，省委、省政府印发的《关于促进苏北地区加快发展的若干政策意见》中，将支持苏北特困农户草危房改造的补助标准由 3500 元 / 户提高到 5000 元 / 户。"十五"期间，全省投入专项资金 5.6 亿元，基本完成了 33 万多户的草危房改造任务。与此同时，全省上下进一步创新和完善扶贫开发机制，加大扶贫开发力度，投入基础设施建设省补资金 2 亿多元，基本实现了村村通路；投入资金 10 亿元，基本解决了苏北 800 多万群众的饮用水安全问题；投入资金 10 亿元，改造苏北中低产田 500 多万亩。全省累计投入各类扶贫资金 50 多亿元，大大改善了苏北经济薄弱地区的生产生活条件，推动了经济社会事业快速发展，为"十一五"全省扶贫开发工作奠定了坚实基础。

2005 年 11 月，省委召开十届九次全会，审议通过了《关于制定江苏省"十一五"经济社会发展规划的建议》，描绘了"十一五"全省经济社会发展蓝图，并对全省扶贫开发提出新的要求。会后，省扶贫工作领导小组迅速组织力量开展调研，研究提出具体贯彻意见。

2006 年 1 月，省扶贫工作领导小组召开会议，学习贯彻省委"十一五"规划建议，听取全省扶贫开发工作总结和专题调研情况汇报，研究"十一五"扶贫开发指导思想、目标任务和具体措施。会议认为，在省委、省政府高度重视、各级各部门共同努力下，全省"十五"扶贫开发各项任务顺利完成，但从调研的结果看，扶贫开发工作仍然任重道远。一是贫困人口和经济薄弱村数量仍较多，全省农村人均年纯收入低于 1500 元的还有 106 万户 310 万人；低收入人口比例高、发展基础水平低、集体经济经营性收入几乎为零的薄弱村还有 1011 个。二是贫困人口分布呈"大区域分散、小区域集中"。在全省农村低收入人口中，79% 的户和 87% 的人口分布在苏北地区和黄桥茅山老区；1011 个经济最薄弱村全部在苏北的 25 个县（市、区）。三是多数农村低收入人口基本生产生活条件差，文化和就业技能低，抵御灾害和风险的能力弱，在市场竞争中处于劣势地位。会议提出，必须立足全省新的发展阶段和省情实际，科学把握省委、省政府"十一五"发展基本方略，进一步加大扶贫力度，转变帮扶理念，创新帮扶形式，突出帮扶重点，完善帮扶措施，提高帮扶效率，为全省构建和谐社会、推进"两个率先"作出新的贡献。

会后，省扶贫工作领导小组向省委、省政府作出书面汇报，提出"十一五"全省扶贫开发工作的几点建议：一是按照省委、省政府对"三农"工作的要求，紧扣社会主义新农村建设任务，制定下发《江苏省扶贫开发"十一五"规划纲要》，指导全省做好扶贫开发工作。二是在基本稳定"十五"期间省扶持范围基础上，按照突出重点、兼顾一般原则，下移工作重心，瞄准经济薄弱村，锁定农村贫困户，组织实施"千村帮扶"工程，大力开展劳动力转移就业扶贫和产业化带动扶贫。三是坚持并完善"五方挂钩""南北合作"帮扶机制，省、市、县三级分别选派优秀年轻干部到经济薄弱村担任扶贫工作指导员；四是进一步加大扶贫开发政策支持和投入力度。上述建议迅速得到了省委、省政府主要领导批示同意，并要求将"千村帮扶"拓展为"千村万户帮扶"工程，确保每年有若干贫困户脱贫。

2006年2月18日，省扶贫工作领导小组再次召开会议，就贯彻落实省委、省政府主要领导批示要求，对如何开展"千村万户帮扶"进行具体研究，明确提出将人均可支配收入1500元作为帮扶到户的标准。会议形成了《江苏省扶贫开发"十一五"规划纲要（省委常委会审议稿）》和《关于"十一五"期间组织实施"千村万户帮扶"工程的意见》两份文件稿，经过有关批准程序后，规划纲要以省委、省政府〔2006〕9号文件下发，实施意见以省扶贫工作领导小组〔2006〕5号文件下发。

2006年2月23日，省委、省政府召开全省扶贫开发工作会议，对"十一五"时期扶贫开发作出全面部署。国务院扶贫开发领导小组相关领导应邀出席会议并讲话。次日的《新华日报》配发了《采取综合措施，坚定有力地推进新时期全省扶贫开发工作》的评论员文章。2月28日一早，冒着漫天飞雪，省委、省人大、省政府、省政协、省军区有关领导，专门为19支省委驻县扶贫工作队举行了隆重而简朴的出征欢送仪式。

"千村万户帮扶"工程的核心内容是：按照帮扶到村、落实到户的思路，对1011个省定经济薄弱村和人均年纯收入低于1500元的100多万户300多万人实施帮扶。通过动员全省各方力量，围绕"千村万户帮扶"工程总体目标，进一步加大投入扶持，力争"十一五"期间，使经济薄弱村基本生产生活条件得到明显改善，逐步达到有"双强"班子、有科学规划、有高效农田、有特色产业、有配套设施、有保障机制、有整洁村容、有文明村风的"八有"目标，贫困农户每年有 20% 左右脱贫。省里重点支持苏北地区，其他地区由当地党委政府按照省委省政府的部署要求组织实施。

2006 年至 2007 年，全省各地切实把"千村万户帮扶工程"作为加快本地区发展的重要举措，落实党政主要领导第一责任人的责任，坚持从实际出发，加强规划，因地制宜，分类指导，尊重经济社会发展规律，尊重农民主体地位，发扬求真务实、艰苦奋斗精神，团结一心，苦干实干，"千村万户帮扶工程"顺利推进。坚持实行"五方挂钩""南北合作"，省、市、县三级共组织了 1898 个机关部门和企事业单位参与挂钩帮扶经济薄弱村，选派了 1095 名扶贫工作队员进村入户开展驻点帮扶；动员组织全省特别是苏南地区的各类企业与 962 个省定经济薄弱村开展了"一企一村""一企多村""一村多企"挂钩帮扶；动员组织苏南发达镇（村）与 212 个苏北经济薄弱村实施了结对帮扶；对 934 个经济薄弱村落实了科技特派员帮扶制度。坚持加大帮扶投入力度，对 12.67 万名贫困劳动力开展了全额免费技能培训，帮助实现转移就业 93.7%；省财政实施经济薄弱村"菜单式"项目扶贫计划，安排下达专项支持资金 4 亿多元；两年发放扶贫小额贷款 13.05 亿元，有 25.6 万农户得到支持，实现了发展生产、增加收入目标。经过两年的努力，"千村万户帮扶"工程取得了阶段性成效。据统计，到 2007 年底，累计帮助 109 万低收入人口人均年纯收入达到或超过 1500 元脱贫标准；1011 个经济薄弱村农民人均年纯收入达到 2984 元，增长 14.2%，比全省平均水平高 1.2 个百分点，有 83 个村达到"八有"标准，有的成为当地社会主义新农村建设示范村。

关于"脱贫攻坚工程"的筹划与实施

2007 年 10 月 15—21 日，中国共产党第十七次全国代表大会举行，大会通过的报告《高举中国特色社会主义伟大旗帜，为夺取全面建设小康社会新胜利而奋斗》，全面阐述科学发展观的科学内涵、精神实质和根本要求，明确科学发展观第一要义是发展，核心是以人为本，基本要求是全面协调可持续，根本方法是统筹兼顾。大会提出了全面建设小康社会奋斗目标的新要求，将中共十六大提出的国内生产总值到 2020 年力争比 2000 年翻两番的经济增长目标，调整为实现人均国内生产总值翻两番，同时对扶贫工作提出加大对革命老区、民族地区、边疆地区、贫困地区发展扶持力度、提高扶贫开发水平、逐步提高扶贫标准"一个加大、两个提高"的新要求。同年 11 月 26—27 日，省委召开十一届三次全会，全面贯彻落实党的十七大精神。全会提出，加大对经济薄弱地区和革命老区的扶持力度，深入推进"千村万户帮扶"工程，提高扶贫开发水平和扶贫标准，加快经济薄弱村发展和低收入农户增收，力争三到五年内实现城乡困难群众每人每天生活费不低于 1 美元。

省委全会后，围绕"每人每天一美元"如何实现问题，省扶贫工作领导小组组织省扶贫办、省民政厅、省统计局、国家统计局江苏调查总队等部门力量，以"千村万户帮扶工程"进展情况为基础，对全省城乡的贫困状况进行了一轮快速调查。结果显示：至 2007 年底，全省农村居民人均纯收入低于 2500 元（按照当时人民币汇率大体相当每天 1 美元国际标准）的有 169.3 万户 469.7 万人，占乡村人口的 9.4%。其中，苏北地区 400.3 万人，占全省低收入人口的 85.3%。经过分析认为，这样的人口规模和分布状况对江苏的经济发展水平来说，帮助他们摆脱贫困是完全有能力，也是应该实现的。2008 年 1 月，省委召开全省农村工作会议，对 2006 年初确定的"千村万户帮扶"工程的目标任务作出调整，要求从 2008 年开始，组织实施"脱贫攻坚工程"，按照每人每天生活费不低于 1 美元的国际标准，经过三至五年努力，在全省基本消除绝对贫困现象。

2008 年上半年，为了纪念改革开放 30 周年，中央和省委先后组织了农业农村工作和扶贫开发工作专题调研，召开了关于实施脱贫攻坚工程专题调研座谈会，强调，各地各部门要充分认识实施"脱贫攻坚工程"的重大意义，带着对人民群众的深厚感情，以强烈的责任感和紧迫感，着力帮助贫困群众发展生产增加收入，进一步改善贫困地区生产生活条件，完善帮扶机制，加大政策扶持和激励力度，加强组织领导，确保如期实现基本消除绝对贫困现象的目标。

2008年7月，省委、省政府印发《关于组织实施脱贫攻坚工程的意见》（苏发〔2008〕12号），明确脱贫攻坚的总体要求、基本原则、目标任务和重大举措，要求力争经过3至5年的努力，全省农村贫困人口人均年纯收入达到2500元（相当于当时人民币汇率每人每天1美元），农村贫困人口相对集中的经济薄弱村逐步达到"八有"目标，村级集体经济年收入达到5万元以上。《意见》从大力帮助贫困农户发展高效农业、积极促进农村贫困劳动力转移就业等九个方面出台了一系列具体政策措施。同月，省委、省政府印发《关于建立科学发展评价考核体系的意见》（苏发〔2008〕13号），明确将"年人均收入低于2500元的人口比重"作为评价考核各地民生改善的一项重要指标。

实施脱贫攻坚工程一开始，我省对城乡2500元以下贫困人口进行了全面普查，将帮扶对象落实到具体人头，按照统一要求建档立卡，改变原来"大水漫灌"的帮扶形式，这为后来全国实施"精准扶贫"提供了决策参考。经过建档立卡，农村贫困人口相比快速调整的数量略有减少。在449.6万农村贫困人口中，苏南、苏北占83.6%以上，苏中分别占3.6%和12.8%左右。苏北农村贫困人口中，95%以上在25个基础薄弱县（市、区），总数为358.6万人。根据贫困人口分布和各地区基础条件，对帮扶工作实行分类指导，苏南对农村贫困人口进一步加大保障力度，并辅以积极的帮扶措施；苏中主要依靠当地政府组织实施脱贫攻坚，省里给予适当支持；全省集中力量对苏北25个县（市、区）进行帮扶。明确要求：苏南确保2008年达标，苏中2010年力争达标，苏北2012年基本达标；全省每年力争完成100万左右贫困人口脱贫任务。

为打赢基本消除绝对贫困这场攻坚战，全省各级党委政府出台了一系列富含"真金白银"的帮扶举措，主要是：1. 大力帮助发展高效农业。全省为不具备转移就业条件的贫困农户发展设施大棚、畜禽养殖等高效农业项目提供支持，由财政、村集体经济组织投资建设设施大棚和养殖棚舍，以零租金或低租金提供给特别困难的农户使用。省及各地扶持农民专业合作组织发展，帮助贫困农户解决农产品市场销路，根据需要增发"绿色通道"通行证。放开扶贫小额贷款规模，以建档立卡贫困户为发放对象的小额贷款，省不再控制贷款计划。2. 积极促进转移就业。全面建立农村贫困农户未转移就业劳动力申报登记制度，逐村逐户建立台账，做到每个有劳动能力的贫困农户至少有一人实现转移并稳定就业。对接受中等职业技术教育的贫困农户家庭"两后生"子女提高资助标准，实行推荐就业；省对苏北贫困农户劳动力培训补助标准提高到每人500元；鼓励引导有条件的农民自主创业，为贫困农户劳动力提供就地转移就业岗位。3. 加大村企挂钩帮扶力度。出台各级企业发展资金、农业龙头企业扶持资金优先支持挂钩帮扶成效显著的企业等政策，调动了企业参与挂钩帮扶的积极性。据初步统计，全省各地参与挂钩帮扶企业数超过6000家。企业捐资建设公益性基础设施或社会事业项目的，相关费用在税前列支。4. 加快改善经济薄弱村生产生活条件。农村基础设施建设、社会事业发展、农村新五件实事、民生工程以及各种支农项目，进一步加大对经济薄弱村优先支持力度。在有条件的薄弱村，建设一定规模的标准化厂房，作为村集体资产实行租赁经营。开展土地复垦、村庄河塘整治等，扩大集体资源性资产。5. 提高最低生活保障水平。健全完善农村低保标准增长机制，按照实现目标的时序要求，采取倒排法确定年度农村低保标准。强化落实社会救助措施，加大了对贫困农户的教育资助、医疗救助、临时救助和法律援助力度。6. 增加脱贫攻坚财政投入。省财政安排27.5亿元专项资金，对苏北脱贫攻坚任务较重的县（市、区）进行奖补，资金安排与贫困人口和脱贫进度挂钩，由县（市、区）统筹用于脱贫攻坚项目建设，确保落实到经济薄弱村和贫困农户。有脱贫攻坚任务的市、县（市、区），也都明确了资金投入计划。7. 加强对脱贫攻坚的绩效和责任考核。将脱贫攻坚工程进展情况纳入县（市、区）全面小康社会建设综合考核内容，对各地贫困人口脱贫率、经济薄弱村发展目标、时序进度等实行量化考核，公布考核结果，作为党政领导考核任用的重要依据。

全省上下经过4年的艰苦努力，脱贫攻坚工程取得重要成果。到2011年底，全省农村2500元以下贫困人口累计脱贫率达到95.8%，省定 1011 个经济薄弱村全面达到"八有"和村集体收入 5 万元以上目标,五年预期目标提前一年基本实现。四年间对 169.3 万贫困户实行的建档立卡,全面做到户有卡、村有册、县乡有数据库;累计培训贫困劳动力45.9 万人,就业率达到 95%;省级"五方挂钩"各帮扶单位把脱贫攻坚列入重要工作议程,累计投入支持资金 50 多亿元;累计发放扶贫小额信贷资金 70 多亿元。脱贫攻坚工程的顺利实施,有力地推动了我省社会主义新农村建设,促进了城乡区域协调发展,也使广大扶贫队员得到了锻炼,加深了与农民群众的感情。特别是许多创新举措,如扶贫到村到户、采取结果导向的财政奖补政策、扶贫小额贷款使用、建立低保政策与扶贫开发衔接机制、开展社会扶贫、实行村企挂钩帮扶、贫困户互助资金试点等做法和经验,为全国的扶贫开发工作提供了重要参考和有益借鉴。

关于脱贫奔小康工程的规划与实施

2011 年 4 月 26 日,中共中央政治局召开会议,研究全国扶贫开发工作面临的形势和任务,审议通过《中国农村扶贫开发纲要(2011—2020 年)》。11 月 29 日,中央扶贫开发工作会议在北京召开,胡锦涛同志出席会议并发表重要讲话,对做好新阶段扶贫开发工作提出了明确要求。中央决定将农民年人均纯收入 2300 元(2010 年不变价)作为新的国家扶贫标准。省委、省政府认真学习贯彻中央扶贫开发工作会议精神,要求全省各级各部门在全力以赴确保实现脱贫攻坚预期目标任务的同时,结合实际认真谋划新阶段扶贫开发工作的接续开展。

2011 年 11 月,江苏省委召开第十二次党代会,对全省全面建成更高水平小康社会、开启基本实现现代化新征程作出重大部署。会议认为,省第十一次党代会以来的五年,我省人民生活得到较快改善,全省农村年人均纯收入 2500 元以下的贫困人口年底可提前一年实现脱贫。但城乡居民收入与经济发展水平不相适应,缩小城乡差距、区域差距的任务还很艰巨。今后五年，全省要全力推进产业转型升级、科技创新、农业现代化、文化建设、民生幸福、社会管理创新、生态文明建设、党建工作创新等"八项工程"，努力开创江苏科学发展新局面，谱写人民美好生活新篇章，奋力开启基本实现现代化新征程。

2011年底到2012年初，为贯彻落实中央扶贫开发工作会议和省第十二次党代会精神，省扶贫工作领导小组组织有关方面就我省"十二五"的扶贫开发工作进行了深入调研，吃透上级要求，听取基层意见，向省委、省政府提出了新一轮扶贫开发提高扶贫标准的建议。2006年年初确定1500元时，为2005年全省农民年人均纯收入5276元的28.4%，2008年确定2500元时，为2007年农民年人均纯收入6561元的38.1%，实践证明，30%—40%左右的比例是一个比较适合江苏扶贫开发省情的经验数据，符合农民人均纯收入正态曲线上低收入人群的分布状况。2011年底，我省农民人均纯收入首次突破万元大关达到10805元，参照上述大致比例，我们提出了将扶贫标准提高到4000元的建议，高于国家标准70%以上。2012年3月，省委、省政府制定出台《江苏省农村扶贫开发"十二五"规划纲要》（苏发〔2012〕7号），决定将我省扶贫标准由2500元提高到4000元，用四年的时间组织实施脱贫奔小康工程，确保到2015年列入帮扶对象的农村低收入人口年人均纯收入达到4000元或当地扶贫标准，部分达到小康水平。低收入人口人均纯收入增幅高于全省平均水平2—3个百分点，基本公共服务主要领域指标接近全省平均水平。市、县确定的经济薄弱村全面实现新"八有"目标，经济社会发展水平基本达到社会主义新农村要求。

2012年4月，省委、省政府在宿迁市召开全省苏北工作暨扶贫开发工作会议，对加快苏北发展和深入推进全省扶贫开发工作作出全面部署，强调要把实施脱贫奔小康工程作为苏北全面达小康的关键举措，加大工作推进力度，细化目标任务分解，确保这一民心工程真正落到实处。要坚持"输血"与"造血"相结合、项目帮扶与社会保障相结合，更加注重增强贫困农户发展生产的能力，更加注重帮助经济薄弱村发展集体经济。各地各部门要明确方向定位，突出重点区域，加大帮扶力度，促进内生发展，完善政策保障，加强组织领导，确保我省新一轮扶贫开发继续走在全国前列。2012 年 5 月，省委办公厅、省政府办公厅印发《全省苏北工作暨扶贫开发工作会议 10 项重点任务分解落实方案》，明确责任、细化措施、强化考核，确保落实到位。

此后的几年，重点采取了这样几条措施：一是发展特色产业。根据资源条件和农民意愿，调整优化农业产业结构，加快发展优质粮油、设施园艺、规模畜牧、特色水产、林木种苗和休闲观光农业。统筹城乡产业发展，将劳动密集型产业、环境友好型产业、农产品加工流通业向经济薄弱地区布局，带动经济薄弱村发展和低收入农户增收。二是促进创业就业。坚持把经济薄弱村和低收入农户作为优先扶持对象，组织实施了"百万农民创业工程"和"大学生村官创业富民"等创业计划。把提高低收入劳动力就业能力和促进就近就地就业作为主攻方向，分层次、分阶段、分对象进行上岗培训、在岗培训、转岗培训，不断提升就业技能和收入水平。对"零转移"低收入家庭，采取政府购岗的办法，提供就业岗位，帮助实现稳定就业。对农村贫困家庭未继续升学的应届初、高中毕业生参加劳动预备制培训，给予培训费和生活费补贴。三是发展集体经济。因村制宜，大力发展资源开发型、资产经营型、为农服务型、异地发展型、休闲观光型村级集体经济。加大财政支持力度，帮助村集体在经济开发区或符合规划要求的工业集中区建设一定面积的标准化厂房，也有的在城镇商业区建设一定面积的门面房，作为村集体资产收益。四是提高保障标准。健全完善农村低保标准增长机制，按照脱贫奔小康的目标要求，以县（市、区）为单位根据序时进度确定年度农村低保标准。逐步提高新型农村社会养老保险基础养老金标准。各级财政对低收入人口在农村各项保障中的个人出资部分予以优惠和资助。五是拓展"五方挂钩"。深化"五方挂钩"帮扶内容，促进更多的公共资源、社会资源流向经济薄弱地区，调动更多的人才、技术、资金投向低收入农户脱贫奔小康。六是加强组织领导。建立党政主导、分级负责、社会帮扶和自力更生相结合的扶贫开发工作新机制，实行市、县（市、区）党政一把手为第一责任人的扶贫开发领导责任制，把各类帮扶任务分解落实到各级各部门，切实做到工作到村、帮扶到户、责任到人。省委、省政府陆续制定出台了《关于加大整体帮扶力度促进集中连片经济薄弱地区加快发展的意见》《关于进一步创新扶贫开发体制机制的意见》《关于在黄桥茅山革命老区组织实施富民强村行动计划的意见》等一系列具有很强针对性的政策文件，不断加大实施脱贫奔小康工程的政策支持和推进力度。2015 年 5 月，省人大常委会颁布实施《江苏省农村扶贫开发条例》，标志着我省扶贫开发工作进入了法制化、规范化的轨道，为脱贫奔小康工程的顺利实施提供了法制保障。

2015 年 12 月，省委、省政府召开全省扶贫开发工作会议，对"十二五"全省扶贫开发工作作了全面总结。会议认为，四年来，实施脱贫奔小康工程取得了显著成效。一是低收入人口整体实现脱贫目标。全省实施建档立卡的 411 万农村低收入人口整体实现 4000 元脱贫目标，稳定实现不愁吃、不愁穿，基本消除了绝对贫困现象。二是重点片区和经济薄弱村帮扶取得积极成果。对苏北 6 个重点片区实施整体帮扶、集中连片开发，累计投入资金 353.8 亿元，兴办基础设施、产业发展、改善民生项目 1269 个，片区面貌发生了重大变化。推进村级"四有一责"和"八有"建设，大力发展村级集体经济，80% 以上的省定经济薄弱村集体经济年收入超过 15 万元，很多村成为社会主义新农村建设示范村。三是经济薄弱地区民生显著改善。实施新一轮农村实事工程，加快推进公共服务"六大体系"建设，全省所有行政村实现通电、通公路、通公交等"七通"目标，新农合、新农保、农村低保、被征地农民社保覆盖所有低收入人口，解决了 1600 多万农村居民的饮水安全问题，完成了 95% 以上村庄的环境整治任务。江苏实施脱贫奔小康工程取得的显著成效，引起了各级媒体的高度关注，《人民日报》《新华每日电讯》等先后以"江苏年收入四千元以下人口年底脱贫"为题进行了集中报道，在全国产生了良好影响。

2021 年 2 月 25 日，在全国脱贫攻坚总结表彰大会上，习近平总书记充分肯定了脱贫攻坚取得的重大历史性成就，深刻总结了脱贫攻坚的宝贵经验，深入阐述了伟大脱贫攻坚精神，并对巩固拓展脱贫攻坚成果、全面推进乡村振兴作出了全面部署。在全面建设社会主义现代化国家新征程中，我们必须继续弘扬"上下同心、尽锐出战、精准务实、开拓创新、攻坚克难、不负人民"的脱贫攻坚精神，以更有力的举措，汇聚更强大的力量，加快农业农村现代化步伐，促进农业高质高效，农村宜居宜业，农民富裕富足，为"强富美高"新江苏建设作出新的更大的贡献！

用心用情用力精准扶贫涟水

孙国君

  涟水是苏北革命老区，江苏省"十三五"期间 12 个重点帮扶县之一，经济基础相对薄弱，脱贫攻坚难度较大。根据涟水县扶贫办 2016 年数据，全县共有 11.27 万低收入人口，53 个省市定经济薄弱村，其中省定经济薄弱村 38 个，有 7 个乡镇被纳入江苏省扶贫开发重点片区，占全省扶贫开发重点片区乡镇总数的七分之一。

  2016 年 2 月，我被组织委派为省委驻涟水县帮扶工作队队长，带领着一支由省直机关、苏南县（区）、高等院校、国有企业等人员组成的帮扶工作队进驻涟水。如何改变现状，帮助当地群众脱贫致富，是摆在我们面前非常现实且棘手的难题。这场硬仗，只能赢，不能输。从进驻涟水开始，我就与全体队员立下誓愿，再硬的骨头，也要啃下来。2018 年 2 月，工作队帮扶届满，有近 10 名队员要求再续一届，把好的项目扶上马再送一程，同时也希望我留下来。后经组织同意，留下我与 6 名老队员。

  四年间，工作队 36 名队员扎根基层、心系百姓、创新思路、开拓进取，带着后方单位和涟水百万人民的殷切期望，打造了分布式光伏、技能培训、安东米富、健康扶贫四张"靓丽名片"，走出了一条以精准扶贫推动乡村振兴的新路。

帮扶担使命，做百姓贴心人

　　除队长外，其余队员均以第一书记身份进驻省定经济薄弱村。队员们怀揣着脱贫攻坚的梦想，带着强烈使命，信心满满地走入乡村。可是刚入村没几天，就有队员反映，村里工作难开展，要钱没钱，要人没人，要项目没项目，老百姓不搭理。甚至有村民认为扶贫工作就是个形式，来就是走个过场，干不了什么，不给村里添乱就好了。不光是普通百姓，部分村干部也持有怀疑态度，不相信帮扶队员能做事。一些村干部认为，扶贫本身就是帮扶责任，不是主体责任，把资金带过来任务就完成了，工作队不会把心思花在这里。

　　想干事，首先要打消民众和干部的顾虑。我在队务会上要求大家尽快与群众熟悉，建立起互相信任关系。针对低收入农户主动致富意愿不强，过度依赖帮扶政策，自身参与的积极性、主动性不高等现状，我与驻村队员一起走村入户，视群众为亲人，和低收入户深入交流，摸清致贫原因和低收入户的真实意愿，掌握第一手资料。有的队员驻村后，挨家挨户走访，嘘寒问暖，了解他们的家庭情况、致贫原因等相关信息，记录在随身携带的笔记本；有的人用相机给老人和小孩拍照，并把照片冲洗出来，送到农户家。通过频繁的造访，用心交往，拉近了帮扶队员与村民的距离，通过因村制宜、因户制宜，精准施策，制订个性化帮扶措施，极大增强了低收入户脱贫致富的信心。

　　通过深入调研，我们发现乡村贫困的根本原因，在于基层组织缺乏信心和工作动力。我们按照"抓党建促扶贫、促乡村振兴"的思路，针对村集体经济收入微薄、党组织生活单一、工作条件艰苦、村干部文化程度低、干事创业激情不足等现状，多措并举，为基层组织这个发动机"加油"。利用党员活动日，组织党员村干部学习扶贫和惠农政策，围绕创收增收，开展大讨论，为本村发展谋出路，激发他们干事创业的热情。与此同时，工作队开展形式多样的观摩活动，带领党员、村干部和群众代表到周恩来纪念馆进行党性、红色传统教育，到梁岔、红窑等镇考察整村推进、芦笋种植、蔬菜大棚等项目，还争取各方资源来涟水开展捐赠慰问，先后开展了"母亲邮包""音乐种子"春蕾助学行动，协调爱心企业为涟水捐赠资金和物资，融洽了帮扶队与村民的关系。

拓宽致富路，让农民过上好日子

乡村振兴，关键是产业要振兴，只有把准脉搏，找到穷根，才能对症下药，拔掉穷根。围绕帮扶村一二三产业融合发展的思路，我们把产业扶贫、乡村产业振兴作为增强"造血"功能的根本来抓，有效激活要素资源，精心构建乡村产业体系，走特色发展、差异化发展之路，多渠道解决村集体和低收入户增收的难题。

推动光伏扶贫，为创收增添动力。分布式光伏与集中式光伏相比，不受指标和农用地限制，项目到村到户，农民获得感强，收益持续稳定，是惠民好项目。但单体数量多，选址难，备案、并网程序繁琐，施工复杂，还要挨村挨户做工作、难度大，多数人不愿接受。国家鼓励光伏扶贫的政策机遇，千载难逢，机不可失。再难也要创造条件上，我将筹资、选址任务分解到每位队员，驻村队员负责包村包户，工作队制定详细工期进度，定期组织巡查，遇到问题限时办。我们选定19个省定经济薄弱村建设了2310千瓦的村集体分布式光伏电站，筹集帮扶资金1600万元，每年可为村集体稳定增收总计超过180万元。工作队还通过"企业＋农户＋银行贷款"模式，为近200户建档立卡户每月平均获得近300元的收益。东胡集镇鲁渡村帮扶队员陈静江通过招商引资，将村废弃小学改建成驾校，并在校舍屋顶建设村集体光伏电站，仅此一项，每年为村集体增加租金和光伏发电收益达12万元。

负责承建光伏安装的淮安友源公司李经理说："你们这些队员个个像打了鸡血似的兴奋，施工队被催得火急火燎，一刻也捞不到休息。300多座分布式光伏电站，这么短的时间建成并网发电，全部享受到国家电价补贴，真是不可思议！"

同时，我还联系县残联，联合开展残疾人光伏扶贫试点工作，推动县残联出台政策，对建设屋顶分布式光伏的低收入残疾家庭，每户给予4000元光伏补贴和4000元创业补贴，并为申请银行贷款的农户三年内贴息80%，在全县试点建设81户。多重政策的组合运用，推动了残疾人光伏在全省的试点推广。

打造"安东米富"品牌，构建新型农业综合体。涟水农副产品品类较多，多数农民品牌意识淡薄，我们提出依托注册的"安东米富"品牌，整合资源，成立安东米芾生态农业发展有限公司。在工作队的推动下，县经济开发区电商产业园设立了安东米富销售中心，以"互联网+公司+基地+农户"的模式，打造新型农业产业化联合体。引进南京市蔬菜集团公司成立江苏村乡致富生态农业发展有限公司，打造"安东米富"升级版，对接7个生产基地、15个家庭农场，拥有草鸡蛋、有机大米、红薯粉丝等23个特色农产品，覆盖9个村共3133亩，带动农户2066个，其中省定经济薄弱村5个，低收入农户86个。通过签署订单种植协议、农展会推介、大型超市合作等多种方式，实现年销售额5000万元。这些项目和品牌的打造，为村集体和村民构筑了一个个"致富工厂"，开辟了新的财源渠道，增加了收入。

建设美丽乡村，打造宜业宜居家园。坚持精准帮扶与乡村振兴融合发展，结合梁岔镇费庄村、黄营镇朱桥村实际，工作队积极协调省有关部门，加快实施"新社区新生活"整村推进项目和特色田园乡村建设。梁岔镇费庄村"新社区、新生活"惠民工程涉及403户1794口人，耕地面积2761亩。短短两年内，新建28幢楼房建筑面积9万平方米，节约土地2000多亩，并形成了"一区四园"的特色产业布局，费庄村由以前破旧贫困的村落一跃成为布局合理、功能完善、生态宜居、特色鲜明，苏北一流的新农村建设示范点和驻村帮扶的典型。谈到这一喜人变化，该村党总支书记王以中掩饰不住内心的喜悦，逢人就念叨"新社区新生活"项目。夸奖工作队，特别是驻村队员小褚整天粘在村里，挨家挨户摸排动员，动之以情、晓之以理，受其感染，三天时间全部签完合同，一周内拆除所有房屋，没有发生一例上访事件；一流的设计、完善的配套服务、优美的生活环境，费庄已成为老百姓的美丽家园！

对于区位优势独特的村，鼓励队员重点发展休闲观光农业和乡村旅游。利用大东镇瓦滩村区位优势，队员徐卫东与上海旅行社对接，将红日生态旅游农庄打造成农业休闲旅游的"涟水地标"，年接待游客上万人。现在的瓦滩村农家乐生意红火，农民菜地里长出的黄瓜、韭菜、丝瓜，院子里果树上结出的果子都能在家门口卖个好价钱；南集镇新合村利用飞地政策和后方单位帮扶资金重点打造羊肚菌产业园，产业园快速发展，实现了村集体和农民脱贫致富的愿望。

黄营镇朱桥村是渠北重点帮扶片区的省定经济薄弱村，也是涟水唯一的少数民族村，我与帮扶队员刘克忠共同努力，结合其独特的村情和产业特点，多次往返省有关部门协调争取，成功申请到特色田园乡村项目资金1600万元，大力发展肉牛养殖、高效循环农业。现在的朱桥村，一派"风吹草低见牛羊"的生态宜居新乡村风光，与此同时，村民的富裕生活也有了保证。

帮扶工作队还充分发挥"五方挂钩"协调小组的作用，从不同层面推动经济薄弱村的水利、交通等基础设施建设，改善村部广场、架设广场灯、配置健身器材、建设标准公厕，让村民逐渐享受到市民一般的居住环境和公共服务。

开展职业技能培训，提升农民造血本领。授人以鱼，不如授人以渔。针对当地低收入户缺技少能的现状，动员具有劳动能力的低收入户参加工作队组织的烹饪、育婴、柳编、老年护理、面点制作等技能培训20多期，已有1700余人从中找到就业门路，甩掉了贫困帽子。为减轻学员经济负担，工作队挤出经费为学员提供免费午餐和交通补贴吸引大家参加培训。结合农村缺少领头人的状况，在南京农业大学举办了2018年新型职业农民省级培训班，组织家庭农场主、镇村干部、农户代表、工作队员共100人参加为期四天的培训。技能培训逐渐成为持续有效的脱贫手段，低收入户实现了从"要我学"向"我要学"的转变，成为自身脱贫致富的"助推器"。目前，技能培训市场化机制已经形成，农民足不出村，就可以在村里接受培训，满足了多样化的培训需求。

三里村贫困户李建国夫妻通过培训掌握一技之长，夫妻俩到南京打工每月收入万元，从此走上致富路，逢人便夸党的政策好。陈师镇的卢伟参加了工作队组织的现代农业培训班，从此，她和工作队结了缘，卢伟在工作队的指导下进行特色生态种养，在寿丰家庭农场承租了100亩土地，种上了金银花。"金银花是草药，为了确保它的药用价值，不能使用化学肥料、农药，但田间管理的人工费用太高，让我不堪重负。"卢伟的烦恼，帮扶工作队第一时间帮忙解决。"试着养鸡，鸡不仅可以清除田间杂草，啄食害虫，它们的粪便还能用作肥料，以金银花喂养出来的鸡，肉质鲜美，营养丰富，一举数得。"听到工作队的建议，卢伟心里乐开了花。在工作队的持续关注下，金银花田长势喜人，金银花鸡、金银花鸡蛋应运而生，眼看着自己的田里产生了多倍的叠加效益，卢伟喜不自胜说："自从加入了工作队'安东米富'品牌，金银花鸡、鸡蛋更好卖了，价格节节升高，每只鸡从原来100元涨到168元，每个鸡蛋从原来的1.5元卖到3元，还供不应求，尝到了科学种养的甜头。"

精选产业帮扶项目，发挥"以点带面"作用。涟水毕豪黑豆酱油厂和爱华粉丝农场经营不善，销路不畅，贷不到款，处于亏损边缘。调研中我们发现，这两家农产品有鲜明的地方特色，农户带动力强，稍稍提档升级，改进包装设计，疏通销售渠道，前景一定好。毕豪黑豆酱油厂负责人陈正东说："孙队长帮到点子上，投入资金建立利益联结机制，既带动农户，又帮助了企业，真正起到四两拨千斤的作用。"目前两家企业的黑豆调味品、山芋粉丝、食用油等产销两旺，成为当地重要农产品生产基地。

我们选择的帮扶项目就是要接"接地气"，所谓接地气，即"精准扶贫"既要对症下药，又要可持续性。近几年来，玫瑰园、有机稻米基地、农民工返乡创业园在涟水的贫困村百花齐放，着实让农民得到了实惠。南严村书记严殿良动情地说："赏玫瑰花、吃富硒米、品农家菜、住怡养中心，我们村里人好福气哟，做梦也没想到，这辈子还能过上城里人的生活。"

织牢保障网，健康扶贫解民忧

"救护车一响，一头猪白养"，因病返贫、因病致贫是致富路上难啃的硬骨头。脱贫攻坚进入决战决胜期，如何把因病致贫、因病返贫这些"绊脚石""拦路虎"搬掉，成为"两不愁三保障"精准扶贫工作的重中之重。工作队在抓产业扶贫的同时，更注重健康扶贫，积极探索解决相对贫困长效机制，在苏北率先开展了贫困家庭儿童先心病救治和村级医疗互助工作。

点燃"心"的希望，先心患儿重获新生。当得知南京儿童医院开展困难家庭儿童先天性心脏病救治的信息，我随即组织队员到镇村摸排，可是两三个月过去杳无音讯。这么好的事为何无人参与？我深入走访了解到，这部分弱势人群渠道闭塞，无法获取救助消息。加上救治风险大，一些人害怕引火上身，抱着多一事不如少一事心态，不愿多问此事。"以人民为中心，不能只停留在嘴上，更要落实到行动上，不能一有风险就放弃。"于是，我带着队员，走访村镇卫生所、县医院查就诊记录，朋友圈寻找，一传十，十传百，报名人数一下骤增至60多人。这其中有部分属弱势失能家庭，大量的信息甄别、困难证明、救助申请、转诊手续、术前筛查、手术救治等，这些都需要我们不厌其烦地亲力亲为。为给患儿家庭减轻负担和提供救治便利，我和队员们多次往返医院开具转诊证明、联系多家慈善机构申请救助费用、分批次包车陪同来宁，并在南京儿童医院开辟绿色通道，对特别困难的家庭费用全免，大大减轻困难患儿家庭的负担。经过多方奔走联系，后方单位协调，2019年初，南京市儿童医院为涟水县61名先天性心脏病患儿实施救助行动，30余人分批到南京手术治疗。

2017年10月，陈集镇旗杆村村民张文良的孙子出生，原本这是全家的大喜事，却因为孩子患有先天性心脏病，让这个家境陷入了困境。张文良说："小孩出生，就早产两个月，当时医生告诉小孩是先天性心脏病，跟正常人不一样。我家6口人，两三亩地，全靠我一人挣钱，小孩出生到现在花了十八九万。孩子父亲要照顾孩子，没法外出打工。厚着脸到处找人借钱，我没有低保，太难了！幸好遇到工作队协调帮忙，解决了我家大问题！"张文良的孙子幸运地赶上了这个机会，然而手术期间住院产生的费用，除医保可报销外，还有相当一部分需要自理，8万多元的治疗费还是让这个家庭犯了难。建立缓解相对贫困的长效机制，如何破解这个难题？引起我们深深思考。

破解"看病愁"，"医疗互助"阻断因病致贫。近年来，涟水虽然不断完善医疗保障机制，统筹实施建档立卡户医疗兜底保障，但是类似于张文良家属于建档立卡的"边缘户"，不在兜底保障范围。而这些低收入户家庭一旦有人生病，就可能面临因病致贫、因病返贫的巨大风险。

辛辛苦苦几十年，一病回到解放前，这是目前农村地区尤其是低收入人群面临的最大难题。在帮扶过程中，我们遇到不少农民因为生大病引起全家赤贫的状况，它的比重在农村超过50%，经济薄弱地区相对来说更高一点。临时救助虽然可以为困难家庭解决一时燃眉之急，但终究不是长久之计。之前一些乡镇也曾商谈为低收入家庭提供保障，但保险公司的"老人不保、病人不保"，让大家望而却步。

一枝一叶总关情，排忧解难聚民心。不让"病根"变"穷根"，亟需从供给侧改革入手，给广大群众特别是农村群众提供普遍能接受、经济可承受、保障更有效的互助机制。为了弥补医保目录外不报销、部分病种报销比例低、跨地区就诊难报销、贫困"边缘户"没有财政兜底等"短板"。工作队决定转变思路，变"输血"为"造血"，在涟水试点村民医疗互助项目，通过"村民掏一点、村集体出一点、社会赞助一点、政府引导一点"筹集资金，对困难群众按病种进行"二次报销"。

在决定开展村民医疗互助时，大家普遍有畏难情绪。这项目本身就难推动，再让百姓掏腰包难上加难。恰巧这时省慈善总会捐助的120万资金到账，这笔钱怎么用又犯难？不少人建议这笔钱用于慰问、做产业项目省事，不存在失误风险，也不用承担责任，更不会有人为干预。"慈善捐助不能洒香水，必须用在刀刃上，只能作为医疗互助的启动资金。"

对这件事，我态度非常明确。

项目启动之初步履维艰，基层积极性不高，除了担惊受怕，还增加了工作量；百姓不理解，哪有这等好事，自助的钱保不齐打水漂。为了打消他们的顾虑，我们为经济薄弱村6097名建档立卡户量身定制，80万元兜底保障试运行一年。剩余的40万元，在有条件的6个村整村试点，前提是村民自缴资金必须到位，工作队才给予相应补贴。于是我们带领试点村镇干部去江阴学习，让他们切身感受医疗互助的益处，大家形成共识，一定要把百姓的事办好。队员与村干部开会动员，上门游说，每户送达告知书，一些受到资助的百姓现身说法，村民也从开始的强烈反对→犹豫观望→有限参与→积极支持的转变，短短两月有近2万人参与其中。

这个项目涵盖了1539种病种，按照"同样病种同样补"的原则，"一把尺子"发补助，定期公示使用情况，让百姓既有受益权也有监督权。杜绝"暗箱操作""人情补助"，体现公平性、公开性。医疗互助，唯一受益的就是百姓，资金使用非常精准，没有中间商赚差价。同时，这种互助改善了邻里关系，形成人人帮我，我为人人的乡风民俗。

利民惠民的好项目不能半途而废，要使项目持续推进，必须以点带面，以乡镇为单位才能扩大覆盖面，提升影响力。于是，我们选择了乡镇干部有意愿，群众工作基础较好的东胡集镇推广。

在前期试点基础上，工作队经过多方努力，向省慈善总会申请项目资助100万元，同时节约工作经费100多万元，作为引导资金，在东胡集全镇推进"村民医疗互助"。东胡集镇"村民医疗互助"项目正式上线，标志着首次在"人口流出地"开展村民医疗互助的破冰之举，涟水也因此成为苏北首个整镇实施"村民医疗互助"的县。

张文良的孙子也成了"村民医疗互助"的受益人，做完先心手术，报销完各类费用后，自家只花了不到7000元，所以他专程为工作队送来了锦旗。建档立卡户徐文成，因突发主动脉破裂，先后两次住院动手术，医疗费用高达30多万元。他全部医疗费用医保报销近90%，村民医疗互助"二次报销"26040元，自己实际花钱并不多。他感慨地说：

"多亏这个互助，我没有因病返贫。"

涟水县从 2019 年开始试点推广村民医疗互助时，只有 29 个村、39749 人，互助资金共 276.53 万元。截至今年，已经扩大到 47 个村、59597 人，累计互助资金达到 735 万元，累计补助 3041 人次、补助金额 447.34 万元。随着村民医疗互助这一模式影响的扩大，开始面向全省逐步走向全国，目前全国已有近 1500 个村开展了村民医疗互助。

中国社会科学院农村经济研究所所长王震在调研这个项目之后指出，村民医疗互助筑牢了医疗保障的兜底"安全网"，这是健康扶贫的破题之举、创新之举。"涟水的这一举措，有积极的推广意义。从制度上来说，构建中国多层次的社会保障体系，我们现在还有所欠缺。这个举措等于说在基本医疗保障之外，通过新的社会互助、村民互助的办法，对于解决村民的因病致贫、因病返贫，是一个非常好的模式。从乡村治理能力的提升上说，十九届四中全会专门提到共建共享共治，不仅仅是说发展产业让大家有收入，更多的是要形成一个新型的乡村治理模式。村民自己组织起来互助，说白了就是没病的帮有病的，当自己遇到这种风险的时候，会有别人来帮自己，这才叫社会互助。慢慢地人们会从这个项目中生长起乡村振兴所需要的新的治理能力来。"

有为书无悔，此心安处是吾心

俗话说，火车跑得快，全靠车头带。工作队要打造一支责任过硬、能力过硬、作风过硬、能打善战、团结和谐的集体。作为队长就是要率先垂范，充分调动每位队员的积极性，并且公平待人、公正对事；敢于担责，遇事不推诿；营造人人想干事、人人能干事的氛围。四年来，队员们舍小家顾大家，全身心投入扶贫事业，工作队涌现了很多生动感人的故事。

工作队联动项目光伏推进遇阻，各种各样的问题也接踵而至，我马不停蹄协调推动，一段时间整夜无法入眠，造成严重的心肌缺血，被队员强行拽进了医院。

村级医疗互助项目，前进村是涟水县第一个试点村，虽然后来村民们踊跃报名，起初这样的好政策却无人理睬。前进村第一书记周腊成动员村干部主动带头缴纳，并制作多媒体宣传片，向村民进行宣讲，消除他们心中的疑问和困惑，很快越来越多的村民积极要求加入。

高沟镇前进村是传统稻米种植区域，传统稻麦两季，以往增收全靠天。我和周腊成与村镇干部反复调研论证，将前进村传统的"一稻一麦"模式改成单季种植有机稻和富硒稻。在工作队的推动下，动员100多农户流转土地1000亩，率先推出"订单式"帮扶方案，并与省电信公司签订三年销售协议，为3万电信员工量身定制千亩有机稻米基地。第一期60万斤有机稻米销售一空，按照有机稻米8元/斤，富硒稻米12元/斤，仅此项为村集体增收100万元，同时建立利益联结机制，带动周边100多农户（含22户建档立卡户）每户增收1万元以上。

"可能不是每一个受助对象会记住我们的名字，但是我们都有一个统一的称号叫共产党员。"省委驻涟水县帮扶工作队连续三届队员、前进村第一书记周腊成说。

"只有做到懂村情、解民意、真帮扶，才能把扶贫扶到点子上。"省委驻涟水县帮扶工作队连续三届队员、朱桥村第一书记刘克忠说。

"扶贫的事情就是自家的事，我要做的事情还很多。"省委驻涟水县帮扶工作队连续三届队员、百子村第一书记陈登华说。

"离开家来到涟水四年，让老百姓能够切实地受益，真的是无怨无悔。"省委驻涟水县帮扶工作队连续两届队员、严黄村第一书记陈静江说。

"只有找准治疗病根的'穴位'，才能开展'点穴式'的精准扶贫。"省委驻涟水县帮扶工作队连续两届队员、守阳村第一书记徐卫东说。

"人生的价值莫过于为他人和社会作出更大贡献。"省委驻涟水县帮扶工作队连续两届队员、街南村队第一书记吕国杰说。

"驻村那一刻起，我就是卜圩人，我一定尽力帮助家人脱贫致富奔小康，这就是我的庄严承诺。"省委驻涟水县帮扶工作队队员、卜圩村第一书记陈龙说。

"我们既完成了硬性帮扶任务，也着眼织密保障网，为解决因病返贫作出了涟水探索。"省委驻涟水县帮扶工作队队员、张罗村第一书记张伟说。

……

一花独放不是春，百花齐放春满园。工作队注重帮扶项目的联动性和持续性，大家心往一处想、劲往一处使，心无旁骛谋帮扶。2016—2017年度帮扶工作队任期届满后留任七名老队员。2018—2019年两届期满后又有四名老队员主动留下，持续推进联动项目。黄沙百战穿金甲，不破楼兰终不还，一代一代帮扶队员矢志初心、赓续前行，一茬接着一茬干，打造了一支不走的工作队。

涟水帮扶工作队的帮扶经验，多次被中央、省市主流媒体报道。2019年2月4日（大年三十）《新华日报》在"新春记者走基层，走近总书记牵挂的人"栏目以《贫困户记不住我名字，但都感谢党》为题，报道了工作队的帮扶事迹。工作队连续三年在全省扶贫开发工作会议上作经验介绍。

工作队在探索推行村级医疗互助，建立解决贫困的长效机制方面卓有成效，该项目在2019年全省高质量考核创新创优项目评审中获得一等奖，得到与会专家和评委的高度评价。《关于健全推广村民医疗互助模式，巩固提升脱贫攻坚成果的建议》，被省人大确定为2021年11项27件重点督办件之一，由省领导重点督办。这一创新举措受到省委省政府领导批示肯定和百姓赞誉，引起各方广泛关注，具体做法也被有关方面采纳。中共中央办公厅、国务院办公厅《关于改革完善社会救助制度的意见》里有"支持医疗互助有序发展"的内容，省委办公厅、省政府办公厅《关于改革完善社会救助制度的实施意见》提出"探索建立村级医疗互助"的要求。

四年来，工作队1人被中共中央、国务院表彰为全国脱贫攻坚先进个人；3人获得省脱贫攻坚奖；5人获得省委、省政府表彰的脱贫攻坚先进个人。参与村级医疗互助的福村宝医疗科技有限公司也因此荣获国家、省脱贫攻坚奖，党中央、国务院表彰的脱贫攻坚先进集体。工作队帮扶的涟水县成集镇条河村也获得党中央、国务院表彰的脱贫攻坚先进集体。

捧着一颗心来，不带半根草去，这是著名教育家陶行知先生自书的一副对联，这恰是对工作队四年来倾情帮扶的最好诠释。

灌南县挂职扶贫的实践与感悟

蔡踊泓

2016年2月25日，一个再平凡不过的日子，但对于我们江苏省委驻灌南县帮扶工作队队员而言，它是特殊的，也是终生难忘的。就是这一天，大家肩负着省委省政府的重托和期望，从钟山脚下、从太湖之畔、从黄海之滨，为一个共同的目标和使命，相聚在灌南这个既陌生又充满期待和希望的热土，至此开启了为期两年的扶贫工作，并肩奋斗了700多个日日夜夜，谱写了灌南扶贫事业和个人生涯的一部难忘诗篇。时至今日，再次回望"第二故乡"，曾经工作和生活的画面清晰浮现在眼前，让人心潮澎湃、感慨万千。

我们驻灌南工作队是2016—2017年度全省12支省委驻县（区）帮扶工作队之一。自1992年起，省委、省政府选派驻县（区）帮扶工作队到苏北经济薄弱县（区）开展"五方挂钩"帮扶。2016年，是贯彻落实习近平总书记关于扶贫开发重要论述的关键之年，是坚持"精准扶贫、精准脱贫"基本方略承上启下之年，是全省决战决胜脱贫致富奔小康工程的攻坚之年，也是"五方挂钩"关系调整充实、开展新一轮帮扶的第一年，新组建和选派的驻县（区）帮扶工作队责任重大、使命光荣。

驻灌南工作队有24家后方单位，其中19家单位共派出21名队员，我把后方单位通俗地概括为"12358"，即1所大学（南京农业大学，派出1人），2个科研院所（中国电科28研究所、南京水利科学研究院，共派出2人），3个苏南县市区（昆山市、太仓市、苏州姑苏区，共派出4人），5家省级机关（省委办公厅、省扶贫办、人民银行南京分行、江苏海事局、新闻出版广电局，共派出5人），8家省部属企业（省交通控股、凤凰出版传媒、中国人寿财险江苏分公司、恒泰保险、省沿海开发集团、省海企集团、钟山宾馆集团、金陵饭店集团，共派出9人）；队员的年龄结构通俗的概况为"588"，即"60后"5人，"70后"8人，"80后"8人，年龄最小的29岁，最大的56岁。

两年中，我们坚持在灌南县委、县政府的领导下，紧紧依靠后方单位大力支持，始终牢记习近平总书记提出的"用心、用情、用力"指示要求和省领导的嘱托，不忘初心，真抓实干，攻坚克难，稳步推进，两年共投入各类帮扶资金超亿元，在28个省定经济薄弱村，实施的148个帮扶项目建成落地，并依靠产业项目的强力带动和长久支撑，有序实现从"输血"到"造血""漫灌"到"滴灌""阶段性"到"可持续"的转变，精准扶贫、精准脱贫成效凸显，为灌南"十三五"脱贫攻坚奠定了坚实基础。真正兑现了"为灌南人民谋幸福就是我们的目标，争取灌南人民的获得感就是我们的成就感"的庄严承诺，彰显了"进了灌南门就是灌南人"的浓厚情怀。

有了"金刚钻"才能揽住"瓷器活"

进驻伊始，摆在我面前最紧要的任务是如何尽快让队员们把思想和行动统一到中央和省委、省政府关于扶贫开发的决策部署上来，尽快熟悉县情、镇情、村情、民情，掌握农村工作方法，实现由机关的角色、城市的角色、过去的角色到基层的角色、农村的角色、"第一书记"角色的转变。2016年6月7日，时任省委书记李强到灌南县省定经济薄弱村调研时要求"驻村帮扶干部充分发挥自身优势，紧密结合村里实际，扑下身子与村里一起谋划出更多脱贫致富的思路举措来"，为我们进一步开展工作指明了方向。我们首先是融入大局抓学习。进驻灌南第一次工作见面会上，我向大家提出了"在岗、在行、在状态"的工作要求。两年中定期召开月度工作例会，将安排部署业务工作与学习教育相结合，及时传达学习中央和省委、省政府等领导同志关于扶贫开发的一系列指示精神和省市县有关重要会议精神。同时组织队员参加县委中心组学习会、党代会、人代会等重大会议活动，帮助队员了解大局、胸怀大局、服务大局。还定期邀请县委农工部、县扶贫办、基层工作典型到会介绍工作经验做法，分享心得体会。通过举办封闭式学习班，邀请苏南致富典型做辅导、苏北优秀村支书当老师、县扶贫条线干部讲政策，接受扶贫开发思想教育，学习工作思路理念、政策法规、经验做法。其次是思想教育促认识。组织全体队员赴周恩来纪念馆、赣榆区抗日山，接受革命传统教育和爱国主义教育，重温入党誓词。邀请党的十七大、十八大代表、全国劳动模范张云泉作报告，认真学习他始终关心群众疾苦，情系百姓冷暖，以赤子之心和满腔热忱，为民解难，为党分忧，在平凡岗位上作出不平凡贡献的奉献精神和崇高境界。2016年8月4日，我带领全体队员登船出海上开山岛参观"夫妻哨所"，聆听时代楷模王继才讲述30年如一日的守岛故事，学习他们守岛卫国的先进事迹，队员们深受感动，接受了一次深刻的党性教育，在现场交流中，我鼓励大家"要在驻县帮扶实践中坚持树立一面旗帜、胸怀一种精神、锤炼一支队伍、干出一流成果"。这样一系列党日活动教育，大家思想上受到了洗礼，精神上受到了鼓舞，为把帮扶工作做细、做好、做实奠定了思想基础。第三是外出考察学经验。两年中根据工作需要分阶段组织队员赴徐州、宿迁、淮安、盐城等周边市县区考察帮扶工作，学习先进经验做法、拓展工作视野。同时区分项目有针对性地组织专题学习考察。期间，我专门带领扶贫办、镇村干部、帮扶队员到盐城亭湖区考察江苏乾宝牧业规模化、标准化湖羊养殖的经验做法，为推动实施港嘴村标准化羊场项目取得第一手资料。第四是进村入户摸底数。习近平总书记强调"扶贫必先识贫"。掌握实情、摸清底数是实现扶贫工作"精准度"的关键所在。根据工作队统一部署，队员们参加完市县欢迎会后即刻开赴乡镇，进驻挂钩帮扶村，开始了走村串户、深入田间地头的调查摸底工作，在较短的时间内不仅走遍了所有低收入农户，访遍了各村致富能人和老党员，摸排了村办企业、合作社经营情况，还逐步学会了当地方言，习惯了乡村水土，弄通了乡俗民情，做到了"三清"（村情民情清、致贫原因清、发展思路清）、"五熟"（脸熟、人熟、路熟、田熟、账熟），成为进村"狗不咬"、找人"不问路"的第一书记，以实际行动践行了习近平总书记"脚下沾有多少泥土，心中就沉淀多少真情"的谆谆教诲。

开对"药方"才能拔掉"穷根"

习近平总书记强调精准扶贫"关键是要找准路子、构建好的体制机制""开对了'药方子'，才能拔掉'穷根子'"。帮扶期间，我们突出一切工作在"精准"二字上下功夫，探索"精准扶贫、精准脱贫"基本方略下的工作思想和举措，我们既强调"低头做事"的苦干作风，也引导大家要有"抬头看路"的工作思维，注重工作理念、思路的总结提炼，实现与帮扶实践的融会贯通，形成了一系列被实践证明行之有效的工作机制。一是调研中形成了"四跟四走"的帮扶工作思路。针对以往"资金使用失当、能人难起作用、摆脱贫困找不到出路"的现状，我们与乡村干部一道，认真调查，反复研究，逐步形成了"四跟四走"的帮扶思路，即"资金跟着穷人走、穷人跟着能人走、能人跟着项目走、项目跟着市场走"，真正实现了"扶持对象精准、项目安排精准、资金使用精准、脱贫成效精准"的目标。二是在实践中形成了"五个两手抓"的帮扶指导思想。针对扶贫中常常出现乡村不同步、领域不平衡、顾此失彼等问题，我们在帮扶实践中逐步形成了"五个两手抓"的帮扶指导思想，即"强村与富民两手抓、扶贫与扶志两手抓、扶持健康与扶持教育两手抓、点线面结合与一二三产融合两手抓、惠民实事与乡风引领两手抓"，努力推动实现"强村与富民同步发展、乡镇与村庄整体发展、各项事业协调发展"的目标。三是在推动项目建设中形成了可持续、可复制的"六个结合"帮扶工作机制。按照"总体规划、顶层设计、产业主导、分步实施、滚动发展"的工作路径，在帮扶项目的论证、规划、设计、实施、运营、管理各个环节进行探索总结，逐步形成了"六个结合"的帮扶工作机制，即"与发展现代农业机械化相结合、与挂钩后方单位资源相结合、与发展新兴产业相结合、与乡镇工业集中区相结合、与传统种植业养殖业相结合、与有关配套政策相结合"，努力推动实现全县"一盘棋"、乡村"一张网"项目建设的整体格局。

我们探索形成的一系列经验做法，得到省市领导的充分肯定。省委常委、省委秘书长在 2017 年 8 月 28 日灌南工作队汇报材料上批示"工作队创新方式，扶贫成效务实，值得总结推广"。省委副秘书长、省委办公厅主任 2017 年 8 月 27 日批示"省委驻灌南县帮扶工作队组织有力，管理有方，工作有思路，扶贫有成效，队伍有凝聚力，体现了强烈的责任意识，展示了良好的精神风貌。"连云港市委书记 2017 年 11 月 15 日批示"自去年初省委驻灌南县帮扶工作队进驻我市以来，摸索出一套行之有效的产业帮扶机制，有力助推了全市的精准扶贫精准脱贫进程。成效有目共睹，经验弥足珍贵"。

用"绣花"功夫抓好产业帮扶

习近平总书记强调扶贫开发"贵在精准，重在精准，成败之举在于精准"，"扶持谁、谁来扶、怎么扶、如何退，全过程都要精准，有的需要下一番'绣花'功夫"。我们始终把帮扶项目建设摆在精准扶贫工作的重要位置，以"六个结合"凸显帮扶工作的"精准度"，大力发展产业帮扶项目，以牵住村集体经济增收的"牛鼻子"，实现扶贫项目的可持续、规范化、长效性的发展目标，提升村集体经济增长活力。

两年间，在全县共实施了 4 大类 15 个分项 148 个到村项目，总投入超亿元。一是与发展现代农业机械化相结合的项目。调研中我们发现灌南在粮食生产产业链中存在短板，特别是粮食加工仓储有很大的发展空间，可形成可观的经济收益，因此我们在全县 28 个省定经济薄弱村配套建成了 9 个粮食烘干中心、9 个农机合作社。这些项目多数为当年建设、当年投产、当年收益。当年新安镇宋集村粮食烘干中心项目建在原来一堆坟地上，帮扶队员与镇村干部吃住在工地，"天晴连夜干，下雨不停工"，从坟地搬迁到建成投产，仅仅用了 28 天时间，创造了"新安速度"。三口镇何庄村支部书记周军是一名致富带头人，他与时间赛跑、与困难斗争，赶在秋收之前完成了烘干中心建设，创造了运营 23 天利润 23 万的奇迹。二是与后方单位资源相结合的项目。挂钩帮扶最大的资源和力量在后方单位，每一个帮扶队员后面是巨大的政策、市场、资金、科技、人才等资源，充分调动后方单位力量可以实现"一加一大于二"的效果。通过充分利用省海企集团外贸资源，在北陈集镇尹荡村扩建"订单式"帽业加工厂，为企业提供出口订单，提高了销路，扩大了生产，增加了就业，当年交税 100 万元以上，解决就业 100 人左右，实现了促进村集体增收与带动低收入农户致富的双丰收。通过苏州姑苏区对接的蔬菜研究所技术力量，打造张店镇小圈村优质蔬菜果品种植基地，对接苏州大型蔬菜供应商，形成了产销合作长效机制，保企业生产，保农民增收。我们还利用南京农业大学农业科技人才资源发展现代农业项目，对接中国电科 28 研究所先进科技资源建立小学科技课堂，发挥南京水利科学研究院业务优势申请并获批全省水美乡村建设项目。三是与发展新兴产业相结合的项目。扶贫开发要善于抢抓政策红利，大胆发展新兴产业，补齐环保、"互联网 + 农业"领域的发展短板。我们在全县 28 个省定经济薄弱村布点 9 个屋顶光伏项目，并网发电后年收益 160 万左右。在张店镇小圈村建成电商产业园，通过能人大户引领带动，运用"互联网 +"模式，形成"前边是店、后边是厂""点线面结合、一二三产融合发展"模式，通过互联网 + 打通农村特色产业"最后一公里"。在电商产业带动下，小圈村实现了"三个五"目标，即村集体收入突破 50 万元、产业扶贫项目带动本地就业岗位突破 500 个、电商产业园销售总额突破 5000 万元的喜人成绩，小圈村先后获评省农村电子商务示范村、省和谐社区建设示范村、省民主法治示范村、省文明村等多项省级荣誉，在全国率先建成首个村级网上律师事务所。四是与乡镇工业集中区相结合的项目。精准扶贫关键是要扶到点上、扶到根上，要因地制宜、因村施策，实现与地方产业发展的无缝对接，善于嫁接与整合，在原有基础上做大做强，促进镇村经济与扶贫产业联动发展。在产业结构调整大背景下，包括灌南在内的苏北地区乡镇企业正在迅速发展，有巨大的潜力和空间，厂房租赁业务连带而生。我们通过制定"先招引企业，再立项建设厂房"的工作机制，在百禄中小企业园新建5200平方米"量身定做"的标准化厂房，通过招引企业租金，为两个经济薄弱村（嵇桥、盆窑）每年稳定增加村集体经济28万元，解决当地60多个低收入农户就业。同时，在新集镇、田楼镇工业集中区布局了相应的产业项目，实现联动发展。五是与传统种植养殖业相结合。灌南是农业大县，农业产业覆盖更多的低收入农户，因此做好农业产业帮扶这篇文章是本届工作队的重中之重。我们充分利用省财政增加村集体经济试点资金，在20个省定经济薄弱村布局成立了一批农业专业合作社和家庭农场，流转6400亩土地，种植优质稻米，发展稻米特色产业，并通过帮扶队员打开销路，一季销售优质大米150多吨。帮扶队员通过学习借鉴苏南模式，高起点发展农民专业合作社，不仅壮大了扶贫产业，同时为灌南农业发展新模式积累了有益经验，找到了样本，探索了路子。结合沂河淌片区区位优势和环境资源，在北陈集镇港嘴村实施工厂化、标准化养羊项目，探索"企业＋农户"模式，带动农户增收致富。同时，根据全省农业产业政策指向，发展稻蟹、稻虾混合种养项目，调整农业产业结构，促进农业增收。六是与有关行业部门配套政策相结合。只有抓住政策红利才能实现更大发展，要善于把省委、省政府一系列扶贫政策转化为发展优势。我们充分利用银行贷款扶贫政策，在全县推动到户光伏建设，实施1000余户，每户每年增加3000元左右经济效益。还利用粮食系统争取当地仓储库容的扶持政策，在百禄镇推进"镇局合办"投资兴建1.8万吨国家粮库，解决当地粮食库容不足问题，又为经济薄弱村找到经济收益渠道。

扶贫必扶志，治贫先治愚

习近平总书记指出"人穷志不能短，扶贫必先扶志""扶贫既要富口袋，也要富脑袋"。为此，我们确立了扶贫脱贫与扶志扶智两手抓、扶持健康与扶持教育两手抓工作方针，在抓产业帮扶壮大村集体经济的同时，通过一系列文化、教育活动，与灌南老百姓一起努力，找"贫根"拔"穷根"，兑现我们"为灌南人民谋幸福就是我们的目标，争取灌南人民的获得感就是我们的成就感"的责任与使命。一是关爱留守儿童，播散脱贫致富奔小康的星星火种。先后协调南京农业大学、河海大学、江苏海洋大学等高校，组织大学生到农村一线，通过"大小学生手拉手"开展留守儿童夏令营活动，举办"推动精准扶贫，关爱留守儿童"为主题的文艺"村晚"，陪伴留守儿童度过别样的暑期生活，让他们了解更多外面的世界，激发孩子们奋发图强、励志成才的远大理想，以期通过教育阻断贫困代际传递。二是开展捐资助学，改善经济薄弱村办学条件。省委办公厅在灌南县 6 所学校中资助低收入农户优秀学生 60 名，一次性发放助学金 6 万元并连年持续帮扶；人民银行南京分行、中国电科 28 所、省新闻出版局分别援建小学、幼儿园基础设施项目，其他后方单位通过捐赠图书、电脑、学习用品、3D 打印设备等形式支持农村教育事业。三是开展技能培训，增强脱贫致富内生动力。家有良田万顷，不如有技在身。通过组织南京农业大学专家到乡镇举办兴农讲堂，为农户开展水稻高产栽培、秸秆综合利用等专题培训，提升农业生产技能。帮扶队员组织带领村"两委"干部、大学生村官、致富能手等外出考察，拓展眼界，学习经验，增强带领村民发展致富的信心决心。帮扶队员还通过党员大会、村"两委"会、走访村民、党支部结对共建等形式，加大脱贫致富奔小康工程的政策宣传和教育引导，让干部群众"心热起来、行动起来"。

工作队争取有限的资金和资源，大力改善公共服务设施和人居环境，新建村部 7 个，整改村部 9 个，新建或拓宽村内道路近 20 公里，让村民看到发展变化，招引青年返乡创业，增强百姓致富信心。不少新建的村民广场都成为返乡青年的"网红打卡地"，他们在朋友圈晒起了自己家乡的巨变，良好的创业环境让农村青年感叹"不出远门照样能发家致富"。

扶贫：干部"墩苗"历练的好战场

习近平总书记强调："工作队和驻村干部要一心扑在扶贫开发工作上，强化责任要求，有效发挥作用。"帮扶工作的成败最终取决于帮扶队员的思想、能力、素质。因此，我作为队长，始终把抓班子带队伍工作放在重要位置，作为基础性工作常抓不懈。事实证明，本届驻灌南工作队是一支思想素质过硬、工作能力突出、工作作风扎实、为民情怀深厚、深受群众喜爱的第一书记队伍。一是坚持不断创新运行机制。工作队成立了临时党委，实现了党委统一领导和党委委员划片负责机制，将 28 个经济薄弱村划分成了 7 个片区由党委委员联系，协调推动片区内帮扶工作。根据队员的以往工作经历和特长，设立了由县委办、组织部、农工部、扶贫办、财政局等部门人员一起参与的"一办四组"即办公室、宣传报道组、项目指导组、考核督查组、文体活动组，促进工作高效运转，确保政令畅通。二是坚持严格工作纪律是底线。工作队进驻后，严格按照"六不准"要求，形成了工作队管理的一系列规章制度，同时绘制重点帮扶项目攻坚作战图，督促队员在驻地宿舍张贴上墙，牢记在胸。我们始终坚持把纪律和规矩挺在扶贫工作的全过程，努力让全体队员"想干事、会干事、干成事、不出事"。期间，工作队会同县审计局，对工作队项目经费使用情况进行严格审计，做到自查严查、自纠自正。工作得到了省扶贫办的充分肯定并被省委《快报》转载。三是坚持打造队伍凝聚力。我们结合帮扶实践，集体谱写了队歌《我们走在精准扶贫的大道上》，每逢例会必唱，每逢集体活动必唱，唱出了精气神，唱出了凝聚力，唱出了信心决心，也反映了工作的良好精神状态，在全县文艺调演活动中，全体队员悉数上场，精彩演唱，博得了与会观众的如潮掌声。在我们期满离别之际，又谱写了抒发对第二故乡无限眷恋与不舍之情的歌曲《再见吧，故乡》，并在 2018 年 1 月 18 日灌南县委、县政府"爱在灌南"欢送省委驻灌南县帮扶工作队文艺晚会上倾情演绎，表达了对灌南人民的深深祝福。我们将两首队歌制作成 MV，扩大传播和传唱范围，激发和凝聚广大干部群众同心协力打赢脱贫攻坚战决心信心。我们以工作队帮扶事迹为素材，以扶贫实践为依据，以驻村第一书记王超为主要人物，由工作队队员和灌南县机关干部策划并自导自演了以精准扶贫为主题的电影《扶情》，讲述帮扶队员和当地干部群众一道，在灌南大地上为打赢脱贫攻坚战而发生的一幕幕感人至深的故事，也艺术地再现了帮扶队员不负省委省政府重托，扎根基层，撸袖实干，奋力投身脱贫攻坚战场的责任与担当。一系列文化产品不仅反映了一线帮扶工作的生动实践，也为扶贫攻坚留下了一笔精神财富。四是坚持先进典型引领是动力。我们不断加大扶贫宣传力度，选树先进典型，在工作队和广大干部群众间积极传递正能量，形成脱贫攻坚强大工作合力。工作队集体和个人获得建设灌南有功单位一等奖、创新创优奖，以及全省优秀帮扶队员、优秀共产党员、先进工作者、灌南好人等近百项荣誉，全体队员被灌南县政府授予集体三等功和灌南荣誉市民称号。我们联合县新闻中心在《灌南日报》开辟了"扶贫好新闻"专栏，挖掘出一批扶贫一线的先进典型，先后采写新闻稿件 200 多篇。发动全体队员撰写《扶贫案例》《扶贫手记》《扶贫故事汇》。两年期间的帮扶事迹和工作经验在《人民日报》《新华日报》《中国县域经济报》和人民网、新华网、中国江苏网等省级以上媒体数十次报道；扶贫工作结束后，一大批队员先后走上副处级工作岗位，或调整担任单位重要职务，我本人也先后受邀为山东、贵州、西藏等地扶贫系统干部及全省基层党组织书记作多场专题报告。

两年间，我们和全县广大干部群众一道奋战，全县 28 个省定经济薄弱村中帮扶队员挂钩帮扶的 22 村集体经济达到 18 万元以上，实现了新"八有"目标，完成了整村脱贫，3.6万人摘掉了贫困帽子。同时，探索出的一系列可持续、可复制的帮扶工作思路、理念和机制，是灌南脱贫致富奔小康工作的有益实践，为打赢脱贫攻坚战贡献了智慧和力量。

江苏省财政厅帮扶响水县工作纪事

李海峰

"民亦劳止，汔可小康。"自古以来，"小康"就成了丰衣足食、安居乐业的代名词，成为中华民族追求美好生活的朴素愿望和社会理想。

党的十八大以来，以习近平同志为核心的党中央从全面建成小康社会全局出发，全面吹响了脱贫攻坚战的冲锋号角。对此，全省各地各部门共同努力，进一步加大帮扶工作力度，狠抓各项措施落实，到2015年年底，全省农村411万低收入人口整体实现4000元预期脱贫目标。站上新起点，江苏吹响了实施新一轮脱贫致富奔小康工程的进军号，"十三五"时期，我省把新一轮扶贫开发定位于"减少相对贫困、缩小收入差距、促进共同富裕"上，力争到2020年使低收入人口人均年收入达到6000元，经济薄弱村集体经济年收入达到18万元，重点片区和革命老区面貌显著改善。

2016年至2017年，根据省委、省政府决策部署，省财政厅牵头会同18家单位，对响水县开展"五方挂钩"帮扶。省财政厅作为帮扶队长单位，选派我作为响水县帮扶工作队队长。在两年帮扶期间，工作队共筹措后方单位帮扶资金6779万元，用于响水全县22个省定经济薄弱村发展村集体经济以及对低收入农户的帮扶。截至2017年年底，工作队牵头组织实施村集体增收项目 32 个，投入资金 6307 万元（后方单位帮扶资金 5187 万元，省扶持村集体经济发展试点资金 1120 万元），项目的运营每年为村集体带来 428 万元收益，22 个省定经济薄弱村有 18 个村集体经济年收入达到或超过 18 万元，脱贫率达 82%；工作队联系的省定经济薄弱村低收入农户脱贫率达 57.3%，高出全县平均水平 5.2 个百分点，其中，有劳动能力的一般贫困户脱贫率达 93.04%；投入 1069 万元用于省定经济薄弱村基础设施建设，有效推进了农村新"八有"建设；发挥后方单位、队员资源优势，拓宽帮扶路径，为响水经济社会发展作出积极贡献。在圆满完成为期两年的帮扶工作任务后，2019 年，我被任命为省财政厅农业农村处处长，直接服务于全省财政支持脱贫攻坚工作。

在这场没有硝烟的战斗中，我省各级财政部门深入学习领会习近平总书记关于扶贫工作的重要论述，认真贯彻落实党中央、国务院和省委、省政府关于打赢脱贫攻坚战的决策部署，主动担当脱贫攻坚政治责任，深入践行"精准扶贫、精准脱贫"的基本方略，以满腔的政治热情、扎实有力的实际行动，瞄准重点县、重点片区、经济薄弱村和低收入人口，不断完善财政扶贫投入保障机制，不断优化资金支出结构，不断提升资金使用效益，为全面打赢打好脱贫攻坚战提供了坚强支撑。"十三五"期间，省财政安排专项扶贫资金预算 61.2 亿元，比"十二五"增长 31%。五年来，实际投入省以上专项扶贫资金 79.6 亿元，是"十二五"时期的 1.7 倍。

"一户一策"，奏响精准帮扶最强音

"千日打柴不能一日烧，好钢要用在刀刃上。"习近平总书记强调扶贫工作要突出"精准"，找到"贫根"，对症下药，靶向治疗。我们紧紧围绕"精准"二字下功夫，不搞"大水漫灌"，"两脚插地"走村串户，找准致贫的"穷根子"，寻找致富的"快车道"。

为了帮助贫困农户发展经济，工作队走进贫困户家中与他们拉家常、讲政策、谋发展、树信心，真正地敲开了农户家门，走进了群众心门。针对各户致贫原因，结合其自身条件与发展意愿，工作队同当地镇村干部一起，一户一策，量身定制帮扶措施，奏响精准帮扶最强音，不让任何一个困难群众在全面奔小康的路上掉队。

响水县运河镇村民李振海原先只靠两亩薄田勉强维持6口人生计，有养猪经验但苦于没有启动资金。2016年，工作队帮助他申请了两万元无息贷款，还提供了5000元帮扶资金，使他有能力开始了他的"养猪致富梦"。半年的时间，20头猪赚了近万元，有了增收，李振海又扩养了50来头。"这50头猪出栏，可以赚到两万块钱左右，对于我家庭来讲，基本上脱贫了。"

响水县小尖镇土桥村的低收入户张志华，其母亲身患脑梗、妻子也体弱多病、孩子尚且年幼，家庭的重担都压在了张志华一人身上，这个脆弱的家庭被逼到了绝路。没了盼头的张志华终日郁郁寡欢，意志消沉。我们帮扶工作队驻村了解到该户情况后，多次上门，深入了解情况。在交流中发现，张志华有一门修车的手艺，只是手头缺乏资金，开不起修车行。工作队首先帮助其申请到低保，然后出资为张志华在家门口的大路边建起了两间活动房做修车行，并配齐了修理工具。张志华在工作队的帮扶下，终于走上自主创业之路，为这个家庭带来了稳定可观的收入。

农民有了盼头，我们心里也有了甜头。在工作中，我们秉持"不抛弃、不放弃，脱贫路上不落一户、不丢一人"的原则，针对致贫原因加强引导，积极扶持自主创业。鼓励、引导、帮助有自主创业能力、意愿的低收入户用自身资源及所长进行创业，并为他们提供全方位服务。切实帮助贫困户拔掉"穷根子"，实现脱贫致富。

实施精准扶贫，一户一策，有力地支持了贫困农户自强不息发展。"十三五"期间，省财政累计下达省以上精准帮扶资金25.7亿元，以苏北地区年人均收入低于6000元、有劳动能力的建档立卡低收入人口作为帮扶对象，支持各地围绕培育和壮大特色产业，完善低收入人口利益联结和收入分配机制，实施"点穴"式帮扶，扶持低收入农户依靠就业、创业、发展特色产业等实现脱贫增收，截至"十三五"末，全省254.9万低收入人口如期实现脱贫。

壮大集体经济，薄弱村实现美丽蝶变

响水县运河镇大葱基地是响水县实施农业结构调整的重点工程之一。但基地缺乏配套的仓储冷库和加工车间，制约了产业规模的进一步扩大。大葱基地周边的四套村、正茂村是省定经济薄弱村，也是省定的扶持村集体经济发展试点村。工作队经过深入调研后，决定整合省扶持村集体经济发展试点资金400万元，工作队再配套315万元，在大葱基地建设一座冷库和两幢加工车间，并明确为村集体资产。2017年，项目建成，不仅给运河镇的两个省定经济薄弱村带来了40万元租金收入，而且促进了当地大葱产业的进一步发展，也给当地百姓包括建档立卡低收入农户提供了在家门口就业的机会。

响水县双港镇腰庄村家家户户普遍种植红薯，产量较大，其红薯粉丝产业前景不错，是个脱贫致富的好路径。2016年，村里做粉丝的老板周士刚一直想把自己的项目做大做强。工作队了解到这一情况后，主动接触，动员他把自己的粉丝加工厂卖给村里，解决了他扩大生产的资金来源；同时，村集体与他签订协议，把加工厂返租给他，解决了村集体的收入问题；此外，村合作社与其合作，也解决了当地红薯的销路问题。工作队出资97万元买下粉丝加工厂后交给村集体。实际运作时，村里把加工厂返租给周士刚来经营，村里得租金，当年实现村集体收入7万元左右，还带动了12户低收入家庭就业，就业农户年收入达8000多元。

响水县老舍中心社区红旗村由吕旺、正舍、前河3个贫困村合并而成，集体经济难增收，大账上还欠着近200万元债务。2016年，工作队帮助投入300多万元，建起响水县首家分布式屋顶光伏电站，每年为村集体带来收益约70万元。工作队指导红旗村合理分配使用这笔集体收益，约定将收益的 50% 用于帮扶村里无劳动能力的低收入户，每人增收 1000 元。这份"阳光收入"为村集体和村民带来持久收益。

习近平总书记强调，"加强集体经济实力是坚持社会主义方向，实现共同富裕的重要保证"，"发展集体经济实力是振兴贫困地区农业的必由之路"，"是促进农村商品经济发展的推动力"。2016—2018 年，省财政累计安排 8.6 亿元，支持 821 个省定经济薄弱村发展壮大村集体经济。2018 年，对省定经济薄弱村中基础条件差、发展能力不足、低收入人口相对集中的 123 个重点村，进一步提高补助标准至每村 200 万元。2020 年，省财政统筹村级集体经济发展和现代农业发展专项资金，按照每村 100 万元的标准，实施低收入村集体经济发展攻坚行动。支持村集体经营性收入低于 18 万元的 562 个村发展集体经济。

实施扶贫小额信贷，激发脱贫内生动力

在脱贫致富奔小康的道路上，既要"授人以鱼"更要"授人以渔"。扶贫小额信贷政策是国家和省委、省政府实施脱贫攻坚工程、关心支持建档立卡低收入农户发展生产、增收脱贫的一项重大举措。由财政部门提供风险补偿金，为有劳动能力、有增收项目的建档立卡低收入农户提供最高 5 万元、最长 3 年期的财政全额贴息贷款，鼓励低收入农户发展产业项目，依靠辛勤劳动改变贫困现状，实现真正的脱贫致富。

响水县南河镇兴南村低收入户罗会兵的老伴常年患病，儿子智障，还有 3 个小孩要照顾。工作队了解到这一情况后，借助南河镇大力发展西兰花产业的好时机，帮助罗会兵申请了 2 万元小额贷款承包西兰花种植大棚。截至 2017 年底，西兰花大棚已发展到 30 个，罗会兵不仅自己脱贫致富，还雇佣 8 个低收入户劳动力为他打工。

50 多岁的薛风竹，是响水县双港镇洪南村村民，由于从小患有小儿麻痹症，腿脚不太方便，多年来只能靠打零工谋生。几年前，他萌生

了创业的念头。在向相关部门和金融机构咨询过后，他成功申请到 5 万元扶贫小额信贷，做起了编织手套的生意。"我的手套现在能销售到苏南一带，扶贫小额信贷不需要利息，对我们来说是非常有帮助的。"薛风竹说。

王洪燕也是响水县实施扶贫小额信贷政策受益的建档立卡低收入户之一。2016 年 4 月，王洪燕将闲置的猪舍改造成鸡舍，购进 2000 多只草鸡、蛋鸡。缺少资金，工作队与镇帮扶干部按照省市小额扶贫信贷新政，帮她办理了扶贫小额信贷。2017 年底，王洪燕家经收入测算，人均收入超过 8000 元，顺利脱贫。2017 年王洪燕光荣当选为镇人大代表，成为全县建档立卡低收入群众中唯一的一位镇人大代表。

"十三五"期间，全省各级财政部门全面贯彻国家有关金融扶贫要求，积极实施小额扶贫信贷政策，通过对有劳动能力、有增收项目、有贷款意愿和一定还款能力的建档立卡低收入农户进行金融扶持，有效放大财政扶贫资金成效。2017 年省级进一步调整完善扶贫小额信贷政策，将贷款额度从 2 万元提高到 5 万元，贷款期限从 1 年延长至 3 年，实行基本利率放贷、财政全额贴息。2016 年以来，省财政累计下达扶贫小额信贷贴息补助资金 7.87 亿元，支持一般低收入农户获得扶贫小额信贷 327 万笔，累计贷款金额达 133 亿元。

发展特色产业，谋求脱贫根本之策

脱贫攻坚时间紧、任务重，如何在规定的时间内实现高质量脱贫摘帽？面对这一问题，习近平总书记给出了答案，点明了稳定脱贫的方向："发展产业是实现脱贫的根本之策。要因地制宜，把培育产业作为推动脱贫攻坚的根本出路。"

"十三五"期间，省财政厅深入推进农业产业富民工作，累计下达产业发展资金 8.22 亿元，支持省定重点帮扶县产业富民项目和南北挂钩产业园建设。帮扶县坚持把加快发展优势特色产业作为脱贫重要抓手，充分立足本地资源禀赋和传统产业优势，大力培育特色主导产业体系，打造扶贫产业"主阵地"。

西兰花产业是响水县实施脱贫致富奔小康"十大工程"之一。由于响水气候土壤适宜西兰花生长，所产西兰花具有花球圆紧、蕾粒均匀、颜色浓绿、口感爽脆、味道鲜美等特点，产业优势凸显。响水县种植西兰花，要追溯到 2013 年，真正开始发展壮大起来是在 2016 年。那个时候该县南河镇以种植大棚西瓜为主。西瓜成熟后，再辅助种植一些西兰花，虽然面积大，但产品的品质不一，农户的收益不高。为把"西兰花"这项富民产业做优做强，工作队邀请江苏省农科院专家先后多次来到响水实地查看西兰花生长情况，并在南河镇建立了省农科院响水博士服务工作站，为西兰花产业发展诊断把脉。

2017 年，响水县立足西兰花发展现状，把产业富民项目向拉长西兰花"产业链条"方面倾斜。2017 年以来，有 6735 万元产业富民项目资金投向与西兰花相关的冷藏保鲜、加工等产业链的薄弱环节，撬动社会资本投入 7328 万元，助推西兰花产业迅猛发展，种植规模从 2016 年的 2 万亩迅猛扩展到如今的 10 万亩。目前，响水全县已形成集西兰花育苗、生产、冷藏、加工、销售为一体的"全产业链条"。

西兰花产业的迅猛发展，也为全县农民增加了大量的务工就业机会。全县 10 万亩西兰花，整个产业每年可带动 2 万多农民就业务工，人均增收 4000 元以上。

主攻重点片区，补齐发展短板

2015 年，省委、省政府决定将低收入人口相对集中、脱贫任务较重的丰县湖西片区、涟沭结合部、泗洪西南岗地区、成子湖周边地区、连云港石梁河库区、灌溉总渠以北地区等六个地区列为省定重点帮扶片区，形成六大片区加黄桥、茅山 2 个革命老区的"6+2"帮扶格局，集中帮扶资源、政策和力量，实施整体帮扶、连片开发。

重点片区的整体帮扶，堪称苏北全面小康建设分类施策、精准"滴灌"项目。六大集中连片地区涉及苏北5市14个县（市、区）的59个乡镇、908个村。这里不仅是苏北也是全省发展的"短板"，只有实现这些片区的整体脱贫，才有真正意义上的苏北全面小康。

"云梯关外茫茫路，一夜吟魂万里愁。"这是古人写古云梯关的诗词。响水县黄圩镇云梯关村位于灌溉总渠以北片区，多年来它像一枚被时光遗忘的棋子，静静地挂在响水县的西南角。"茫茫路"和"万里愁"样的寂寞、偏僻、贫穷、闭塞纠缠着古云梯关村，也制约着其经济社会发展。在工作队的大力支持下，响水渠北片区不断探索创新片区帮扶体制机制，切实改善片区基础设施条件，积极培育特色优势产业，加快发展民生和社会事业，先后实施整体帮扶项目78个、关键性工程2个，项目总投资16.63亿元，其中省以上投资3.72亿元。特别是在黄圩镇实施的铁皮石斛产业园项目，总投资7000万元，其中渠北片区项目资金2200万元，项目建成后产权明确到村，租赁给企业运营，年租金200万元。目前，园区已吸纳周边群众80人务工，其中低收入人口21人，平均工资4000元。铁皮石斛产业园项目既增加了经济薄弱村集体收入，又实现了群众在家门口就业照顾家庭和赚钱两不误的愿望。通过重点片区关键工程和整体帮扶项目的实施，如今这里发生了天翻地覆的变化。沧海桑田，今天的云梯关，是省重点文物保护单位，一个集文化体验、农业休闲、养生度假于一体的综合型文化生态旅游经济区，正加快展现在人们面前。登上"古云梯关"，四周绿树成荫，百鸟和鸣，清风徐来。站在景区内的望海楼上极目东眺，无限风光尽收眼底，宜人景色引发游客们的遐思。

"十三五"时期，省财政累计下达省以上资金9.3亿元，支持重点片区组织实施基础设施、产业发展和民生事业等关键工程项目建设，增强片区整体发展能力。支持黄桥茅山革命老区实施两轮三年行动计划，累计下达省级专项扶贫资金1.8亿元，支持老区内的14个县（市）、63个乡镇、1144个行政村实施带动村集体和低收入农户增收项目。此外，省财政五年累计下达1亿元，支持宿迁市国家扶贫改革试验区建设。

民生无小事，枝叶总关情

　　碧水环抱、浓绿满荫，一幢幢二层小楼错落有致地掩藏其中，白墙黛瓦、整齐划一。一阵微风拂过，花草的芬芳和着泥土的清香交织着扑面而来，令人心旷神怡，处处透着乡村特有的闲适与安宁。这里，便是响水县老舍中心社区恩覃村新型社区。

　　自我省开展改善苏北地区农民群众住房条件工作以来，涌现出了一大批像恩覃村一样令人心生向往的新型农村、小城镇社区，串成"链"，铺成"扇"，在广袤的苏北大地上勾勒出一幅田园似锦的水墨长卷。

　　"问题是时代的声音，人心是最大的政治。"习近平总书记曾反复强调，增进民生福祉是发展的根本目的。改善苏北地区农民群众住房条件，是贯彻落实党中央作出的乡村振兴和脱贫攻坚重大战略部署的有力举措，是我省高水平全面建成小康社会的重要内容，也是积极回应群众期盼、加快补齐民生短板的迫切要求。

　　农民群众住房条件改善路上，不让一户掉队。自农房改善工作启动以来，响水县通过引导进城入镇、就地改造提升、新建社区等途径，累计改善农民住房 13093 户，其中新建新型社区 45 个、安置农户 6796 户。

　　小房子里藏着大民生、大战略，不要让老百姓住着危房"被小康"。"十三五"以来，省财政预拨补助资金 166 亿元，支持改善农房累计超过 25 万户，建成的新型农村集中居住区，一步到位达到特色田园乡村水准，苏北地区农民群众居住条件显著提升。在让农民群众住得安心、住得放心、住得舒心的同时，也留存了当地居民绵长的乡愁记忆。通过精心设计建造，不仅改善了苏北地区农民群众的住房条件，而且建成了一大批具有地方特色、体现现代文明的新型农村社区，同步提升乡村基础设施和公共服务配套水平，充分展现新时代小桥流水人家、新"鱼米之乡"的现实画卷。

千年梦想，圆在今朝

千年梦想，圆在今朝！2021年2月25日上午，当习近平总书记在全国脱贫攻坚总结表彰大会上庄严宣告"我国脱贫攻坚战取得了全面胜利"，"完成了消除绝对贫困的艰巨任务，创造了又一个彪炳史册的人间奇迹！"的时候，我备感振奋，备受鼓舞。

党的十八大以来，党中央把脱贫攻坚摆在治国理政的突出位置，把脱贫攻坚作为全面建成小康社会的底线任务，组织开展了声势浩大的脱贫攻坚人民战争。党和人民披荆斩棘，栉风沐雨，发扬钉钉子精神，敢于啃硬骨头，攻克了一个又一个贫中之贫，坚中之坚，脱贫攻坚取得了重大历史性成就。江苏的脱贫致富奔小康目标任务也如期全面完成，同全国人民一道如期高质量打赢了脱贫攻坚战，交出了一份高质量的答卷。截至2020年底，全省254.9万低收入人口如期实现脱贫，821个省定经济薄弱村全部达标，12个省定重点帮扶县（区）全部摘帽退出，6个重点片区和黄桥、茅山革命老区面貌显著改善。这些成绩的取得，离不开全省各级财政部门的主动担当和勇于作为。回顾"十三五"，我们持续加大脱贫攻坚投入保障力度、不断健全资金管理机制，为打赢打好脱贫攻坚战、高水平全面建成小康社会提供了坚实有力的财政支撑。江苏省财政厅的工作也获得了党中央、国务院的高度肯定，2021年，在全国脱贫攻坚表彰大会上，江苏省财政厅农业农村处被评为"全国脱贫攻坚先进集体"，这既是对我们多年工作的高度认可，也是对我们继续砥砺前行的激励和鞭策。

脱贫摘帽不是终点，而是新生活、新奋斗的起点。展望未来，我们将进一步总结脱贫攻坚经验，持续巩固脱贫成果，积极构建长效机制，全面推进乡村振兴，朝着全面建设社会主义现代化国家、实现第二个百年奋斗目标迈进。

响水扶贫散记

曹炳泰

2021年2月25日，全国脱贫攻坚总结表彰大会在北京隆重召开，习近平总书记在会上庄严宣告：我国脱贫攻坚战取得了全面胜利，创造了又一个彪炳史册的人间奇迹。

我作为全国脱贫攻坚先进个人，进入人民大会堂，习近平总书记接见，获得国家级表彰奖励待遇。参与脱贫工作之前，没有想到会有这么高的荣誉，回到省级机关工作已经第六个年头还能遴选接受表彰，内心的激动无法形容。回首往事，2014年至2015年，是响水县脱贫攻坚征程中极为重要的两年，也是我人生中最刻骨铭心的两年。对于我来说，带领省委帮扶工作队驻在响水的那些日日夜夜，有太多难以忘怀的回忆。

三个陌生，内心忐忑走上扶贫一线

2014年初，组织上决定选派我到响水扶贫，担任两年一届的省委驻响水县帮扶工作队队长，并挂职响水县委副书记。省人社厅党组征求我的意见时，我其实有一点犹豫。觉得到基层扶贫、挂职锻炼对于年轻人来说更重要，自己快 50 岁的人了，是不是有点晚了？况且，出了校门进机关门，对农业农村农民了解不多，对扶贫也是门外汉。再加上家中 80 多岁的老母亲身体不好，每年都要住院几次，女儿即将大学毕业，今后的发展方向尚不明朗，心里确实有点放不下。内心并没有多少信心。但是，几天后厅领导找我谈话再次征求意见时，我还是爽快地一口答应了下来。"党员，服从组织安排，应该的。"

2014 年 2 月 17 日下午，本届帮扶工作队在南京集结完毕，行前会议只有短短一小时的时间。各单位的负责人分别发言，无一例外都是嘱托、鼓励和牵挂、不舍。登车之前，面对厅领导期盼的目光，虽然内心忐忑不安，我还是干脆地表态——保证带好队伍，干好工作。

下着小雨，一辆中巴车把我们送往响水县。精挑细选出来的 12 名队员分别来自 10 个单位，既有省人社厅、省财政厅、省农业资源开发局、省经信委、省级机关工委、省公安厅等省级机关，还有苏南经济发达县区代表常州市钟楼区、高校科研院所代表扬州大学，以及省电力公司、南化集团这样的国有企业。

说来也真奇怪，我在省直机关 25 年，从事过文字编辑，负责过法制、社会保险、农民工工作，全省所有的市县区，我全部跑过，唯独没有去过响水县。冥冥之中，响水似乎与我有特别的关联。出发那天，是本届工作队的第一次全员集中，多数人之前也没有到过响水，彼此都是初识，难免有些拘谨。憧憬，好奇，焦虑，车里显得很安静。历经近四个小时，傍晚 5 点许，车子终于抵达驻地——位于响水镇灌江大道的法苑之家。每人一房间，既是办公室，也是宿舍。为了方便工作，县扶贫办也搬来同址办公——后来的事实证明，这对于提高沟通效率，增强工作队与县里的协同性，实现同向发力发挥了相当重要的作用。

一群陌生的人，来到一个陌生的地方，从事一项陌生的工作。这"三个陌生"完全概括了当时的心境。该做什么，能做什么，怎么做工作，内心完全没有底。多年后，我清楚地记得，那晚的斜风细雨一直没停。队部显得格外安静、空阔。应该如何着手，向哪里努力，又在何处落子。那一夜，思绪万千，几近无眠。响水两年六七次失眠，那是第一次。

谦虚使人进步

万事开头难。我向所有队员发出倡议：放下所有，重新归零，再当一次小学生！

先向书本学。我带着全体队员关起门来，集中两天时间"闭关修炼"，系统学习扶贫文件和会议材料。首先要知道扶贫两个字到底是啥意思，做到开口不说外行话。通过学习，系统掌握了党中央和省委省政府有关扶贫开发的一系列指示精神，目的意义，政策由来，规范标准，先进经验。

再向专家学。请来县农委、县扶贫办、县建设局、县委党校等方面的资深专家和"老把势"，详细介绍响水扶贫工作已取得的成效、工作有利条件及实际困难，帮助队员们确立初步印象和基本框架。当时县扶贫办主任薛国斌、返聘的孙茂元同志都是全省扶贫条线的名人。对工作队队员像对自己孩子一样关心照顾，掏心窝地介绍扶贫工作的酸甜苦辣，经验得失，工作诀窍，各乡镇的分管扶贫干部的能力作风、成功项目、失败教训。在这些真诚朴实的老师面前，大家慢慢地放下了架子，眼里也有神了。如果说我们响水工作队项目实施效果好，如果说我们工作队与市县乡村各级各部门关系融洽，完全应该归功于他们一次一次的善意提醒、喊话指引。

还要向老乡学。扶贫工作是实打实的活儿，来不得半点含糊，既要上接天线，也要下接地气。我把全体队员分成三个小组，分头走访全县14个镇区的19个经济薄弱村，重点了解各经济薄弱村的基本情况、低收入户的现状、农业经济发展情况等，认认真真听听镇、村干部和农村老党员的真正想法，那里面常藏着令人眼前一亮的好主意和"金点子"。在农村跑了一个半月，对各村组干部及村民感情越来越近，对风土人情也越来越喜欢，对响水的历史发展有了更多的了解。响水曾一度被人们称为"江苏的兰考"。响水的四烈村、华余村、立礼村、恩覃村、云彩村都是以烈士的名字命名的。在这些村走访，听村民讲解烈士的情况，我每一次内心都暗暗发誓，一定要用心做事，让村民富起来，让烈士安息长眠。

一周之后，年度全县农业农村暨扶贫开发工作会议召开，工作队全员出席，我以县委副书记、省委工作队队长的身份在会上讲话，言语恳切：我们初来响水，响水就是我们的家，我们能吃苦、想做事，但是缺乏农村基层工作经验，我向在座所有的县、乡、村干部和群众代表提三个请求：一是恳请大家在今后的工作中多给予帮助和支持，二是恳请大家在帮扶项目实施过程中上多给予理解与配合，三是恳请大家对我们工作队的廉洁作风进行严格监督。几年后，碰到负责我们扶贫考核一位领导同志，他说：当时全部跑下来，响水的所有方面对你们的评价是最高的。

扶贫的核心和关键，还是精准

2013 年 11 月 3 日，习近平总书记来到湘西土家族苗族自治州花垣县排碧乡十八洞村，在这里他首次提出"精准扶贫"。我理解，总书记提出的"精准扶贫"是我们开展工作的启明星，要想做到精准，决不能搞大水漫灌，要想办法对症下药，在精准滴灌上做文章。

刚到响水时，一位扶贫干部对我说，这么多年下来，国家、省、市县转移拨付、各级各类组织捐助的钱，足够每一户贫困家庭都盖一幢小洋楼了。为什么还有那么多贫困户？扶的路子不对！

我思考良久，感觉不能再搞过去那种形式的自以为是的老套路。在队内会议上，我提出了"打开大门听意见、多方论证定方案"的想法，帮扶资金如何用、扶贫项目怎么定，不能工作队自己说了算。帮助响水老百姓的事儿，首先要让老百姓说说看，还要请基层同志把把关，这样才能使每个帮扶项目都"接地气""顺民意"，让帮扶项目在经济薄弱村真正落地生根、开花结果。密切配合我们的县扶贫办薛国斌主任、蔡荣华副主任都觉得不错，于是紧锣密鼓地开始执行。

经过工作队党委班子集体商议，我们确定响水县的帮扶项目，细化成八步走（三个阶段、八个步骤）：

第一阶段有两个步骤，即进村入户摸底数；听取贫困户、老党员意见。我提议，队临时党委把这两步作为帮扶项目拟定的前置程序和必备动作。每个小组回来，队员在大会上汇报自己的访问所得。有没有用心做事，有没有了解真实情况，一目了然。能力水平如何，代表原厅局干部形象，没有人再敢糊弄走过场。

第二阶段有一个步骤，各小组提出初步帮扶方案，正式提交队务会议研究。队员们都说，这是最"烧脑子"的环节，因为每个小组都要拿出"干货"才行，党员群众提出的意见和建议，都得在方案中得到体现回应。来自扬州大学的王益军副教授感慨，拿着方案到队部会议"过审"比当年博士论文答辩还紧张，唯恐别人看不起。

第三阶段有五个步骤，分别是与县扶贫办共同筛选；邀请专家"挑刺"；实施现场再次论证；与县委县政府领导商议；征求后方帮扶单位意见。目的就是为了让帮扶项目符合全县"三农"工作整体布局，融入大局、借力发力。最后一个步骤是为了让15个后方单位能够及时掌握情况、适时参与实施。

以上是扶贫项目产生方法。总体的扶贫思路又是什么？在广泛调研、各方参与、充分沟通的基础上，我们围绕带动低收入农户脱贫致富、帮助经济薄弱村达新"八有"两项核心目标，提出了"三优先一持续"的工作思路。

优先扶持大项目。在与低收入户脱贫、村集体增收挂钩的前提下，通过帮扶县高效农业示范基地、农产品加工集中区等一批在全县规模大、带动力强、示范效应好的项目，将经济薄弱村的扶贫开发对象列入其中，实现全覆盖。

优先扶持渠北片区重点项目。针对响水渠北片区低收入人口比例高达17%、扶贫开发任务艰巨的实际，将帮扶项目、资金向片区倾斜，确保片区内6143名低收入人口人均纯收入比面上高3个百分点，10个经济薄弱村达新"八有"。

优先扶持重点村的项目。将全县 19 个未达新"八有"的经济薄弱村分成两批，2014 年重点帮扶其中 14 个村，每村明确 1 名队员挂钩负责，集中攻坚，剩余的 5 个村 2015 年扫尾，一步一个脚印，扎实推进。

一个持续就是继续推进帮扶以往工作队实施的优质项目。实际上主要是养羊类项目，通过培植大户捆绑带动贫困户脱贫增收。这一条是县扶贫办返聘的老扶贫干部孙茂元同志的智慧点拨。

按照"三优先一持续"的思路，两年内，我们共拨付帮扶资金2810 万元，实施帮扶项目 103 个，其中既包括镇区中小企业园建设、城乡供水一体化低收入户兜底扶持等重点项目，也包括田间水渠疏浚、校舍围墙加固、村组垃圾池建造等资金投入三五万的小型微型项目。2015 年下半年，工作队又主动开展"回头看"行动，对本届工作队实施的所有项目的精准性、可复制性、可持续性进行定性定量评价，及时调整，巩固完善，确保精确准确。

我们队总结提炼出来的这"八步法"，多年后依旧为大家津津乐道。《新华日报》在 2015 年 1 月 11 日头版头条以《响水贫困户"点菜"，省委工作队"下单"——精准帮扶让低收入户长久脱贫》为题，对这一在实践中探索出的"精准帮扶"模式给予充分肯定。同时，持续帮扶以往工作队的好项目，顺应上一届工作队实践探索形成的工作定势，对上一届工作队是一种尊重，对县乡村组对老百姓也是一种不变承诺。这样做既需要勇气，更需要足够的智慧和自信。与以往扶贫立项流程最大的不同在于，这样的做法有意识地弱化了内部决策所占比重，更加重视群众意见和外部意见，体现了对群众参与和社会监督的充分尊重和开放姿态，所以才有了更加坚实的群众基础和强健的生命力。

当时，省委省政府对工作队有两项核心考核指标。村集体经营性年收入达 15 万元以上，低收入户年人均收入 4000 元。如何实施推进，我提出每个村都打"三个一"组合拳。就是每个村新上 1 个增收项目、使村集体经营性年收入达 15 万元以上；扶持 1 个专业合作社、规模种养大户，捆绑带动本村低收入户脱贫致富；兴办 1 件以上公益性事业。这些项目都是经过以上程序走过来的，有群众基础和可行性可靠性。为了提高队员的战斗能力，将工作队分三个大组，AB 角互动。即某队员是分工负责村的主要责任人 A 角。另一位队员为 B 角协助。另一村，B 角就是主角责任人，A 角是配角协助。基本上是一老同志带一年少的，每周会上介绍进度，相互商量，也相互监督。

到 2015 年底，19 个经济薄弱村通过采取自主经营蔬菜大棚、股份投入专业合作社和高效农业示范基地、组织农机服务队等多种形式，每个村都拥有了至少 1 个相对稳定、长效的集体增收项目，19 个村平均增收 12.3 万元，村村集体经营性收入达 15 万元以上，全部如期达到"新八有"目标。

在解决低收入户脱贫方面，队员们重点排查"一有三缺"低收入户的致贫原因和脱贫意愿，对有创业意愿的扶持种植大棚或养殖山羊，对有劳动能力的安排就近就业，对家庭实际困难较多的先协助解决困难，分门别类带动帮扶。帮扶项目实实在在，每个农户获得的收益也必须实实在在。为此，我们工作队还建立了帮扶项目与低收入农户的利益监督机制，对低收入农户劳动工资、村集体股本分红返还等方面进行刚性约定。实施每个到村到户的项目，均签订专项协议，请司法局人员指导建立文书材料，明确项目主体、村集体、农户的责权利，明确镇区的监督指导责任，每个项目都要在村部或项目点公示，让帮扶资金真正精准滴灌到每个低收入农户。到 2015 年底，通过到现代农业基地就近就业、免费领取蔬菜大棚种植蔬菜、发展养羊自主创业等方式，19 个村的 5.34 万低收入人口基本达到了人均 4000 元的年收入标准。对于极少部分增收确实困难的农户，工作队在和县委工作队对接、协同村委会排查的基础上，给予特殊照顾，安排资金集中兜底解决，不让一个乡亲在奔小康的路上掉队。

时任省扶贫办副主任朱子华评价说，你们这一届工作队，之所以能够高质量完成省定目标，最可贵的成功经验在于，帮扶项目各具特色，但基本模式都可复制、可推广。

还有一些项目较有创新意义。呼应盐城市委和响水县委县政府扶贫开发的整体要求，我们工作队不缺位不越位，两年中，投入 42 万元在 19 个经济薄弱村建设垃圾池 549 个，对 205 名保洁员进行补助，通过综合环境整治，着力改变村容村貌。

投入 268 万元新建或修缮所有经济薄弱村党群综合服务中心，支持何圩、龙马、杨回等基础条件较好的村建设省级示范卫生室，放大帮扶社会效应。

2015 年秋天，全县城乡供水一体化工程启动，工作队决定对经济薄弱村困难家庭个人负担部分实施兜底补助。项目实施过程中，经过和村组干部反复商讨，打破原有低收入户名册界限，实行"谁困难就补谁"。大家一致同意采用按照实际贫困程度重新排序、在村里张榜公示的方式，把真正困难的家庭列入补助对象。最终，19 个经济薄弱村的 3185 户低收入农户、1683 户低保户和五保户负担的部分由工作队兜底解决。"群众放心水"项目实际投入帮扶资金 96.8 万元，是两年内投资最大的项目，也成了基层干部群众热烈拥护的样板项目。

扶贫是良心活儿，不能有一点虚情假意。实践证明，那些真正能让老百姓有好处、得实惠的项目，一定会成为口口传唱的"经典曲目"。2015 年 10 月，《半月谈》和《中国扶贫》均以较大篇幅报道了省委驻响水工作队在精准扶贫方面的经验做法，这是自 1995 年省委向响水派驻工作队以来，国家级权威媒体首次对工作队的帮扶工作进行报道。2015 年 11 月 28 日，中央召开扶贫开发工作会议，习近平总书记在会上点名表扬了盐城的精准扶贫做法。年底，《人民日报》、中央电视台等中央七大主流媒体齐集响水，采访响水实施精准扶贫开发的经验做法。在大家的齐心努力下，响水县的扶贫工作迎来了历史上从未有过的高光时刻。

穷人的孩子也是宝

下乡走访，我有两个必去的地方，一是村里最穷的人家，一般不让村组干部带路，看房屋就知道。二是孩子们读书的学校。我是 1983 年考取徐州师范学院的，是我们村第二个大学生。我深知，对于农村孩子而言，读书对于改变命运的重要意义。

响水全县连续 14 年没有一个考取清华、北大。优质生源流失，一线教学点条件艰苦。提起响水县的教育，干部群众都摇头。把 19 个经济薄弱村的小学仔仔细细排查了一遍。很多村小的条件还停留在 20 年前，小学校围墙都没有，操场就是烂泥地。几个老师都小老头一样，外语、美术、体育都很难进行。

教育洼地与经济发展困境总是相伴相生。能不能在教育上投入，我原来也是有过思想斗争的。省委的工作队，起初叫扶贫工作队。后来改成帮扶工作队。我理解，扶贫肯定是工作队的最主要职责，对贫困地区的教育帮助也应该是工作队的一个帮扶内容。

小学应该有个学校的样子。"面子"必须装点好。硬化操场、加固围墙、改造大门、修葺花坛，工作队花了 35 万元，帮南河镇兴南村、老舍中心社区新舍等村小完成了一批"小目标"。"里子"也要夯实。举办两期中小学教师能力提升班，从全省各地专门请来各学科的名师大咖，到响水教授心法技巧，给骨干教师"加油""充电"。从连云港财校、南京海关、常州大学等单位协调募集了价值 110 万元的课桌椅和图书文具，改善村级教学点办学条件，让那些缺胳膊少腿、用力一拍就掉渣的课桌椅光荣下岗。

还要关心鼓励农家走出来的好"苗子"。19 个经济薄弱村的低收入农户家中孩子当年考上大中专院校的，都能领到工作队专门发放的"爱心助学金"，每人每年 4000 元，2014、2015 两年共有 40 多个孩子得到帮助。

南河镇中心小学门口的育才路，是 2000 年当地老百姓集资修建的，既是 2000 名师生进出学校的唯一通道，也是王集居委会近 6000 名群众出入的主要道路。由于原有建设标准偏低，加之重载车辆反复碾压，路面已经破烂不堪，到了雨雪天气更是积满泥水，成了道路两侧居民和学生家长的一块"心病"。在省人社厅老领导的关心下，我带着队员手拿现场照片、论证材料到省交通厅，几次登门拜访寻求帮助，终于获得了追加的定向资金 50 万元，把这条"助学路""民心路"高标准翻建一新。在与省直单位寻求支持的过程中，我们也真切地感受到，几乎所有的后方单位同志，都对扶贫、对一线扶贫队员给予了足够的礼遇。许多基层天大的难事被特事特办有了回音，出了领导办公室，我总有想唱歌飞翔的冲动。感恩与激动，难以表达。

2015年"六一"儿童节，带着工作队为响水县红十字博爱学校配置了30多台洗衣机、热水器和空调，为的是让325个穷苦家庭的孩子夏天能睡着、冬天不受冻。

2015年8月初，工作队组织了"响娃快乐行"活动，为的是让博爱班19名孤儿"去一次南京""拥有一双新鞋子""吃一次肯德基"的愿望变成现实。那一次，19个孩子在队员和志愿者的陪同下第一次在南京博物院看国宝，第一次到肯德基吃到饱，第一次在海底世界看海豚从水中高高跃起。那一刻，每个孩子的笑容都灿烂无比。

响水两年，只要后方单位来人到响水开展共建帮扶活动，我都会有意识地带他们到村里小学看看——那里的孩子像干涸开裂的土地里的禾苗，太需要关心、太需要爱了。教育投入很难短时间看到成效。但是在教育上，投得再多都不为过。对全省最困难地区的最困难家庭的孩子，我们一个微小的举动，都可能点亮一个孩子眼里的光。看到他们快乐的笑容，一切都是值得的。

我内心一直认为，如果说扶贫取得了一些成绩，绝非省委帮扶工作队这支队伍单打独斗能够获得的。应该感谢省委省政府及后方单位领导的重视支持，每一次的视察慰问指导，总是一线扶贫人提振士气奋勇前行的及时雨；应该感谢响水县扶贫办和乡镇村组干部的热情帮助和全力配合，他们是在农村开展工作不可或缺的辅导老师和热心向导，他们不畏艰难、负重前行的精神状态令我心生敬意、由衷钦佩；还要感谢响水老百姓，他们的善良、淳朴、厚道、热情让我深受感动，他们对美好生活的向往和追求，激励扶贫队员不忘初心，永不懈怠。

国网江苏省电力有限公司服务脱贫攻坚纪实

龙禹

　　国网江苏电力党委认真贯彻党中央精准扶贫指示精神，坚决落实国网党组、省委省政府扶贫工作部署，始终将满足人民美好生活需要作为工作的出发点和落脚点，不断发扬扶贫帮困的优良传统，畅通供电服务"最后一公里"，让发展成果惠及人民，以更高的站位、更强的使命、更有力的举措推进脱贫攻坚，以一流的服务"做好电力先行官、架起党联系群众的连心桥"，向党和人民交上一份满意的答卷。

　　用"优质电"照亮"致富路"，江苏农网改造升级率先全面消除"低电压、卡脖子"，农村户均容量全国领先，为"美丽乡村"建设注入强大动力。用"绿色电"托起"小康梦"，"电暖流"光伏扶贫、供电红茶扶贫、苏北经济薄弱地区帮扶为困难群众带来绿色惠民项目，助力脱贫迈上可持续发展的快车道。用"爱心电"架起"连心桥"，"电爱心灯"助学、"亮公益""希望来吧""电力橙""电费积分众筹"让孩子们圆梦课堂，为贫困家庭带来明天的希望。

　　自1995年以来，国网江苏电力累计带动40个经济薄弱村和11.7万低收入群众顺利脱贫。对口帮扶的拉萨市县域户均容量由原先的1.2千伏安提升至2千伏安，习近平总书记牵挂的西藏山南市隆子县玉麦乡等一大批藏区偏远山村"用电难"问题得到彻底解决。在贵州布依族山寨，公司员工自发组织连续 16 年 7000 余人接力前行，资助坡帽、纳翁、卡务、板饶、皎贯、贞丰等山区小学学区内 4000 余名布依族孩子完成学业，当地入学率由资助前的不到 50%，提高到 90% 以上，超过 200 名职工利用休假赴山区小学进行短期支教。

在苏电人满怀着理想和信念的付出下，一盏盏心灯被点亮，一个个梦想变成美好的现实，扶贫路上留下了苏电人浓墨重彩的一笔。

国网江苏省电力有限公司是国家电网有限公司系统规模最大的省级电网公司之一，作为驻苏最大央企，公司长期以来，坚持以习近平新时代中国特色社会主义思想为指导，坚决贯彻党中央国务院脱贫攻坚决策部署，坚持精准扶贫、精准脱贫，围绕强化行业扶贫、深化定点扶贫两条主线，发挥电网企业优势，深化公司服务脱贫攻坚新举措，利用 2018—2020 年三年时间，实施全力服务脱贫攻坚十大行动计划，着力提高贫困地区电网支撑能力，着力强化扶贫项目电力保障和优质服务，着力支持公司定点帮扶县和帮扶点稳定脱贫，为全面打赢打好脱贫攻坚战，赋能"强富美高"新江苏建设，助力全面建成小康社会贡献坚强可靠的苏电力量。

为全力服务脱贫攻坚助力江苏全面小康，国网江苏电力成立了以董事长任组长，总经理和分管负责人为副组长、各部门主要负责人为成员的扶贫工作领导小组，统筹谋划推进电力扶贫工作，领导小组办公室设在营销部（农电工作部），公司高度重视扶贫制度建设，先后印发《国网江苏省电力有限公司关于全力服务脱贫攻坚十大行动计划的实施意见》《国网江苏省电力有限公司关于印发电力扶贫督查巡查工作方案的通知》《国网江苏省电力有限公司关于强化派驻扶贫人员激励保障明确相关待遇标准的通知》等管理制度，实行"本部抓总、地市负责、县（区）落实"的电力扶贫工作机制，将扶贫工作纳入工作考核和常态监督检查，全面落实制度保障，同时严格加强人才队伍建设和作风问题治理，将脱贫攻坚与常规工作有机结合，统筹推进服务脱贫攻坚工作。

近年来，国网江苏电力服务脱贫攻坚成果受到国家及省委省政府及地方各级政府高度肯定，2021 年公司一集体荣获全国脱贫攻坚先进集体，3 个人荣获全国脱贫攻坚先进个人，2019 年公司获全省脱贫攻坚组织创新奖，公司自 2001 年 21 年间连续获得省委"五方挂钩"帮扶工作先进单位，在服务脱贫攻坚伟业进程中，公司以优异的成绩彰显了苏电人高度的整治站位和责任感。

扶贫工作历程

开展脱贫攻坚服务 40 年来，国网江苏电力坚持履行社会责任，坚持服务江苏地区经济发展，充分发挥行业优势和特点，通过加快贫困地区电力设施建设、开展光伏扶贫、改善贫困地区生产生活条件等措施，以电力扶贫带动产业扶贫，使电力扶贫成为改善贫困地区生产生活条件的关键举措，成为精准脱贫的重要动力，走出了一条富有电网特色的扶贫开发之路。

1987—1993 年为国网江苏电力服务脱贫攻坚起步探索阶段。1987 年，江苏省电力局详细制定了扶贫规划和年度实施计划，集中力量加大对徐、淮、盐、连地区的电网改造和发展力度，对技改资金、农改资金均给予上述地区重点照顾和重点扶持。1987—1988 年，为支持促进茅山老区经济开发，省电力局自筹资金，补助溧阳、金坛、句容、丹徒等县新建 35 千伏变电站 4 座。1991—1993 年，省电力局筹集 800 万元，解决了苏南部分村、户的通电问题，使苏南地区村、户的通电率由 86 年的 93.5% 和 63.82%，分别提高到 99.27% 和 93.25%。

1994—1997 年，步入全省扶贫通电阶段。1993 年底，全省发电装机容量突破了 1000 万千瓦大关，用电量每年递增 10%，乡镇工业总用电量增长了 3.17 倍。1995 年，江苏电力局在省委、省政府的统一领导和协调下，全力实施全省扶贫通电工程，计划运用三年左右的时间，实现全省 100% 的村和 99% 以上的农户通上电。1996 年 5 月 27 日，盱眙县古桑乡季安村李寨组成功通电，标志着全省 37231 个行政村全部通上了电，较计划提早 2 年完成村村通电工程。1997 年 10 月 10 日，历时近 3 年的江苏扶贫通电工程提前告捷，全省实现了"户户通电"，96 万多无电农户告别煤油灯，圆了光明梦。

1998—2011 年，进入综合性扶贫阶段。1998—2002 年，江苏实施了总投资分别为 100.13 亿元和 169.26 亿元的城市和农村电网建设改造工程，城乡电网的供电能力和可靠性由此大大提高。2002 年，全国电力体制改革完成"厂网分开"，改制之后，江苏省电力公司牢记企业责任，充分发挥电网企业的自身优势，在电网建设扶贫的基础上，探索电力多元扶贫组合拳，切实将扶贫工作落到实处。2003 年 2 月 20 日，江苏省电力公司在全国率先全面实现城乡用电同网同价，每年减轻农民电费支出负担 27 亿元。2006—2011 年底，江苏省电力公司共投资 810 亿元建设改造和维修农村电网，农村电网结构得到优化，江苏全省农民基本享受到了和城市居民同等质量的电能。

2012 年以后正式进入精准扶贫阶段。2012 年来，国网江苏电力积极派驻响水、滨海县帮扶工作队队员参与省委、省政府脱贫致富奔小康工程决策部署，较好地完成了各项时序进度，实现省定经济薄弱村集体年收入 18 万元和建档立卡低收入户人均 6000 元的目标。2018 年创新实施"能源绿"产业扶贫项目，在淮安盱眙雨山村等地区实施了"能源绿"电制茶扶贫项目，应用光伏发电、薄膜发电、储能等综合能源服务新技术推动生产加工电气化、自动化，带动当地农民就业、集体增收，受到了时任省委常委、纪委书记蒋卓庆的充分肯定。2018 年底，苏北五市均配变容量达到 4.4 千伏安，是全国平均水平的两倍多，完全满足经济薄弱地区产业发展、人民生活条件改善对电力供应的需求，为脱贫攻坚提供了坚强电力保障。2019 年，主动服务我省重点扶贫项目，对 5000 户残疾人贫困家庭屋顶光伏项目接电提供专人跟踪服务，确保了全面及时接网并全部纳入补贴范围。捐赠 600 万元，实施企业厂房屋顶光伏项目，帮助滨海县 8 个经济薄弱村年平均增收 20 万元。2019 年 7 月，创新实施"电费积分众筹"公益活动，动员全省 6 万余名电力用户参与积分众筹，累计兑换 19 万余元购买 900 盏光伏台灯捐赠给青海玛多县民族寄宿制学校的师生，照亮了困难学生的书桌。同年，与苏宁集团合作建成江苏首家扶贫实训店，并在"苏宁易购"App 开设中华特色馆——滨海扶贫专区，实现线上线下协同销售

106 类帮扶地区特色农产品，同时聘用当地低收入农户参与实体店经营，实现扶贫"造血"的转变。2020 年以来，公司再深入扶贫实践，为省委驻苏北 12 个经济薄弱县区帮扶工作队派驻"供电专员"队伍，提供便捷可靠用电服务；组织开展省内重点帮扶县区消费扶贫，下达全年 800 万元购买任务，为经济薄弱地区农户抗疫增收助力；引导外部优势技术资源，推动"能源绿"系列扶贫茶叶深度加工，成功研发茶饮品、红茶龙虾、红茶螃蟹等，拓展产业链条，做强扶贫产业品牌等，圆满完成服务脱贫攻坚任务要求。

到了 2021 年，国网江苏电力紧跟党中央国务院政策部署，全面探索推进脱贫攻坚与乡村振兴有效衔接路径，上半年累计采购省内外帮扶农产品超过 2400 万元，为产业从"输血"向"造血"转变提供持续推进原动力，在继续开展产业帮扶、定点帮扶工作上持续输出公司资源优势，探索助力经济薄弱地区产业和居民从脱贫向致富转变的有效模式。回顾发展历程，国网江苏电力扶贫工作取得了辉煌的成就，圆满完成各项扶贫工作，受到各级政府的充分肯定。

行 业 扶 贫

扶贫攻坚，电力先行。在脱贫攻坚道路上，基础设施是贫困地区脱贫的先决条件和瓶颈制约，农村配电网又是基础的基础。国网江苏电力坚持发挥行业优势，积极履行社会责任，以电力扶贫为抓手，以区域扶贫和定点帮扶为重点，主动担当、狠抓落实，扎实开展经济薄弱地区的电网建设，持续推进产业扶贫项目的电力保障，不断提升产业扶贫项目的优质服务，切实解决贫困地区供电服务"最后一公里"问题。

党的十八大以来，国网江苏电力加大对省内成子湖片区、西南岗片区、涟沭结合部片区、石梁河片区、灌溉总渠以北片区、丰县湖西片区和黄桥茅山革命老区 6 个经济薄弱地区的配农网线路升级改造力度。累计投资 1678 亿元，新建线路 2.91 万公里，改造线路 31.95 万公里，通过这些升级改造工程项目的"落地生根"，全省配电网的薄弱环节得到持续改善，供电指标得到显著提升。

在加强经济薄弱地区配电网建设改造的基础上，国网江苏电力全面优化业扩配套工程管理流程，缩短工程建设周期，提升设备健康投运水平，保障产业扶贫项目用电质量，提高供电可靠性，着力解决经济薄弱地区供电设施落后、供电能力不足、电能质量低下等突出问题，为省内经济发展提供了坚强的电力保障。

对省外地区，国网江苏电力积极支持西部建设，大力实施资金支持、人才帮扶、专业扶持等举措。自 2011 年启动援疆工作以来，累计投入帮扶资金 88.85 亿元，全力支持重点项目建设，投入资金 82.86 亿元，帮助新疆电网投资建设 750 千伏交流工程和新疆与西北联网 750 千伏第二通道工程，投产 750 千伏线路 1730 公里、变电容量 1556.8 万千伏安，优化了新疆乃至西北地区的电网结构，提高了新疆向西北主网的送电能力。"一手抓项目建设，一手抓运维改造"累计安排援疆资产后续改造及运维资金 2.6 亿元，帮助新疆公司加强援疆电网资产运维，提升智能化运检能力。并于 2012 年，以现金捐赠方式支援新疆 3.39 亿元，帮助新疆公司加快实施电表改造，满足推行阶梯电价的需要。

党的十八大以来，公司精心选派 88 名青年干部和技术骨干，以对口挂职、东西帮扶等形式，参与西藏地区的人才援助工作；累计增派 12 批次、共计 296 人次进藏短期帮扶，涉及运检、基建、物资、审计、外联、政工等多个专业，推动运检、建设、物资等专业管理经验在受援单位的落地与应用，帮助其提升专业管理水平。

在做好输送帮扶人才的同时，充分利用教育培训资源，帮助西藏电力培养优秀人才，接收 83 名西藏公司、青年骨干实践锻炼，明确培养责任人，一对一开展指导，取得了良好成效。完成 57 名西藏代管县公司负责人、540 余名新入职高校毕业生岗前培训，有效提升西藏电力人才队伍整体素质。并针对电力薄弱专业，编写专用教材，组织专家团队赴藏开展培训指导，帮助实施技能鉴定、人才评价等工作，积极将帮扶模式由"输血型"向"造血型"转变。

经过坚持不懈的努力、真诚无私的援助和卓有成效的工作，国网江苏电力圆满完成了各项西部帮扶工作任务，促进了西部电力的持续稳步发展，得到了上级的充分肯定及西部电力同仁的一致好评。公司连续 9 次获得"国家电网公司人才援藏（人才帮扶）先进集体"荣誉称号，被省委省政府表彰为"江苏省援藏工作先进单位"，46 位同志获得先进个人或先进工作者等荣誉称号。

产 业 扶 贫

产业是实现精准脱贫的"铁抓手"，是农民持续增收的"摇钱树"，是发展区域经济的"发动机"，一个地方要脱贫，必须要有产业，而扶贫产业的顺利推进离不开可靠的电力保障。

为更好地适应经济社会发展、保障经济薄弱村的顺利脱贫、强调贫困群众的获得感，服务国家扶贫攻坚战略，服务国家电网公司新时代发展战略，国网江苏电力协同推进扶贫攻坚工作和优质服务提质转型，围绕"安全、质量、效率、效益"和"精准、规范、实用、实惠"和让人民生活更美好"八大服务工程"要求，积极履行社会责任，加快新时代服务体系建设，公司结合乡村振兴战略实施，提前对接政府规划，做好村容整治、整体搬迁等项目供电服务工作，切实满足经济薄弱地区的路、水、网络及农田改造、灌溉等基础设施，以及产业扶贫项目用电需求，开辟绿色通道、特事特办，确保接电及时、供电可靠稳定。

2012 年以来，国网江苏电力派驻响水、滨海县帮扶工作队队员按照省委、省政府实施脱贫致富奔小康工程的决策部署，深入贯彻精准扶贫、精准脱贫的基本方略，紧扣响水、滨海县帮扶规划的目标任务，务实地推进各项扶贫举措，较好地完成了时序进度，基本实现了省委下达的省定经济薄弱村集体年收入 18 万元和建档立卡低收入户人均 6000 元的目标。

按照"特事特办、精简程序，限时管控、高效实施"思路，确保光伏扶贫接网工程与光伏扶贫电站同步建成，实现"同步接网、全额消纳、及时结算"的目标,确保全额消纳光伏扶贫电站发电量,按月支付光伏扶贫电站标杆电价电费,及时转付光伏扶贫补贴,实现贫困人口尽早受益。截至 2020 年底,公司已累计消纳光伏上网电量 1.85 亿千瓦时,支付电费 7233 万元,实现 2.9 万户贫困群众稳定受益。2016—2017 年,公司共投入 1000 余万元,相继实施了"渔光一体"和贫困户屋面光伏发电项目,四汛村平均村年集体收益达 30 万元左右,仁杰村 49 户贫困户户均增收 2800 元左右。积极实施"电暖流"扶贫项目并及时投运,共投入资金 180 万元,为 15 个村每个屋顶建设 15 座屋顶光伏发电站,每年为村集体增加收入 1.5 万元左右。2018—2019 届驻滨帮扶工作队员,在国家光伏补贴取消的情况下,用好国网江苏电力 1200 万元的捐赠资金,租赁效益好的企业屋顶建设 3 兆瓦的光伏电站,年收益在 250 万元左右,使滨海县 8 个省定经济薄弱村和低收入农户完成了省委下达的 18 万元和人均 6000 元的目标。

驻滨帮扶队利用国网盐城供电公司后勤部门养殖基地优势,整合全省资源,为正红镇仁杰村引进 50 头小香猪、100 头小三元猪养殖项目。驻响帮扶队争取帮扶资金 1396.8 万元,对口实施帮扶项目 23 个,帮助新建和修缮党群服务中心 3 个,建设蔬菜大棚 80 余亩,自筹资金 40 余万元帮助县重点项目"连万家"万亩莲藕养殖基地通上电、改造农灌站 16 台,帮助 13 户山羊养殖户拓展山羊养殖,先后捐助图书、办公用品等物品 10 余万元。与工作队队员们一起先后帮助 19 个经济薄弱村全部顺利实现新"八有"目标,3929 户低收入农户按期脱贫致富。

此外,公司发挥省级综合能源服务公司技术、人才和项目管理优势,为贫困地区扶贫重点企业免费提供能效分析、节能咨询等服务,积极主动为相关企业提供节能改造、能源托管等综合能源服务,帮助企业降低用能成本,提升绿色生态效益。结合电能替代技术推广,打造了盱眙"能源绿·一品红"、苏州"能源绿·一记红"、周恩来纪念馆综合能源服务项目等一批电力特色产业扶贫项目,积极扶持地方特色产业和优势产业发展,发展特色旅游和生态养殖,推广光伏发电、薄膜发电、储能等新能源技术,培育一批新兴的特色扶贫项目,做到"经验可复制、项目可移植"。

党 建 扶 贫

"群众要致富，关键看支部"，抓好党建促脱贫攻坚，是贫困地区脱贫致富的重要经验。坚持做到脱贫攻坚有什么需求，党组织就提供什么服务；脱贫攻坚工作在哪里，党建工作就跟进到哪里；扶贫项目到哪里，党员作用就发挥到哪里。真正把党建资源转化为扶贫资源、把党建优势转化为脱贫优势、把党建活力转化为攻坚动力，让党旗在脱贫攻坚一线飘扬。

国网江苏电力党委认真贯彻落实国网公司和省委省政府扶贫工作要求，遵循"抓党建、促发展、惠民生"扶贫总体战略，有效运用"党建＋扶贫"工作模式，切实增强扶贫"造血"功能，服务"强富美高"新江苏建设。通过严格落实上级党组织决策部署，建立党委、党支部、共产党员服务队、党员示范岗"四位一体"的扶贫工作网状格局，增强思想认同、理论认同和情感认同，增强担当意识和群众意识，为脱贫攻坚提供源源不断的精神动力。依托共产党员服务队，组建党员扶贫攻关队，充分发挥党员先锋模范作用。结合"百千万"走访帮扶活动，通过组织寻访、帮扶的方式，构建"结对帮扶"一户一方案动态调整机制，实现"精准"帮扶，架起党联系群众的桥梁。以扶贫项目建设和经营为纽带，通过送项目、送服务、送技能"三送"增强地方致富"造血"能力，多年深耕，持续打造"电暖流"品牌，探索构建"电暖流"增值服务体系，服务范围延伸至综合能源、电能替代等领域，"电暖流·爱心联盟""电暖流·爱心大使馆""电暖流·爱心领事馆"等已成为一道道独特的风景线。

"十二五"以来，国网江苏电力累计实施对外捐赠超过6600万元。其中"苏电定点扶贫"公益项目，主动承担响水县扶贫工作队副队长单位任务，每年投入帮扶资金600万元，围绕农村电网改造、市政建设扶持和特色产业发展等方面，以资金帮扶和项目帮扶相结合的形式实施精准帮扶。"苏电爱心助学"公益项目，国网江苏电力累计投入资金 625 万元，与团省委在苏北留守儿童较多地区建立并持续运营 111 所"国家电网希望来吧"。以"希望来吧"为阵地，每年与团江苏省委、江苏省青少年发展基金会等单位和社会团体，共同开展暑期爱心支教、"圆梦课题"等关爱活动，为留守儿童、外来务工人员子弟提供课外学习、娱乐的精神家园。项目多次获中宣部及地方领导批示肯定，并在全国首届志愿服务大赛中获得金奖。累计捐资 650 万元，与省民政厅、省慈善总会共同在苏北、苏中地区建设 100 个"农村老年关爱之家"和 100 个"社区居家养老服务中心"。捐资 440 万元，持续为苏北欠发达地区公共文化基础设施建设和公共文化建设提供支持。"电暖流"公益项目，国网江苏电力结合省委组织部"党费暖基层"工程，由补交党费捐赠 3000 万元支持脱贫攻坚工作，援建 200 个村党群服务中心建设和 30 个"电暖流"光伏扶贫项目。目前，光伏扶贫项目已全部竣工投运、并网发电。

在国网江苏电力大力实施重大公益项目的带动和影响下，公司系统各级单位员工，积极投身社会公益活动，心系社会、关爱弱势群体，自发组织或参与的公益项目，实施的爱心捐助持续向社会传递来自电网的暖流。在公司统一倡导和部署下，全系 5 万名干部职工积极参与由共青团江苏省委员会、江苏省青少年发展基金会、江苏省希望工程办公室共同发起实施的省希望工程"圆梦大学行动"，连续 15 年，向全省 2.1 万余名家庭贫困应届优秀大学生，累计捐助资金 7749 万元，帮助解决就读困难，实现大学梦想。2016 年盐城风灾，公司 4 万名党员员工向受灾地区捐赠特殊党费 530 万元，费用全部用于支援盐城阜宁、射阳地区的灾后重建工作。

国网江苏电力党委和广大党员始终牢记和践行"人民电业为人民"的企业宗旨，"电"字率先，发挥电力行业特色和资源优势，为村民送去了光明和温暖，把清洁能源理念和实践引入美丽乡村建设，为江苏这一方青山绿水保驾护航。公司一批又一批党员在扶贫的道路上不断探索，克难前行；不忘初心、牢记使命。以更优质的服务、更优秀的业绩，做好电力先行官，架起党联系群众的连心桥，在扶贫工作中践行社会主义核心价值观，实现了把党的凝心聚力、领导发展的作用转化为老百姓看得见、体会得到的实际成效。

从服务江苏经济社会发展的战略高度全面履行社会责任，是国网江苏电力义不容辞的职责和使命。国网江苏电力始终秉承"发展公司、服务社会，以人为本、共同成长"的社会责任观，积极响应党中央"精准扶贫、精准脱贫"号召，主动服务省委省政府工作大局，认真贯彻落实新一轮脱贫致富奔小康工程部署，为政府分担责任，为社会创造福利，努力在促进民生幸福、构建和谐社会中发挥央企表率作用。

宜兴白塔由昔日穷山沟到
今日花园村的历史变迁

欧阳华

　　白塔村位于宜兴市西渚镇西部的丘陵山区，自然环境优越，全村区域面积 7.6 平方公里，耕地 5486 亩，村民 920 户 2900 余人。白塔村历史文化资源丰厚，村内"白塔钟声""宋代古窑""薛桥寻梅""千年古井"等历史遗迹保存完好，岳飞抗金故事广为流传，抗战遗址众所周知，于伶红色文化家喻户晓。

　　改革开放前，这里流传着这样一句顺口溜："西渚元上，特殊情况，电话一响，不是要钱就是要粮"，是全市有名的扶贫村。穷到什么程度呢？那时候村里的老百姓连电费都交不起。村里曾经因为长期拖欠电费，被乡用电站拉闸断电，村民们不得不点了八个月的蜡烛、煤油灯。那个时候村里没有集体经济收入，农民主要依靠种粮度日子，村民人均收入只有几百元。村里连干部工资也发不起，村干部年年拿着白条回家交差。

　　改革开放后，特别是进入新世纪，在党的"三农"政策指引和地方各级党委政府的关怀下，白塔村生态环境持续优化，高效农业得到快速发展，红色文化形成产业，乡村旅游成为美丽乡村的新亮点，集体经济和村民收入快速增长，先后获得"全国文明村""中国美丽休闲乡村""全国乡村治理示范村""全国一村一品示范村""全国乡村旅游重点村""江苏省先进基层党组织""无锡市腾飞奖""宜兴市先进基层党组织"等国家、省市级荣誉 70 多项。

我出生在江苏省宜兴市西渚镇白塔村，是一个土生土长的白塔人。1993 年，我开始担任磨山村党支部书记，经过 2001 年和 2003 年的两次行政村合并，我开始担任白塔村党总支书记。近 30 年来，我作为一名基层工作者，亲身经历了白塔村富起来、强起来的全过程。回忆往昔，每一件艰苦创业、治穷致富的故事我都记忆犹新。

打造"一村一品"金牌产业

长期以来，白塔村民依靠水稻种植度日子。进入 21 世纪，党中央和地方各级党委政府对"三农"工作越来越重视，我也始终在思考"怎么样才能让农民尽快地富起来"这个大难题。我曾痴痴地想，白塔村有 6000 多亩耕地，每亩地每年若能增加收入 1 万元，就是 6000 多万元，全村 3000 人就可每人每年增收 2 万元！从那时起，我带着这个梦想，开始勾画白塔村的蓝图。

可绘就这张蓝图，谈何容易啊！因为发展农业是需要长时间、持续性的投入，在没有看到成果效益之前，村民们都会心存疑虑。农村的发展之路是曲折的，但越是曲折艰险，我们村"两委"班子就越要迎难而上。我带领村"两委"班子成员从改造思想认识着手，确立了新的发展思路、明确了新的路径，围绕"生态立村、文化强村、旅游富民"的大目标开展工作。我们在上门走访时发现，村里有几户人家种植了几亩南天竹，经济效益要比普通水稻高出 10 倍左右。随后我们又到有经验的种植户家中了解南天竹种植的有关工序和投资情况，并与经纪人联系，甚至跑到外省调查市场行情。经过深入调研，我的脑海里形成了这样一个想法：我们要把南天竹作为致富群众的当家产业来做。

刚开始推广南天竹的时候，村民们还是有些疑虑，这背后的重要原因是组织化程度不高。于是，我们就以党总支的名义号召党员干部带头种植，专门成立了南天竹党支部，把党的建设渗透到产业链上，还因势利导组织开展集中培训，引导其他农户一起种植，并帮助他们流转土地、寻找销路。同时，我多次与农业专家联系，取得他们的技术支持，将传统根植改为籽播种植，既节省了成本，又节约了劳力。为了扩大南天竹的销路，村里还在网络上帮助种植户建立统一的销售网页，并与其他地区的花卉苗木专业市场合作，设置外销窗口，培育农民经纪人。

现在，全村已有 250 多户农户种植了 3000 多亩南天竹，辐射带动周边农户种植南天竹近 1 万亩。小小南天竹成了白塔村农民致富的金牌产业，亩产收益 2 万—3 万元。村民王志平原本是出了名的借钱户，几年下来欠债十多万元，在我的建议和动员下，2014 年 9 月借钱买籽种了南天竹，第一年收入就达 7 万多元，如今他的种植面积已经扩大到了 50 余亩。下田舍村民小组的殷继华，通过多年的种植积累了丰富经验，他承包的南天竹植面积达 230 亩，是村内有名的种植大户。我们一方面鼓励他带动村民参与这一产业，让他成为农民致富的"活教材"；另一方面在思想上、政治上对他予以关心，他于 2017 年光荣加入了党组织，后又被选为南天竹党支部的副书记。

推动"白塔味道""抖"向全国

南天竹的成功，不仅增加了农民收入，也大大增强了村"两委"班子成员带领群众发展高效农业的信心和决心。许多群众在村干部和专业户的带领下开始引进产值高、口感好、适宜当地生长的各类水果。老党员宋时胜带头种植红提四亩，后来又逐年扩大。引进红提获得成功后，又引进外地懂技术、有经验、有市场的种植大户建立茭白、锦绣黄桃、樱花、油桃、"红美人"橘子、"浙大一号"大樱桃、"白玉琵琶"枇杷等新基地，同时还有效带动了当地村民的同步发展。截至目前，全村已经建立了南天竹、茭白、樱花、苗木、无公害大米、特色瓜果、优质茶叶和芳香产业八大农业示范基地。有了这么多农产品，农民致富就有了坚实的基础。

村里还积极创新经济发展模式，组建了苏南地区首家观光农业专业合作社，发展社员 900 多户，入社率达到 95%，年销售农产品 1 亿多元，辐射带动了本镇及周边 2000 多名农户，促使农民增收 2000 多万元。村内经常组织种植大户交流活动，鼓励各类农产品参与各级评比活动，以产品质量去赢得客户的青睐。2019 年 10 月，白塔村的"秋月梨"获得第十届"神园杯"江苏省优质水果评比金奖、2019 年北京世园会优质果品大赛银奖，"锦绣黄桃"和火龙果同时获得第十届"神园杯"江苏省优质水果获得银奖。

为了打造好具有本土特色的"白塔味道"品牌，我们将桑葚、杨梅、茶叶、菜油等进行统一设计包装，本着"质量第一，诚信为本"的原则，倡导"绿色消费"，在产品质量上严格把关，每道工序都经过严格的质量监控，产品质量过硬。

为帮助村民实现足不出户便可销售，2018 年，我村在地方党委政府和上级有关部门的关心和支持下，建成了全国第一个"抖音村"，并建立了新媒体工作室，利用网电商平台、抖音进行线上线下销售，帮助农民实现创收致富。近年来，村内不仅利用"白塔味道"微信公众号进行宣传，我自己还亲自到田间、到市场参与带货直播，并联络多家媒体专题报道"白塔味道"。2017—2020 年，线上线下销售各类农产品 2 亿多元，带动周边农户销售农产品 3 亿多元。2020 年"五一"期间，村民狄海福笑得最开心，5 天内樱桃采摘收入达到 60 余万元，据不完全统计，全村 5 天内销售农产品达 300 多万元。

创新民间资本投入载体

　　我十分清楚本村的家底，虽然老百姓富裕了，但是集体经济实力还是有限的。2015 年，中共中央、国务院《关于打赢脱贫攻坚战的决定》颁布，为确保到 2020 年实现全面建成小康社会，打赢脱贫攻坚战作出一系列决定。为加快脱贫致富步伐，宜兴市委、市政府对我村的发展给予了高度关注，把我村列为无锡的"扶贫村"，并先后与无锡市发改委等部门结对帮扶，有效促进了我村集体经济的发展。但我们绝不是等靠要，而是采取借力发展方式，用创新的理念和真诚的态度吸引民间资本投入，引导农家乐、企业主等社会力量支持村级发展。

　　近几年来，已先后引进 3 亿多元的民间资本，打造了小而特、小而品、小而优的公益事业和旅游产业项目。村民涂海龙看到了我的热心与诚心，2003 年就在村里创办了兴望农牧有限公司，现已成为村里的重点景区之一。黄甲有是村里的一位小老板，他认为我有刻苦精神，平时也没有什么架子，好共事、好沟通，在我的鼓励下，办起了甲有农林生态园。2010 年春天，我通过宜兴供电公司领导介绍，结识了官林镇的一位老板蒋文君，在简短的交谈中，我感觉蒋总对白塔这个陌生的地方颇感兴趣。到了晚上，我怎么也睡不着觉，默默地想：不管他老板有多大，只要能在白塔创业，或多或少能为白塔做点贡献。于是我就拿起电话对蒋总说："不管你能不能在白塔创业，我们之间交个朋友总可以吧。"蒋总也觉得我很好客，不久，蒋总又一次踏上白塔这片青山绿水，表示要在这个地方搞一个小山庄，准备用一个月时间办好土地承租流转手续，令蒋总没有想到的是，不到半个月就办好了，确保了项目提前开工建设。后来，蒋总不仅没有减少投入，反而增加了投资额度。不到两年，一个投入超亿元的"云芸山庄"在白塔村诞生了。2017 年冬天，蒋总决定收购白塔村关停多年的两个琉璃瓦厂，一项新的工程又在白塔村开工了！行香竹苑老板谢慧珍在创业时，我尽力做好各项服务和保障工作,她曾这样回忆说:"欧阳书记有长远的目光,是一个有情怀的人,他把所有的功劳都记在别人的头上,而自己只是真心、热情地服务,因为有欧阳这个好书记,付出最多也是心甘情愿的。"听到这些话,我的心里多了一份欣慰。

提升美丽乡村建设品位

村民的幸福,不仅要有好的经济基础,更重要的是要有一个好的人居环境,我常说一句话:"种庄稼也要种风景"。近年来,我们按照习近平总书记"绿水青山就是金山银山"的科学理论,始终坚持"在保护中发展,在发展中保护"的理念不动摇。

随着新农村建设的不断推进,我觉得不能走一步看一步。2007年,村里花30万元请来上海交通大学的设计团队,对全村的土地利用进行了统一规划,划定了生态保护区、村民住宅区、现代农业发展区、乡村旅游观光区和文化产业区,确保村庄建设有序进行。2012年又进行规划细化,围绕生态可持续发展原则,保护乡土田园机理,充分依托乡村原有的田园风貌,突出乡村景观特色,保护当地山体和水系资源,营造江南田园水乡的美感,2018年又完善了中远期规划。

从2007年开始,我村先后在张家园、下田舍、横塘干等自然村树立样板,改造道路、墙面出新、清理河道池塘。2010年以来,在新农村建设实施过程中,根据村庄发展水平,充分尊重农村的传统和习惯,保持生态环境和自然风貌的原生性,杜绝乱搭乱建行为,充分展现田园风光。其中横塘自然村通过改造以后,成功创建为三星级康居示范村,薛家桥自然村成为江苏省特色田园乡村。

为逐步提高美丽乡村建设的品位,就要不断提高规划建设的档次,在各项基础设施基本到位的前提下,突出一个"美"字,充分利用农村道路、池塘、家前屋后种植以花卉为主的植物,满足农民对美好环境的追求。2012年,我村引进人才打造了既美观又增效的樱花基地,其中连片种植的就有 300 余亩，同时，村里鼓励村民利用家前屋种植樱花、海棠、红叶石楠、玫瑰等花卉。另外，农民致富的南天竹、瓜果等特色产业，也为秀美村庄增添不少色彩。近年来又鼓励农户种植玫瑰花、薰衣草等芳香植物，不仅美化了环境，还有利于身心健康，更有利于吸引城里人到农村投资、旅游、居住，目前的白塔村已成为名副其实的花园村。

2019 年，在上级领导和地方党委政府的关心下，横塘干自然村成为无锡市新农村建设示范点，我们围绕打造"城乡创新融合发展实验区"的总体定位，通过"主客共享的新公共设施建设、江南田园的新乡村环境营造、城乡融合的新休闲空间发展"，围绕"云湖山居、心享田园"的目标愿景，一次性规划新建农房 57 套，提档升级 20 套。为确保工程建设质量，聘请了专业监理及跟踪审计，对工程施工进行全程监理。此外，我们还专门成立了"业主委员会"，代表农户对工程质量进行监管，2021 年底，农户有望搬进新区，并成为白塔美丽乡村建设的一道风景线。

2020 年，我们又实施了薛家桥自然村省级"特色田园乡村"工程建设，采取土地综合整治、环境治理、生态修复等措施，突出乡村景观特色，保护当地山体和水系资源，保留住了江南田园水乡的美感。其中在薛家桥周围铺设了黑色路面 5 公里，安装路灯 50 多盏，农房立面出新 175 户，新建和改造景观墙 360 米，对既有垃圾回收模式和人力物力资源进行系统化升级，按照人口分布，科学设置垃圾分类亭 6 个，对生活污水进行集中收集，采取建设小型污水处理设施集中处理的方式，让每家每户的生活污水得到了有效治理，减少了水环境污染。分片区配备专门的垃圾清扫、转运人员，形成了长效管护机制，极大地优化了人居环境，同时还积极宣传垃圾分类、资源回收利用相关知识。2020 年底和 2021 年 4 月分别通过无锡市和省级验收。

全面提升村民自治能力

我们认为，做美"金山银山"，强化管理和保护的理念始终不能变。为此，我村"两委"班子处处以身作则，领导班子率先垂范，做好表率，严格遵守法律法规，依法办事，不越红线，所有建设工程，规范操作程序，凡涉及民生的实事工程，由党总支部集体研究初步方案，并由村民代表大会讨论决定。专门成立了村务监督机构，实行每月审计制度，严格执行"五务公开"制度。

为有效发挥党员的先锋模范作用，我们始终注重加强对党员的教育和管理，按照农村党员的基本类型，通过"党支部+"的创新模式，把党的建设既融入产业链中，又引导到各项工作之中，不仅促进了产业的快速发展，同时还带动了村民共同治理。

为进一步完善党领导乡村治理的体制机制，每年年初制定乡村治理工作方案，建立村民自治制度，订立白塔村村规民约。不断深化和创新网格化社会治理体系，将全村27个自然村分成3个大网格、6个小网格，配备网格员和网格辅助员15名，明确职责和工作任务，形成了共建共治共享的乡村治理格局。

为充分体现出党员的先进性，增强参与新农村建设和管理的自觉性，我村在2019年的"不忘初心、牢记使命"主题教育活动中，把关心人民群众的利益放在突出位置。专门组织50多名党员开展了志愿服务活动，分别到下蒋、磨山、白塔三个较大的自然村开展了"家园清洁"行动，重点对农户家前屋后和主要道路进行了清扫，并对部分农户门前的杂物进行了整理，共清理垃圾60多车。在此基础上，又专门抽调10名工作人员开展了"家园清洁周"活动，对所有的自然村进行一次全面的清理，先后清理垃圾100多车，更换垃圾桶50多只，并为所有垃圾桶全部贴上了相应的标签，各自然村和乡村道路的面貌焕然一新，受到广大村民一致称赞。为进一步落实好农村人居环境长效管理工作，村"两委"成员划定了卫生保洁责任区，在原有五名专职保洁人员的基础上再增加五名，专门从事村庄卫生保洁工作，同时还定期或不定期组织志愿者开展"爱我家园"活动，确保村庄人居环境逐步优化升级。2021年6月，我村人居环境被宜兴市列为"红榜"，还被评为无锡市生态文明教育实践示范基地。

打造乡村文化靓丽名片

群众致富了，道路通畅了，村庄漂亮了，关注白塔村的人更多了，如何吸引更多的客人到白塔村来旅游？我经常这样想，如果把白塔村的文化、生态、农产品等形成品牌，肯定能增强人们对白塔村的了解和向往。

白塔村既是被誉为"中国革命戏剧拓荒者""革命电影事业奠基人"的著名剧作家于伶的家乡，也是国际著名佛学家星云大师的祖庭白塔寺的所在地。面对得天独厚的文化资源，如能深度挖掘、保护和开发，白塔村的特色将会进一步彰显。从2008年开始，我们在发展文化产业的过程中，地方党委政府不仅在项目报批上给予支持，同时在资金上也给予必要扶持。近年来，已先后建成了于伶纪念馆、生活行旅馆、宜人书院、党建展示馆、小镇客厅等一批文化旅游场馆，形成了属于老百姓自己的文化公园，并已打造成为无锡市级爱国主义教育基地和"行知大学堂"。

随着乡村旅游产业的升温，村"两委"在调研中发现，乡村旅游的大部分游客来自城市，向往到农村体验生活，这为农民增收提供了新的机遇。为有效利用农民宅基地，帮助农民增收增效，我们深入农户家中了解情况，一方面鼓励农民自选改建民宿，另一方面将闲置户出租给有需求的人群改建民宿。近年来已发展特色民居民宿20多家，日接待游客就餐可达3000人以上，住宿1000人以上，不仅确保了游客玩得开心、吃得舒心、住得安心，同时帮助村民增收1000余万元。2019年以来，乡村旅游人数超过 100 万人次。

通过多年的努力，白塔村不仅有了致富村民的支柱产业，同时又有乡村旅游作配套，村民的"口袋"逐步满了起来。然而，我觉得富了"口袋"还要富"脑袋"，一个地方只有不断提高社会文明程度，才能算得上美丽乡村。因而我们经常组织党员和村民参加党的基本知识、农业科学技术、法律法规等培训活动。特别是成立新时代文明实践站以来，我们把"志愿服务"作为文明实践的主要内容，村党总支部与市镇有关部门联合组建了志愿服务示范团队，主要有以青年团员为主"白塔志青春"团队、以妇女为主"白塔守望"团队、以大学生为主"白塔抖音"团队、以企业工人为主的"大爱白塔"团队、以旅游公司和村干部为主的"白塔味道"等五支团队，总人数已超过 300 人。分别根据各自的工作重点，开展多种形式的为农、为民服务活动。

近年来，通过新时代文明实践活动的广泛开展，全村的社会文明程度得到了极大的提升，如在 2020 年的新冠肺炎疫情防控过程中，全村 115 名党员，除少数年老和外出以外，有 80 余名党员参与了防控活动，有 200 多名村民成为防控志愿者，全村 900 户农户中有 806 户自愿为武汉捐款 113960 元，充分体现了基层党组织的战斗堡垒和党员的先锋模范作用，也体现了全体村民高度的政治觉悟和社会责任感，为取得疫情防控的最终胜利作出了积极贡献。2020 年 11 月，白塔村乡风文明建设优秀成果在中央电视台《新闻联播》节目进行了报道。

让白塔沃土成为创业高地

多年来，我们党总支部一班人已形成了一个共识：一个地方想发展，首先要为集聚人才搭建新的创业平台。随着城市化进程不断加快，我充分感受到，乡村的落后最终体现在人才的流失。"只有把年轻人留在农村，乡村振兴才更有活力、更有未来。"为给年轻人创造更好的发展平台，我利用参加全国两会的机会，提出"重视农村人才建设"的建议，不仅得到了众多媒体的关注，同时还得到了各级领导的高度重视，收到了良好的社会效果。

为深入贯彻中央精神，服务乡村振兴、青年发展，引导青年积极投身乡村振兴战略，我们在2019年4月4日，成立了"乡村振兴青年联盟""青年党建联盟"，并举行了"宜兴市首期乡村振兴新农菁英培训班"，展现出青年们的非凡活力。

要想留住人才，必须打造年轻人喜欢的产业。目前，我们所打造的咖啡馆、白塔抖音号、微家房基地、民宿等基地，正是白塔留住年轻人重要举措之一，也正因为有了年轻人喜欢的平台，留在白塔村的青年人越来越多。小青年张小杰说，他本来在南京从事新媒体工作，后来经朋友介绍加入了白塔新媒体团队，"一方面，白塔村是全国最美乡村，第一次来就决定留在这儿；另一方面，从事新媒体、视频剪辑也是我的兴趣所在，能做喜欢的事多好。"1989年出生的戴丽娟跟着老公来到白塔村后有这样一种感觉："离爸妈更近，有好的对口工作，村里空气、环境、发展都好，为啥不回来？"她现在是一名景区讲解员，觉得有事做、有人爱、有所期待，很幸福。

近些年，村里打造的新业态已得到年轻人的高度关注，如今已有百余名大学生先后回到白塔、扎根白塔。村民谢惠珍原在无锡创业，2014年，她既看到了家乡人文美景，又看到了家乡的发展前景，她毅然决定一次性投入6000余万元，在家乡建起了以家庭休闲度假为主要模式，餐厅、棋牌室、茶室及多功能会议室相配套的民宿产业，2016年获得全国第一届民宿博览会创意设计奖，2017年获无锡市最美民宿称号。"半山有庐"民宿的老板张永红也是一对来自四川的"80后"夫妇，先前在宜兴工作过，结婚后就决定留在白塔了。

如今，村里的抖音号、微信公众号、电商平台在年轻人的经营下，越来越好了。越来越多的青年人回归白塔，回归乡村，在白塔村这个日益广阔的舞台上驰骋，真正地让人们感受到了乡村振兴"千军万马"奔腾不息的景象。

"为民服务是乐，苦干奉献是甜，守好方圆是美，强村富民是荣"，这是我担任村书记近30年来最深切的感受。同时，我也深切感受到，白塔村的蝶变，既是党和政府关怀的结果，也是全村党员干部群众共同努力的结果。让我感到最欣慰是，2020年白塔村人均收入突破了5万元，比十几年前增长十多倍，村级可支配收入也从20年前30多万元增加到800余万元。2018年1月我光荣当选十三届全国人大代表，2019年又荣获江苏省脱贫攻坚奖，还被评为江苏省百名示范村书记。我把所有这些都作为"为官一任，服务一方"的新动力和新起点，致力把白塔美丽乡村建设得更加靓丽。

（万正初　整理）

常州市黄金村稻田里走出脱贫致富路

严清华

回村，肩负起带头人的使命

1974年我服役在延安当兵，1981年退伍工作在原金坛市交通工程处，是金坛压路机最大吨位的操作手。1999年2月，原唐王乡党委书记钱永祥、副书记陈锁华、组织委员束卫平、副乡长周金虎等集体找我谈话，让我回村当村支书。其实，之前领导已多次到施工驻地找过我，但我一直下定不了决心。

黄金村不但农民穷，集体欠债58.4万元，而且还很乱，是茅山革命老区一个软弱涣散穷的深度贫困村，10年换了8任村支书，觉得村里工作"不好干、干不好、自己还是不干好"。

乡党委书记说："生你养你的村，现在却是一个贫穷又混乱的村，无法开展工作的村，你在交通修建了这么多的康庄大道，难道不想回村将土路压一压？不想把断路连一连？"这一语双关的话我听懂了。其实黄金村对我家有恩，我父亲曾是新四军的一名地下党员，在一次执行任务时由于叛徒的出卖，被日军抓到薛埠镇关了起来。村里人知道后，一些开明乡绅便组织起来筹钱，再通过组织营救保了父亲的命。我决定回黄金村工作，既为向黄金村报恩，也为改变穷村面貌，摆脱贫困。走在黄金村的泥土路上，呈现在我眼前的是田块错乱、沟渠断塌、危桥堵路，河面肮脏、垃圾乱堆的面貌。乡领导带着我与党员干部作了任职见面。会上有人问我："严清华你带了多少钱回来？"还有人问我："你是否长了三头六臂，有什么能耐把村子搞好？"再有人问我"你是不是想当一个芝麻小官？"面对不信任的眼光和种种质疑，我用承诺的话语作了几句任职发言，我说："党的政策好比是一条公路，黄金村人民好比是一部汽车。现在我是开车的驾驶员，我将载着黄金村人民安全正点平安到达目的地。现在黄金村的状况须努力，一年以后村上状况得不到改变，我就地向大家辞职！"承诺是做了，接下来就是开展工作。

修路，打通脱贫致富的通道

金薛河流淌到黄金村这里，分叉为北河南河，将黄金村包裹起来。16个自然村散落在里面，是典型的岛村，而村里唯一通向外面的路仅仅是狭窄的土路，路面稀稀拉拉地铺着石子碎砖。还有一处出口就是金薛北河的一个渡口，小破船停在那里，谁摆渡就去撑几下。因为我是建桥筑路的，第一个感受就是黄金村的路不好。要想富，先修路。要将黄金村搞活泛，路桥这些基础设施必须到位，人能走车能到。我首次召集村组干部开会，议题很简单：路，造路就是政治。

修路没有钱，只能靠村里的劳动力来节省开支。村"两委"一班人带领全村700多人肩挑手扛，花了34天时间挑筑7万多方土。我是开压路机的，所以人们称我为"开压路机的书记"。当时村里人都穷怕了，一心想着要把路修起来，饿了随便扒拉两口冷饭，渴了就喝两口凉水，大家都一样，不知道什么叫苦、什么叫累。第一条通往村外的5.74公里道路的路基土方建成了，取名黄金大道。

修了路，下一步造桥。当时村上的现状是：三面环水一条道，车子进村危桥堵，农副产品难运出，猪羊鱼虾贱价卖，能人离村不回头，农民致富无路走。造桥缺资金，我便开始了化缘集资造桥的工作。拜访了69个单位、找了社会贤达及亲朋好友49人，经过4个月的努力，筹措了近20万元。招选了造桥队伍，在金薛北河上打下了第一根桩。6米宽、48米长、能荷载100吨的钢筋混凝土大桥架好了。竣工通车那天，两岸的村民敲锣打鼓、燃放鞭炮庆贺打开了致富的通道。接着又修建村里大大小小12座农桥。现在，这座黄金大桥依然横跨金薛北河上，对当地的交通发挥着重要作用。在修建茅山旅游大道的时候，7万吨的建筑材料就是从这座桥上运输过去的。

脱贫困，无中生有创收益

村里一没有山，二没有滩，三没有可依靠的大老板，分田到户时资产卖光资源分光。怎么找到发展集体经济的源头之水？在政府平坟还田的号召中，我与党员干部商量，决心将一处占地30多亩、70多年时间土葬467座坟头的坟地，实施迁坟还田，作为发展集体经济的资源。但这可是棘手的事情。村里几百户人家各个家族在明清时期从各地迁徙而来，风俗不一，家庭背景不一，要迁坟，阻力很大！

我自家祖宗的坟墓也都在这里，要做的第一件事情就是给家里人说理。说通了，就带头将自家的祖坟迁到指定的公墓。说服了家里人和亲戚，党员干部也带头迁坟还田。

一部分抵触情绪大的村民我们分头做工作，趁他们回乡祭祀祖宗时，我到祭拜现场说词祈祷。那时快过年了，在外打工的都陆陆续续回家，而小年夜大年夜家家都在供祖宗。我的工作包里会放酒菜放香烛，知道哪家供祖宗了，就到哪家门口候着，等那家人大大小小的都磕完头，我走进去，按那户农家最小辈的身份跪在团蒲上，给人家祖宗上香敬酒磕头，一边上香一边说着整治田地的作用，一边敬酒一边说着恳请祖宗开恩原谅，一边磕头一边说我们黄金村不能再穷了，希望老祖宗们支持我们的工作，腾出坟地，发展经济，祖宗要发难要报应找我严清华，不要为难家人。在清明前我也到最后几个不愿迁坟的村户家的墓前祭供祷告。终于村民被我的诚意打动了，467座土坟历经百天时间，在没有吵闹没有打斗中完成了迁移。

坟墓迁移后，原有土地本来是要改造成良田，可平整以后，发现碎瓦砾、铁钉难清理，我们便根据实际情况重新改造成标准鱼塘，投放鱼苗，当年收益2.3万元。

找项目，摸索路径真脱贫

我们做足土地文章，将土地复垦和土地治理作为生产发展的重要抓手，通过整治空心村、搬迁乱坟岗、消灭臭水塘、推平土晒场，综合整理废滩塘，改造低产农田，小田变大田，累计整理土地2800余亩，净增种粮面积632亩，实现了亩亩高产量。

在结合村情为村民寻找致富项目时，做了一些探索。开始是做蘑菇种植，因为种蘑菇项目的投资也仅仅是大棚和原材料两项，村民空闲的多，人工也够。我们带头搭建13000平方尺的大棚种植蘑菇，忙乎了半年实现了1.2万元的收益，为村民起到了典型示范作用。

当得悉生产丝绸服装的晨风集团的栽桑养蚕项目时，便因势利导，让村民做这个项目。我在日记本上记录着：

1亩地的桑苗可饲养春蚕蚕种2张，秋蚕蚕种1.5张，计3.5张（年），

1张蚕种可产蚕茧大约42公斤，$3.5 \times 42 = 147$公斤（蚕茧），

1公斤蚕茧的收入约20块钱左右，

147公斤蚕茧年收入近3000块钱，

除掉生产成本，纯收入1亩地在1500块钱。

先期投入的钱从哪里来？我要求党员和村干部带着群众干，做给群众看，帮助群众解决资金难题，我在村干部会上直言：每人至少3万，上不封顶，哪怕借，滚钉板也要借过来。我知道，黄金村的人开口要借

钱，人家都躲得远远的，要借钱，先从村干部做起。我作为书记承担责任，主动向亲朋好友借钱，主动认栽桑苗田亩数，认了就必须栽，压实村干部和党员的带富责任。让104户村民集中连片栽桑504亩，单季养蚕700多张蚕种。

为了学习养蚕技术，我带着100多位养蚕人出去看养蚕现场听技术介绍。并支持帮助养毛蟹亏本了的周天才、王文华、杨富林复垦蟹塘栽桑养蚕，为他们借钱搭建养蚕大棚3000多平方米。一个冬春的时间，这三户人家栽下了12万棵桑树苗，当年养蚕卖茧净赚3万多元/户。很快他们翻了养蟹亏的本，并实现年收入净赚8万元/户。

通过栽桑养蚕赚钱不但还清了债务，每年还有5万至8万元的家庭收益。项目找对头，养蚕致富有甜头，100多户养蚕户成了村里脱贫致富的示范户。

合作社，共同致富的新载体

为加快老区人民的脱贫致富，2006年常州市委、市政府制定了茅山老区"百村帮扶、万户解困"三年行动意见，共同发起了"党员进老区、万人帮万户"活动。常州市投资集团为村上送来了办公用品，为村民捐赠了衣物，为困难群众提供了鸡苗、鸭苗、猪苗、树苗等实物帮扶，改造了部分特困户的危房，资助了贫困户家庭孩子读书，加上我们建蘑菇大棚、蚕桑基地、畜禽养殖基地……所有这些零打碎敲的脱贫项目，只能为村民解决眼前的贫困，但没有哪一个项目能让村民和集体共同持续增收。针对土地零散，老年人、残疾人种地有困难，生产不赚钱有时还亏本，还有出现土地撂荒的现象，我们审时度势，2007年党的十七大召开后，我带着党员、村组干部和专业户前往小岗村参观学习，深刻领会胡锦涛同志对农民家庭承包土地长久不变的最新指示。回来后开会统一思想，以提高农民收入为出发点，改变一家一户的传统种植模式，在坚持自愿有偿、公平规范的前提下，制定土地流转实施细则，流转方案向全村公示，显现公正公平。有序推进家庭承包土地流转，让农民靠土地生财，集体靠土地增收。

我们核算了流转土地每亩的价格：农民种一亩两季的小麦水稻，需机耕费、种子化肥、农业水费、收割费等成本1500元，而两季粮食相加不足2000元，这里还不包括干旱、水灾、虫害等因素。当时土地流转的行情只有四五百块钱一亩，为了让村民土地流转增加收入，我们给村民的土地流转保底收益费是每亩1100元再加二次分红。不是到年底拿钱兑现，而是先付钱后用地。实现离土地进车间，务工挣钱不心烦，不能外出打工的年老者根据身体情况，来合作社打工可得80到120元的工资。

土地流转到村办合作社我们实行责任制经营，倒逼了党员干部挑起经营责任者的担子，坚持"兑足农民的，交足集体的，盈亏是责任人自己的"原则，实现亩均增效600元。当时我们合作社有成员500多人，参加合作社的村民，既可以享受每亩1000元以上的保底分配，再加上二次分红，人均增收800元。村民从传统农业生产中解放出来，目前全村95%的土地都流转到了黄金村农地股份合作社，以前全村家家户户忙种田，现在10多人种了全村人的田。做到外出挣钱心不烦，多元化挣钱不再难。

流转了这么多土地，又倒逼我们实行农业全程机械化，2008年村集体创办农机专业合作社，购置大中小型农机具设备160台套，我运用自己在部队和在交通工程公司学到的机械知识，进行机械化操作种田，帮带了本村和外村外镇的种粮大户、家庭农场主、专业农机手46人，推进了农业全程机械化的进程。

合作社有了土地，开展了农机化作业，收获的粮食怎么开展市场销售，保证销售回笼的资金让农民得到及时的分配，才能实现农民富口袋，集体领办合作社产出的优质粮能不能有优价卖得掉，又是摆在我们面前的一道考题。

黄金软米，解锁致富密码

从秋收到年底，我会给惦记帮助过黄金村的人送点不打农药不施化肥种植的软米聊表谢意，让人家第一时间品尝新米。

"你们这个米做饭很好吃的。"

"你们这米多少钱一斤？太便宜，再提价格照样有人买。给我买100斤吧。"

"老严，给我买200斤啊。我带到上海去送亲戚。"

"严书记，我买100斤啊！我去南京送同学呢。"

在和对方的聊天中我发现了脱贫的新契机。黄金村仅有的资源就是土地。"黑黏土像年糕，大锹挖甩不掉、太阳晒硬如刀。"村民瞧不上的黑土地，种出来的软米却让外乡人赞不绝口。城里人对生态农产品的需求越来越强，我们要转变思维，变劣势为优势，再把优势铸成强势。

我想到了种植有机软米，注册黄金村商标，建立全村的品牌，走高端市场。经过多次探索，我们在众多农产品中选定了有机软米作为主产业，发展"一村一品"特色农业，建立有机软米基地1000亩，绿色软米基地2025亩。不施化学肥料，不使用化学农药，从育秧栽插到稻米出仓，全部采用有机生产管控。当时成立了有机稻米合作社，就是为了带领农民抱团闯市场。让有机稻米这个品牌，提升我们的土地附加值，使农民增加收入。合作社的宗旨是：让合作社成员做到利益最大化。

2009年，第一批流转的200亩土地产出8万斤大米，1斤卖到15元，成为黄金村十年来掘到的最大一桶金。2009年10月，我在《农业科技报》看到一则不足百字的彩米信息，第二天便找到农林局局长，请他帮助寻种拜师。不久找到了红色、紫色稻种各5斤，人家要价1.5万元。我二话没说，当天付钱。当时想的是：我们要抢抓机遇，创造人无我有、人有我优、人优我新、人新我奇、人奇我特的特色农业和特色产品。

为了打响有机软米品牌，我们开发了黄金村软米系列产品，黄金村有机软米、绿色软米、红黑紫绿天然彩米、发芽糙米、即食原味型米粉、发芽糙米粉、大麦焦屑、姜味炒米茶、炒米糕、香酥锅巴、米乳等十多个特色品种。我常常利用跑展销会、外出开会学习的机会，背着米和电饭锅，在会场上煮饭，推销黄金软米。2013年4月20日，我受邀参加江苏省健康产业协会会员大会。去时我带了有机软米和蒸饭箱。会议期间我向200多位会员做了有机软米栽培、病虫草害防治、收割烘干、加工包装的过程介绍。利用会议用餐，煮了三大锅的有机软米饭，请与会人员品尝软米饭。入口绵香、吃了又想，有的代表吃了一碗还要一碗。

真正实现了一粒米致富一个村，一顿饭搞活一个产业，一碗饭健康一个家的三产融合发展。村上不但彻底脱掉了贫困村的帽子，村民们过上了小康的生活，集体收入从2万元发展到420万元，农民收入从1700元增长到2.86万元，集体资产从9万元增长到9300万元。黄金村获得了全国文明村、全国乡村治理示范村、全国示范合作社、江苏省新农村建设先进村等160多项荣誉称号，还被誉为"全国软米看江苏，江苏软米看金坛，金坛软米看黄金村"的全国一村一品示范村。

对口帮扶，协助陕西贫困村脱贫

黄金村的软米种植，不仅带动了唐王、西岗等周边四个村3000多农户发展软米产业，还成为苏陕协作产业帮扶项目。

2017年江苏省与陕西共建，金坛区与陕西省石泉、宁陕两县结为苏陕协作对口帮扶单位，黄金村与石泉县池河镇良田村、宁陕县筒车湾镇海棠园村结为党建和产业共建村。为扎实推进苏陕协作发展，我们将黄金村软香米作为帮扶增收项目在陕南落地。

在苏陕协作发展中，应两县组织部的邀请，我先后为当地1400多名镇村干部作《政治激发精气神　奋斗改变贫困村》脱贫攻坚专题交流，用黄金村苦干实干发展历程，以产业实现脱贫攻坚和乡村振兴的故事，给陕南当地干部以启发。

我们将优质软米稻种发往陕西石泉县、宁陕县两个协作村，而且前后5次去项目地指导村民传授种植技术，14次派出村里的农技员到现场言传身教，在秦岭深处的良田村种出了江南水乡的黄金村软香米。在金坛区政府的支持下，我们着手为良田村合作社建起了粮食仓储、加工、包装生产线，成为安康市境内最好的稻米加工厂。黄金村还专门出资从合肥采购一套粮食烘干机赠送给良田村，增强他们脱贫致富的造血功能。去年良田村合作社种出的黄金村软香米，亩产软米达500斤，每斤价格卖到20元，成为当地名副其实的脱贫产业。

新的征程，乡村振兴再出发

脱贫攻坚使黄金村旧貌变新颜，实现了路通产业兴、集体强农民富，如今的黄金村高速路、快速路、黄金路，路路相连直通村口，农业机械到田头，轿车开到家门口，早饭在家门，中午到了天安门。脱贫攻坚提升了黄金村人民"饮食变营养、住房变宽敞、穿衣变漂亮、交通变通畅、保障变更强、观念变时尚"的幸福指数。

2021年2月25日，我作为全国脱贫攻坚先进个人，在北京人民大会堂出席了全国脱贫攻坚总结表彰大会，聆听了习近平总书记的重要讲话。习总书记的讲话让我们倍感振奋，更让我们感到责任重大，精准落实习总书记"民族要复兴，乡村必振兴"的重要指示，在巩固脱贫攻坚成果中奋力建设乡村振兴。从根本上做到了农户脱贫不返贫，集体收入有增长，实现有钱进账、有力办事、有利共享、创新可持续发展的新路径新模式：

一是确立绿色产业定位。我们立足农业坚持绿色定位，分区域规划有机生产和绿色生产基地，连片流转农户家庭承包土地。用绿色循环方式管控稻田生产过程，立体防控水稻生长中的病虫草害，实行路、田、沟、渠、水、林网绿化综合治理，让土地越种越多，地块越种越大，地力越种越强，生态越种越好，品牌越种越响，效益越种越高。为建设农业是本色、绿色是底色、软米是特色、新村是景色、农旅出彩色的软米大农场奠定了产业基础。

二是开通加工产业路径。产业兴旺就是实现农业高效益高质量发展，农业增效在于加工增值，农产品加工在延长产业链上增加了村民就业，在开发精细化便捷化新产品上拓宽了消费市场，在提高科技含量中，提升品牌知名度和产品附加值，我们将种植软米的田间生产延长到加工包装的车间生产，再将单一的软米生产，扩种了红绿紫黑黄的天然彩米，再经二次加工成发芽糙米、姜味炒米、生米粉和粥米、冲调即食性米粉、香酥锅巴、炒米糕、米乳饮料，从种油菜籽延长到热炒工艺榨油，加工出菜籽油、黄豆油、芝麻油等优质放心食品，实现了产品加工后增值2.2倍，在农业增效中，做到集体和农民都增收，为黄金软米大农场打造农产品加工区、情景观光区创造了条件。

三是开发农文旅产业模式。农耕创造了文化，文创承载了农旅，农旅繁荣了农村。我们依托大农场建设整体规划，不等不靠将绿色农业的田园发展为创意农业、观光农业、体验农业的游园；将农耕文化、劳作文化、稻米文化、人文文化场景物件展示在田间地头，发展为大中小学生劳动实践的校外农趣课堂；将春赏花的美景、夏采摘的美果、秋收获的美满、冬品尝的美味、四季垂钓的美趣发展为记忆乡愁、寻找乡魂、留住乡根、繁荣乡村的时尚产业，打造了三万学子到田间、五万钓友塘边站的人气指数。在布局上做到点线定位、以点带线、以线带面、以面连线，形成农耕景艺化、产业特色化、休闲兴趣化、寓教于乐化、风格差异化、功能配套化，为大农场建设营造了氛围，迸发出乡村振兴的活力。

四是创新服务产业机制。服务产业是带动村民就业、拉动产品营销、创造价值最大化的产业。我们以一粒米致富一个村、一顿饭搞活一个村、一碗饭健康一个家的理念，在从无到有的探索中感觉到商机很大，范畴很宽，前景很好。但是制约产业发展的瓶颈多，实操政策落地难，导致接待吃饭缺场所、停车住宿缺场位、产业配套缺场面，有人流没资金留，期待给予政策支持。

五是勇于乡村振兴实践探索。乡村振兴是新时期"三农"工作的总抓手，也是农村经济与社会变革的路线图，还是乡村文化与生态肌理的大复兴。实现农业全面升级、成为最有奔头的产业，农村全面进步、成为宜居美丽家园，农民全面发展、成为最有体面的职业。产业兴旺排序在乡村振兴20字方略之首。向着农田园林化、村庄生态化、产品品牌化目标，增三产拓二产稳一产，把黄金村建成绿色生态农业村、自然休闲旅游村、富强美丽幸福村。

苏州通鼎精准打通产业扶贫"主渠道"

沈小平

脱贫攻坚，感动山河；千年梦圆，就在今朝。2021年2月25日是一个注定要载入史册的日子。在当日召开的全国脱贫攻坚总结表彰大会上习近平总书记庄严宣告，我国脱贫攻坚战取得了全面胜利，完成了消除绝对贫困的艰巨任务，创造了又一个彪炳史册的人间奇迹！我为祖国点赞，中国人民了不起。这一天于我个人而言，也有着非同一般的意义——作为江苏省企业界的代表，我有幸受邀参会并被授予全国脱贫攻坚先进个人。

以行动成就爱心　让慈善走进生活

在2021年9月5日我国第六个"中华慈善日"，第十一届中华慈善奖评选表彰大会在北京举行。我和通鼎集团非常荣幸地连续第七次获得民政部"中华慈善奖"，这也是继2月份获得"全国脱贫攻坚先进个人"表彰后同一年再次得到社会责任类荣誉。相比起这些荣誉，我和通鼎集团付出的还不够多，还需要在慈善上有更多作为。在举国上下意气风发向着第二个百年奋斗目标迈进的特殊时刻，通鼎集团将以此为新起点，振作接续奋斗的精气神，不负党和人民的期望，秉持"小成靠智、大成靠德"的企业理念，用心用情做好慈善，在实现共同富裕的道路上扛起更大担当，为实现人民幸福美好生活做出更多贡献。

心系家乡，报效桑梓。一个人走得再远，也不能忘记来时的路。在企业做大做强的一路前行中，家乡是我时时牵挂的地方，我将慈善作为自己的第二份事业，首要的就是回报家乡。"少年智则国智，少年富则国富，少年强则国强。" 1998 年我还未成立企业，一次理发偶然碰到了老校长，闲聊得知吴江八都中心小学缺少电脑从而影响孩子们电教课程，便花几十万元购买了 30 台电脑及配套设施送到学校，建起了吴江第一间乡村电脑教室。后来我又给学校捐建图书馆，发放奖教金，设立信息化教学基地，近 20 年来，每年固定投入数万元用于学校信息化建设。联星村是我的故乡，曾是震泽当地的经济薄弱村。当初白手起家办企业之时，我就秉持着一份"办企业可富一批人"的初心。随着企业稳步发展，我决定为父老乡亲做一些实实在在的事。这么多年来，只要村里有需求，我就会尽己所能，捐资出力。1999 年公司刚起步，我便出资将联星村中泥泞的村道改造为平坦的水泥路，将村里多座桥梁进行加固整修；改造自来水设施，村里人从此喝上了引自太湖的优质水；2015年设立了联星村沈小平爱心基金，为联星村 60 岁以上老人每人发放 1000 元慰问金，后逐年增加 100 元，到 2022 年元月全村 640 位 60 岁以上老人，每人慰问金提升到 1700 元，已累计发放助老资金超过 750 万元。为让老年人晚年生活更加丰富多彩，捐资赠建联星村老年活动中心，让村里的老人们安享晚年生活。目前，已累计在联星村投入帮扶资金达 1200 万元，同时，通鼎集团先后吸纳联星村百余村民在公司任职工作，助力乡村振兴。

曾经军旅，战友情深。绿色是军队的底色，也是通鼎发展的本色，更是公司人才强企的基色。退伍军人在部队大熔炉里锻炼过，做事踏实，执行力强。为了让这些"最可爱的人"成为"最有用的人"，同时也基于我对部队、对战友的深厚感情，为此，公司先后招收安置了 668 名退役军人。通鼎设立的"退伍军人示范岗"，退伍军人通过亮标准、亮身份、亮承诺，比技能、比作风、比业绩的方式，有力提升了履职能力；设立的"退役军人创新工作室"，获得专利140项，2项成果入选工信部示范项目；设立的退役军人"一站式"服务中心，出台"需求清单、服务清单、活动清单"和"企业地图、工作地图、生活地图"，进一步解决了扎根通鼎退役军人的后顾之忧，让他们充分感受企业温暖，激发他们干事创业热情。昔日的军人如今活跃在集团市场、销售、后勤等各条战线上，将强大的战斗力转化为执行力，组成了一支敢打硬仗、能打胜仗的"铁军"，为通鼎的发展注入源源不竭的动力。2019年12月，通鼎集团被授予江苏省首批优秀退役军人之家称号。

根植家乡，善播四方。随着通鼎不断跃上发展新台阶，集团利用分公司遍布全国的优势，不断提升慈善事业的覆盖面，如今我们的慈善扶贫足迹已遍布祖国大江南北23个省、市、自治区。2021年7月，河南多地遭遇特大暴雨，在得知受灾地区光缆线路损毁需要大批光缆及配套产品后，我当即拍板："一切为了受灾地区，生产订单排前，受灾地区产品优先发货！"通鼎员工加班加点，紧急生产、配货、装车、运输，为防灾救灾赢得了宝贵时间。其实，每当国家遇到重大自然灾害，我都是第一时间要求员工与灾区对接联系，捐赠善款和光电线缆产品。2008年5月，通鼎向灾区捐赠1000万元，并把抢修光缆送到汶川地震灾区；2010年4月，青海玉树地震发生后，捐赠386万元善款；2010年8月，捐赠百万元救灾物资应对甘肃舟曲泥石流灾害；2013年4月，捐赠500万元物资用于四川雅安抗震救灾；2014年8月，云南鲁甸抗震救灾，捐赠200万元光缆物资；2016年6月，捐赠150万元物资支持江苏阜宁龙卷风灾区恢复重建；2017年7月，捐赠400余万元救灾物资支援江西、湖南等灾区。

财富的价值在于回馈社会。我认为，企业家真心实意地回馈社会，要创新去做，要探索出更多常态化机制。只有形成一种常态化的机制，才能让善行得到良性循环，更好地促进社会的公平、福利与和谐。2018年，通鼎发起成立全国首个地方性社会工作基金会——苏州通鼎社会工作发展基金会，聚焦各类社会问题，助力地方文明水平提升；成立联星村爱心基金，用于对口帮扶经济薄弱村；成立苏州首家民企在地方民政部门的爱心基金——沈小平爱心基金，常态化开展各类社会公益活动。目前，通鼎已经形成"1+3+X"扶贫机制，即1个基金会、3个专项基金、系列精准慈善项目的慈善新模式，从"授人以鱼"的给予式扶贫，升级到通过企业内部社会责任管理机制长效运作。

扶贫济困千秋业　大爱无疆万代功

我们知道，新中国成立以来，党带领人民持续向贫困宣战。脱贫攻坚既是全面建成小康社会需要完成的重要任务，也是全面建成小康社会的底线目标。脱贫攻坚是"十三五"规划的重中之重，成为落实四个全面战略布局的关键举措。在2015年11月召开的中央扶贫开发工作会议上，习近平总书记强调，消除贫困、改善民生、逐步实现共同富裕，是社会主义的本质要求，是中国共产党的重要使命。立下愚公移山志，咬定目标、苦干实干，坚决打赢脱贫攻坚战，确保到2020年所有贫困地区和贫困人口一道迈入全面小康社会。唯有厚德，方能载物；"道德＋舍得"，方为大德。我认为，企业家的价值在于创造财富，而财富的价值在于回报社会。民营企业不仅仅争做经济发展的主力军，更要与国家需求同频共振。为此，通鼎每年拿出利润的5%—10%作为专项基金，聚焦脱贫攻坚、乡村振兴、教育支持、古迹保护等方面，如今累计捐赠超过7亿元，为2万余贫困人口提供就业，助力脱贫县脱贫"摘帽"。

精准打通产业扶贫"主渠道"。以市场为导向，以经济效益为中心，以产业发展为杠杆的产业扶贫，是促进贫困地区发展、增加贫困农户收入的有效途径。基于以上认识，我们全力聚焦脱贫攻坚主战场，从"天涯海角"到西部边陲，锁定国家重点扶贫县，以发展特色优势产业为旨归，依托产品"光纤到村、入户"等便利条件，蹲点调研，制定扶贫规划，探寻扶贫重点，先后在江西、四川、云南、新疆等中西部9省（自治区）17个贫困县开展产业扶持等项目。在海南，与国家级贫困县白沙县荣邦乡开展结对扶贫，以"帮扶单位＋合作社＋贫困户"的脱贫模式，启动五年行动计划，推进岭尾村"百香果"产业发展，惠及岭尾村 1100 余名贫困人口；在云南，支持绥江"托起希望"农业扶贫活动，认购绥江果蔬产品；在新疆，助力洛浦县、叶城县、疏勒县、阿克陶县等贫困县乡村振兴，将两家子公司落户于霍尔果斯等地，通过产业转移安置新疆籍各族就业人员 200 余人。我常常对员工们说："企业越大，与个人的关系越小。一个人的消费毕竟是有限的，企业创造的是社会的财富。"有了这样的想法，就可以跳出狭隘的财富观，担起更多社会责任。我希望通过与一些地方牵手，形成扶贫攻坚的合力，通过产业脱贫、就业脱贫等多种形式，打造地方自有特色品牌，形成完整产业链，实现强村富民目标，也希望广大村民在各级政府、组织的大力带动下，真正强起来、富起来。

积极搭建技能扶贫"展示台"。"输血"解一时之需，"造血"纾长久之困。授人以鱼，不如授人以渔。千金在手，不如一技在身。技能扶贫，注重激发贫困群众脱贫致富的内生动力，是实现真脱贫、脱真贫的重要一环，作为农家子弟的我深谙此道。在扶贫攻坚过程中，我除了把增加就业作为有效直接的脱贫方式外，也充分发挥职业技能在推进技能扶贫工作中的引领示范作用，推动贫困地区劳动力学知识、学技能，实现以技能促就业、助脱贫，激励广大贫困青年走技能成才、知识报国之路。为此，我整合资源、压实责任，搞好技能扶贫顶层设计，精准锁定培训对象，因人因需精准培训，因地制宜开展特色技能培训，坚持"企业带动＋学校培训＋定向就业"的扶贫模式，与各地职业技术学校合作，捐赠资金、企业产品线和核心技术，建立实训基地，培养优秀人才。2014 年 11 月，我捐赠的布有五条全系列光缆生产线的通信教育实训基地在吴江中专揭牌。当时，很多人就表示不解，为什么要将优质的产品生产线安装到一个中等学校，关键还涉及公司的核心商业机密——光缆的制造工艺、操作规程？我的解释是，具有高水准操作技能的"工匠"，拥有高素质复合型"蓝领"队伍，是"中国制造"的根基所在。近年来，"中国制造"不断提升产品品质，受到越来越多的国内外消费者认可，一大批大国工匠无疑发挥了重要作用。我们送"宝"进学校，还原企业生产线，就是让学生在实践操作中更接近实际，技能人才的定制培养才能缩短成长时间，少走弯路。为实施技能扶贫在校园行动，我组织全国多所技工院校如徐州技师学院、河南机电专科学校、云南昆明技工学校等广泛开展职业培训和技工教育，持续开展贫困地区技工院校对口帮扶工作，不断夯实深度贫困地区技能人才培训基础，为打赢脱贫攻坚战提供了利器。

靶向实施教育扶贫"断穷根"。习近平总书记指出：扶贫必扶智，让贫困地区的孩子们接受良好教育，是扶贫开发的重要任务，也是阻断贫困代际传递的重要途径。扶智的根本就是发展教育，贫困地区和贫困家庭只要有了文化和知识，发展就有了希望。高质量的教育扶贫是阻断贫困代际传递的重要途径和提升贫困群众造血能力的重要抓手。为了帮助寒门学子"用知识改变命运"，我先后与南京大学、中国人民大学、重庆邮电大学、北京师范大学、北京交通大学、北京邮电大学、东南大学、南京邮电大学等国内19所院校开展校企合作，通过设立"通鼎学院""通鼎教室""通鼎奖学金"等，提升学校教学能力，累计资助1300多名贫困学生完成学业。同时，通鼎向这些贫困学子敞开怀抱，吸纳其就业。目前共有212名受助贫困学生工作在公司生产经营一线，选择与通鼎"共命运、同发展"。支持云南勐海民族学校发展，捐资用于国内名校与山区教育联盟，缩短中西部教育差距。携手重庆电信，在重庆山区开展"点亮百所村小"社会责任活动。通过捐赠一批光纤光缆，协助重庆电信将通信信号拉到当地100所偏远山区的乡村小学，让山里的孩子在"六一"儿童节能触摸互联网，并通过网络感受世界的精彩。"蜀道难，难于上青天"，更何况，还要在"蜀道"上架线。前路再难，也要坚持到底。"六一"儿童节前夕，我们的工程人员终于将100兆高速光纤宽带铺进了海拔850米的乌羊坝小学的每间教室。原本信息闭塞滞后的乌羊坝小学，成为重庆偏远山区第一所信息化学校，那些从未走出过大山的孩子，从此用上了互联网。每当我想到这些孩子们能够运用互联网学习，能够与打工在外的父母视频聊天拉家常，我觉得所有的付出都是值得的，也感到了我孜孜不倦所追求的社会事业的价值。我就想用自己力所能及的力量点亮孩子们的希望，启发他们的智慧，帮助他们成长为一个对社会有用的人。

创新探索脱贫攻坚"新载体"。为深入贯彻落实上级精准扶贫工作决策部署，加快推进精准扶贫工作取得实效，我结合自身企业属性，要求集团各分公司总经理同时负责所在区域的扶贫攻坚工作，将扶贫的触角延伸至全国各地。"君子善借于物也"。我充分利用各地慈善组织助推扶贫攻坚，连续多年支持江苏省慈善总会"情暖江苏"活动，累计向江苏省慈善总会、苏州市慈善基金会、吴江区慈善总会捐资超亿元用于儿童福利院建设、乐龄公寓建设、白内障复明专项资助、困难退役军人关爱以及困难、低保人群救助等精准帮扶。在甘肃、陕西、湖南、浙江、上海等地，我以慈善公益项目为载体，与省市区三级慈善组织联姻搭桥，靶向瞄准外来务工、留守儿童等弱势群体和乡村振兴、古迹保护等项目，精准施策、传承文明。为广泛凝聚起更多社会力量参与到扶贫攻坚中来，我出资助力"中国社会扶贫网"平台建设，促进扶贫工作"线上＋线下"协同共进，构建起一张更大范围的全国"扶贫网"。

扶贫慈善之路，只有起点，没有终点。我已将扶贫与慈善作为自己的毕生事业，这么多年来数十年如一日地从事扶贫慈善活动，慈善已经成为我个人生活中不可或缺的一部分，因为在我看来，扶贫慈善既是富而思进的一份责任担当，也是心向往之的一种生活方式。习近平总书记在2021年7月1日举行的庆祝中国共产党成立100周年大会上庄严宣告："经过全党全国各族人民持续奋斗，我们实现了第一个百年奋斗目标，在中华大地上全面建成了小康社会，历史性地解决了绝对贫困问题。"此情此景，让我十分激动也感慨万千，在为国家取得的脱贫攻坚取得的巨大成就而欢呼的同时，我也对自己肩负的责任有了更深的思考。对于一个国家来说，无论社会如何发展，总会存在需要特殊关怀的弱势群体，脱贫摘帽不是终点，而是新的奋斗起点。对于我个人而言，同样也站到了新的起点上。当前，我们正向着全面建成社会主义现代化强国的第二个百年奋斗目标迈进。习近平总书记指出，适应我国社会主要矛盾的变化，更好满足人民日益增长的美好生活需要，必须把促进全体人民共同富裕作为为人民谋幸福的着力点。"十四五"规划也提出，扎实推动共同富裕，着力提高低收入群体的收入，发挥第三次分配的作用，发展慈善事业。作为一名以扶贫与慈善为己任的民营企业家，我将积极响应党和政府的号召，在新征程上开启新的奋斗，一如既往地深耕实业，更加聚焦边缘弱势群体和领域，更好地运用慈善事业这一第三次分配的主要载体，致力于巩固脱贫攻坚成果、缩小贫富差距，用更多的实际行动弘扬社会正能量，为推进乡村振兴和共同富裕当好表率再立新功！

（靳海鸥　整理）

凝心聚力 精准施策 港城脱贫攻坚走深走实

王洪波

"十三五"以来，连云港市委、市政府深入学习贯彻习近平总书记关于扶贫工作的系列重要论述，坚持精准扶贫精准脱贫基本方略，认真贯彻中央和省委、省政府扶贫开发的各项决策部署，始终将脱贫攻坚作为最大政治任务、第一民生工程来抓，压实主体责任，狠抓举措落实，创新工作机制，全市农村特别是经济薄弱村面貌日新月异，农民幸福感、获得感不断增强。"十三五"以来，全市累计脱贫34.35万人，200个省市定经济薄弱村全达标，灌云和灌南两个省级重点帮扶县整体脱贫"摘帽"。全市有4名同志和2个集体获全国脱贫攻坚表彰，21名同志和13个单位获省级脱贫攻坚表彰，其中连云港市政府扶贫工作办公室荣获全国乡村振兴（扶贫）系统先进集体。

聚焦主攻方向 落实精准扶贫

为了打赢打好脱贫攻坚战，我市立足实际，以精准扶贫战略为指导，制定了多项与时俱进、行之有效的扶贫方案，总的来说，可以归纳成四个方面：

第一个方面是坚持高位推动，强化组织领导。"十三五"以来，按照"五级书记"抓扶贫的工作要求，我市始终将脱贫攻坚作为"一把手"工程，市委、市政府主要领导定期召开专题会议，研究部署脱贫攻坚工作。一是落实主体责任。建立月度通报、季度联席、半年观摩和年度述职"四项制度"，制定脱贫攻坚责任图谱，明确责任分工。全市各级各部门形成主要领导亲自抓、分管领导具体抓的工作格局，将责任层层压实、压力层层传递，高效推动脱贫攻坚。二是强化建章立制。市里分别出台了《关于推进脱贫致富奔小康工程的实施意见》《坚决打好精准脱贫攻坚战三年（2018—2020年）行动计划》《关于决胜高水平全面建成小康社会补短板强弱项的若干措施及5个专项行动方案》等政策文件30余份；科学编制全市"十三五"扶贫开发规划、石梁河水库片区和沂河淌片区发展规划，按年度制定脱贫攻坚计划，切实抓好脱贫攻坚顶层设计。三是开展结对帮扶。省定经济薄弱村建立"1+3"帮扶模式，每个村安排一位市县领导挂联、一个后方单位帮扶、一名帮扶队员驻村。建档立卡户建立"1+1"结对帮扶机制，每个低收入农户至少有一名党员干部结对。市委选派了3批9支驻县区帮扶工作队、帮扶队员112名，选派驻村第一书记303名。

第二个方面是狠抓行业扶贫，夯实增收基础。我们紧盯人均收入6000元和经济薄弱村收入18万元两个核心指标，集聚行业部门资源，集中发力，精准施策，全力推动村户增收致富。一是狠抓产业扶贫促增收。按照"一镇一业"的工作思路，坚持宜工则工、宜商则商、宜农则农，全市累计投入各类产业扶贫发展资金13亿元，建成布局规划合理、主导产业鲜明、带贫机制完善的乡镇扶贫产业园37个、扶贫车间270个，招引龙头企业197个，带动建档立卡户1.5万户增收脱贫。二是狠抓就业扶贫促增收。大力实施"春风行动"，开展多种形式招聘活动。扎实开展技能培训，为招聘企业开展"订单式"培训，为低收入劳动力提供"点单式"培训。全市累计组织专场招聘会450余场，参与招聘企业8000余家，提供就业岗位12万个，帮助低收入劳动力就业10万余人次。三是狠抓金融扶贫促增收。出台《关于推进扶贫小额贷款投放的十条意见》，市级财政专门安排 600 万元激励基金，全市累计发放扶贫小额贷款 17.48 亿元，惠及建档立卡农户 6.75 万户。四是狠抓消费扶贫促增收。在全省率先创建消费扶贫创新创业中心，帮助县区搭建线上线下消费扶贫专馆，累计销售扶贫产品 2000 余万元。积极推动政府采购扶贫产品政策落实，2020 年线上采购各类扶贫产品 1500 余万元。在苏宁易购和京东商城共上线扶贫产品 195 个，累计销售 400 余万元。

第三个方面是突出兜底保障，筑牢脱贫底线。将"两不愁三保障"作为精准脱贫的底线红线，推动各项兜底保障措施落地见效。一是全面落实"三保障"。落实好控辍保学、困难学生资助等教育扶贫政策，全市累计发放各类助学金 5.18 亿元，建档立卡家庭义务教育阶段学生资助实现全覆盖，无因贫失学辍学现象。严格落实低收入人口城乡居民医疗保险保费资助、"先诊疗后付费"等健康扶贫政策，建档立卡人口县域内公立医疗机构住院合规费用报销比例达 90% 以上。建立农村危房改造动态监测机制，共核查、改造农村危房 10496 户，其中 2020 年改造动态新增四类重点对象危房户 348 户，实现农村危房动态清零。二是织牢兜底"保障网"。注重低保政策与扶贫政策的有效衔接，农村低保补助标准稳步提高，由每人每月 370 元提高至 630 元，保障低保农户稳定脱贫。三是构建社会"大扶贫"。全市机关党员干部结对走访捐助各类物资超过 1500 余万元；团市委、市妇联等群团组织筹集助学助困关爱资金超过 950 余万元，帮助特困家庭 2500 余户；深入开展"百企联百村帮千户"扶贫专项活动，参与帮扶企业 229 个，帮扶低收入人口1.61 万人；"苍梧晚报助学公益行"等社会公益性组织自发资助贫困学生和困难家庭。

最后是加强督查考核，提升脱贫质量。我市充分发挥考核指挥棒作用，建立健全年度考核奖惩机制，推动各级各部门履职尽责。一是严肃扶贫督查考核。印发《县（区）党委和政府扶贫开发工作成效考核办法》《市直机关扶贫开发工作成效考核办法》，规范考核内容和程序，不断完善扶贫工作考核机制，确保各项扶贫政策落实、落地、落细。开展脱贫攻坚作风建设年、问题大排查专项行动等，扎实开展问题整改，建立长效机制，做到即知即改。二是实行线上线下监管。开发"阳光扶贫"监管系统，通过对扶贫资金流向、扶贫项目实施等流程再造，扶贫对象、帮扶力量、扶贫资金、扶贫项目系统数据相互关联，实现线上线下有效监管，扶贫领域优亲厚友、跑冒滴漏、官僚主义和形式主义等问题得到有效遏制，确保扶贫资金扶到点上、浇到根上，对精准脱贫起到了"压舱石"的作用，基层涉贫信访、违法违纪案件明显下降。三是加强先进典型宣传。在市广播电台开设《脱贫攻坚之路》《振兴吧，乡村！》等专栏，宣传各项精准扶贫政策、脱贫致富典型等，在档案日、扶贫日多次举办脱贫攻坚成果展，营造浓厚的扶贫工作氛围。以我市脱贫攻坚典型案例为原型，创作《扶情》《百姓来为你点赞》《誓把荒山变金山》等文艺作品 20 余个，特别是现代淮海戏《孟里人家》，作为唯一一部代表全省参加中宣部、文化和旅游部举办的 2020 年全国基层戏曲院团网络会演，广受好评。

创新工作机制　探索扶贫新路

脱贫攻坚工作千头万绪，各地情况也是千差万别，所以精准脱贫不能都照一个模式去做，而要突出问题导向，坚持因地制宜，探索多渠道、多元化的精准扶贫新路径，因为只有开对"药方子"，才能拔掉"穷根子"。"十三五"以来，我市积极探索创新扶贫方式，在脱贫攻坚战役中形成了独具连云港特色的工作亮点，确保全市脱贫攻坚工作务实、扎实和真实。

第一是创新保障机制，持续巩固脱贫成果。通过大数据信息分析发现，致贫和返贫的主要原因集中在因病、因学、因灾三个方面，合计占比约 80%。经过对各种防贫措施进行综合比较，在率先创设"大病特惠保"基础上，探索出把因病、因学、因灾等重要致贫因素统一纳入保险的方式，出台《连云港市精准防贫工作实施意见》，整市域推进"防贫保"，由市县财政资金设立防贫基金 2379.1 万元，对因病、因灾、因学可能存在致贫返贫风险的"两易户"提前实施救助，采取政府采购的方式，引入第三方合作机构进行入户勘察、救助金发放，率先在江苏省整市域推进精准防贫保险工作。同时，开发精准防贫"四不摘"和防返贫监测系统，建立市县乡村四级工作队伍，提升防贫工作效率，有效化解了致贫返贫风险。2020年，全市精准防贫保险累计救助4034户，发放救助金1355.8万元，建档立卡户因病支出负担减轻率达40%，最高达75.77%，对建档立卡因病大额支出家庭救助实现全覆盖，实现了"小保险撬动大扶贫"。

第二是重抓产业园区建设，打造稳定增收引擎。我市着眼脱贫攻坚与乡村振兴有效衔接，按照"撬动性、带动性、市场化"的原则，围绕"一镇一业""一村一品"的工作思路，整合资产资源和帮扶资金，支持乡镇扶贫产业园发展，带动经济薄弱村和低收入户长期稳定增收。制定出台《连云港市乡镇扶贫产业园建设指导意见》，明确市级财政每年至少安排2000万元专项扶贫资金扶持产业园发展。目前，已建成东海黄川草莓扶贫产业园、灌云侍庄豆丹扶贫产业园等布局规划合理、特色产业鲜明、带贫机制完善的扶贫产业园37个。规划总面积3.12万亩，带动近万人就业，直接带动增收9060.65万元。

第三是对接城乡双向需求，两线推动消费扶贫。通过政府搭台、市场运作、社会参与的模式，建成江苏省首家消费扶贫创新创业中心。设立7个扶贫产品展馆，遴选350多种优质农特产品，动员社会各界通过"以购代帮""以购代捐"等形式，帮助贫困群众持续增收。线上线下同步发力，打通经济薄弱地区优质农特产品出村进城快速通道。先后举办全国扶贫日现场展销会、消费扶贫电商节等扶贫产品现场展销活动，销售额800余万元；线上充分利用互联网的技术与传播优势，在快手、抖音等网络平台，通过"三农达人"直播带货等方式，销售东海鲜切花、黄川草莓、石桥苹果等本地优质农副产品2800余万元。新冠肺炎疫情发生后，组织成立"连农生鲜"服务团队，推动县区扶贫产业园（基地）与大型商超、电商平台、机关食堂等对接，多措并举打通农产品销售最后一公里，帮助销售滞销农产品123吨，销售额1600余万元。

第四是严格扶贫资产监管，实现资产长效收益。出台《关于进一步加强扶贫资产规范管理的细则（试行）》等指导性意见，建立健全扶贫资产运营管理制度，发挥扶贫资产最大效用，构建长效稳定的增收和防返贫机制。启动扶贫资产规范管理"123"专项行动，依据扶贫资金来源和用途，通过"一次拉网排查"，分类登记扶贫资产；通过办理不动产权证和扶贫资产登记证"两证确权"，明确资产权属及资产收益分配方案；实现扶贫资金投入清、形成扶贫资产清、扶贫资产收益清的"三清"目标，帮扶对象的收益得到有效保障。全市"十三五"以来共安排各类帮扶资金 17.06 亿元，扶贫项目资产 1309 个全部确权颁证。累计收益 1.5 亿元，直接带动 268 个省市定经济薄弱村和低收入村增收，24万低收入人口致富。

牢记初心使命 秉持为民情怀

2019 年，我市与全省同步取得了脱贫攻坚主体任务提前一年完成的可喜成绩。这些成绩的背后凝结着奋斗者们多年来始终如一的辛勤付出，一路走来，殊为不易。

全国脱贫攻坚奋进奖获得者、赣榆区宣传部部长马秀云，任职赣榆区黑林镇党委书记期间，扎根贫困山区，奋斗在扶贫一线，团结带领广大干部群众因地制宜发展果林产业，实现经济发展和生态环境保护的双丰收，昔日的穷山沟瓜果飘香，荒山坡变成贫困群众脱贫致富的"金山银山"。黑林镇，这片曾经贫困的革命老区，树起了乡村振兴的"黑林样板"。

全国脱贫攻坚奋进奖获得者、东海县双店镇三铺村党总支书记郝大宝，带领村民建造温室大棚发展花卉产业，村民每棚户每年均增收 5 万至 7 万元。开发"花直达"网上销售 App，在村里兴建电商物流中心，让三铺村花卉快速便捷直运大中城市的市场。组织花卉管理技能培训，帮助种植花卉村民年人均增收近 2 万元。三铺村已成为东海县乃至江苏省的社会主义精神文明建设示范村、明星村，不仅实现了群众脱贫致富奔小康，还实现了乡村全面振兴和发展。

全国脱贫攻坚先进个人、灌云县乡村振兴局扶贫开发科科长王斌，退伍不褪色，20 年扎根农村基层，6 年艰辛扶贫路，系统总结制定《灌云县脱贫致富奔小康工程建档立卡工作手册》《灌云县扶贫对象动态调整和建档立卡信息采集工作手册》，创新机制提出"三帮三补一保"政策，为灌云县精准扶贫、精准脱贫，实现 9.79 万低收入农户共圆脱贫梦，作出了重要贡献。

全省脱贫攻坚脱贫致富奖获得者、市财政局政府采购处处长杨涌，2018 年 1 月任赣榆区赣马镇大毛庄村第一书记以来，以村为家、用心用情帮扶，把这个产业发展滞后、基础设施落后，垃圾堆村头、污水靠蒸发，村民人心涣散的"上访村"建设成为了省级创业型（社区）村、赣榆区经济建设和社会发展优秀村、赣榆区廉政文化庄示范点。

以上的四位是我们扶贫队伍的先进典型，更是我市全体扶贫工作者的缩影，他们都是脱贫攻坚这一伟大事业的亲历者、实践者。作为扶贫工作者的一份子，我为有幸亲身参与这一伟大历程而感到光荣和幸福。在这里，我也谈谈自己的一点体会：

一是做好扶贫工作要有政治担当。打赢脱贫攻坚战，是习近平总书记向世界和全国人民做出的庄严承诺，是一项必须完成的重要政治任务、民生工程。作为扶贫干部，我们要在工作中牢记树立政治意识、大局意识、核心意识、看齐意识，坚定脱贫攻坚政治担当。

二是做好扶贫工作要有责任意识。扶贫工作任务繁重、涉及面广，国扶系统和阳光扶贫系统数据维护等复杂烦琐，项目实施要求严格，而且脱贫攻坚越到最后，越是难啃的硬骨头，没有强烈的责任意识，就没法做好扶贫工作的。

三是做好扶贫工作要有牺牲精神。扶贫工作任务重、标准高、时间紧、人手少，"白 + 黑""5+2"是常态，多少扶贫干部牺牲了休息时间、牺牲了身体健康，更有许多牺牲了宝贵生命。

四是做好扶贫工作要有人民情怀。习近平总书记说："我将无我，不负人民。"要做好扶贫工作，就必须怀着这样一种对人民尤其是贫困群众的深厚感情，才能真正扑下身子，全身心地投入扶贫工作中来。

巩固拓展成果　接续推进振兴

打赢脱贫攻坚战之后，要全面推进乡村振兴，这是"三农"工作重心的历史性转移。立足新起点，奋斗新征程，我们还要大力弘扬脱贫攻坚精神，奋力谱写乡村振兴崭新华章。

首先，我们要上下同心，尽锐出战，汇聚乡村振兴磅礴力量。中国共产党是团结带领人民攻坚克难、开拓前进最可靠的领导力量。只要我们始终不渝坚持党的全面领导，坚持发挥我国社会主义制度能够集中力量办大事的政治优势，广泛动员社会力量，就一定能实现乡村全面振兴。

其次，我们要精准务实，开拓创新，推进乡村振兴高质发展。"精准"是脱贫攻坚的制胜法宝。推进乡村振兴，仍然离不开"精准"二字。把精准务实的脱贫攻坚精神发扬在乡村治理、产业振兴、生态扶贫等工作上，坚持因地制宜，结合各村的原有基础、资源禀赋和发展潜力，围绕乡村建设行动，在深入推进农村人居环境改善提升的基础上，开展乡村庭院"三园"（小菜园、小果园、小花园）、乡村农房"三建"（新建、改建、翻建）、乡村环境"三清"（清草堆、清粪堆、清垃圾堆）"三三三"专项建设行动，启动乡村振兴样板村建设，以点带面，典型示范，推动全市乡村整体建设，打造山海特色、乡韵村美的新村庄，绘就全市乡村建设新画卷。

我们要攻坚克难，不负人民，踏上乡村振兴新征程。始终坚持以人民为主体，充分激发人民群众中蕴藏着的智慧和力量，把人民对美好生活的向往转化为乡村振兴的强大动能，着力建立健全巩固脱贫长效机制、产业项目带动机制、富民强村帮促机制、金融改革助推机制、项目资产监管机制，真抓实干，埋头苦干，奋力开创全市乡村振兴新局面。

（孙国利　徐亮　整理）

灌云县多措并举带领群众奔小康

王斌

"十三五"以来，灌云县认真贯彻落实中央及省市扶贫开发工作相关要求，大力推进实施脱贫致富奔小康工程，紧盯低收入人口脱贫和经济薄弱村转化两大目标，凝聚社会力量、落实工作措施，脱贫攻坚工作取得明显成效。2016年被评为市扶贫工作优秀单位，2017年被评为市脱贫致富奔小康工程先进单位、扶贫目标绩效管理先进单位、"阳光扶贫"监管系统建设工作先进集体，2018年被评为市脱贫攻坚"组织创新奖"，2019年被评为市脱贫攻坚奔小康工程先进县区（特等奖），成功退出省级重点帮扶县序列。我在2021年2月份的全国脱贫攻坚总结表彰大会上荣获全国脱贫攻坚先进个人，这份荣誉不仅仅属于我一个人，更属于成百上千在脱贫攻坚一线默默拼搏奉献的灌云扶贫工作者，今后，我们一定珍惜荣誉，再接再厉。

系统精准做好扶贫数据工作

"十三五"期间，根据中央、省市扶贫工作部署，灌云县按照规模控制、分级负责、精准识别、动态管理的原则，启动建档立卡工作。我们结合灌云县情实际，梳理需求清单，系统精准地制定了《灌云县脱贫致富奔小康工程建档立卡工作手册》《扶贫对象动态调整和建档立卡信息采集工作手册》，使全县扶贫工作做到了底数清、问题清、对策清、责任清、任务清"五清"。

我们主动组织实施新一轮建档立卡和扶贫对象动态调整工作培训，要求各镇街严格按"二公告二比对四公示"程序操作，用全县统一制定的建卡和动态调整样式进行调查登记，保证了内容全面、情况真实、记录准确，完整地记录低收入农户的家庭情况、生产生活现状和经济状况以及帮扶措施和扶贫项目。在实际操作中，我们要求逐村逐户排查登记，逐项填写调查情况，层层筛选确立，做到不重不漏，真正达到摸清情况、找准对象的预期目的。同时以镇街为单位对低收入农户数据进行审核汇总，按因病、因灾、因学等低收入户分类上报。另外，我们还对全县扶贫开发资料进行规范管理，实行户有袋（资料袋）、村有册（低收入农户脱贫表册）、乡有账（扶贫资料台账）、县有库（全县扶贫情况电子资料库），助力开展村级扶贫工作室规范化建设"五六七"计划。

与此同时，我还把脱贫攻坚数据信息质量作为脱贫攻坚的基础工作和关键环节来抓，开展了国办系统数据清洗工作，为打赢脱贫攻坚翻身战奠定坚实的数据信息基础。具体是通过严把"三关"确保清理工作到位。

首先是严把数据关。我制定了国家扶贫开发系统的数据清洗方法及规则，逐条逐项清洗，深入剖析问题数据，记录疑点数据，建立信息台账，对于有疑问的数据下发到镇街村居进行核实修改。结合帮扶人入户走访，核实低收入农户基础信息，对于有变动的数据及时建立台账并上报镇扶贫办，待核实之后进行修改，确保数据真实。

其次是严把审核关。对于上级反馈的疑问数据，及时下发到镇街村居，由村组核实信息后统一上报到镇扶贫工作站再审核，全面掌握国办系统疑点数据的基本情况，规范管理，总结系统出现疑点数据的经验和教训，为下一步的系统工作打下基础。

最后是严把输入关。组织镇级对村居上报的数据再复核，确保疑点数据无错漏以及不出现新的逻辑性错误，然后再在系统修改错误数据，待错误修改完成后再次根据此项规则筛选系统，确保修改无漏项。

2017年6月，我县还启动了"阳光扶贫"监管系统建设，10月建成正式运行。与之配套的，我们还建立了系统运行使用的相关制度，先后出台《灌云县"阳光扶贫"监管系统建设方案》《关于建立"阳光扶贫"监管系统推进精准扶贫和精准脱贫的实施意见》等。每年四个季度"阳光扶贫"走访时，由帮扶责任人将相关表格输入"阳光扶贫"监管系统，实现实时可查，保证措施落实的真实性。"阳光扶贫"监管系统在推进我县脱贫攻坚各项工作开展中发挥重要作用，已经成为灌云县精准扶贫、精准脱贫的工作平台和有效监督平台。我县的这项工作多次代表全市接受省纪委的检查验收，得到了省市领导的充分肯定。下一步，我们还要充分发挥"阳光扶贫"监管系统对涉农项目资金的监管作用，将扶贫产业项目、农业产业富民、秸秆综合利用、农机购置补贴、农村卫生改厕等各类涉农资金统一纳入"阳光扶贫"系统监管范围，从严做好数据录入、审核把关、动态维护等工作。

创新实践做好经济薄弱村转化工作

围绕经济薄弱村转化方面，我们创新了一个"岗东模式"。岗东村是一个由六个自然村合并而成的省定经济薄弱村，往年村集体收入除了每年不足5万元的厂房租金收入，再无其他来源。2018年5月，省委帮扶工作队入驻岗东村后，我们同工作队一起，推行市场化的运作理念和操作手段，注册成立了连云港岗东农业科技有限公司，以1100元/亩的价格流转土地200亩，从易管理、虫害小、市场好的农产品入手，推进规模化种植，打造出口农产品种植基地，并与连云港超特食品有限公司、江苏峰之屹食品有限公司签订意向性合作协议，约定三年内，超特公司在岗东种植莴苣200亩、峰之屹公司种植辣椒200亩，保底收购。11 月，第一季 70 亩莴苣被以 0.85 元 / 斤的价格全部收购，纯收益 30 多万元，村党总支书记说："岗东村集体有史以来第一次见那么多钱！"而到 2019 年底，随着新一季辣椒和莴苣收获，这个数据增加至 115 万元。

这笔资金分成了三份，分别是用于基地建设维护的发展资金、用于低收入农户兜底的保障资金和用于解决群众反映最强烈的基础设施建设资金。村里新建了功能完善的党群服务中心，新铺了水泥道路，新装了 90 盏路灯，还修建了一座用于农业生产的电灌站。以后每年还拿出公司收益的 5%—10% 直接帮助无业可扶、无力脱贫的贫困户脱贫。另外，将后方单位帮扶资金及村集体部分资产入股公司，将农户的流转土地折价入股，从而实现土地变资产、帮扶资金变股金、农民身份变股东。

经过两三年的摸索，为提高市场竞争力，岗东村走上了品牌化道路，在产业起步时我们开始将品牌建设同步规划、同步运作、同步推广。岗东村还积极申报注册"岗岭传奇"鲜活农产品类商标，通过发挥品牌效应，为产业发展擦亮"金字招牌"。同时，为了对接"大市场"，我们投资 120 万元打造电商展示交易中心，实现线上线下融合，在京东平台试营业第一个月就实现销售额 82 万元。

岗东村在农民自愿的基础上，将低效农田以土地入股的形式流转到村集体平台下统一运营，再通过对接农产品加工销售公司，以订单生产并保底收购的方式从事高附加值经济作物种植的发展模式，不仅帮助贫困户实现脱贫，还直接带动村集体经济实现稳定增收，2020年，村集体收入达到 180 万元，被称为"岗东模式"。这种模式在当地形成了良好的辐射效应，岗东村已将产业扩大到了周边其他乡镇的贫困村，带领多个乡镇共同发展高效农业。"岗东模式"先后被省政府研究室《调查研究报告》、市《领导参考》刊载，成为经济薄弱村发展和低收入人口增收的新模式，南岗镇政府也被授予省脱贫攻坚组织创新奖。

另外，我们还多方筹集资金，建设高标准厂房。比如我们在县开发区投资七八千万建设了三栋高标准厂房，产权归相关乡镇和村所有。乡镇、村负责收益，县开发区集中管理，我们扶贫办负责监督。"十三五"期间，我县共投入财政资金 6.77 亿元，其他资金 5.8 亿元，安排实施各类扶贫项目 786 个，其中产业扶贫项目 282 个。伊山镇新华村利用财政扶贫资金和"五方挂钩"资金实施光伏发电、设施农业、标准厂房等产业项目，年增加经营性收入 40 多万元，被国务院扶贫办选为经济薄弱村增收典型。

在做好扶贫项目的同时，我县还强化了扶贫资产收益分配的监管。2020 年，我县创新开展扶贫资产管理，由我们扶贫办统一印制证书、统一编号、统一发放到镇村两级，明确产权归属及收益归集主体，确保扶贫资产保值增值，截至 2020 年 7 月底已经对所有形成固定资产的扶贫项目进行确权登记。同时建立扶贫项目收益归集分配机制，对于形成的产业类扶贫资产，凡能产生经济效益的，项目收益按相关要求进行归集，按年度分配到低收入农户和经济薄弱村。

多方合力做好低收入人口增收工作

围绕低收入人口增收，我们的做法主要是三个方面，分别是：扶贫产业带动就业、扶贫项目分红和做好"三保障"工作。我们县在每个乡镇都统一建有工业产业园、扶贫产业园，其中同兴、图河、伊山、南岗等地的工业产业园，四队、图河、东王集等地的农业产业园发展势头不错，引进的都是一些劳动密集型企业或是承包大户。在引进之初，我们就和他们签订协议，要优先考虑有劳动能力的低收入户，同时在待遇上要有所倾斜，如果普通工人一天的工资在 80—90 元的话，那低收入户就要 90—100 元一天。比如在同兴工业产业园打工的低收入户每月能有五六千的收入，相较于出门打工，这样的工作既能照顾家庭，收入还算可观。

扶贫项目分红一是我之前提到的扶贫厂房收益分红；二是筹集资金入股企业，这部分资金主要是社会资金。我们入股一些经营良好的企业，除了吸纳低收入户就业外，每年还有一定比例的分红；三是光伏电站项目。我县有 800 多名低收入户无劳动能力，无法实现就业脱贫。针对这种情况，我县建设两个光伏发电站，实施惠民扶贫，这 800 多名无劳动能力的低收入户通过这个项目实现增收。

做好"三保障"工作主要是三个方面：教育扶贫方面，"十三五"期间，我县对义务教育阶段建档立卡困难学生应助尽助，没有出现一个学生因贫失学的现象。共资助困难学生 9.42 万人，发放帮扶资金 5796.51 万元，其中建档立卡贫困家庭学生 6.75 万人，资助金额 4149.76 万元。健康扶贫方面，我县低收入人口参加城乡基本医疗保险个人承担部分由财政全额兜底，共拨付兜底资金 8745.02 万元，低收入人口就医实行"先诊疗后付费""一站式"服务。报销比例较一般报销比例上浮 10%—15%。在大病救助上，低收入户合规项目在报销基础上，花费 1 万的，报销 50%，上限 3 万。住房保障方面，对确定为危房的，实行应改尽改。共完成危房改造 2838 户，其中建档立卡低收入农户 2018 户。

此外，我县全面落实了兜底扶贫政策。低保五保实行应保尽保，并逐年提高低保、五保人口保障水平，确保无劳动能力低收入人口收入高于脱贫标准。"十三五"以来，全县累计发放建档立卡低保金 38.7 万人次 4.32 亿元。

自 2020 年 1 月 1 日起，我县对因灾、因病、因学等因素造成返贫的低收入人口，启动防贫保险救助程序，进行保障托底。截至 2020 年底，防贫保累计救助 987 人，发放救助金 306.867 万元。记得南岗有家低收入农户，孩子患重病，花费了 100 多万，除掉医保报销、慈善救助，自己家还花了五六十万。我和保险公司调查核实后，通过"防贫保"一次给他家救助了 20 万元，解决了他家的实际问题。

"十三五"期间，灌云县被列为省级重点帮扶县。在省委省政府、市委市政府的支持下，我县提前一年完成"十三五"扶贫开发目标，9.79 万人实现脱贫，"省级重点帮扶县"摘帽，脱贫工作获省级督查激励。今后，我们一定珍惜荣誉，再接再厉。

下一步，我们要围绕中央提出的"四不摘"要求，继续落实帮扶措施，建立边缘人口监测、贫困高风险人口预警、边缘人口救助等机制，将巩固提升脱贫攻坚成果和乡村振兴有效衔接，围绕美丽乡村建设，争创4个市级样板村、60个县级样板村，加快促进农业高质高效、乡村宜居宜业、农民富裕富足。

（徐亮　整理）

以"爱党爱国爱大毛"为主线做好扶贫工作

杨涌

我出生于革命家庭，从小父母就教育我要爱党爱国，要树立为人民服务的思想，为此我的乳名就叫"为民"。16年部队生涯，我每天都在接受党的教育，特别是我转业时，我的老领导谢德志少将对我说："在今后的工作中，你要牢记'全心全意为人民服务'这个宗旨，永远做到'脱下军装不褪色'。"

2018年1月15日，我们单位发出通知，要选派一名同志到赣榆区大毛庄村开展扶贫工作，年龄限40周岁以下。虽然那时候我已经45岁了，但党、部队和家庭对我一直以来的教导，让我第一时间找到单位领导，表达了自己希望参与扶贫工作的愿望。很快，组织上就批准了我的请求，任命我为大毛庄村第一书记。

凝心聚气，从一点一滴做起

大毛庄村位于赣马镇驻地北7公里处，全村870口人，仅有790亩耕地。2016年前，农民人均纯收入一直在几千元徘徊，其中贫困户有

33户86人，是省定经济薄弱村。村里曾经十年换了八个支部书记，村民人心涣散，村庄环境"脏乱差"，村集体还因建服务中心欠下10多万元债务，是远近闻名的"上访村""光棍村"，村民被周边村庄瞧不起，村干部到镇里开会都是躲在最后面抬不起头。

这样的村子如何开展工作呢？我从工作之初，就确定了一个指导思想，就是以"爱党爱国爱大毛"为主线，推进我们村的脱贫攻坚、民心回拢、产业发展、环境整治等所有的工作。在这条主线下，我还总结了一个工作方法，叫"七心工作法"，就是对待工作，对待村民要有热心、爱心、关心、耐心、细心、诚心和真心。我刚到村子里的时候，村民们根本不相信我，他们都认为我肯定是来走走过场、镀镀金的，所以连住处也没有安排。我也感觉到了村民和村干部的想法，但转念一想，相互不了解，有点误会也正常，日久见人心。只要自己俯下身子，扎扎实实为村子做点事情，他们迟早会接纳和理解自己的。于是，我就自己在村子里挨家挨户地走访，拉近和村民的距离，晚上就干脆睡在车里。终于，慢慢赢得了大家的信任。

和村民们打交道，我也很注意方式方法。我和他们说话时，我提醒自己肩膀要和他们一样齐，视线要和他们一样平！我到村民家里去，手里是从来不闲着的，他们干什么我都会随手帮着做点什么。记得有一位村民，他对村里有一肚子怨言，是位"上访户"，我之前去过他家一次，工作没有做通。第二次我再去他家时，他正准备给上学回来的孩子烧饭，我跟他打招呼，他也不太愿意理我。我看他做饭的手艺也不行，就把他"挤"到一边去，说："你过去，让我露一手。"我就一边做饭，一边指挥他给我拿这个、递那个，让他给我打下手。饭做好了，我指着饭菜对他家孩子说："儿子，过来吃饭！"他孩子吃饭的时候，我又主动和他拉家常，他主动跟我说："上次你跟我说的事情，我也考虑了，以后你们怎么说我就怎么做吧。"这事启发我，如果我是把手背着，跟他讲大道理，他可能也不会听我的。还有一位村民，两个儿子都出去打工了，家里就他一个人生活。有一天，他很着急地找我过去，跟我交待家里的钱怎么安排，家里还有一些什么事情要怎么处理。我听了很吃惊，赶忙追问他究竟是什么问题。他说自己患上了癌症，可能没有多长时间了。我一听，马上把他送去第一人民医院做进一步检查，发现只是虚惊一场。病情虽然是不重，但村民跟我的感情却是真的，因为他是把我当成非常贴心的人，否则也不会找我来给他处理"后事"了。所以"七心工作法"归根到底就是一句话，我把心交给村民，村民也会把心交给我，如果没有交给我，那说明我的功夫没做到家。

相互交心只是一方面，另一方面，我还要给村里"提气"。我刚到村里的时候，听说村里20多年没有演过戏，我就想着举行一次文艺演出。我找到市演艺集团，请求集团派演员到大毛庄进行扶贫演出。演艺集团表示演出可以，但演出费得3万块钱。可村里哪有资金？我就跟他们讲大毛庄是如何如何穷，村民们的文化生活是如何如何贫乏，经不住我软磨硬泡，就答应演出费半价。于是我又到处找战友、同学帮忙，战友、同学也都很支持，经费问题总算解决了。

接着是搭舞台。我和村干部们亲自动手，又从学校借来100多条凳子，并跟村民宣传，凳子只许外庄人坐，本村村民凳子自带。就这样，我们大毛庄村"凝心聚力撸起袖子加油干！"主题文艺联欢会在大年初二那天正式演出。演出当天，人头攒动，四乡八村的人齐聚大毛庄。在节目演出过程中，村里还为两名"好婆婆"、一名"好党员"、三名"好媳妇"披红戴花、颁奖。在演出过程中，我还精心设置了互动问答题，用喜闻乐见的形式诠释什么是爱党爱国。比如"勤劳致富、遵纪守法就是爱党爱国""烟头不落地，垃圾不乱扔就是爱大毛"等。这是大毛庄人第一次聚到一起参加大型娱乐活动，第一次在周边村庄挺直了腰杆，有了强烈的自豪感。此后，每逢重大节日，我都要组织村里举行各种活动，比如"六一"节表彰优秀少年，清明节凭吊英烈，"七一"节举行宣誓活动，建军节慰问烈军属，为光荣人家授牌，重阳节评选敬老好儿女，国庆节家家户户挂国旗，全体村民举行国家公祭活动等等。通过这些活动，大毛庄村的村民精神面貌明显得到改善，人心齐了，精气神上来了，扶贫工作也就能够更顺利地开展下去了。

党建引领，助推脱贫攻坚

抓党建促脱贫攻坚是落实中央决策部署的重要政治任务，更是打赢脱贫攻坚战的重大举措。因此，我立足村庄现在的实情，带领村"两委"集体研究，充分发挥党建引领作用。首先，我们在实际工作中制定实施了党建"五一工作法"，即：健全一个班子、树立一支标杆、脱贫（致富）一批群众、形成一套长效机制、实现一个突破。带领村干部实现村委职能由"管理型"向"服务型"转变，提高服务质量。2019 年 9 月 21 日，为落实好"不忘初心、牢记使命"主题教育活动，我带领村"两委"开展到食用菌大棚送学活动，结合实情在大棚里原汁原味地学习习近平总书记"幸福生活都是奋斗出来的"篇章，农村党员将学习具体化，学习结束后一起帮助承包（党员）村民共同劳动，以良好的服务者形象带领村民实现乡村振兴。

其次是认真落实好组织活动。我和村"两委"以新建的党群服务中心为活动主阵地，调动党员的主动性，落实好"三会一课"制度，丰富学习内容，党务、村务、财务长年公开，严格台账资料档案整理，我们村党支部的战斗堡垒作用明显得到增强。

我们还注重发挥党员先锋模范作用。逐户上门走访，一对一谈心交心、宣传政策、普及知识、征求意见、解决困难，将党课从会议室开到党员家中，田间地头，党员积极性得到充分调整，紧跟村"两委"步伐，不但主动投入到村庄发展中，还积极化解各种矛盾。

最后是党组织牵头推动产业落村。村"两委"牵头组成 6 人稻虾混养专业合作社，推动"村社合一"发展高效农业新模式，直接带动贫困户 6 户，间接带动贫困户 27 户，提高贫困户家庭收入。

产业脱贫，提升造血功能

发展产业是实现脱贫的根本之策。大毛庄村经济基础薄弱，要想摆脱贫困面貌，光靠国家"输血"可不行，我们自己必须有"造血"的能力。

大毛庄村究竟发展哪种产业？我和村"两委"在亳州实地考察时，发现种植丹参的收益不错，一亩地至少能净赚3000元，因此决定在村里找了五户种粮好手试种丹参。但是会种庄稼，不代表会种丹参，好容易有两户地里长出丹参了，可品相太差，后来专门请来专家才知道，我们当地的气候、水质对丹参种植都有影响。后来，我们还尝试过蝎子、蜈蚣养殖，但是都失败了。通过这些事，我反思产业扶贫不能东施效颦、不能看人家"吃豆腐牙快"，必须因地制宜发展适合自己的特色经济产业。

前几次的失败，让村干部、群众都有点心灰意冷，一时笼罩着"不上项目不亏，上项目亏大"的阴影。但是我没有气馁，我始终认为培育产业才是我们推动脱贫攻坚的根本出路。

2018年6月，我通过关系了解到省农科院张培通博士要到灌云县调研农业产业发展的消息，于是我非常诚恳地邀请张培通博士到大毛庄村实地考察，希望他能为我们村在产业项目方面建言献策。

通过对村子的土壤、水源、周边环境的调研，张博士建议我们因地制宜，搞"稻虾综合共养"项目，因为这种项目投资少、见效快，绿色大米和小龙虾很受市场欢迎，容易销售，可以带动农民就业和增加村集体收入。

为了开展好"稻虾综合共养"项目，我和村"两委"多次到灌云、东海、海州等地参观学习，请市农科所专家讲授稻虾共养技术。我们成立了"连云港鑫龙稻虾种养农民专业合作社"，挑选懂经营、会管理的张念东等6名村民为股东，每人出资2万元。同时，为了增加合作社启动资金，更是为了让村民放心，我个人出资 2 万元入股，但事先强调，我不参加分红。村里其他村民可以自愿按土地入股，每股 800 元＋粮补＋保底分红，这就调动了农民投资入股的积极性。

就这样，特别是在福建商会的帮助下筹措了 64 万元，以合作社牵头流转土地 212 亩，并且对入股的农民提前支付土地流转费，解除了农民对流转土地风险的后顾之忧。福建商会又帮助我实施企业＋合作社的扶贫新模式。

"稻虾综合共养"项目是适合我们村的好项目，但是当收获季时，又有个新问题摆在我们面前，那就是如何打开市场。虽然我们的大米是绿色大米、龙虾养殖也没有用药，但毕竟是第一年，市场没有认可度。怎么办呢？我们通过各种关系，到处推荐产品，我最多三天曾打了上百个电话，甚至我还在东方农商行的直播平台上当了三回"带货主播"，通过我们的努力，大毛庄村的绿色大米和龙虾终于打开了市场，我们的大米销往全国，内蒙古、吉林、大理都有客户订购，龙虾被周边的饭店长期收购。通过"稻虾综合共养"项目，我们村集体可以增加收入 3 万多元，共有 33 户 86 人实现了脱贫，不少村庄前来参观取经，受到了区领导的好评。

大毛庄村集体收入薄弱，建服务中心还欠了 10 多万元的外债，所以为了确保扶贫收益常态化，必须发展村集体经济。2018 年，经过市场调研，我们发现当地建筑市场活跃，急需挖掘机。所以我和村两委多次召开会议，研究购买挖掘机对外租赁经营，以此来增加集体收入。但是会上有干部提出："购买挖掘机的点子好是好，但需要大量资金投入。"我当时表态说："只要大家统一思想，钱的问题我来想办法。"为争取购买挖掘机的扶贫款，我带着村干部一起经常去上级部门汇报争取，为了等签字审批，我们经常吃住在车上，有时周末还在为扶贫资金的审批找相关负责人。就这样，在上级部门的支持下，我们终于为大毛庄村解决了 61 万元的扶贫资金，购买了 75 型挖掘机一台。

2019 年，我的后方单位领导来大毛庄村检查扶贫工作情况，我抓住机会，向领导汇报了大毛庄村在 2019 年一定要摘掉贫困村的"帽子"

的决心，同时说明了还需要 70 多万元，再购买一台挖掘机对外租赁，壮大集体经济的想法。经过研究，我的后方单位，市财政局特批了 71 万元，购买 215 型挖掘机用于租赁，进一步壮大了村集体经济。两台挖掘机对外租赁后业务不断，为村里增加收入 16 万多元，实现了当年脱贫摘帽的目标。

也就是在同一年，我通过市场考察，发现种植蘑菇投资少、风险小、容易学、有市场，而且周边地区有规模的基地不多，市场前景好。所以我写了一份详细的规划向帮扶单位做了汇报。在帮扶单位的支持下，首批投入 20 万元，建设了面积达 6000 余平方米的蘑菇大棚 9 个，每个棚以 3000 元的年租金发包给村民。一开始，村民们还不敢承包，我就动员一个叫吴银业的低收入户，跟她说："不会种我找人教，没有资金我帮你解决，实在要是亏了那就算我的。"就这样，吴银业和另外五位村民把大棚承包了下来。之后，我一方面寻求市农科院的技术援助，另一方面协调区农商行为他们发放贷款共 28 万元，解决他们的技术和资金难题。由于村民的精心种植，我们村的蘑菇长势良好，价廉物美，成为附近乡村的抢手货，供不应求。2020 年 3 月，我和村"两委"利用帮扶资金又建起 16 个大棚，以"输血扶贫"的方式，从技术、资金、销售等方面给予帮扶，进一步带动低收入户就业增收。

迎难而上，整治村庄环境

我刚到大毛庄村不久，发现村东有条废河道，里面的污水无处排放，还堆放着各种垃圾。尤其到了夏天，杂草丛生、蚊蝇滋生，严重影响村庄的整体环境和村民们的身体健康，所以我把清理河道和整治村庄道路当成第一件大事来抓。实际上，村"两委"也早想对村庄环境进行整治，但一直苦于没有经费，这项工作一搁置就是很多年。我联系水利部门测算一下，要想把这条河道清淤拓宽，两边栽上绿化苗木，大概需要 60 万元左右。我回到后方单位，把自己的设想向领导如实汇报。在取得单位领导的大力支持下，我又通过多方努力、四处化缘，终于落实了经费。

因为河道多年的淤积，有人在里面种了树、养了猪，甚至建了汽车库，清理河道必然会触动一些人的利益。我就带着村干部一家一家地做工作，给他们讲道理：一来集体的土地不能侵占，二来整治一新的河道和村道，也会让大毛庄村变得更美。大部分的群众还是愿意配合整治工作的，但还是有个别农户想不通。对待这样的农户，我们就不厌其烦地来做工作，反复地讲道理，最终农户们都积极地配合我们工作了。

2019 年，我们又利用劳动节五天假期将村庄 72 户村民住户猪圈、厕所、围栏、小菜园等违建全部拆除，完成全村 13 条背街小巷铺下水管道，家家户户门前以 4 米的水泥路面及小花池替代了原来的乱草堆。

在全村的共同努力下，大毛庄村发生了翻天覆地的变化，村东的污水河变清了，猪圈、厕所等违建全部拆除，全村背街小巷都铺上水泥路面，大街小巷安装了路灯，如今村东河水绿坡，成为村里的景观河，村东头还建成了乡村大舞台，大毛庄村的夜晚已成为周边一景，附近村庄的村民都羡慕得很。

教育帮扶，扶贫首先扶智

大毛庄村里的孩子大部分都是留守儿童，不是母亲一个人带着，就是爷爷奶奶带着，对孩子教育的效果不太理想，我和村"两委"认识到扶贫首先扶智，我们要帮助这些孩子"拉齐"人生起跑线。

我们组织全村的小学生开展学习比赛、爱国主义教育。每逢"六一"儿童节，我和村"两委"的干部有个"一定之规"，就是自己家的小孩可以不陪，但是必须要和这些留守儿童一起过节。第一年，我们给这些孩子每人送了一套文具盒，还另外给每个男孩一个皮球，女孩一个台灯。之后的每一年，我们也都精心地为他们准备礼物。送礼物的时候我还跟这些孩子强调三句话：一是要认真学习；二是要懂得感恩，感恩父母、感恩老师、感恩同学；三是一定要爱国爱党。第二年我还会提问："我去年跟你们说了什么啊？"结果到第三年的时候，我还没开始说呢，有个孩子早早地准备好了稿子，主动要求发言，而且说得很好。到年底，我们还会把学习成绩突出的孩子集中起来，披红戴花，颁发奖金证书，发挥榜样带动作用。

有一段时期，大毛庄村有一些学生有逃课厌学倾向，我感到很奇怪，为什么会有这种倾向呢？通过调查发现，原来是受网络宣传的"读书无用论"的流毒。我觉得这种倾向如果继续蔓延扩张，势必造成我们村所有学生的整体退步。因此，我马上和校方联系，借用教室把大毛庄村的所有学生集中起来，进行了一场"放飞希望·扬帆起航"的主题宣讲，以国家命运、个人前途为命题，给孩子们剖析了学习与自身、家庭、社会、国家的关系。通过这次宣讲，孩子们认识到学习与个人、国家命运是有机的，不可割裂的关系，他们变得更加热爱学习，2018年有一半的孩子被评为"三好学生"，而且他们团结帮助同学、不乱扔垃圾、热心公益活动，大毛庄村的孩子无形中成为学校的一个标杆。学校校长也找到我说："你们把大毛庄村的学生教育得这么优秀，也给学校带来了优良的校风，我代表学校感谢你。希望你常来我们学校，让全校师生也接受你的教育。"

除了小学生，中考、高考如果取得好成绩，村里都会给予奖励。2021年，我们村里有13名高考生，高考成绩全部过本科线，周边人口比我们多的村，顶多也就五六个。村里的7名中考生有5人考上县中2人考上一中，家长们纷纷来给我报喜。我则更加开心由衷回道说："今年我算是大大露了一回脸了！"

在各级党委、政府的关心支持下，大毛庄村的面貌有了翻天覆地的变化。2019年，村集体纯收入达38万元，全村33户贫困家庭86人全部达到脱贫标准，仅用一年半的时间，我们便一举摘掉了省定经济薄弱村的帽子，并获得省级创业型村、赣榆区经济建设和社会发展优秀村等荣誉称号。我本人也被授予省脱贫致富奖、市优秀党务工作者、市十大最佳扶贫干部等荣誉称号。但是，脱贫攻坚不是我一个人的战斗，这些荣誉是属于关心、帮助大毛庄村的每一个人。下一步，我们要继续巩固好脱贫攻坚成果，建设一个更加美丽的大毛庄村，努力让村民们的钱袋子更鼓，脸上的笑容更甜。

（徐亮　整理）

党建引领　集成振兴　丰年村蹚出脱贫致富路

卢攀峰

　　我是个土生土长的丰年人，从部队退役后，回乡从事肉禽养殖，一干就是四年，算是赚了一小桶金。2013 年，镇党委任命我担任村支书。我清楚记得，在接受任命时，心里就燃烧起熊熊火焰，我知道这是上级组织的信任，更是嘱托，我一定要倾尽全力带领村民致富，改变家乡的落后面貌。

　　我们丰年村，位于淮盐高速公路车桥入口，隶属于敬爱的周恩来总理故乡淮安。我刚上任时，丰年村能卖的卖，能抵的抵，加之已承包近 200 亩的蔬菜大棚老板一走了之，村里呈现人心"一盘沙"、面貌"一团糟"、管理"一锅粥"的现象。当时，村集体欠下 70 万元的债务，全村 21 个村民小组 3876 人中，建档立卡低收入农户达 167 户 557 人。青壮年村民大多外出打工了，其余的都是妇幼老弱病残，村里一片荒寂破败的样子。

坚持党建引领，借力集成振兴

要想改变村里落后面貌，带领群众致富，首先必须改变村干部在群众心中的形象。我在丰年村党总支大会和村民委员会上立下军令状，提出打铁还需自身硬，所有村党员干部必须起模范带头作用，恪尽职守，积极参加村"两委"的活动，大家齐心协力，改变村里的落后面貌，对得起群众信任。

作为村里的带头人，我知道只有把村民的心凝聚起来，才能做好事干成事。首先是解决好历史遗留下的问题。2014 年年底，因为承包蔬菜大棚的老板跑了，应该兑付给村民的土地租金就没有了钱支付。为了信守合同，我在争取到镇里的部分资金预支垫付后，还征得家人理解，从网上做了 16 万元的贷款，如期把村民的租金支付到位，在稳定了村民的情绪之外，还赢得了大家的信任。

2015 年，丰年村的五年规划突出抓好三件大事：首先，要加强组织建设，让所有村干部做人做事都要以党员干部的标准要求自己，心中要有理想，眼前要有目标；其次，就是要加强村容村貌建设，不仅让丰年村街面村舍之间要整洁，沟渠河道也要清洁，就是穷，也要把村子这件衣裳洗得干干净净穿在身上；第三，就是要加强集体经济建设，固本强基，让丰年村不再有赤字，让丰年村赢得大发展。

我把军人雷厉风行的作风运用到日常管理上。为了加强组织建设，我给村干部立下三条规矩：一是按时上下班，有事需请假；二是工作日中午禁止喝酒，端正工作作风；三是要积极帮村民办事，做村民的贴心人。通过督促考核，丰年村的干部面貌和组织纪律有了明显的改观。我这样要求村干部，自己也必须做到。我坚持每天第一个上班，最后一个下班，不接受村民的吃请。农忙期间，和大家一起在村里吃食堂，很多时候泡个方便面，坚守在岗位上。就这样慢慢地村干部的良好形象塑造起来了。几年下来，村里组织建设逐步有板有眼化，全体村干部、党员逐步适应了新的工作节奏。

丰年村取得长足的发展得益于坚持党建的引领。关于党组织建设我们一如既往地抓好几个常规。

第一目标要求常对照。党组织有"五个明显特征"：一是思想观念新。要有与时俱进的思想，勇争一流的意识，敢于创新的观念。二是坚强而有力。具备"五力"，即：对内有凝聚力，对下有号召力，对外有吸引力，整体有战斗力，各项工作有创造。三是业绩突出。发展有措施，改革有力度，开放有深度，各项工作见到实效。集体经济和农民人均收入增幅高于全区平均水平。四是作风扎实。能够想群众所想、急群众所急，体民情、察民意，竭尽全力为民解难事、办好事，每人每年至少能够为群众办实事1至2件。五是制度科学。健全和完善"一定两评三公开"制度，形成支部党员年初定责亮标、年中年末考核评定制度、"两委"班子定职定能、分工合作议事决策制度，党务、村务、财务每年定期公开、接受群众监督制度。

第二强化组织动员。推动议事决策从"单向指挥"向"民主互动"转变。村里重大决策实行议事制，形成"党支部——'两委'——党员代表——群众代表"议事模式。党的十九大报告明确提出，要以提升组织力为重点，突出政治功能，把基层党组织建设成为坚强战斗堡垒。发展壮大村集体经济，关键在发挥党组织组织优势、组织功能、组织力量，把群众动员起来、组织起来，把力量聚焦到一条绳子上。通过建强党组织，发挥战斗堡垒作用，领导村务治理、集体经济发展，才能真正在群众中树立威信，提升组织动员能力，才能推动民主议事决策成为常态。

第三强化党员教育。推动农村培训从"大水漫灌"向"精准滴灌"转变。因需施教开展培训。按照农村党员"需要什么学什么"的原则，组织开展乡村振兴、优质农产品种养技术、农村电商等专业培训。依托农村实训基地，把理论学习及时转换到实践工作中，切实增强教育培训的针对性实效性。以"口袋培训""名师直通车"等方式，不断提升农村党员碎片化、专业化学习覆盖面，在点滴时间中积累知识，提升实用技能水平。

现在的丰年村，强化以村党组织为核心的村级组织建设，建立以村党组织为领导，村委会和其他组织分工合理、各司其职、协同配合的组织管理体系，已切实把村级组织建设成为议事指挥中心、联系服务群众中心、信息交流中心、党群活动中心。

现在的丰年村党群服务中心，简洁朴实的办公室、整齐的办公桌、椭圆的大型会议桌等已完全不是几年前的模样，桌面上看不到积满的灰尘，所见的是刚刚擦拭过的样子。村部每天有人值班，随时都会开会议事。村里的考核、考评机制非常完善，突出实绩，奖罚分明，常常把有些同志汗考出来。而且丰年村已有多年的先进党支部历史。

党支部有了凝聚力，很多的事情就好做了。几年前我刚刚上任时，正逢党的十八大在全面建成小康社会目标的基础上提出新的要求。我既高兴，又很郁闷。高兴的是党的扶贫政策来了。郁闷的是村里 70 万赤字，遗留问题导致村民信访不断。我只能一边潜心学习，一边用真诚打动村民。

晚上，我系统学习党的十八大对"三农"的方针政策；调研村里各方面状况，问计于民；学习类似于自己乡村脱贫致富的办法。前四年，我实现了两个目标：一是加强党组织建设，让村干部提神；二是增收节支，不再让村里新增赤字。白天，我积极处理村里的各项事务。很多棘手的问题，我对老百姓动之以情，晓之以理，能解决的迅速解决，难以解决的动员村"两委"集体研究解决，或者请示上级领导帮助解决。

机遇总是为有准备的人敞开大门。党的十九大对脱贫攻坚作出了部署后，2018 年 5 月，中共中央、国务院《关于打赢脱贫攻坚战三年行动的指导意见》正式下发，我像打了强心剂，号召全村所有党员干部积极行动起来，把扶贫与扶志、扶贫与扶智结合起来，学习党的十九大精神，静心净心，全身心投入到脱贫攻坚战。

我们村"两委"成员坚持每天按时到岗、按周召开村"两委"会议、按月进行思想交流。村"两委"成员分片包干，让所有党员干部秣马厉兵，宣传脱贫攻坚思想、意义，以决心赢得信心。

淮安区"党建引领 集成振兴"农村综合改革试点，将省扶持村级集体经济发展、中央农业生产社会化服务、粮食生产全程机械化、产业扶贫、社区股份合作制改革五项省级以上改革项目进行叠加集成，实现项目集成、资金共筹、党建引领、资源盘活。但是要想成为试点村，条件是很苛刻的。干不干，有多大把握干成？这让我几夜没合眼。不断的对照比较，争取成为试点村的想法逐渐成熟。我下定决心，一定要抓住契机。

经过深思熟虑后，我连续召开多次村"两委"会，提出自己的想法，让大家进行反复论证。班子统一了想法，决定争分夺秒抢抓机遇。我迅速到镇里找领导主动请缨，还到区里请领导支持政策倾斜。领导们告诉我："光说没用，你得符合条件。"要想成为改革试点乡村，首先，这个村必须是省级经济薄弱村，其次，这个村必须要能成立村民股份制合作社，集中连片的村民流转土地要在800亩以上，以便适用于大规模农业机械化运作，还有就是要有200亩以上的产业项目。

经过区相关部门的多次指导，我回到村里立即召开村干部和群众代表会议，让大家再建言献策。

第一次会议，我只告诉代表们想法、好处、前景。第二次会议让大家畅所欲言。代表们一发言，算是开了锅。有村民代表说："祖祖辈辈没有种田发财的，瞎折腾，我们不干。"还有村民代表说："我们的责任田种点口粮吃吃，我们不需要。"有个别村民代表直接说："要干你们自己干，我们不想干。"但也有觉悟高的村民代表："村里既然动员大家，说明他们想得很成熟了，干，大家才能有出路。再说，还有上面的帮扶，不会坏到哪里去。"这话说到了我的心里。我很高兴能有人理解我、支持我，也算是几年心血没有白费。

支部扩大会上，我鼓励党员干部带头拿钱入股，党员做给群众看，带着群众干，帮助群众赚，才能真正调动农户参加合作社的热情。我说服家人拿出全部积蓄25万元带头入股。在我的带动下，村"两委"一次性获得入股资金43万元。

紧接着，又召开几次全村党员会、村民代表会，动员更多村民入股。班子成员分头做工作，积少成多，现身说法。后来，有的村民思想通了，从银行取出存款加入合作社，这样一来合作社流动资金问题得到了解决。

有一户村民不愿意加入合作社，可她家的责任田可巧就在流转土地的中间，隔断的田块严重影响了大型农机的耕作。我们就多次上门和她进行沟通，做思想工作，希望得到理解和支持。对实在不愿意加入合作社的，就帮助他们将土地调整到利于种植、土地优质的地段，进行腾挪处理。

在流转土地过程中，一些村民小组的种田大户出于个人的利益进行一些反面的宣传，对此情况，村委会没有进行强行制止和打击，而是以市场经济规律说话，以前种田大户给村民 700 元 / 亩的土地租金，现在合作社保底给 850 元 / 亩，村"两委"成员带着现金到村民家里兑现承诺，驱散了种田大户散布的合作社靠不住、一阵风的阴霾。

功夫不负有心人，经过近两个月的努力，第一批流转土地进入土地合作社的就有近千亩，占全村土地的近三分之一。就这样，丰年村成为"党建引领　集成振兴"农村综合改革试点的淮安区的六个重点贫困村之一。

扶贫扶志并举，摘下片片彩虹

雄关漫道真如铁，而今迈步从头越。争取来了试点，我们迅速拿出了思路，按照区"党建引领、村社一体、合股经营、融合共建"原则，由村集体牵头领办成立登丰土地股份专业合作社和农机合作社，采取"村集体＋合作社＋基地农户"的发展模式，整合各级扶持资金，建设粮食烘干及仓储项目，购买全程机械化设备，实施藕虾、稻虾共作和优质稻麦种植。

如今，丰年村村集体领办成立了农机合作社，建设面积 15 亩，拥有 1200 平方米烘干车间、育秧大棚 2240 平方米、农机库 400 平方米、晒场 5000 平方米，购置育秧盘 3 万张、乘坐式高速插秧机 2 台、大型拖拉机 3 台、504 拖拉机 1 台、收割机 2 台、航空植保机 5 台、田园搬运机 2 台、高地隙植保机 1 台、64 吨烘干机组 4 台，已成为淮安市首家智慧农机示范点，可满足 5000—10000 亩耕地农机作业需求。此外我们又经过多方投入 350 万元，流转土地 1220 亩。

以往的贫困村，现在一举成了金凤凰。乡村环境得到大幅改善，绿化、美化、路灯、硬质路面、河道整治、乡村文化、洋房等，不一而足，再也不是穷乡僻壤。

2018 年，丰年村实现省定经济薄弱村脱贫出列，入股农户二次分红 50 元/亩，22 名建档立卡户人均年增收 3500 元。2019 年，土地流转达 1220 亩，所有低收入农户全部脱贫，入股农户二次分红 89 元/亩，合作社长期用工和季节性用工 60 余人，人均年增收 6500 余元，彻底摘掉了贫困帽。村集体经济由过去的"贫困村"变成"富裕村"，2018 年村集体经济经营性收入 24.9 万元、2019 年达 76.5 万元、2020 年突破 100 万元。

2020 年 5 月 9 日，国家农业农村部领导前来丰年村考察调研，对丰年村农业机械一体化运用、实施测土配方施肥等很感兴趣。察看现场后，当即召开座谈会，聆听了丰年村经验介绍，对全程机械化操作、实施测土配方施肥、合作社承担的内容等给予了充分肯定。

2020 年 5 月 26 日，丰年村登丰土地股份合作社召开分红大会，326 户农户喜领分红款。省农业农村厅和淮安区委领导亲临分红现场，并指出："丰年村作为农村综合改革先行先试村之一，蹚出了一条壮村富民的改革新路，发展模式是符合时代要求和群众愿望，成效是显著的。"

三年多来，随着脱贫攻坚的逐步展开和深入，我们的工作也不断向纵深发展。脱贫攻坚，我们坚持两个目标：一是实现真正意义的脱贫致富；二是脱贫致富路上一个不能少。我觉得，脱贫攻坚的奥秘在于：扶贫＋扶志＋扶智。

为达到这样的目标，合作社充分利用各项资源，利用各个时段，组织各类技术人员、农机手参加各类培训，提高业务技能。尤其是粮食生产全程机械化工作中，水稻机械化育插秧、小麦机（条）播、高效植保、收获和粮食烘干、秸秆还田等六大环节技术。每年集中安排两次参加分类理论及实际操作培训，要求执证上岗的农机员坚决做到持证上岗。

我自己带头成为粮食烘干技术能手。登丰合作社的烘干车间就是按照我自己的思考构想设计的，现在很多地方的烘干车间多是模仿了我们的样式。烘干机组有十多米高，我每次都会爬到机顶查看设备运转情况，慢慢地积累了一整套的操作烘干设备的经验，还带了一个"徒弟"。夏、秋两季粮食烘干大忙时，我就一个人支一个小床，在烘干车间过夜。就这样村里每个干部都参加了培训，掌握一至两门绝活。没有绝活，就算不上称职的村干部。

运用灵活机制形成合作共赢局面，调动了大家积极性，大家都变了个模样，有劲头，还有智慧。合作社多方投入 350 万元作为村集体资产入股合作社，流转土地 1220 亩。扶持资金 350 万元量化为集体股份。合作社实行自主经营、按股分红。村干部参与管理，与产量绩效挂钩获得管理报酬，提高了村干部报酬，提高了村干部工作积极性和村干部岗位吸引力。仅 2018 年，通过项目带动增加村民务工收入人均 3500 元，其中 25 户建档立卡户人均增收 3600 元。入股农户既获得了土地租金，又获得分红股金，还获得在合作社打工薪金，农民二次分红金每亩 89 元，《淮安日报》《新华日报》、人民网相继报道了我们丰年村合作社的典型做法。

"一条龙"全程农机作业服务稳固服务市场。丰年村的盛丰农田耕作服务专业合作社承担车桥镇丰年村及周边村居和部分家庭农场与种田大户 5000 多亩土地的耕作、收割、植保与粮食烘干等服务，成立的飞防服务队，拥有无人植保机 5 台，与合作社、家庭农场、种田大户签订了近 2 万亩植保协议。为部分合作社、家庭农场、种田大户还有部分小农户签订了 2000 多亩的机插秧。农机手培训上岗，全程服务一条龙。对签订了一条龙机械化服务合同的农户，实现了"七统一优"的生产经营，统一种子，统一肥料，统一农药，统一耕整，统一育苗，统一插栽，统一收割，优价服务。

2018 年夏季，丰年村举办了机械化育秧现场会，有效提高了广大会员的服务意识和操作技能。在 20 天时间就高标准完成了 2000 多亩合同面积的机插秧工作。合作社本着让利于民的原则，每亩收取育秧、机整、机插、机收费用 500 元。此举大大节约了成本，充分解放劳动力，解决用工难和用工贵的问题。同时还为周边县、镇、村提供粮食烘干服务，年烘干 5760 吨。实现了全程机械化、生产规模化、经营集约化、效益最大化。此外，盛丰农田耕作服务专业合作社还充分利用先进一流的农机装备，以微利有偿的形式对周边村居和农户积极开展"托管式、菜单式"农田生产服务，帮助小农户节本增效。以 2019 年为例，盛丰农田耕作服务专业合作社实现服务收入 36.5 万元。

以"党建引领　集成振兴"示范村创建为基础，提升壮大村级服务组织服务能力，从机收、秸秆机械化还田到机插、小麦机播、施肥、高效植保、收割、烘干、粮油加工等开展"一站式"机械化服务，实现节本增效，既提高了农民的收入，又促进了社会稳定。两方兼顾，既不忘大的合作，也没忘小的农户，一举两得。

说到丰年村的农村综合改革试点，不得不提的是农村全产业链打造品牌提升综合效益。三年的有效实践，丰年村注册了"苏小农"logo 商标，通过网上平台销售优质宠物牧草和农副产品，与江苏农垦集团公司宝应湖米业合作加工优质大米，延长了产业链为合作社增收约 15 万元。现在，丰年村合作社的线上销售平台每天都有专人更新，生意正在逐步兴隆起来。

丰年村集体经济真的致富了，贫困人口也真的脱贫了。2018 年，丰年村全村 21 个村民小组 3876 人口中，建档立卡低收入农户 167 户 557 人全部脱贫了。

脱贫融合振兴，乡村筑梦未来

丰年村的脱贫坚定了我们带领全体村民走向乡村振兴新征程的信心。回想丰年村的脱贫攻坚，我觉得事情是人干出来的。村干部空有一颗为民办事的心是不够的，还要靠党的政策和科学技术。

早在几年前国家乡村振兴文件出台之际，我们反复研读文件内容，认真对照本村已有状况，对本村的振兴提出大胆的设想，还多次征求大伙儿的意见。如今，村集体经济有了根本好转，增添了许多乡村振兴的资本。这几年，丰年村在脱贫攻坚的同时，在生产发展、生活宽裕、乡风文明、村容整洁、管理民主上进行有意渗透，做出了一些成绩，尤其在乡风文明建设方面还做得较为突出。

多年前诸多薄弱的丰年村，现在紧紧依靠"党建引领　集成振兴"，彰显了党组织的红色引擎带动作用，增强了党组织的统揽能力，充分发挥基层党组织在乡风文明建设工作中的战斗堡垒作用。

丰年村建立"党员三带"工作制度，即党员带头参加环境整治、带头参加移风易俗、带头参加志愿服务，充分发挥党员的带头引领作用。设立党员乡风文明建设专项岗位，引导党员争当环境卫生督导员、移风易俗宣传员、乡风文明指导员、志愿服务组织员。做到一人带一人，众人帮一户。同时，每个村民小组都配备了一名环境卫生管理员，保证了环境卫生不留任何死角。

2018 年，村里用一年时间，实施了清洁家园工程。宣传发动入组入户，宣传小卡片和倡议书覆盖每一个家庭。充分利用村广播、微信群持续扩大宣传覆盖范围，进一步浓厚活动氛围。坚持问题导向，全面排查整治存在的垃圾清运不及时、车辆乱停乱放、道路不通畅、毁绿停车、占道经营、小报乱张贴等突出问题。巩固完善长效常态，建立环境"日清扫""周督查""月考核"制度，常态化督促责任落实。

丰年村还优化乡风文明建设"软环境"，贯彻"文化润人"理念，建设了新的"党群服务中心"，打造一站式党群文化活动平台，设置多项功能室场所，满足村民文化生活需要。丰富道德讲堂内涵，点滴长效提升村民文化素养，坚持以身边事感动身边人。拓展文化活动形式，开展淮剧演出、丰年村"民星"选拔等活动，喜闻乐见展现村民精神新面貌。常态设置精神高地、廉政文化、红黑榜、义举榜、科普、法律等专题模块，形象生动有效地传播正能量，弘扬主旋律。此外，村里设立《特困家庭帮扶、慰问制度》《大学生入学奖励制度》《优秀中小学生年度集中颁奖制度》《搭建学生"梦想小屋"制度》等，关注村里青少年的健康成长，关注每一个需要帮助的人。这些制度，让村里孤寡老人不再孤苦伶仃，特困家庭感受到了党的阳光雨露。

此外丰年村还有三个典型做法：一是开展移风易俗活动，引领乡风文明建设"新风尚"。成立"移风易俗"理事会，邀请村里有威望、有影响力、热心服务的老党员、退休教师、乡贤人物、文化名人等群体参与村管理，制定村规民约，大力倡导婚事、丧事简办，反对铺张浪费，破除封建迷信，遵守殡葬改革制度，革除陈规陋习，倡导健康文明新生活，建立平等、友爱、互助的人际关系，积极营造健康向上的生活环境。

二是形成志愿服务品牌，争当乡风文明建设"排头兵"。抓好志愿服务组织的外引内培，成立诸如党员志愿服务队、老年之家、战疫服务队等志愿服务组织。突出长效管理，抓好志愿服务制度建设，如制定党员志愿者"四亮剑"制度，亮身份、亮形象、亮项目、亮成效。推出志愿者奖励激励机制，对村志愿者的活动开展情况和成效进行量化，并拿出一定的"物质奖励"予以激励，努力形成"有时间做志愿者、有困难找志愿者、挤时间当志愿者"的志愿服务氛围。新冠疫情防控期间，战疫服务队多样化宣传、严把入村关，昼夜值守，给村民留下了深刻的印象。

三是抓好正面典型素材，树立乡风文明建设"新标杆"。坚持从日常调查走访中，了解核实在勤劳敬业、诚信经营、尊老敬老、热心公益、无私奉献等方面存在的真人真事，并做好跟踪记录。开展丰年村先进模范评选，如开展"三最三好"评选活动（最美家庭、最美善举、最美志愿者、好媳妇、好党员、好青年），树立社区典型品牌。按照"点燃一盏灯、照亮一大片"的原则，通过村道德讲堂、群众课堂、培训会等载体，邀请村典型人物现身说法，用鲜活教材和生动的细节来传播丰年村的正能量。

下一步丰年村的中长期规划是实现更多土地流转入社，走科学致富道路，使农村资源要素活起来，编织美丽乡村，打造车桥高速入口旅游景区，让村民拥有更多获得感、幸福感、安全感。近期规划就是进一步推进"全程机械化＋综合农事"服务能力提升。加快优质稻米深加工，确保早投入早使用早见效。扩大土地流转入股面积达 2000 亩以上，发展稻虾共作 400 亩、稻鸭共作 200 亩以上，种植优质牧草 100 亩。扩大农机作业服务面积达 8000 亩以上、区域覆盖周边两个乡镇八个村，提高机具作业效率，增加作业效益。

我们丰年村围绕乡村振兴目标要求，大力发扬孺子牛、拓荒牛、老黄牛精神，以不怕苦、能吃苦的牛劲牛力，进一步系统推进农村集成改革试点，确保圆满完成任务，努力把村党组织建设成为富有凝聚力、战斗力、创造力的坚强堡垒，确保村集体经济收入逐年翻番，为推动乡村振兴作出新的更大的贡献。

（姜佳妮　整理）

难忘盐城扶贫情

徐国均

我叫徐国均，是一个有着 40 年党龄、从事公职生涯 42 年的退休干部。我曾长期从事扶贫工作，对盐城的扶贫工作有着深厚的感情。

2015 年 11 月底，中央召开了扶贫开发工作会议，习近平总书记在讲话中讲到他出访美国以延安、梁家河通过扶贫开发旧貌换新颜为例来阐述中国梦时，说到"全国像延安这样发生了巨大变化的地区还很多，如贵州毕节市、甘肃定西市、宁夏固原市、江苏盐城市等"。盐城的扶贫工作获得到总书记的点名表扬，这个荣誉让我们倍加光荣。相较于毕节、定西、固原而言，盐城作为江苏沿海城市，其巨大变化是较发达地区解决相对贫困的一个缩影。作为盐城广大扶贫干部中的一员，我为曾经在盐城的扶贫事业中贡献过自己的一份光热而欣慰，更忘不了扶贫攻坚中的峥嵘岁月。

难以忘却的扶贫工作经历

2006 年 8 月至 2017 年 4 月，我担任盐城市委副秘书长、农工办

（扶贫办）主任，历时 10 年 8 个月，这是我扶贫工作收获最大的一段经历。这十年多时间里，我始终把扶贫工作作为农工办工作的重中之重，摆在突出位置，紧紧抓在手上，每年组织全市近 10 万名党员干部"牵手致富"结对帮扶低收入农户，帮助低收入农户建立稳定的增收渠道；组建三轮 520 支市县帮扶工作队驻点帮扶，筹集帮扶资金 3.5 亿元，实施帮扶项目 4100 多个，辐射带动低收入农户 20.72 万户；每年落实 30 名左右的市领导和 160 名左右的县领导挂钩帮扶经济薄弱村，创新实行第一书记驻点、后方单位挂钩、民营企业结对"三位一体"帮扶经济薄弱村机制；积极推行部门领导干部包户帮扶制度，科级以上干部带头每人包保帮扶一户低收入农户；充分发挥行业部门和社会组织作用，组织开展形式多样的社会扶贫活动，逐步形成"领导带头、机关发动、企业行动、社会参与"的大扶贫格局。十年多里，我经常跟农工办（扶贫办）的同志们一同深入农村基层了解干部群众的所思所盼，着力实施增加集体积累、提高农民收入的精准帮扶模式。现在回想，每每看到贫困群众的生活条件逐渐变好，他们脸上的笑容越来越多、幸福感和满意度不断提升，作为扶贫工作部门的主要负责人，我内心一种光荣的使命感和成就感就会油然而生。

盐城扶贫成就的点睛之处

盐城扶贫工作，走出了一条东部沿海较发达地区解决相对贫困的路子，这是盐城扶贫工作取得成就的典型意义。盐城虽地处东部沿海地区，但是革命老区，受历史、自然和社会等多种因素制约，相当一段时期经济发展比较滞后，全市农业比重大、贫困人口多、增收渠道窄、基层基础弱。长期以来，盐城的脱贫攻坚一直在省委、省政府的统一领导和部署下扎实推进，特别是进入新世纪以来，盐城聚焦经济薄弱地区加快发展和低收入农户脱贫增收，有计划、有组织地连续实施了多轮大规模扶贫开发行动，历经"八七"扶贫攻坚、"整村推进，扶贫到户"、脱贫奔小康工程、脱贫致富奔小康工程等几个重要阶段，实现了由救济式扶贫向开发式扶贫、由解决温饱向基本小康、由解决绝对贫困向缓解相对贫困的历史性跨越。"十二五"期间，盐城市按照"工作到村、扶贫到户、责任到人、措施到位"的工作要求，精准锁定低收入农户和经济薄弱村具体目标，坚持市县镇三级联动，户村片分类施策，扶帮促多措并举，着力构建全方位立体式广覆盖的扶贫开发体制机制，大力实施扶贫开发，确保不让一个困难群众在全面小康进程中掉队。"十三五"期间，盐城市按照省委省政府要求，立足"缩小收入差距、促进共同富裕"的目标定位，大力实施脱贫致富奔小康工程。经过不懈努力，全市41.85万农村建档立卡低收入人口年人均收入达到6000元以上；105个省定经济薄弱村和777个市定经济薄弱村集体经济年收入达到18万元以上；灌溉总渠以北片区和响水、滨海2个省级重点帮扶县面貌显著改善，脱贫致富奔小康工程的圆满收官，全市人民共同迈进了全面小康社会。

盐城市扶贫工作的基本经验，突出在这两个方面：

一方面，精准富民之策，着力帮助低收入农户脱贫致富。坚持开发式与救济式并行，量身定制五种类型项目菜单，低收入农户根据自身实际和发展意愿点菜下单，着力构建低收入农户稳定增收长效机制，确保低收入人口稳定脱贫。一是创业致富型。坚持把提高土地效益作为贫困农户脱贫根本之策，大力发展设施农业，引导鼓励有条件的贫困农户发展设施大棚、经济林果、畜禽养殖等高效设施农业，确保这部分人既脱贫又致富。滨海县将自主创业、产业增收的低收入农户奖补上限提高为2500元，2014年向1.13万户低收入农户发放奖补资金1836.5万元。射阳县海河镇依托"一户一棚"示范基地，引导支持62户低收入农户自建大棚197座。二是项目带动型。积极推广"综合服务社＋基地＋贫困农户"的多种生产经营模式，带动贫困农户就近打工增收。滨海县滨海港镇木楼村利用低收入农户土地1100亩，采用"合作社＋农户"方式，带动255户低收入户推广四青蔬菜种植，每户年增收2500元以上，带动290户农户在合作社务工，户均增收6000元以上。响水县大力扶持山羊养殖传统产业，采用"合作社＋低收入户"模式，帮助2300多户低收入农户通过"以羊还羊""送羊"以及合作社、能人大户带动等方式实现增收脱贫。阜宁县郭墅镇王庄村建设1210亩瓜蒌种植基地，吸纳60多名低收入农户务工，人年均收入超万元。三是培训就业型。统筹奖补资金为部分老弱病残等劳动能力较弱贫困人口购买保洁员、联防队员、道路河道管护员等公益性岗位。强化技能培训，连续多年联合市内优秀技能培训学校，对建档立卡农户提供免费技能培训，并颁发合格证书，提高就业竞争力和收入待遇，"十二五"期间，全市共开设各类技能培训班963期，培训10.4万人次，9.02万人实现转移就业，每户每年人均增收3600元。滨海县五汛镇、界牌镇2016年结合农村环境综合整治，配送1350名低收入人口从事环境保洁、河塘管护、秸秆禁烧等岗位，人均年收入增收6000元。四是惠民增收型。全面落实农业保险垫缴、农田机耕机收免费、村级"一事一议"个人筹资部分免缴等特惠政策，每年每户减少支出近千元。加大扶贫小额贷款投放力度，提高单笔额度，推行小贷免息，拓宽低收入农户创业致富和合作社带动农户脱贫致富的融资渠道。充分发挥扶贫协会、雨露扶贫基金会职能，大力开展助学扶贫，阻断贫困现象代际传递。滨海县将建档立卡低收入农户单笔贷款额度由1万元增至5万元，将签订带动建档立卡低收入农户增收脱贫协议的专业户、合作经济组织单笔贷款额度由5万元增至20万元。响水县2014年安排430万元用于小额贷款在政策性贴息50%基础上再贴息50%，实现零利息。市扶贫协会积极协调对接，"十二五"期间先后输送156名优秀贫困学子到广东国华中学免费就学。滨海县从2014年起对考取大学和高中的建档立卡家庭子女进行资助，2015和2016两年共有978名学生受益，资助总额311.6万元。五是托底保障型。着力构建特殊困难人群社会救助体系，把无劳动能力的贫困家庭全部纳入低保保障其基本生存，并逐年提高标准。

另一方面，创新强村之举，着力促进经济薄弱村增收达标。在着力配强村级"两委"班子、增强党建引领功能的同时，充分运用财政引导资金和后方单位帮扶资金，整合经济薄弱村现有资源资产，从村实际出发，帮村定制五种发展类型，增强内生动力，建立村集体经济稳定增收渠道。一是资产收益型。大力发展物业经济，通过购建、联建标准厂房、门面房，新建或改扩建三产综合服务用房等形式，增加集体租金收入。射阳县合德镇 3 个经济薄弱村在市委帮扶工作队帮扶下，新建 600 吨的农产品保鲜仓储库出租，每村年租金达 9 万元以上。阜宁县罗桥镇张赵村标准厂房项目为市领导挂钩帮扶项目，厂房建筑面积 1420 平方米，今年租金收入 5.7 万元。二是合作共享型。鼓励村集体牵头领办、创办各种类型的专业合作、劳务合作、土地股份合作等多元化合作组织。滨海县八巨镇八巨村村干部带头领办合作社，建设蔬菜连栋大棚 50 亩，每年滚动带动 50 户低收入农户，低租或免费进入大棚承包经营，户均年增收约 1 万元，村集体年增收约 4 万元。滨海县扶持 30 个村成立农机合作社，每村帮扶 35 万元，其中 30 万元购买农机设备、5 万元建设机库，村集体年收益达 5 万元。三是入股分红型。在确保风险可控、资金安全的基础上，入股国有投资企业及小贷公司，实行保底分红。滨海县 2013 年组建利群农村小额贷款公司，为 32 个经济薄弱村配股 3780 万元，三年累计分红 1033 万元。2021 年又在立信担保公司为 28 个经济薄弱村配股 4000 万元，每年按股本金 10% 保底分红。四是资源开发型。支持经济薄弱村结合农村环境综合整治、村庄整治、河道疏浚来盘活水土资源，增加集体资源发包收入。阜宁县罗桥镇许何村通过疏通河塘，淤泥用来复垦废弃沟塘的方式盘活水土资源，为村集体增加经营性收入 2 万多元。五是新型业态发展型。通过投资建设旅客服务中心、农家乐服务用房、农村电商服务中心等新业态增加集体收入，带动农户脱贫。亭湖区黄尖镇新洋港居委会依托丹顶鹤自然保护区，新建 1478 平方米集餐饮、住宿为一体的游客服务中心，每年增加集体收入 25 万元。

永不退群的扶友圈

我在市委农工办（扶贫办）工作后期，为了便于工作，通过微信建立了"盐城市扶友群"，用于交流扶贫工作经验、心得体会等。2017 年初我转岗到市人大常委会机关后，有些工作群因岗位变动陆续退出了，但是"盐城市扶友群"我一直没有退。因为当初我们因扶贫工作走到了一起,通过扶贫的过程结下了深厚的感情,虽然大家已经不在一线扶贫岗位,但经常沟通交流延续着这份友谊。目前这个群中还有 100 多人,他们中有很多人连续多年坚守在贫困乡村,勤勤恳恳、兢兢业业,可以说人生最好的年华奉献给了扶贫事业。

选派机关年轻优秀干部到重点地区经济较薄弱的镇村驻点帮扶,是我市扶贫工作长期坚持且不断完善的传统做法,已经连续坚持了 20 多年,既有力推动了脱贫攻坚,亲密了党群鱼水关系,也培养锻炼了一大批干部。检察院干部杨洪雨连续两年参加了两届市委帮促工作队,他驻点帮扶的阜宁县板湖镇孔荡村 2016 年被列为省级经济薄弱村,当时该村流传着这么一首童谣:"孔荡、孔荡,72 钉头舍,68 个光棍堂……"从这首童谣大家就可以感受到孔荡当时一穷二白的面貌,他到村任第一书记后,发现村账面上只有 9.7 元,还外欠账高达 51 万元。面对村级发展无思路、班子建设无人才、两手空空无斗志的现状,驻村第二天,他就展开了对低收入农户、贫困户、五保户和其他村民的全面走访调研,并梳理情况分类建档。短短一个月,他走访了 200 余户 430 多个村民,开始谋划脱贫致富的整体思路。杨洪雨还利用一切时间跑项目、办贷款、求技术、拉赞助、找岗位,带领村民发展致富项目。组织推动全村先发展规模种、养、加工和服务等绿色农业一二三产业链,成立专业合作社、生态农业科技公司等,农民人均年纯收入成倍增长,集体经济积累由倒挂外债 51 万元到年创收 50 多万元,创造性地打造了"5122 村社一体化"的孔荡扶贫开发模式,仅用了两年时间,就让孔荡从省级经济薄弱村一跃变成精准脱贫样板村。原市国土局干部刘迎春于 2014 年年初,担任市委驻阜宁县罗桥镇帮扶工作队副队长进驻罗桥镇,两年时间内,先后筹集投入帮扶资金 650 多万元,帮扶许何、沈顾、林舍等 5 个村居购买大型农机 15 台套,筹建惠众农机、林舍花木等专业合作社,购买 6 间商业门市房,增加林舍、安兴等村的集体固定资产和经营性收入,兴办公益事业,造福乡里百姓。扶贫任务结束后回到原单位,他虽然离开扶贫工作岗位,还继续从事公益慈善工作,他利用盐城市新四军研究会会员的身份,成立志愿者小分队，专门帮助牺牲在盐城的烈士找寻家乡的亲人，通过寻亲活动，缅怀先烈功绩，告慰烈士英灵，将红色基因继续传承。这几年，他带领着志愿者小分队，为数十名牺牲在盐城的烈士找到家乡的亲人。农业银行的江志宏2016年起驻点帮扶阜宁县陈集镇郝周村时，他认为扶贫的方式有很多，但直接给钱显然不是最好的方式，只有让这些贫困农民有获得收入的能力才是真的好办法。而在农村，能让农民获得持续收入从而脱离贫困的方式，主要就是搞种植和养殖。所以，他利用自己银行工作的优势，协调当时农业银行陈集镇营业所为贫困农户发放贴息贷款，支持农户发展养猪产业。但是当时很多农户都惧怕风险不敢尝试，江志宏就一家家上门做工作，最终有三户愿意养猪，他协调给他们贷款了近80万元办起了小型养猪场，还给他们找专家进行技术指导，结果当年就见到了收益，每户增收了近5万元。后来，在这三户农户的示范带动下，全村贫困户又有13户走上了发猪财促增收的路子。

在扶友群里，还活跃着一批当年县（区）扶贫办主任，他们时常勾起我对他们的由衷钦佩和敬意。

结下深情的"农村亲戚"

记得2008年，我和时任市委组织部副部长刘海等谋划，在全市组织开展以"项目、资金、技术、生活"四帮扶为主要内容的党员干部"牵手致富"结对帮扶低收入农户活动，覆盖到所有的党政机关、企事业单位，覆盖到所有的党员干部，覆盖到所有的建档立卡低收入农户。其初衷就是通过牵手结对帮扶活动的开展，有效地将贫困户和党员干部紧密联系起来，通过实实在在举措，将党委政府的关怀送到每个贫困户，帮助解决实际困难，加快脱贫致富步伐，同时也使公职人员了解民情，增进群众感情。多年来，我通过结对帮扶在农村也结了几个"亲戚"，至今仍与他们常来常往。

2011年，我到建湖县上冈镇益民村进行"三解三促"，走访时接触到一个七八岁的孤儿叫董建伟，跟着奶奶一起生活，日子过得清贫，性格也十分孤僻。想起刚满周岁的孙子生活甜蜜幸福，我当时就默默认定要帮助小建伟，留了联系方式，之后我每年都登门来看望他，了解他学习生活情况，和他一起聊天谈心，鼓励他在学习之余多结交一些好朋友慢慢地走出孤僻。目前，他已经在上冈中学读高三，前一阵子我去看他，并和他的班主任进行了交流，了解到他现在学习成绩稳定，在勤奋求学过程中主动结交积极向上、阳光活泼的同学，性格变得开朗多了，这让我很欣慰。

2016年，"十三五"新一轮脱贫致富奔小康工程实施时，我结对了阜宁县羊寨镇南羊村的蔡楚香户。老蔡夫妇、儿子都有严重遗传性疾病，家里只有儿媳妇是个健康的整劳力，孙子蔡旺盛在上小学，孙女蔡娟正读初二，当时我问蔡娟："初中毕业后你是想继续读高中，还是上技校？"蔡娟回答道："徐爷爷，我想上技校，早点出来就业，照顾家里。"我当时一听，心头一紧，这小孩是多么懂事，也把她说的话记在了心里。后来中考结束后，市扶贫办正好协同市技师学院开展联合助学活动，为就读的贫困家庭学生按照每人3000元的标准减免住宿费用，同时为了避免学生产生心理落差，技师学院还专门对他们实现生活和学习分班制，生活单独编一个班由专门的老师统一负责管理，上课和其他同学一起，让他们没有后顾之忧。活动的第一年，蔡娟就被技师学院录取了。那年的暑假，我专门把从未出过阜宁县的小旺盛接到了盐城，请姐弟俩在食堂吃了饭，并派车带他们在高架上转了一圈，看了飞机场、正在建设中的高铁站，参观了新四军纪念馆。现在蔡娟已经在实习了。我经常能够接到两个孩子打给我的电话，听见他们喊我"徐爷爷"，我的心里都感到特别温暖。

因为工作变动，结对的农户也发生了变化，2017年新结对阜宁县三灶镇前三灶村徐凤清户，他妻子不幸患上胆管癌，在阜宁医院治疗效果不好，我就帮她转到了市第一人民医院进行治疗，老徐本人得了肠梗阻，也是把求助电话打给我。我虽然退休了，但还常常与老徐通通电话。

对盐城未来扶贫的期盼

从市人大常委会秘书长、二级巡视员岗位退职后，我担任了市人大工作理论研究会会长，继续关注着扶贫事业，将推动脱贫攻坚与乡村振兴有效衔接作为研究会的重点课题进行研究，对这方面我也进行了一些思考，我认为脱贫攻坚与乡村振兴是实现"两个一百年"奋斗目标必须完成的两个重大战略任务，具有很强的内在联系和承接关系，当前做好二者的有效衔接具有重要的现实意义和深远的历史意义。

第一，要做好领导体制的有效衔接。脱贫攻坚之所以成效显著，与我们党的领导和行之有效的体制机制密不可分。坚持和完善党对"三农"工作的领导，构建完善的领导体制机制是实现脱贫攻坚与乡村振兴有效衔接的根本保证。为了把实施乡村振兴战略摆在优先位置，把党管农村工作的要求真正落到实处，要继续推行"中央统筹、省负总责、市县镇抓落实"的工作机制，建立完善责任清晰、各负其责、执行有力的"五级书记"抓乡村振兴组织领导机制，层层压实责任，推动各级党政主要负责同志主动谋划政策举措、协调解决困难问题、督促各项政策落实，接续做好乡村振兴工作。

第二，要做好工作体系的有效衔接。脱贫攻坚中，在中央农村工作领导小组和国务院扶贫开发领导小组的领导下，我们各层各级都成立了相应的扶贫工作领导小组和扶贫办，搭建了一整套脱贫攻坚的行政架构，负责本地的扶贫工作。多年实践下来，证明这是一个行之有效的全国性扶贫工作系统。现在我们全面推进乡村振兴，同样也需要一个强有力的机构来统筹和协调，为此，中央从顶层设计层面，将国务院扶贫办整建制重组为国家乡村振兴局，统筹推进全国乡村振兴战略的具体工作。我们市县也要同步平稳有序抓好乡村振兴机构的组建工作，及时将巩固拓展脱贫攻坚成果同全面推进乡村振兴的工作力量、组织保障、规划实施、项目建设、要素保障等各个方面有机结合起来，做到一盘棋部署、一体化推进，为全面推进脱贫攻坚与乡村振兴有效衔接提供强有力的政治和组织保障。

第三，要做好发展规划的有效衔接。实现乡村全面振兴，是一个长期、全面、复杂的系统工程，必须统筹做好规划衔接，为乡村振兴提供实现路径。当前，在推进乡村振兴战略落实落地过程中，国家层面制定了《乡村振兴战略规划（2018—2022年）》，我市也制定了相应规划。2021年，十三届全国人大常委会第二十八次会议通过了《中华人民共和国乡村振兴促进法》，于当年6月1日起正式施行，为全面实施乡村振兴战略提供有力法治保障。下一步，第一个五年规划实施完成后，在制定乡村振兴战略第二个五年规划时，我们要依照《促进法》规定的职能职责，一方面要充分吸纳脱贫攻坚的经验和成果，将其融入推进乡村振兴的具体工作方案中，并结合脱贫攻坚的完成情况，将脱贫攻坚中需要延续和提档升级的项目，纳入乡村振兴规划中统筹实施，进一步补齐重点地区基础设施和基本公共服务短板，为逐步致富创造条件。另一方面，要根据乡村振兴新的目标要求，衔接好各专项和行业规划，通盘考虑土地利用、产业发展、人居环境整治、生态保护和历史文化传承等要素，科学编制新的乡村振兴地方规划、专项规划，形成城乡融合、区域一体、多规合一的规划体系，做到一张蓝图绘到底。

第四，要做好支持政策的有效衔接。实现乡村全面振兴，必须在巩固拓展脱贫攻坚成果的基础上，进一步推动资金投入、金融服务、土地支持、人才智力等各类资源要素配置向农业倾斜、向农村下沉，为"有效衔接"创造有利条件。要继续保留并调整优化原财政专项扶贫资金，根据开展富民强村帮促行动需要和财力状况，合理安排财政投入规模，逐步提高用于产业发展的比例，确保乡村振兴投入力度不减、总量增加。要大力开展农户小额信用贷款，推动普惠金融领域的政策措施向重点地区倾斜，因地制宜地创新服务模式和产品，提升金融支持乡村振兴的针对性、有效性，为广大农村地区提供更加适宜的金融服务。要继续开展增减挂钩节余指标流转，重点也要投向帮促行动。要延续脱贫攻坚期间各项人才智力支持政策，在进一步发挥省委驻县（区）乡村振兴帮促工作队和省科技镇长团作用的同时，通过加强教育和培训，"内育"培养新时代的乡土人才，使其成为推进乡村振兴的"领头雁"；通过"外引"懂科技、懂管理、懂市场、懂法律的现代化人才，促进乡村人才最优化配置，为巩固拓展脱贫攻坚成果与推进乡村振兴注入新的活力。

第五，要做好考核机制的有效衔接。考核是推动工作落实的重要保障。实行最严格的考核评估制度是我们过去脱贫攻坚中的一个显著特点，每年习近平总书记都要主持召开中共中央政治局会议，听取省级党委和政府脱贫攻坚工作成效考核情况汇报，它既是对各层各级扶贫责任的压实，也是对扶贫工作方法的倒逼，它在集中反映各方面扶贫工作实绩的同时，还能督促各级党员干部自我加压、负重前行、挖掘潜能，推动脱贫攻坚任务的全面落实。现在全面推进乡村振兴，我们同样也要把乡村振兴实绩考核纳入市对县综合考核范围，细化考核内容、改进考核方法，并将考核结果作为干部选拔任用、评先奖优、问责追责的重要参考，让真干假干不一样、干多干少不一样、干好干坏不一样，确保乡村振兴战略能够落地生根、始终沿着正确方向扎实推进。

消除贫富差距是人类的永恒课题，解决相对贫困是我们的长期任务，扶贫永远在路上。我虽然已经从公职岗位退休，但心系扶贫、奉献余热是我不变的情怀！

射阳扶贫工作纪实

陈铁军

射阳，一座有爱的小城……这里是丹顶鹤的故乡，这里是诞生后羿射日神话的地方。2018 年 5 月，根据组织安排，我挂职江苏省射阳县委副书记、市委驻射阳县帮扶工作队队长，带领来自市直单位的 21 名工作队员，来到了鹤乡大地射阳，开启了长达三年的扶贫攻坚之旅。

射阳是生我养我的地方，我对故乡一直怀着很深厚的感情。射阳历史上是产粮产棉大县，改革开放以后曾有"金'东台'、银'大丰'，'射阳'是个小富翁"的美誉。后来由于种种原因，射阳的发展走过了一段"V"型之路。近几年来，射阳的发展堪称是触底回升、势头迅猛，但发展不平衡不充分问题依然存在。2017 年底，射阳全县农村还有 24280 个建档立卡低收入人口未脱贫，村集体收入 18 万元以下的 25 个，其中省定 5 个、市定 5 个。市委明确派驻工作队挂钩帮扶的就是这省定 5 个、市定 5 个经济薄弱村，涉及射阳 7 个镇中的 10 个村。10 个村中有建档立卡户 1572 户 2859 人，未脱贫 722 户 1334 人。虽然绝对数量看似不大，但并不意味着难度就小，因为这些村大多地理位置比较偏僻，交通相对闭塞，基础条件薄弱，资源比较欠缺，10 个村中有 8 个村负债，加之少数村组干部和低收入农户等靠要思想比较严重，脱贫攻坚压力有层层递减现象。可以说，越到最后，留下来的都是难啃的

"硬骨头"，对我们的时间、精力消耗越大，对我们的能力、水平要求越高，对我们的毅力、耐力考验越强。

怎么办？既然脱贫攻坚是一项重大政治任务，而且责任大、要求高、时间紧，容不得我们有丝毫懈怠，那就一件事一件事地干吧。

脚上沾满泥土，方知群众疾苦

"只有心中有数，才能脚下有方。"从一开始，我们扶贫队员就一头扎入基层，坚持做到"三个零距离"，即零距离熟悉地方中心工作、零距离接触贫困家庭、零距离听取意见建议，力求情况明、政策明、思路明。2018年5月16日，市委驻射阳县帮扶工作队出征到射阳，当天下午20多名工作队员全部入驻有关镇村，第二天上午立即开展工作。17日上午，我和工作队联络员直奔四明镇经济薄弱村调研，察看了四明镇育菇基地、日光大棚、小龙虾养殖等项目，听取了四明镇党委关于开展扶贫工作、实施乡村振兴的专题汇报。5月19日、20日双休日连续参加县里有关推进脱贫攻坚工作会议。紧接着5月22日、23日，先后去新坍镇四烈村、千秋镇二涧村调研走访，听取镇党委主要负责人关于本镇扶贫工作开展情况的汇报，与相关村党总支书记、部分党员代表、已脱贫农户代表、低收入农户代表互动交流，并随机走访了一些困难家庭，发放慰问金。与此同时，兴桥镇跃中村工作组、盘湾镇新华村工作组、海河镇陈墩村工作组等扶贫队员也纷纷到村开展调研、走访工作。其他扶贫队员也会同当地镇村干部一起，马不停蹄、挨村挨户走访调研，原生态听取民意，零距离了解民生，在走村串户、联系群众中摸实情、增感情。

记得有一次，我冒着高温酷暑，走到一家低矮的农房门前，一位残疾老人坐在屋前的轮椅上，我主动走过去，同他攀谈起来。攀谈中得知这位满脸皱纹的老人叫徐庭明，今年70岁，是个退伍老兵，肢体二级残，家里还有老伴65岁，视力二级残。目前徐老爹夫妻俩都享受重度残疾人补助，但日子依然十分清苦。随后，我又来到附近张大爷家，了解到张大爷今年57岁，老伴常年患有肺病，大儿子智障需人照料，小女儿在南京读大学，家里比较困难。当我拿出慰问金递给老人时，老人立马从胸前衣袋里掏出女儿的照片给我看，然后紧握住我的手不放，激动得老泪纵横："这么热的天，你们扶贫干部下来访贫问苦，我们感到比吃肉还香。"忘不了贫困群众的期盼眼神，忘不了许下的庄严承诺，忘不了心头沉甸甸的责任。那段日子，白天下乡接地气、增底气，晚上埋头学政策、钻业务，是我们扶贫队员的真实写照。

一个个白天黑夜，一回回促膝谈心，一次次苦苦思索……经过将近一个月时间的深入调研，扶贫队员走遍了所有挂钩的经济薄弱村和建档立卡低收入农户，大家对村情民意、发展"短板"、帮扶政策一清二楚，对贫困家庭情况、致贫原因、帮扶需求信息心知肚明，对"谁来扶、扶什么、怎么扶"的问题胸有成竹。与此同时，政治站位进一步提高，责任意识进一步增强，群众感情进一步升温。

为了促使扶贫队员全身心地融入射阳、奉献基层，确保全力打赢打好脱贫攻坚战，我在工作队中开展了"两同五大员"活动，即以"同心谋发展、同行奔小康"为主题，引导全体扶贫队员当好"宣传员、信息员、指导员、协调员、护航员"，大力倡导"心系扶贫、主动作为、比学赶超、廉洁奉献"的团队精神。在射阳县党性教育基地集中举行重温入党誓词仪式，举办扶贫业务专题讲座和组织外出培训学习，建立考勤考核、财经纪律、廉洁自律等五项工作制度，坚持每月召开一次工作队例会，采取定期抽查与不定期巡查相结合的办法，激励全体队员在脱贫攻坚主战场上强化政治担当、提升能力本领、砥砺品质意志、锤炼过硬作风。

接地气才能有底气，俯下身才能心贴心。虽说大家远离城市，告别妻儿，成天挥洒着汗水，透支着身体，但我们心里明白这是"为了谁"。有的扶贫队员爱人分娩，陪护假还没结束就又回到扶贫岗位，全心扑在扶贫事业上。来自市委党校的扶贫队员蔡爱军在日记中写道："承诺是看得见的天，贫困是凿得开的山。我们就是要用干部'脱皮'，换群众'脱贫'。"

农村要脱贫，不抓产业怎么行？

经过充分调研，我们认识到，产业是强村之本、致富之源、脱贫之基。贫困地区要脱贫致富，关键是靠产业支撑，没有产业支撑脱贫完全是一句空话。从这个意义上讲，产业是一个地方的经济支撑，更是农村群众脱贫致富的有效抓手，扶贫攻坚必须要紧紧抓住产业扶贫这个"牛鼻子"。但是，一开始，镇村干部、群众和扶贫队员的看法并不是完全一致的。

射阳县兴桥镇跃中村第一书记、驻村扶贫工作组组长刘伟，通过实地踏看跃中村土地种植情况、了解村里干部群众愿望后，提出了一个大胆的设想：动员村里贫困户和有意流转土地的农户，将土地流转出来，成立跃中村集体农场。改种特种经济作物，贫困户优先安排到农场打工，既能得到土地租金，又有打工收入。不过，有人不同意，担心步子跨大了，万一搞亏了，跃中村脱贫会难上加难。

刘伟将情况向我汇报后，我要求他充分尊重地方干群意见，并建议他带领村组干部出去考察学习，吸收外地经验做法。次日，刘伟就带领村组干部到阜宁县羊寨镇单家港村参观。羊寨镇单家港村地处废黄河故道，十多年前也曾是贫困村，后来，在滩地上种果树，形成一道几里长的桃园，"桃缘"牌黄桃被评为"中国国际农业博览会优质名牌产品"。每年4月8日桃花节，数以万计的游人前来踏青、观光。接着，刘伟又带领党员、群众代表去参观。参观过的人回到跃中村，别人问："怎么样？"他们有人说："去看看就开窍了。"又有人说："不知道我们跃中村的土壤适合不适合长黄桃？"刘伟得知后，当即邀请负责单家港村黄桃栽种的技术员，到跃中村实地考察，挖了几包样土，送到农科所化验。过几天，技术员带着化验单到跃中村，说土壤没有问题，适合栽种黄桃。最终意见统一了，跃中村"两委"决定将流转出来的260亩土地，成立跃中村集体农场有限公司。

不久，跃中村集体农场的标牌耸立在机场路边，上面写着近期和远期规划。黄桃园果苗已经栽下，四周用铁网围了起来。一个按企业化管理、运作的农业实体，点燃起人们心中脱贫奔小康的绿色希望……

2018年深秋时节，刘伟在下乡走访时了解到农副产品销售难问题，提议把消费扶贫作为扶贫切入点和突破口，加快经济薄弱村和贫困人口同步实现全面小康的步伐。2019年4月，工作队结合调研实际，下发了《关于深入开展"打造绿色产品，促进消费扶贫"活动的实施意见》，广泛开展宣传推介，全力落实推进措施，促进后方单位特别是医院、学校、国有企业等消费能力强的单位食堂采购、发放职工福利等，在同等条件下优先使用射阳经济薄弱村所生产的农产品。在扶贫工作队的直接推动下，兴桥镇跃中村建成了100平方米的农产品展示厅，兴办集体农场网上商城，入选全市网络扶贫"十大电商"。2019年8月，工作队会同市妇联组织了"巾帼消费助力脱贫攻坚·射阳行"活动，活动全程通过"鹤鸣亭"全媒体进行网络图文直播，陆续吸引了四面八方的客户线上线下购买农副产品。2020年以来，我们发动全体扶贫队员努力克服疫情影响，通过登门拜访后方单位和网络推介农副产品等方式，线上线下加大消费扶贫力度，成功拿下了多笔节日职工福利和食堂供货订单，并推动产品入驻了建行和国家电网等电商平台，累计帮助驻点村销售农副产品价值500多万元。

为了把产业扶贫落到实处，不断激活乡村"造血"功能，各扶贫工作组倾心付出、各展其能。来自市应急管理局的扶贫干部缪源，到四明镇四明居委会任职第一书记后，与居委会书记、主任等"两委"班子成员一起探讨，寻找致富门路。集中大家的智慧，"党总支+合作社+农户"生产经营模式的广富草编专业合作社应运而生。合作社拥有入社农户80户，统一为入社农户提供草绳编织机和水稻秸秆，按照约定的价格从农户手中回收草绳，再统一组织对外销售。

缪源和村干部也利用微信朋友圈宣传草编合作社，省内外众多客户慕名前来考察，订单源源不断。四明居委会生产的草绳被广泛运用到园林绿化、灯杆捆扎等方面。

小草绳，牵手走上"致富路"。70多岁的张明老人家境原本较为困难，缪源了解后让他家加入草编合作社，在家用废弃的水稻秸秆加工草绳，仅老人一人每天就可有六七十元的收入，家中甩掉贫困帽子，日子越过越红火。

栽下的是"扶贫"树、收获的是"致富"果。三年来，工作队按照"一村一策、一户一档"要求，综合考虑驻点村资源条件、产业基础、市场需求、技术支撑等因素，精准实施13个帮扶项目，持续增强经济薄弱村"造血"功能。涉及集体农场项目、土地合作社项目、联建厂房项目和商铺租赁项目等，扶贫干部忙前忙后，步履不停。驻点新坍镇四烈村的扶贫队员陈志中、吴晓青针对农村土地闲置、劳动力锐减的实际，安排流转土地100亩，种植羊角椒特种作物，依托经纪人和电商销售，年收益20万元，先后吸纳100多名低收入人口在家门口打工挣钱。工作队联络员兼盘湾镇新华村第一书记刘加弘利用邻近大市区的优势，指导驻点村将部分闲置农田以较低的价格承包下来，成立蔬菜合作社，实施新华村"菜园子计划"，牵线协调合作社和城里的公司、市民合作，再聘请本村种菜能手栽种露天蔬菜，每年50期露天蔬菜定期送货上门，多出部分由餐饮、食堂等大户订单式收购。盐城湿地申遗成功后，工作队抓住这一有利契机，协助驻点镇村以丹顶鹤为主线，融入杂技艺术、特色草编等射阳元素，结合部分村得天独厚的乡村文化旅游资源，打造以脱贫攻坚和乡村振兴相融合为主线的乡村文化旅游线路，带来了可观的经济效益和社会效益。截至2020年底，工作队挂钩帮扶的10个经济薄弱村（其中5个是省定经济薄弱村，5个是市定经济薄弱村）集体经营性收入全部达18万元以上，有5个村集体经营性收入超50万元；1572户2859名低收入人口全部脱贫，"两不愁三保障"全面实现。长荡镇中沙村2017年底集体收入只有1.5万元，通过集体机动地发包及土地流转服务、联建厂房出租等项目帮扶，到2020年底村集体收入突破100万元。

产业扶贫是"造血"，健康扶贫是"止血"

有一次，我到千秋镇调研健康扶贫工作。驻点千秋镇的扶贫队员张鹏、沈洋、徐子奎分别来自市卫健委、市卫生监督所和市中医院，我与他们一起走访调研时发现有些村民卫生保健意识薄弱，相关知识缺乏，不少上了年纪的人有病不去及时就诊，能拖则拖，还有的人就在村诊所看看，买点药吃吃，硬撑着，不去彻底治疗，结果小病拖大，大病拖"炸"，然后再四处求医，不惜代价，倾其所有，我们在走访中发现有好几户都是因此而致贫的。

有户一家三口，生活本来还算富足，结果因为男主人长期酗酒，而导致肝部病变，一直拖着，不得已了，才去认真检查。在亲友支持下，看了一年多，除合作医疗报了部分费用，家里也花了十几万，加之没有了收入，由原来余钱户成了欠债户，但最终还是没能挽救他的生命，不到 50 岁丢下母子走了。母子俩那揪心的表情，迷茫的目光，无助的叹息，像刀子一样深深扎在我们心里。

调研回来后，我们邀请县卫健委、民政、财政等相关部门负责人和镇村干部召开座谈会，对贫困人口致贫返贫原因进行统计分析。针对低收入人口中 76% 以上是因病致贫返贫的实际，我们认为，扶贫攻坚既要抓产业项目"造血"，也要抓健康扶贫"止血"。于是，我带领来自市医疗卫生系统的扶贫队员，多次奔波协调后方医疗单位，常态化组织送医下乡，建立驻点村健康扶贫数据库，完善农村患病群众"家庭医生"签约服务模式，先后为 1350 多人次患者进行了诊疗，接受健康知识咨询 3690 多人次，发放健康知识宣传资料 5900 多份，从源头上提升群众健康素养，防止因病致贫返贫。

通过主动对接，牵线搭桥，在后方单位的支持下，2018 年 10 月，千秋镇卫生院与盐城市中医院成立了"医疗联合体"和"诊疗合作中心"，2019 年 12 月又成立了郭锦华名中医工作室。定期义诊，预约就诊，疫情期间还利用网络视频进行三次远程会诊，收到很好效果。

每到盐城市中医院专家到千秋镇进行健康扶贫义诊时，镇卫生院门诊内外人头攒动，当地农村患者享受来自市级医院专家名医的诊治。2020年以来，市中医院骨科、消化科、心内科、呼吸科、骨伤科、普外科、针灸脑病科、肛肠科等科室，先后派出20余位专家义诊40多次，门诊1200余人次，手术30余台次。运粮村5组80岁王加科老爹，被肛瘘长期折磨苦不堪言，曾经多次到有关医院就诊，因其年龄大和高血压，医生一直建议保守治疗。市中医院肛肠科主任徐速博士诊疗后，综合年龄、血压、身体等状况，亲自为其做手术，术后10天便康复出院，王老爹祛除了疾病，放下了心病，逢人便夸。

先看房，次看粮，再看读书郎

三年来，工作队聚焦"两不愁三保障"（不愁吃、不愁穿，义务教育有保障、基本医疗有保障、住房安全有保障）问题，强弱项、补短板。一次，我到四明镇初级中学调研，偶然得知，有一位初三年级学生王慧，学习成绩优异，后因父母离异，生活一下陷入困境，因此萌生了退学念头。我和在场的镇党委书记当即一起找来这位同学，当面鼓励她重拾继续求学的信心，并叮嘱乡镇、学校领导跟踪关心。镇党委书记当场表示，对这位学生持续关爱、资助，直到她大学毕业。之后，我们扶贫队员会同村组干部进行"过筛式"回头看，精准落实家庭经济困难学生教育资助政策，确保没有一个低收入家庭孩子辍学失学。

2018年"六一"儿童节，工作队协调后方单位在射阳县新坍镇开展"足球进校园、书香润学子"关爱少年儿童志愿活动，向优秀学生代表、贫困儿童代表赠送助学金和课外书籍、足球等物品，向新坍镇捐赠6万元关爱活动资金。

为阻断贫困代际传递，工作队先后协调市直中小学名师300多人次送教下乡、结对帮扶困难学生，组织高职院校老师进村450多人次，实施政校企联手，开展免费职业技能培训，进一步发挥"技能扶贫"直通车功能，帮助 720 多户有劳动能力的低收入家庭实现就业致富。四明镇建东村王树萍通过培训考取育婴儿证书，在上海做保姆月收入 1.5 万元；戴尧光考取电焊工证后，在无锡锅炉厂打工，月收入 8000 元……

画好同心圆，共筑脱贫梦

为了帮助基层解决实际困难，提升群众幸福指数，工作队积极整合后方单位资源和社会各界力量，协助驻点镇村引来幸福水，修通惠民路，通上致富电，连上智慧网。三年来，先后帮助协调矛盾 216 起，兴办实事 483 件，捐赠实物折价 210 多万元。

2019 年 9 月，千秋镇东明村计划新建一座桥梁，方便村民生产生活。桥梁架设位置需要对现有线杆线路进行迁移，可预算费用有限，村里也拿不出钱来。就在村干部一筹莫展之际，扶贫队员张树勇立即与后方单位盐城供电公司联系，筹集了 42 万元资金，还协调县供电公司第一时间进行施工。张树勇还充分发挥专业特长，全程参与改造迁移工作，并减免了相关费用 3 万元。此后，驻点千秋的扶贫工作组多方协调资金，帮助驻点村部和卫生室新建了 2 个水冲式厕所，方便了群众，赢得了赞誉。

兴桥镇工作组协同村"两委"积极向上争取项目计划，2018 年全年新修建了 7.6 公里的水泥道路、9 座涵洞、15 座桥梁，2019 年争取了农业资源开发项目，项目总额 1500 万元。

厚植党建根基，激发内生动力

2019 年春节前夕，我和李阿成、陈海强、乐为等驻村扶贫队员到四明镇经济薄弱村走访慰问贫困群众，一到村部就发现一群村民围观在村务公开栏前，当时听到有个村民大声嚷道："什么低保户，全是关系户。"接着，在挨家挨户走访慰问时了解到，过去一些扶贫干部送给贫困户的羊、鸡、鸭什么的，等不到三个月就都被吃掉了。还有的扶贫干部告诉我，我们送出去的慰问金，贫困户当下接受了。可等扶贫干部转身一走，有的就将300元的慰问金扔到桌上，一脸不屑地说："就这点钱，还不够我赌博的本钱呢。"有的田里宁可长草撂荒，也不种粮，就等"公家"帮扶救济。

后来，我们到另外一个镇去调研走访，也发现不少类似的情况。记得当天我和镇党委书记一起到一个经济薄弱村开座谈会，当我问村书记带领群众脱贫致富有什么招数？他懒洋洋地说："我们哪有什么招数，你们说咋办就咋办。"

风似无形，其实有根可寻。这一系列问题，让我彻夜难眠，也引发我深深的思考。我认为，这是一种"看不见的贫困"，而这种"贫困"更难攻克。扶贫，必须将扶志、扶智相结合，催生脱贫攻坚的内生动力，补齐"精神短板"，引导贫困群众树立"宁愿苦干、不愿苦熬"观念，用自己的奋斗和打拼创造幸福生活。

于是，工作队多方协调资金，先后帮助80%的经济薄弱村的党群服务中心提档升级、提升功能。协调市直机关事业单位党组织与经济薄弱村党组织组建党建联盟，实现资源共享、互促共进。依托村党群服务中心，兼村第一书记的扶贫干部带头上党课，积极开展"党组织统一活动日"，邀请"最美射阳人"和党员致富能人谈奋斗史、谈致富经，组织已脱贫农户讲述脱贫经验，分享励志故事，广泛开展"志智双扶"活动。精心办好农民丰收节、村民健身舞比赛、县淮剧团送戏下乡等特色文化活动，创建美丽乡村，弘扬文明乡风。

"扶贫不是养懒汉，致富要靠自己干。""既然党的政策好，就要努力向前跑。"过去，个别村出现争当贫困户的怪现象，贫困成为不知羞耻的文化变异；现在，他们由抄袖子、等靠要，变为感党恩、主动干。

脱贫攻坚，支部当先。扶贫实践使我越发认识到，我国发展中的不平衡不充分，最突出的问题在乡村；乡村发展中的不平衡不充分，最突出问题在农村基层组织；农村基层组织建设中的不平衡不充分，最突出问题在村支部书记。入驻以来，工作队积极配合地方党委选优配强村级班子，10个经济薄弱村中调整了3名村书记和6个村级班子，多方对接、引进一批乡土人才，协助有关部门开展"村居党组织集体增收创业大赛""三创"精英擂台赛，开展"争当扶贫先锋、争当带富标兵"党员积分考核，培植致富追梦人，打造"永不走的工作队"。

三年来，我们自觉扛起政治责任，始终牢记组织重托，按照"精准扶贫、精准脱贫"的要求，积极投身扶贫实践，坚持突出问题导向解难题、突出优势集聚求突破、突出分类推进树特色，和当地干群想在一起、议在一起、干在一起，共商脱贫攻坚良策，同绘乡村振兴美景。我们聚焦实现脱贫攻坚与乡村振兴有机衔接这个主题，深入调研思考，形成了一批有较高质量的理论成果，在市委《盐城工作》、江苏省委新闻网、《世纪风采》、新浪新闻网和"学习强国"等媒体刊登。我们的扶贫工作得到地方干群的认可，得到上级领导的肯定，工作队连续三次在全市脱贫攻坚推进会上作交流发言，我也被江苏省委、省政府表彰为脱贫攻坚先进个人。

三年扶贫路，一生鹤乡情。1000多个日日夜夜，我们扶贫队员用实际行动践行初心使命，挥洒热血汗水，彰显为民情怀，将身后的脚印化作留给鹤乡大地的诗行。

滨海县前案村脱贫攻坚路

朱洪辉

自从 2013 年当选前案村党总支书记，近十年来，我亲历了前案村的脱贫工作，为使广大村民脱贫过上好日子付出了艰辛的劳动。2021年 2 月 25 日，全国脱贫攻坚表彰大会在北京人民大会堂隆重召开，我作为全国脱贫攻坚先进个人参加了大会，并接受了大会的表彰。大会期间，习近平总书记的重要讲话，使我对脱贫攻坚伟大事业的意义有了更深层次的理解，深知这项伟大事业的艰辛与光荣。

回首脱贫往事，我是百感交集，在上级党委、政府的坚强领导下，我们前案村脱贫攻坚的工作成效取得了历史性突破，乡亲们的生活水平有了空前提升，基本实现了预期目标。同时，十几年的治贫、脱贫工作情景常在我脑海中闪现。

情系贫困家乡

我高中毕业后，因为家里太穷，没能继续上学读书，选择回家做工，又因为是独子，20 岁便奉父母之命，结婚成家。婚房是知青回城后留下的两间破旧不堪的草房子。

家乡为什么会这么穷呢？这个问题始终萦绕在我的心头，挥之不去。小时候问父母亲戚，他们大多叹气说这就是命。后来，随着我的人生不断成长，思想认识不断提升，我才把这个问题大致搞清楚。

首先，穷在地域。不是一个前案村，也不是一个八巨镇，而是整个滨、阜、响地区都是一穷二白，滨海县一度又是江苏省最贫困县之一。20 世纪 90 年代初，滨海老百姓生活的贫困和党政各项工作的垫底，曾经震动了省委、省政府。时任省委书记的沈达人亲自前往滨海主持会议，专题研究滨海脱贫翻身的对策。直到 2019 年，滨海才全部完成省定脱贫攻坚任务，最后摘掉戴了上百年的"穷帽子"。我出生在穷县、穷镇、穷村的"最穷"人家，哪有不穷之理？

其次，穷在水土。土质方面，滨海境域除了西部沙冈在 2000 年（一说 3000 多年）前后形成外，大部分地区都是近 600—700 年间由黄河夺淮入海挟带的泥沙冲积而成。前案村靠近海边，成陆时间更短，只有 400 余年时间。地域土壤的表土皆为沙质，非经长期改良不能熟化耕作。水系方面，滨海河流大多属淮河流域水系，在苏北灌溉总渠开挖之前，水系流向绝大多数由北向南流入射阳河。苏北灌溉总渠从中间切断了南流水系，使得渠北地区包括前案村的排水系统发生了紊乱。同时，自清咸丰五年（1855）黄河北徙山东入海后，黄河故道断流，滨海一带海岸不仅停止淤长，而且在潮汐剥蚀下，开始大幅度塌缩。这样的土壤和水系结构，逼着滨海人不论什么时候，都不得不先改治水土再谋其他。1940 年共产党在滨海地区建政，正处于抗日战争的艰苦岁月，阜宁县（当时滨海隶属阜宁）抗日民主政府县长宋乃德组织 2 万多民工，在滨海沿海修筑了一条高标准海堤，被老百姓称为"宋公堤"。新中国成立以后，滨海历届党委、政府仍然始终重视抓好农田水利建设。在我的记忆里，生产队里的壮劳力，每年"上河工"。当然，这些农田水利建设的作用无疑是巨大的，让滨海这片盐碱地变成了旱涝保收的米粮仓。但毋庸回避，"上河工"的治水治土，耗费了大量的人力、物力和财力，大大耽搁了滨海地区的工业化进程。苏南地区已经"家家点火、户户冒烟"大办乡村工业的时候，我们这边的人还都在热火朝天地挑河工地上。那时我们村没有一家工厂，没有主导工业，只有落后的农耕生产，政府和老百姓的口袋里都是空空的。

第三，穷在天灾。滨海地区至今自然灾害频发，洪涝最多，几乎年年不断。干旱也是常有，隔三差五要来一次。时而旱涝急转，抗旱工具还没来得及收拾，便要紧急投入到排涝抢险之中。大风是滨海地区常见的自然灾害，有时狂风拔木，有时暴雨漫野，有时台风过境，有时龙卷风肆虐。大风过处，伤人毁物，房倒屋塌。每至夏季，雹灾频率也比较高，冰雹砸人损屋的事时有发生。海啸是滨海特有的自然灾害，虽然不是经常发生，但每次都会造成很大损失，让滨海人刻骨铭心。大海潮每年都有，海浪冲毁海堤，形成海水倒灌，良田受灾。

最后，穷在战火。滨海虽然成陆置县较晚，但战乱之苦一点不比内陆地区少吃。元朝末年，张士诚的起义军与朝廷枢密院判官董博霄率领的官兵曾在境内西域激战；明嘉靖年间，倭寇多次到滨海地区烧杀抢掠；清同治年间，捻军曾经两次入境；民国初年，滨海人李楚江组织了1000多人，发动了颇有影响的反袁武装起义。抗日战争爆发后，日军铁蹄侵入滨海，所到之处大肆推行"三光"政策，给人民带来无尽灾难。新四军第三师在黄克诚、张爱萍等人的领导下，在滨海地区与日伪军进行了殊死搏斗。滨海多地作为反复拉锯的战场，而后成为一片废墟，我村附近的八滩镇，几度成为战场，曾经一间完整的屋子也没剩下，战火也波及我们村。解放战争期间，滨海地区从阜宁划出，滨海军民一边在境内与国民党军队及"还乡团"进行坚决斗争，一边全力支援全国解放事业。战争给滨海地区带来了革命老区的光荣称号，但也彻底破坏了城镇基础设施，过度消耗了人力和物质资源，给战后几十年的经济发展和人民生活都造成了极大困扰。

回乡艰辛治贫

当年，我讲义气、好交友是有点名气的，的确也交了几个良师益友。有个"忘年交",是个能人,为鼓励我走出家门,专门拆解了"贫""穷"二字。他说,"贫""穷"两个字意思是不同的,"贫"是没有钱,给分掉了;"穷"是浑身力气,但被房子也就是家给困住了,使不出来。人要是走出家门,把力气使出来,就不穷了。于是我就揣着家里全部家当一百块钱,直奔上海而去。辗转苏州、昆山、太仓等地打了好几年工,没挣到什么钱,却由于与生俱来的忠厚老实、吃苦耐劳、不怕吃亏,得到了几个老板的赏识,他们都亲切地称呼我为"小兄弟"。其中有一位老板主动让出一个土方工程给我做,想着表达个心意。这便是我人生挣到的第一笔财富。

滨海人与小车、土方有着不解之缘。在解放战争时期,曾经组织数以万计的小车大军,完成了涟水战役、济南战役、淮海战役和渡江战役的支前任务。陈毅名言"淮海战役的胜利,是解放区人民用小车推出来的",这里的"人民"便包括了滨海人。解放以后,滨海又组织数以万计的小车大军,参与了治理淮河、苏北灌溉总渠、通榆河等县内外各条河渠的水利工程建设,用小车推出了河晏水清、丰衣足食。改革开放以后,滨海人自发地成群结队地推着小车,到苏南、上海浦东、浙江乃至福建、广东等地,参与当地的大开发。其中,有些人靠推土方"挣到了钱",从农民工变成小老板,完成了"推着小车出去、开着宝马回家"的华丽转身。

我正是这些幸运儿中的一员。我在熟门熟路做了几单土方工程后,又与人合伙,开发了几个小房地产项目,不长时间便成了有点名气、有点身家的"小老板"了。

就在我由穷变富,思索着路要怎么走下去的时候,家乡前案村"脏乱差穷"的现状,却一次次叩击着我那颗思乡爱乡的心。

那时的前案村800多户人家,有230多户生活在绝对贫困线下,有三分之二的人家仍然住着草房子。村里没有一条像样的路,只要出个门,或是村里来个人,一定是"晴天一身灰、雨天一身泥"。学校、村部、桥涵等公共设施东倒西歪、破破烂烂,村干部连一张完好的办公桌子也没有。村容村貌简陋不堪,河水是黑的,空气是臭的,田地是散乱的,全村是一副破败景象。

面对现状，我暗暗下定决心，一定要拔除前案村的穷根子。

2005年夏季的一天，风雨大作，我回老家看望母亲。由于车子开不进村，只能冒雨步行回家。有十多个放学的孩子与我同行。孩子们都提着鞋子，赤脚走在烂泥路上。有几个孩子先后滑倒，每次都是我上前把孩子搀扶起来。摔跤的孩子早已变成了泥人，衣服一丝底色也看不到。见有大人相帮，孩子都哇哇大哭。我禁不住也鼻子一酸，泪水与雨水一起淌了下来。我当即决定，赶紧把这条路修好，让孩子们上学有条路可走。

天一放晴，我就安排人从自己的工地上拉来三合土和石子，为村里修了第一条1.5华里长、2.5米宽的砂石路，为此我花了3万多块钱。

后来，我再回家时，母亲高兴地对我讲："现在村上人每次见到妈，都热情赞扬，说我生了一个好儿子，发善心帮村里做了件大好事。"

母亲喜悦、自豪的表情，更加坚定了我回乡为乡亲们做更多好事的决心和信心。

2010年，前案村"两委"换届选举，我便决定参选。在我没到现场的情况下，以全票当选村委会主任。2013年，滨海县委进行政治素质强、带动致富能力强的"双强"村支书海选，我接过了村党总支书记的重担。是地方领导对我的信任、群众对我的支持给了我在前案村"领头雁"的平台，让我走上了为前案村治贫的艰辛之路。

十年拔除穷根

如何改变贫穷落后面貌，带领乡亲们脱贫致富？我上任伊始，便与"两委"班子没日没夜开会讨论，集思广益；带领干部走家串户，问计于民；向专家贤达虚心请教，诚恳求助。经过十年求索，十年奋斗，终于走出了具有前案特色的拔除穷根之路。首先要做好"三种人"。

一是做好"诚信人"。

要做好一个村干部，必须言必信、行必果，兑现每一句承诺，要取信于民，为诚信人，做实在事。村干部土生土长，哪儿也去不了，所以你跟群众说的每句话都必须兑现。否则，群众就不再相信你，自然也就失去了他们对你工作的支持。

当初，也曾有人用将信将疑的眼光看我。当我拿出村发展规划的时候，就有村民直截了当地对我说：你一个做老板的，怎么可能真的安心在村里做事呢？你要是抬脚走人了，这个规划不是变成"鬼画"了吗？也有村民表示，这个规划好是好，但我们村条件这么差，你有什么本事把规划变成现实？

这些疑虑没有让我泄气，反而更激发了我的干劲。规划一经村委会通过、镇政府批准，我就带领"两委"班子成员，把规划上的项目一个一个做细做实。蓝图上的项目都做成了，承诺兑现了，就再也没有人说不字了，是做"诚信人"得到了群众的信任。

二是做好"领路人"。

要做好一个村干部，就必须站得正，行得直，打铁还须自身硬。我不止一次公开对干部群众说，凡是要求你们做到的，我自己肯定做到；凡是要求你们不做的，我自己坚决不会去做。

三是做好"贴心人"。

要做好一个村干部，就必须与群众同呼吸、共命运，对群众有真感情。在还没做村干部之前，我就很乐意帮困解难。逢年过节，村里敬老院、五保老人那里，都能送上礼品；谁家遇个什么难处，我会及时伸出援助之手。做干部以后，更是把很大的精力投入到帮助弱势和困难群众的生活上。村里有人生重病到外地住院治疗，我在百忙之中都会抽时间去探视送钱慰问。有村民的孩子考上大学，都动辄成千上万给予奖励。

做好"三种人"是村干部的基本素质，但治贫脱贫的根本目的是让老百姓富起来，日子过得舒适起来。要实现这个目标，就要为百姓做些实事，带领群众大干一场。十年来，我为乡亲们做了不少实实在在的脱贫事情。

发展富民产业，让乡亲们个个有事做、人人有钱赚，这是拔掉穷根的前提条件。

土地是农民的生存之基、生财之母。但前案村人均土地只有1.2

亩，产量又低，长水稻每亩不足 600 斤，维持温饱都成问题，更不用说靠它发家致富了。如何让有限的土地发挥出最大效益？我看准国家鼓励土地流转是个机遇，便提请村委会讨论决定，将位于八滩渠南的 4500 亩土地从农民手中流转出来，加上通过填平废旧河塘、土地复量调整等办法得到的新增土地 844.27 亩，整体租赁给滨淮农场等新型农村经营主体进行规模种植。土地流转的保底租金是 950 元 / 亩。流转协议规定，农场用工优先照顾村内低收入家庭。这样，村内低收入家庭在拿到土地流转金的同时，又多了一份打工收入。

农民没有哪个不知道，一家一户种种粮食，是没有什么"钱途"的。只有组织起来，发展特色产业，才能获得良好的经济效益。但谁来牵头组织，谁能请来技术人员，这个问题在一般乡村始终无法解决。我当了前案村的带头人后，为了"带着群众干、干给群众看"，牵头成立"巨绿家庭农场"，大力发展花卉苗木产业，主要培植玉兰、紫薇、海棠、红叶石榴等 20 多个经济价值较高的苗木品种。农场拥有苗木花卉基地近 2000 亩，保底收入达到每年 5000 元 / 亩。吸纳长期务工低收入户 100 余人，年务工收入达 6000 元以上。这样，低收入家庭通过入股分红、自身务工，又有了一个稳定可靠的收入渠道。

我经常听说，无农不稳、无工不富。于是上马工业项目，便成了我的追求和梦想。但我尝试着上了几个项目，都不赚钱。乡镇工业的黄金时代早已过去，后发地区要发展工业，谈何容易。不过，机遇还是被有准备的人给逮着了。经积极争取，省驻县扶贫工作队支持前案村上了一个光伏发电项目。项目总投资 504.8 万元，2160 块多晶硅电板分布在村部、学校、敬老院、居民集中居住区的 30 幢建筑屋顶上。这是我村有史以来上马的最大工业项目，村里从这一项目中每年可得净收入 50 万元。这笔钱与其他大宗集体收入一样，一半用于补贴困难群众生活，一半用于发展村级公共事业。

建设美丽乡村，让乡亲们住得安心，日子过得开心，这是拔掉穷根的立足基础。

我邀请外地专家为村里会诊把脉，并结合自己的想法，为前案村做了一个长期发展规划。那是整个八巨镇第一个完整的村级总体发展规划。

后来，前案村落实省里改善苏北住房条件和退宅还耕政策，大力推进新型农民集中区建设。在开展建设之前，我又找到具有国家甲级资质的设计院，请他们帮助制定了一个专项建设规划。

按照规划做出的集中居住区就是不一样。这里的民宅粉墙黛瓦，家家画梁雕栋。道路横竖笔直，路边绿植葱葱。河水清澈见底，两岸柳树成行。街道干净整齐，雕塑小品点缀其间。整个集中居住区具有浓郁的江南水乡风格，置身其中，不讲明白，还以为到了江南某个水乡名村。2016年，前案村搬回了含金量很高的"江苏省水美乡村"牌子。不少农民高兴地说，过去连做梦都梦不到这样的新房子。

随着允许生育二胎政策的实施，在农村地区，拆迁工作已上升为"第一难"。我做这项工作颇有体会：动之以情，晓之以理；瞅准时机，强行入轨。拆的力度要大，定下来就要使用雷霆手段；建的速度要快，要让群众感觉得到变化。一旦建好了，老百姓从中得到实惠，过去不支持的人就会改变态度。我用这一认识指导拆迁实践，大力拆闲拆废拆旧。这几年，前案村累计拆除零散房屋3600间1.2万平方米，迁移杆线250根，迁移零散坟墓2400座。同时新建道路3公里以上，提升2公里；新铺地下管线1758米；新建桥梁12座、电站9座、涵洞80个；清理沟塘58条，总土方量超过5万立方米。

过去的前案村，树木稀少矮小。沟旁河堤上，偶尔长有几棵较大的苦楝树、洋槐树，看上去显得更加荒凉、落寞。那时候，我每次去江南，便感到那里生机盎然，而一回到家乡，总感到荒凉萧疏。我想，其中最重要的原因，便是绿化。我有了"一定要大量栽树、栽好看的树"的念头。在抓村庄建设时尤其重视绿化问题，死盯着植树造林不放。仅2020年一年，村里便新栽苗木花卉近2万株，实施道路绿化6公里、连片绿化500亩，绿化覆盖率翻了一番。

抓好精准脱贫，让乡亲们人人真脱贫、个个真致富，这是拔掉穷根的根本宗旨。

精准扶贫是党中央作出的一项重大决策，也是前案村能否按时实现脱贫目标的政策指南。我带领"两委"班子成员，对上级精准扶贫的各项政策——分解落实，做到纵向到底，横向到边；同时结合村里贫困户实际情况，做了许多自选动作，努力不让一个贫困户掉队。

首先，深摸细排。按照"真扶贫、扶真贫"的要求，前案村组织两委班子分组、分批、分任务，进庄入户，实地走访，和建档立卡户面对面交流，摸清情况，找准原因，精准滴灌，靶向脱贫。

其次，落实责任。将扶贫任务细化分解，责任落实到"两委"干部所有成员，列出责任清单、任务清单。发动全村党员干部与贫困户、低收入户结成帮扶对子，为他们提供资金、技术服务，帮他们加快增收致富步伐。我带头与26个贫困户结成帮扶对子，帮助他们按时摘掉了贫困帽子。

最后，项目帮扶。扶贫不是看你喊了多少口号，吹了多少牛皮，而是看你有没有项目带动大家共同富裕。我牵头创办的巨绿家庭农场中，入股成员179户，其中贫困户164户。村里的小贷公司，对"家庭式"致富项目，如新上苗木花卉、生猪养殖、优质大米培育基地等，都给予了实实在在的支持。

到2019年底，全村建档立卡低收入农户全部实现脱贫。2020年，全村人均纯收入达到1.67万元，村集体收入达到200万元。前案村的那顶"贫困帽子"，终于被摘下。

倡导文明新风，让乡亲们人人讲道德、个个做好人，这是拔掉穷根的长效机制。

要把穷根拔尽挖光，不仅要在物质上翻身，更重要的是要在精神上脱贫。为此，前案村大力加强精神文明建设，不断提升村民的文明素质，夯实脱贫致富的思想基础。

坚持每周召开一次村"两委"会议，每月召开一次村组全体干部会议，对涉及面广、有关全局的事项，由村总支牵头，民主讨论决定，形成"小事互通、大事同商、难事共解"工作机制。利用公示栏、广播、统一活动日等各种形式，及时将"两委"工作、财务支出、项目招标等情况向村民报告，确保村民的知情权、参与权和监督权。不断提升党群服务中心工作水平，设置民政、社保、信访、党建等服务窗口，打造集服务群众、党员活动、教育培训、文化娱乐"四位一体"的活动阵地。

村里还兴建了幼儿园、小学、卫生室、敬老院、健身广场、文体活动室等文教设施，为村民开展各种文化活动提供了基础条件。

坚持以习近平新时代中国特色社会主义思想为引领，大力弘扬社会主义核心价值观，树立新风正气，推进移风易俗，持之以恒地狠抓良好家风、淳朴民风和文明乡风建设。我们将村规民约刻印在文化广场上，并通过文化墙宣传、道德讲堂宣讲、村组巡回报告，地方小调传唱等形式，讲好榜样故事，传播榜样声音。

我村还成立了一个文明新风理事会，开展村民婚丧嫁娶服务和文明家庭、好媳妇好公婆评比等活动。村里设立"文明新风小超市"，只要按规定办理红白喜事，就可以获得相应积分，在超市兑换日常生活用品。还办了一个"新风餐厅"，为村民操办红白喜事，寓服务于管理之中。现在的前案村，文明乡风无处不吹，好人好事层出不穷。

从北京载誉归来，我常说，荣誉归功于大家，荣誉只能说明过去。

现在全国正在实施乡村振兴战略，我们要抢抓这一有利时机，发扬脱贫攻坚精神，做好乡村振兴这篇大文章，把前案村打造成一个富裕、美丽、幸福、文明的社会主义现代化新农村。

企业扶贫有担当　助推脱贫奔小康

徐渊

我曾在乡镇工作了27年，从乡镇街道办事员一直干到乡镇党委书记，对农业和农村工作怀有深厚感情，也深知打赢脱贫攻坚战的重要意义。从集团2013年成立至今，我一直带领集团上下认真贯彻落实扬州市委市政府关于实施脱贫致富奔小康工程的意见，把脱贫致富作为国有企业的社会责任，依托集团的自身优势以及资源延伸服务，从提供资金支持、发展集体经济、完善基础设施、帮扶困难群众等方面同时发力、精准扶贫。积极参加"聚焦富民·走千村访万户"大走访大排查活动、阳光扶贫活动、"一对一"结对帮扶经济薄弱村活动、"千企联千村，共走振兴路"行动等，我们也是第一个向经济薄弱村派出第一书记的市属企业，集团的扶贫事业遍布宝应县、仪征市、高邮市、广陵区等县市区6个村的低收入农户、困难群众，我们立足产业基础做文章，围绕资源资产想办法，着力研究企业扶贫由"输血"到"造血"的特色之路，集团荣获全市结对帮扶工作先进集体称号，"精准扶贫出实招，聚力荣臣见实效"项目成功入选江苏省村企共建典型案例，帮扶工作在2017年度和2020年度全市农村工作会议上作经验交流。

摸村情、察民意，锚定精准扶贫方向

2016 年，市委市政府明确集团"十三五"期间结对帮扶江都区丁沟镇荣臣村。该村位于丁沟镇东北部，地理位置相对偏僻、交通较为闭塞、产业基础薄弱。青壮年劳动力都外出务工了，留守在家的群众仍然以务农为主，过着日出而作、日落而息的生活。当时一共 15 个村民小组、农户 712 户、人口 2333 人，2015 年底村集体经营性收入 39.2 万元，建档立卡贫困户 24 户共 45 人。我在荣臣村入户走访和群众交流时，他们说的最多的就是没有来钱路子。正是由于村上的基础设施建设不足，产业发展滞后，导致群众找不到产业、找不准产业，渐渐失去信心和动力。想要改变这里，任务还很艰巨！我暗下决心，一定要改变这里的贫困面貌！

2016 年 6 月 14 日全市结对帮扶经济薄弱村工作会议之后，我马不停蹄第一时间召开总经理办公会议，传达会议精神，学习相关政策，成立工作班子，做到"三个明确"：一是明确组织领导。把帮扶工作列入集团年度重要工作，形成主要负责人亲自部署、分管负责人具体抓落实的工作机制，确保帮扶责任落实到人。二是明确帮扶方案。2016 年我带领班子成员先后三次实地调研，摸清该村发展现状，帮助理清发展思路，结合村情实际和群众的所想、所盼，研究提出了"完善基础设施、发展村级经济、开展结对帮扶"的工作思路，制定五年帮扶计划和实施方案。集团每年给予荣臣村 20 万元资金支持，提前一年完成脱贫目标再奖励 20 万元，充分调动村干部干事创业的积极性。2016 年至今，我开展下沉式调研 15 次，推动解决实际困难 10 件，给予荣臣村资金帮扶100 万元。三是明确联系机制。充分发挥党组织的战斗堡垒作用，建立党组织联系制度，将家庭最困难农户列为集团领导班子联系对象。明确专人加强与荣臣村及其所在镇区扶贫办的沟通联系，建立每月工作联系制度，认真指导、形成合力、统筹推进。

精准扶贫是党和政府义不容辞的时代责任和历史职责。作为一名县处级领导干部，我深知幸福美好生活不是从天上掉下来的，而是要靠艰苦奋斗来创造，在调研时我经常跟村干部交流，不仅详细了解扶贫项目进展和扶贫资金使用情况，并就如何解放思想，保持村集体经济可持续发展提出自己的经验和建议，与镇村干部一起探讨，如何围绕土地做文章，不断推进改革，释放土地红利；如何以产业促民生，将改善民生与促进产业发展紧密结合起来；如何用好乡村振兴战略规划，丰富多彩发展农村经济。

改村容、树村貌，持续完善基础设施

"要想富，先修路"。这句话精辟道出了道路对脱贫致富的重要意义，也让人更加清醒认识到，只有加强基础设施建设，才能筑好巢、引凤来。在推进精准扶贫工作中，我深谙基础设施建设的重要性，大力推动基础设施全面升级，改善基层群众生产生活条件，为贫困户致富奔小康提供硬件支撑。

荣臣村位于丁沟镇东北部，紧邻扬泰国际机场，但通村道路年久失修，大车进不来，农民种的粮食也运不出去，桥梁破损严重，又细又窄，无法通车且存在安全隐患，已严重制约村级经济发展，影响村民生产生活。为解决这些"最后一公里"问题，我先后两次专门邀请市、区相关部门进行实地勘察，并邀请道路、桥梁方面的专家进行现场指导，帮助该村争取农村公路提档升级改造项目，解决村级道路拓宽改造所需资金。

我还明确专人与市水利、财政等部门协调，积极争取小农水项目和农桥改造等专项政策扶持，逐步解决农田水利设施陈旧落后和村内危桥等问题，帮助筹集落实项目资金，争取专项资金340万元，新扩建宽5.5米长3.3公里的通村柏油路2条；争取"乡间彩虹工程"专项资金160万元，改造危桥6座；争取农改资金300万元，改造水泵房 15 座，新建节水渠 5000 米，从项目申报、前期踏勘、规划设计、项目管理等方面入手，发挥集团工程建设管理优势提供帮助服务，提高项目实施效率，帮助推动荣臣村基础设施全面升级，改善基层群众生产生活条件，为贫困村脱贫摘帽、贫困户致富奔小康提供硬件支撑。

原来老村部在一所废弃的小学中，办公场所简陋破旧，群众过来办事连坐的地方都没有，开党员大会就都在室外。2019 年，集团先期投入 20 万元，开展党群服务中心升级改造，搭建为民服务新平台，帮助解决新建村党群服务中心和医疗服务卫生室资金不足的问题。2020 年总投资 200 多万元的 600 平方米党群服务中心，220 平方米村卫生室已经建成，功能设置全部到位，目前已入驻办公，党群服务中心建好后，搭建了党员与群众密切沟通的桥梁，打通了服务群众"最后一公里"，不仅提升了党政形象，也提升了群众的归属感和认同感。这些民生工程的实施，使该村基础设施状况得到根本改观，实实在在解决了事关群众切身利益、影响该村改革发展大局的突出问题。

兴产业、建项目，大力发展村级经济

如果说路、桥等基础设施建设代表着"输血"，那么产业扶贫则代表着"造血"。"输血"直接关系着民生，"造血"才是能够让贫困人口彻底脱贫的治本之策。"道路通了，基础设施完善了，产业如何兴盛？"这是摆在我眼前的一个突出问题。针对荣臣村的实际情况，我们把发展集体经济作为该村脱贫致富的突破口，因地制宜、就地取"材"，首先启动了旧厂房改造项目，帮助该村利用废旧的厂房改扩建为标准化钢结构厂房，在盘活存量资产和闲置土地的同时，最大程度地降低了项目投资总额。在项目实施过程中，我紧扣当地的产业发展格局，围绕生产经营稳定、发展势头良好的成长型企业，在厂房改造设计和招商招租工作等方面做到超前谋划，确保成功。2017 年 5 月总投资 280 万元 4 幢总面积 3438 平方米的钢结构标准化厂房已完工并交付使用，每年新增村级收入 20 万元以上，从此该村有了第一笔持续稳定的收入来源。

我还将大走访大排查活动与结对帮扶活动结合起来，组织江都区丁沟镇荣臣村"两委"会成员赴宝应县曹甸镇曹南村参观学习，两村就如何发展村级集体经济和开展土地流转等方面进行深入的探讨和交流，帮助荣臣村学习借鉴曹南强村富民的发展经验，特别是土地流转的成功做法，进一步解放思想、开拓创新。2018 年荣臣村全面恢复土地二轮承包经营权政策，进一步放活承包地经营权。

荣臣村的变化给了我信心和决心，只要因地制宜找准发展路子，带领群众一步一个脚印地奋斗，就没有克服不了的困难。当我在钢结构标准化厂房，看到宽敞明亮的厂房里整齐地排列着机器，工人们正熟练地操控设备，听租户老板说，以前到处找厂房，现在家附近就有厂房租，租金公道合理，通村道路宽阔，加工好的零件设备不愁销路；听贫困户说，以前在外面奔波，现在回家在工厂上班，家门口就可以挣到钱，做梦也没想到过上了城里人的生活！那一刻，他们的笑容挂在脸上，我的幸福留在心间！

结对帮、定点扶，党员带头入村入户

为确保小康道路上不落下一个村民，"十三五"期间我们制定了集团党员干部一对一结对帮扶方案，带头入村入户，将家庭最困难农户列为自己的联系对象。每个党员干部结对帮扶一户贫困家庭，对全村建档立卡的低收入农户，根据不同情况实行精准帮扶。对有就业能力的低收入农户，优先安排村内企业就业或帮助介绍工作，通过就业增加家庭收入；对因病、因学致贫的低收入家庭，通过民政部门争取进入低保笼子，申请大病医疗救助，确保病有所医、学能有成；对救助无望的困难家庭，通过低保兜底、社会救助、党员干部结对帮扶等措施，保障其基本生活。

我将结对帮扶作为"两学一做"学习教育、"不忘初心、牢记使命"主题教育、党史学习教育活动的重要载体，充分发挥集团党员的先锋模范作用，带动全体员工共同投入帮扶工作，展示党员干部的良好形象。每年"全国扶贫日"和春节前夕，我都会率领党员干部逐一走访低收入农户，亲自将捐助的慰问金和慰问品送到联系对象手中。五年来，共送去总价 5 万元慰问金和慰问品。

我在入户走访时就特别关注鳏寡老人，他们有的孑然一身，有的无依无靠，有的智力残疾，看到他们连吃穿这些最基本的生活需求都没有保障，我的心里特别难受。想着习近平总书记"小康路上一个也不能掉队"的殷殷嘱托，我暗下决心一定要让他们的生活好起来。我每到一个贫困村，总会特意查看他们的生活状况，叮嘱镇村干部要给予这些弱势群体足够的关心关爱，及时解决他们的生活困难。在荣臣村，我给自己确定的联系对象是一个低保户，是一个患癌的独居老人，无儿无女，无劳动能力，现在他能够每月享受自来水 3 吨、电费 15 度的减免政策，新农合减免和基本医疗服务，每月低保加上政府的补助年收入约 1.5 万元，已经实现了脱贫。如今，党的脱贫政策如阳光甘露般洒向他们，让他们感受到亲人般的温暖。

主题教育期间，我组织党员及志愿者赴荣臣村开展志愿者活动，以实际行动贯彻不忘初心，引导党员干部践行社会主义核心价值观、加强道德修养、注重道德实践。截至 2019 年末，荣臣村建档立卡的 24 户低收入农户已全部脱贫，通过集团扶持项目吸纳低收入农户就业 9 人次，实现农村三业总产值 1.78 亿元，村级集体经营性收入 55.84 万元，比 2015 年增长 43%，村民人均纯收入达 3.1 万元，比 2015 年增长 30%，成功甩掉了"经济薄弱村"的帽子。今年在集团党委的党史学习教育活动中，我将巩固集团结对帮扶经济薄弱村的扶贫成果列入"我为群众办实事"项目清单，坚持摘帽不摘责任、摘帽不摘政策、摘帽不摘帮扶，发挥国企引领示范带动作用，助力实现巩固拓展脱贫攻坚成果同乡村振兴有效衔接，当好排头兵，努力作出新贡献。

真脱贫、脱真贫，坚持扶上马送一程

　　五年的光阴很长，让我在一次次调研中见证了群众的贫困，在一户户走访中积淀了为民深情，让我感知自己责任重大，为我提供了不竭的精神动力，激励着我砥砺奋进；五年的光阴很短，每一年、每一天都奋斗在践行初心的道路上，在一个个充实而忙碌的日子中，愈加感受到能够承担脱贫攻坚这个时代重任是多么荣幸！

　　习近平总书记多次提到脱贫攻坚要下一番"绣花功夫"。"绣花"既是要求，更是方法。打赢脱贫攻坚战、全面建成小康社会后，要进一步巩固拓展脱贫攻坚成果。集团作为国有企业有责任和义务，为造福地方和民众，贡献一份力量，我将继续通过创新方式、整合资源、精准帮扶，倾力支持荣臣村工作，力求做到"三个到位"。一是帮扶责任压实到位。全力提升集团党员干部扶贫工作的能力和水平，要求结对帮扶责任人定期到低收入农户家中开展入户帮扶，让党员干部和群众、企业之间结稳定的"对子"，攀长久的"亲戚"，在日常点滴中密切联系、增进感情，既要确保联系"不断线"，还要保证能够经常性地面对面、多见面。二是帮扶措施落实到位。聚焦乡村振兴战略，努力把资源优势转化为经济优势，用足用好"增减挂钩""高标准农田扶持""土地流转"等政策，实现"藏粮于地"，拓宽村级集体增收渠道。以生态保护、绿色发展为导向，发挥集团生态环境治理和农业综合开发优势，积极组织农业面源污染防治和林地、湿地、水面等自然生态系统保护修复，推进美丽宜居乡村建设。三是长效机制建设到位。建立精准扶贫工作长效机制，坚持将"授人以鱼"与"授人以渔"相结合，扶贫与扶智、扶志相结合，创造条件给予荣臣村参观考察、技能培训、创业就业和子女上学等方面支持，帮助树立信心、转变观念、提升本领，激发齐心协力脱贫攻坚的内生动力。坚持扶上马送一程，切实做到关注重点不变、帮扶力度不减，持续提供资金支持，继续兴办民生实事，解决实际问题，确保荣臣村长效脱贫不返贫。

我国脱贫攻坚战取得了全面胜利，完成了消除绝对贫困的艰巨任务，创造了又一个彪炳史册的人间奇迹！我很荣幸能够为扬州市的脱贫攻坚战出一份力，我将始终心怀人民，继续用担当的宽肩膀和成事的真本领，兢兢业业地用奉献诠释初心，以担当践行使命！

（翟路平　整理）

一名民营企业家的扶贫之路

周善红

2017年3月4日，这一天是我们万顺集团全体员工难忘的日子，也是我个人铭记终生的一天。上午10时，在北京人民大会堂，全国两会预备会召开，习近平总书记和与会代表们握手交流。当总书记与我握手时，我心情激动地大声向总书记汇报："报告总书记，我正在宁德下党乡参与脱贫工作。"总书记听到下党乡时，亲切地询问："乡亲们生活怎么样？人均收入怎么样？"我回答说："乡亲们很好，2016年底人均纯收入已达到1.1万元了。"总书记又追问："这个数字真不真？"我自豪地说："请总书记放心。这个数字是国务院扶贫办统计的，下党乡的乡亲们非常感恩您的长期关怀，非常期待您再去下党乡看看。"

我很自豪，作为一个来自基层的民营企业家，在脱贫攻坚这一事关全局的伟大事业上，和党和国家最高领导人同频共振。在脱贫攻坚战之中，我沿着总书记的指引，遵循精准扶贫理念，创新民企扶贫方略，一双脚走遍了大江南北、黄土高坡，先后投入3000多万元、帮扶多个村摘掉"贫困帽"，带领建档立卡719户2728人全部脱贫。我个人荣获2017年全国脱贫攻坚奖创新奖，2021年全国脱贫攻坚先进个人和全国优秀共产党员，集团荣获全国"万企帮万村"精准扶贫行动先进民营企业。

初心不忘：从"独善"到"慈善"的自觉行动

回家乡办企业，为家乡的社会经济发展作出自己的贡献；给家乡人创造就业机会，带动家乡人共同致富！在扬州市委市政府出台的奖励扶持政策的帮助下，2000年，离开家乡14年的我终于回来了，回到了里下河的丁沟镇！我带回了1亿多元，在丁沟创办了扬州市首家省级民营企业——江苏万顺集团，专业从事空调及汽车配件等产品。

在万顺集团成立后召开的第一次董事会上，我推心置腹地与集团高层聊了一个上午。我说，如果当初不是一批家乡的农家子弟铁着心跟我"打天下"，我就不会有今天的成就，就不会有万顺集团的现在。所以，万顺集团立下一条规矩：大量招收本地及周边农村的劳动力，为他们提供一份稳定的就业岗位。万顺集团的这条规矩执行得如何？数据显示：在万顺集团现有的1.8万多名员工中，60%以上是江都、高邮、广陵等地区的"泥腿子"。有人算了一笔账：按人均年收入8万元计算，万顺集团每年要为这些农民家庭增收1亿元。

随着企业的快速发展，万顺集团加快技术创新和产业升级步伐。在万顺集团，有人建议我，企业不是做慈善的，应该适当压缩"薄利"的劳务板块，将资金技术集中在高附加值业务板块方面。在企业内部会上，我再三强调，业务再怎么拓展，产业再怎么调整，技术再怎么创新，吸纳农村劳动力最多的汽车劳务板块始终不能丢，坚决不能丢。时至今日，万顺集团的这条"规矩"的确从来没有改变过。

我还设立了"万顺救助基金"，每年达数百万元，这笔基金成了我扶贫的"第一脚"。这笔"救助金"有很大用场，有很多用场。家乡重建丁沟大桥，兴建丁沟二桥，我和万顺集团先后两次捐款近400万元。如今，一座曾经的危桥改造成了宏伟坚固的交通枢纽，成为当地引以为豪的靓丽风景线。江都区修建镇村公路，我捐款100多万元；扬州举行"5·19"一日捐活动，我当场捐款100万元；江苏省儿童福利基金会募捐，我立即汇上100万元；在宿迁市泗阳县穿城中学开办万顺集团春蕾班，帮扶近50名困境学子完成九年义务教育；我还出资290万元，赞助中国江都国际龙狮邀请赛、民间歌舞大赛、江都花卉节等活动，为传统文化输血补能，丰富农民文化生活。每年，我都组织集团部分党员到周边乡镇看望慰问留守儿童、孤寡老人、困难户；当看到媒体上报道困难家庭时，都会登门慷慨相助，受我接济的困难学生、重大病人、突发事件受害者等每年都有三五十人……20多年来，我在公益慈善事业上的累计支出达3000万元。2016年和2017年，江苏省儿童少年福利基金会连续两年授予万顺集团年度江苏儿童慈善突出贡献奖。

在我的倡导和支持下，公司10多名员工发起成立了"兰花爱心团"，吸纳社会志愿者200多人，每年选择100个左右的农村留守儿童、城市流动儿童作为帮扶对象。这一行动成为扬州公益事业的新亮点。

造桥修路、吸纳劳务、创造利税，乡亲们评价我是一个慈善家，我听后只是笑一笑："谈不上，我们只是尽一个家乡子弟的责任。"

在外帮扶越多，我的内心却始终存有一个疙瘩，一家万顺集团的力量毕竟是有限的，家乡的路一天天宽了起来，许多农民家庭也受到了实惠，但全镇的面貌并没有根本改变。平时走村串户，发现农村满是"3860"部队扎堆，"38"指的是农村里的女性，"60"就是岁数偏大的农民，他们因为没有一技之长，进不了附近的工厂打不了工，只能留守家中、最多做做家务，几乎没有经济来源。这样一来，哪有不贫不穷的道理？看得越多、想得越多，心情也就越沉重。只做慈善、给钱给物的路已经越走越窄、起效不大，接下来的扶贫之路该怎么走？这道待解题，也成了我的心头结。

攻坚不退：从"输血"到"造血"的精准嬗变

我的心结，很快被一把"精准扶贫"的钥匙解开了。

2013 年 11 月 3 日，习近平总书记来到湘西土家族苗族自治州花垣县排碧乡十八洞村，同村干部和村民代表围坐在一起，亲切地拉家常、话发展，在这里总书记首次提出了"精准扶贫"。自那以后，电视里关于精准扶贫的播报渐渐多了起来，我经常在电视中、报纸上接触到总书记的指示批示、最新精神，突然间意识到，这不就是自己一直以来需要寻找的方向么。我利用工作之余，仔细研读了总书记《摆脱贫困》等书籍，"滴水穿石"的精神，"弱鸟先飞"的意识，"四下基层"的工作作风等都在脑海中刻下深深的印记，"扶贫要有绣花功夫"的见解更是穿透了我的困惑，廓清了思想的迷雾。通过学习精准扶贫理论，我认识到过去这么多年，自己在公益慈善事业上虽然作出了一定的努力和付出，但那也只是解决了小部分人的生活困难，与扶贫事业比起来却有些苍白，只有积极投身国家的精准扶贫事业，帮助一方百姓摆脱贫困，才是自己真正应该追寻的人生航标。

对！对！对！加入扶贫队伍中去，将"输血式"慈善变为"造血式"扶贫，将慈善的暂时性变成脱贫的永久性，用当下最时髦的一个词来说，那就是为他们"赋能赋力"。

扶贫的方向上，我认识到看到"穷相"更要抠出"穷根"。

随着一次次下村扶贫，我的脚步走遍了大江南北、黄土高坡，每到一地一镇一村，我发现贫困的机理都各有不同，有的是先天缺乏产业，有的是市场经营理念落后，有的是交通条件滞后，扶贫最根本的是抠出一个地方的"穷根"，从而得出对于一时一地扶贫规律性的认识。

第一站，下党村。

2014 年 3 月，北京，全国两会正在召开。会上我结识了同为全国人大代表的福建省南安市梅山镇蓉中村党委书记李振生。两人一见如故、交谈甚欢。年过六旬的李振生是全国知名的脱贫攻坚先进个人，多年来一直不知疲倦地奔走在扶贫一线。交谈中，他了解到我来自经济发达的江苏，企业搞得很大，而且热衷于公益慈善事业。他建议我走出里下河，放眼全国大局，去到祖国最需要的地方去。在与李振生的交流中，我第一次听说了福建省寿宁县下党乡下党村，了解到总书记在闽工作期间曾九赴寿宁、三进下党现场办公，研究当地脱贫发展大计，心也随之飞往了下党村。全国两会一结束，我就赶到下党村实地考察。

下党村是一个革命老区。当年，在这片交通闭塞、溪深岭峻、田地贫瘠的土地上，寻淮洲、乐少华、粟裕、刘英、叶飞等一批革命先驱，转战于下党、上党、赤溪等闽东各地，在当地点燃了革命的燎原之火。全面抗战爆发后，叶飞将军带领他的独立师北上苏北，参加了著名的扬州郭村保卫战。下党村也是一个国家级特困村，地处群山深处，山高路陡，直至 20 世纪 80 年代末，全乡没有一条公路，交通十分不便，素有"车岭车上天，九岭爬九年"的说法。因为经济薄弱，全村 309 户 1341人靠山吃山，主要种植脐橙、锥栗、茶叶等，2014 年以前，下党村年人均纯收入 5600 元。

迎接我的，是在下党村挂职党支部第一书记的福建省委组织部干部曾守福，他对我的到来感到喜出望外。一到下党村，我就对曾守福敞开心扉："我是从农村走来的，我对农村和农民有着天然的感情。"寿宁和扬州虽然被群山阻隔，相距千里，但两地人民的心是相通的，当年闽东将士为了扬州人民的解放事业不畏艰险，甚至献出了宝贵的生命；现在我们富裕了，绝对不能看着革命老区的人民过着贫穷落后的生活！当天晚上，我们就作了彻夜长谈，为帮扶下党村发展进行思想碰撞，思路对接。

脚下有泥，心中有光。我在下党村待了差不多一周时间，走大山，穿林溪，访农户。我发现，下党村山青水秀、空气清新，环境湿润，生态环境好得没法说，非常适宜茶叶生长；这里的茶叶纯有机、全生态、无公害，是品质优异的上乘饮品。但由于交通不便，销路受到制约，好端端的茶叶无法走出大山，农民种茶积极性不高。这一周的调研，我大有收获，找到了下党村的脱贫突破口。

茶叶种植是下党村的传统产业，也是主要产业，下党村要实现脱贫，就必须放大茶叶种植优势。我提出了"种植先行、项目引领，商贸推进、强村富民"的发展思路，创造性地采用出租茶园模式，推出了全国首家"定制爱心茶园"。"定制爱心茶园"的具体做法是，爱心茶园主与茶农签订茶园认租合同，引入定制方经营茶园，请茶农种茶、制茶。我将现代企业经营管理的理念和模式植入这片古老而肥沃的土地上，统筹解决规模化种植、品牌建设和销售等问题，并通过"互联网＋物联网＋传统农业"的模式，打响了"下乡的味道"茶叶品牌。

有了投入，有了销路，关键是有了品牌，下党村每斤青茶均价从原来的 2.4 元增加到 10 元，每亩效益从 2000 左右增加到 6000 元。同时，"爱心定制茶园"还带动了周边的杨溪村、上党村、曹坑村、西山村等发展茶园 6700 多亩。

"爱心定制茶园"规模的扩大和收益的增长，极大地调动了下党村农民靠种茶脱贫的积极性，全村人在致富奔小康的道路上越走越欢，芝麻开花节节高。2014 年底，下党村人均纯收入 8837 元；2015 年，人均纯收入 9602 元；2016 年，人均纯收入 11169 元；2017 年，下党村最后一批贫困户全部脱贫，农民人均纯收入达 11783 元。2019 年，下党村累计接待游客已达 18.3 万人次，带动了 8 家农家乐 10 多家民宿的蓬勃发展。下党村的模式推广到下党乡，带动全乡建档立卡 117 户 508 人全部脱贫，100 多名青年人返乡创业。农民的人均纯收入从 1988 年的 186 元增长至 2019 年的 14777 元，增幅达 70 余倍。下党乡成功实现了脱贫，乡亲们的日子越过越红火。他们想做一件"大事"：将下党脱贫的喜讯，写信告诉习近平总书记，表达对党中央和总书记的感恩之情。

六位党员干部群众代表受乡亲们的委托，给习近平总书记写去一封充满喜悦、饱含感恩的信。信寄出去不久，总书记就给下党乡的乡亲们回信，祝贺他们实现了脱贫，鼓励他们发扬滴水穿石精神，走好乡村振兴之路，新华社不日播发了这条新闻。"总书记给下党乡的乡亲们回信了！祝贺我们实现了脱贫。"当天，下党村党支部书记王明祖给正在陕西省富平县老庙镇调研扶贫项目的我打来报喜电话："下党村民脱贫，有你的一份功劳。"放下电话，我的热泪溢满了眼眶，这泪里有收获成功的甜蜜，有付出之后的欣慰，更有说不尽道不完的感激。

为了表达全村感激之情，下党村委会决定聘请我担任该村的"荣誉村长"，专程来扬州赠送一面写有"倾心精准扶贫、助力脱贫攻坚"的锦旗，宁德市委及下党乡政府给万顺集团发来了感谢信。寿宁县委书记汤孔忠深情感谢我为下党百姓实现脱贫目标、全面奔小康所作出的贡献。在中央政治局第三十九次集体学习会上，国务院扶贫办将下党脱贫案例作为全国 12 则精准扶贫典型案例之一作了专题汇报。

总书记说"扶贫开发成败系于精准，要找准'穷根'、明确靶向，量身定做、对症下药，真正扶到点上、扶到根上"。这也是我扶贫的根本方向。

扶贫的方式上，我认识到抓产业发展更要紧扣市场脉搏。

看问题、想办法，一切从市场出发，这是作我为企业家的思维习惯，贫困地区要"靠自己骨头长肉"，才能实现可持续发展的脱贫之路。扶贫开发的"第一要务"要让贫困地区"骨头长肉"，就是要发展产业，以产业发展带动百姓脱贫致富。有了产业，更要培育市场思维，办出一条贫困村致富的产业链条。

2016 年 12 月 6 日，在全国总工会组织的劳模企业家参与精准扶贫工作座谈会上，我代表万顺集团与陕西省富平县政府签订扶贫合作协议，结对帮扶该县老庙镇、到贤镇、曹村镇摘掉贫困帽子。

老庙、到贤、曹村，地处陕北革命老区，其中到贤镇西仁村曾是当年八路军一二〇师配合国民党军队东渡黄河、奔赴前线，向日本侵略者打响"第一枪"的所在地，有着丰富的红色旅游资源。老庙镇漫町村，共有 765 户 3240 人，全村共有耕地面积 3200 多亩，3000 多口人大多仍生活在沟壑纵横的黄土塬上，农作物品种单一，还难以生长，百姓缺少经济来源，生活十分困难。

走黄塬、串农户，和土专家交谈、研究，我在当地发现了一个"宝贝"——花椒。花椒可以作为中药，在中国的很多地区，花椒还是必不可少的餐饮佐料，很多人吃饭时少了花椒就食之无味。漫町村，这里的气候条件、土壤条件，都非常适宜花椒种植；当地的农民也有种植花椒的传统。但是，由于技术老化，设备落后，资金缺乏，销路不畅，以及花椒种植不成规模等方面的问题，农民基本上"望天收"，满塬晾晒的花椒走不出去，并没有给百姓带来富足的生活。

这是守着金饭碗要饭呐！在这里，我还发现了一个问题：由于当地护山育林，原来从事石灰岩开采的农村劳动力又大量回到农村，成了农村剩余劳动力；如何将这些转移到农村的剩余劳动力化力为财，也是一个迫切需要解决的问题。既然决定把老庙镇作为结对扶贫点，开弓没有回头箭，关键是这箭要瞄得准靶心。

在不到一年的时间里，我先后五次从扬州飞到老庙，深入当地实地考察，寻找精准扶贫之策。反反复复的调研论证之后，2017年，万顺集团出资400万元，在老庙镇漫町村建设满塬红花椒种植专业合作社，以村集体控股和"支部＋合作社＋贫困户"的方式，建立了可以覆盖周围几个村子的满塬红花椒专业合作社，并引进一批筛选机、烘烤机、包装机等先进设备。当地农民第一次看到这些可以代替人工做、代替阳光晒的新奇玩意儿！合作社还聘请了农技师指导农民们科学种植、科学养育、科学治虫防病、科学收获仓储……椒农们彻底摆脱了"望天收"的陈旧种植态度和种植方式，整个漫町村成了一座现代化的"农业工厂"。

花椒的品质大大提高了，产量大大提高了，卖相也大大提高了，闯荡市场有了本钱和底气。往年，每到花椒成熟季，花椒贩子就会上门收购，缺乏市场意识、不懂市场行情的椒农们任由花椒贩子压价，一年辛苦下来，口袋里装不了几个钱。2018年，同样的季节，花椒贩子又来了，却没有收到一粒花椒——这里有合作社呢，合作社就是一个抱团取暖的集体，走正规化的营销之路。合作社以高于花椒贩子的价格收购了椒农们的所有花椒，再统一对外销售。

这里还有个小插曲。由于花椒自身的特性，采摘下来最多只能保存三到五天；如果这几天里太阳不给力，就晒不干了，会全部坏掉，一年的辛苦也就付诸流水。合作社成立后的第一次收获，椒农贺旺财硬是不相信这模样稀奇古怪的烘干机，他甚至担心烘干机会"吃"了自家的花椒。他坚持要靠太阳晒，结果呢，那一季，老天不帮忙，太阳连续三天没有露脸，他家的花椒没有等到晒干就烂成了一堆泥，而别人家的花椒上了烘干机，分分钟就解决问题了。贺旺财后悔不迭，从此再也不疑神疑鬼了。

我和万顺集团还出资为漫町村建起了花椒烘干厂、炼油厂，逐步实现对花椒等农副产品的就地深加工，在当地催生了一条花椒特色产业链。为帮助当地打开花椒销路，我还当起了义务推销员，多次带着四川、湖南等地的花椒收购大户来到陕西省富平县老庙镇漫町村，收购当地的花椒等农产品。生产、市场的问题解决了，漫町村及周边乡镇花椒种植效益大幅提升，每斤花椒的收入也从 30 元增加到 40 元，每亩花椒种植增收 1500 元；漫町村农民人均纯收入由 2017 年的 4700 元增至 2020 年 9000 元，建档立卡贫困户 159 户 508 人全部脱贫，还带动了周边村镇低收入农户 2000 多人增收脱贫。花椒成了当地流金淌银的"摇钱树"。

扶贫的策略上，我认识到给好"路子"更要扶出"精神"。

在我看来，扶贫不怕花大钱，就怕白花钱，给太多现钱，反而容易助长惰性思想。有时，不少钱投下去了，对方却畏首畏尾、怕累怕难，缺失了摆脱贫困的必胜信念，扶贫的路就走死了，产业扶贫，扶出精气神是关键。

郭村保卫战的发生地郭村镇是革命老区，也是家乡江都的经济欠发达地区。郭村镇的张倪村共有 727 户，其中建档立卡贫困户 30 户。2016 年底，我来到这个"眼皮子底下"的贫困村，与张倪村结成帮扶对子，带领大家一起干。为了给自己压担子，也为了让乡亲们信任我，我还担任了张倪村党总支副书记。在帮扶之初，和张倪村党委书记张永明约法三章："办法一起找，钱不用担心，但要写借条！"

借条提供了动力。张永明带着村干部和贫困户白天拼命干、夜里轮流看，挂果期间把被窝都移到了大棚，村里当年就实现草莓销售额 40 多万元，2019 年村集体增收超 120 万元，32 户建档立卡贫困户全部脱贫，让这个地处革命老区的市级经济薄弱村成功摘了贫困帽。有人担心扶贫借条会让人误解，我解释，"借出去，没想过要收回来"。借条只是倒逼贫困村干部群众苦干实干的"套路"，这一点大家心照不宣。

通过实地考察，我发现张倪村基本上是"吃土地饭"，便因地制宜确定产业扶贫思路。第一步，优先将张倪村贫困家庭子弟招聘到万顺集团上班，让他们有活干，有钱赚。第二步，万顺集团陆续投资近 600 万元，在张倪村建成了高标准宽体钢架温室大棚，空中种植草莓、蔬菜等绿色有机果蔬。为了帮助张倪村解决草莓的销路问题，我还利用自己的人脉资源，动员爱心企业和人士认购，推出"定制草莓"。第三步，开发生态鱼塘、果蔬采摘、农业观光、农家乐民俗餐饮等项目，并打造

"菜根香"品牌。如今的张倪村，已经形成了农、林、渔、食、娱、游等多产业融为一体的生态农业基地。在实施这一扶贫项目时，优先吸纳当地贫困户加入，让他们当"农业工人"。通过这一项目，全村52名贫困家庭成员实现家门口上班就业，每年每人有1.4万元进了口袋。

到2017年年底，张倪村实现低收入农户全部脱贫。如今，人们来到张倪村，草莓大棚上高高的钢架，一眼望不见尽头，给人难以言说的震撼：这哪里是农田，简直就是一座超级工厂的气象！

这几年，万顺扶贫的投入越来越多，但直接给现钱却越来越少，而且都要写借条，借条催发贫困村党组织的内生动力，催生了埋头苦干实干的精气神！

截至2020年年底，我的扶贫足迹已踏遍陕西、福建、江西、湖北、内蒙古等8省12村，调研行程近万里，直接和间接帮扶脱贫近万人，我敏锐地感觉到，"摆脱贫困"向前一步就是"美好生活"，望着乡亲们拥抱新时代新生活的笑颜，何不继续擦亮一颗"红心"，不待扬鞭自奋蹄，努力在振兴乡村的新征程中继续前进呢？！

使命不息：从"脱贫"到"振兴"的担当求索

路漫漫其修远兮。早在2016年3月全国两会期间，习近平总书记就指出："脱贫和高标准的小康是两码事。我们不是一劳永逸，毕其功于一役。相对贫困、相对落后、相对差距将长期存在。"随着我帮扶的镇村相继脱贫，我丝毫没有停停步、歇歇脚的想法，帮乡亲们摘下了"贫困帽"，更要让他们过上"富日子"。

扶贫从来不是"终点"，对贫困发生的机理认识越深刻，对巩固脱贫、防止返贫、走向富裕的愿望也就越迫切，"坚决不做一锤子买卖，扶上马更要送一程"。怎样做长远的事？做专业的事？怎样从"摆脱贫困"走向"全面振兴"？我也一直在思索着。

2016年7月，万顺集团扶贫办在公司内部正式挂牌，我立志把扶贫制度化、规范化、干成一辈子事业。民企里"冒"出个扶贫办,集团副总经理韩顺担任扶贫办主任,这在很多人看来有些不可思议,在我们万顺却合情合理。扶贫办组建了扶贫工作队,专人负责,专职运营,专门机构统领扶贫工作。扶贫办使得扶贫工作制度化、常态化、规范化、专业化。扶贫办职能明确,可以充分调动集团资金、技术、市场等资源,既帮扶"穷亲戚"脱贫,更要助推他们致富。我自己则担任扶贫专员,身体力行为贫困地区发展搞投资、上项目,当参谋、作代言。

2020年初疫情期间,各类市场活动遭遇冰封,交通物流不畅,依靠产业扶贫的贫困村遭遇了返贫考验,我看在眼里、急在心里。大年初二,就给张坭村党总支书记张永明打电话,了解村里疫情防控和草莓园的情况。听说村里缺少防疫物资,我立即让人送来2000只口罩。疫情期间,张坭村的无公害草莓采摘园不能向游客开放,即使村民们采摘了也难卖出去。我和扶贫办先后以个人名义购买了3000斤草莓,送给了奋战在抗疫一线的工作人员,随后扶贫办积极动员集团全部商业渠道帮助采卖,尽可能减少农户损失。最难买的口罩,给村民送去了;最难卖的草莓,帮村民卖掉了,我和集团扶贫办用善举解决了村民的燃眉之急。

在2020年全国两会上,我又一次带货直播,现场为下党村落实白茶饼5笔订单120万元。"防疫物资已给你们寄去。在抓好疫情防控的同时,请做好春茶采摘收购工作,乡亲们的收入都指望这金芽芽呢。"送走了开往福建宁德的物流车,我给下党村党支部书记王明祖发了一条短信。"脱贫攻坚是一项长期工程,决不能歇歇脚、松松劲,更不能半途而废。"我暗暗下定决心,要在新征程上接续奋斗,让这些地区可持续发展,在全面小康的道路上越走越欢快、越走越幸福。

贫困地区要巩固脱贫成效,必须在原有产业基础上精耕细作,创出特色、创出比较优势,最终形成区别于其他地区的"绝对竞争力",发展出适合自身特质的优质产业。我在经营企业方面有着一定的经验,经过在下党村、漫町村、张坭村的扶贫实践,也创造性地探索出一系列发展优质产业的好方法、神办法,并取得了明显成效。福建省寿宁县下党乡下党村,是我精准扶贫事业的起点,也成了我发展优质产业的试点村。每年春天，我和茶农一起观察茶叶的田间长势，研究茶叶的制作工艺，探讨茶叶的对外销路。每到年底，我又会拎着大包小包的礼物，来到下党村的农家小院"走亲戚"。六年多来，不管多忙，都要来到这里，我心里始终装着这里的"亲戚"，想着这里的扶贫项目，谋划着这里新的发展。因为我知道，脱贫攻坚路上没有一劳永逸的事。

下党乡茶园面积超过了5000亩后，遇上了新问题："爱心定制茶园"模式难以全部消化。如果全部制作绿茶和红茶，可能面临市场滞销的风险。而其中最大的风险，就是"茶丰价贱伤农"，挫伤已经尝到甜头的茶农的积极性，从而怀疑靠茶致富的路究竟能走多远，能不能再走下去，最终走上返贫路。我的专业在于汽车和机械，而在上党村，我硬是将自己逼成了一位茶叶专家。与寿宁县相距100多公里的福鼎市，盛产白茶饼，有"一年为茶、三年为药、七年为宝"的美称。白茶饼经过陈放之后，随着多酚类物质不断氧化，茶多酚含量相对降低，茶多糖类物质逐渐增加，具有很好的保健作用。我从中得到了启发：将下党产的茶叶制作成白茶饼，不但可以拉长销售期，而且存放时间越长，市场销售价格越高。2017年，我破天荒地在下党村组织试制白茶饼，2018年小批量上市，2019年全面推向市场，价格也"水涨船高"，从最初的一斤200元涨到现在的近400元。村干部和茶农高兴地说，我们村集体和农民收入增长又多了一份保证。

2020年，万顺集团联合福建宁德时代新能源科技股份有限公司、三祥新材股份有限公司、广东文达镁业科技股份有限公司等4家企业共同出资20亿元，在寿宁县成立了宁德文达镁铝科技有限公司，其中一期投资3亿元。建成投产后，可实现销售收入15亿元，利税3亿元。在我的倡议下，公司将每年销售的百分之一捐助下党乡，助力村民增收致富。选择寿宁投资，既可以为当地提供更多的就业机会，让当地农民在家门口上班，培养更多的致富能人，同时，公司能带动相关配套产业，拉动当地经济的良性循环，从而巩固脱贫成果、实现长远发展。

乡村振兴，首先是人才振兴。一座培养创业致富带头人的万顺培训基地——成了乡村振兴"讲习所"。致富带头人是关键，有的时候，一个人就能带动一个村。因此，我在投入资金发展产业项目的同时，倾注了大量的心血、下了很大气力，为贫困地区培养致富村级组织带头人和"能人""达人"，点起了乡村振兴的"星星之火"。

从2014年起，我主动加入了由国务院扶贫办与福建省南安市蓉中村举办的贫困地区创业致富带头人培训班并担任培训导师，有的放矢地开展为贫困地区培训创业致富带头人计划，培训培养的重点是针对甘肃、宁夏、福建、江西、陕西等地贫困村农户。创新采取"1+11"培训模式，"1"，就是让来自上述地区的参训学员在培训基地集中学习一个月，让他们学习政策、技术，提高创业技能；"11"，就是用11个月的时间对学员回村创业进行全方位的跟踪、帮扶和指导，采用"师傅带徒弟""母鸡带小鸡"的办法就地就近指导帮扶，基地"富拼网"利用"互联网+"的形式开展远程跟踪服务等，确保参训学员一年时间内能够让创业计划落地，两年创业发展，三年创业成功。

到目前为止，万顺培训基地已成功举办8期创业致富带头人培训班和4期扶贫创业导师培训班，为56个国家级贫困县培训1000名创业致富带头人和500名扶贫创业导师。

这些创业致富带头人和扶贫创业导师"满师"返乡后，就是撒向贫困地区的火种，使得当地脱贫攻坚形成燎原之势。他们当中，已有300多人成功创业，成为贫困地区脱贫攻坚战中的重要引擎，带动着当地以"加速度"奔跑在小康路上。

王培根，下党村一个年轻的小伙子，学校毕业后一直想在事业上有所作为，奈何缺少资金本钱和思路，只能空有理想而叹息。在下党村扶贫过程中，我与他多次交流，觉得这个小伙子勤快、聪明，能成事，对他寄予了厚望，手把手地给他传授创业经验，又让他来到万顺集团学习培训。最后，资助他返乡创业，搞养殖、开民宿，带动乡亲们一起干。现在，由王培根牵头，村里几个年轻人合伙办起了鸡饲养场、羊饲养场、锥栗种植园，还开了一家民宿宾馆，一个一个项目做得有声有色。

来自甘肃庆阳的吴鹏是第七期创业致富带头人培训班的学员，一名80后大学生创业者。我得知他在家乡创办的养殖场遇到了资金困难，难以为继，当即给予50万的资金帮扶，并鼓励他要克服困难、办好项目以回报家乡。目前，吴鹏的养殖合作社规模不断扩大，成为当地有名的创业致富带头人。

赖华茂，一位来自江西赣州贫困山村的农家子弟，他说他永远不会忘记在万顺集团工作的一段时光。十多年前，我在江西赣州调研时发现，当地农村有大量的剩余劳动力，他们渴望着走出大山到城里打工，但没有一技之长成了他们走出去的绊脚石，他们大多数人只能宿命般地"面朝黄土背朝天"，守着一亩三分贫瘠的土地过着贫困的生活。没有一技之长，可以学啊！万顺集团可以教啊！望着那一双双写满落寞、无助和期盼、神往的眼睛，我心头仿佛受到了猛烈的一击，绝对不能眼睁睁地看着这些身强力壮的农家子弟作徒劳无益的挣扎，重复着祖祖辈辈的命运！要带着他们走出去，要带着他们学本领，更要帮助他们改变自己的人生！我当场决定，在当地招收一批农民工来万顺上班，赖华茂便是其中之一。赖华茂进入万顺集团后，吃苦耐劳、认真钻研，很快成为厂里的一名优秀员工，学到许多的生产技术、管理经验。按照道理，赖华茂被培养出来了，应该让他为万顺集团多作贡献。而我想到的是在赣州，还有数十个、上百个、成千个"赖华茂"，他们还憋在那个穷旮旯里，找不到人生的光亮和出路，他们需要有人帮助，有人带领。我看准了赖华茂能担当"领头雁"的角色，所以，将赖华茂"赶"回去，创办自己的产业，带动一方致富。赣州脐橙名播四方，我给赖华茂出主意，就让他回家种植脐橙。赖华茂回去后，按照我的指点，带领乡亲们大规模种植脐橙。将赖华茂"扶上马"后，我连续多年利用自己的渠道，帮助赖华茂销售橙子，甚至，在万顺集团内部广泛发动管理人员和员工大量购买赖华茂的产品。在我不遗余力的帮助和支持下，赖华茂的种植业很快步上了正轨，驶上了快车道。目前，赖华茂在万顺集团的一个下属企业担任高管，年薪超过100万，老家的村民们也从赖华茂的生意中获益。在我的鼓励资助下，已有近百名万顺"培训生"、万顺前员工回乡创业，成为当地脱贫攻坚战中的中坚力量。

脱贫摘帽不是终点，而是致富奔小康的新起点。

在陕西富平，我和万顺集团在老庙镇投资扩建炼油厂，新上一条生产线，扩大花椒油、豆油、菜籽油的生产规模，进一步提升对当地花椒等特色产业的拉动作用；援建了乡镇通往国道的交通干线，在改善到贤镇村民出行难的同时，加速当地农副产品向外大市场流通；帮助老庙镇漫町学校购置教学设备、增设多媒体教室，让当地孩子享受到像城市里孩子一样的学习、生活、运动，助力他们未来走出大山……

在江都郭村，依托张倪村及周边村镇的优质土地，我和万顺集团建立粮食加工、粮食仓储基地，最终形成生态农业循环产业链，为当地及周边农民增加致富途径。

在江西，在陕西，在广西，在甘肃，在内蒙古……我建立万顺集团劳务输出基地，定向培训和招收贫困家庭子弟，为更多的贫困家庭提供一份稳定的工作……

万顺集团上下经常有人开玩笑地说："我们的周董不要我们了，他一年到头奔来奔去的，心里装的都是别人家的事。"的确，用"马不停蹄"来描述我的工作状态，再恰当不过了。"茶叶商人""花椒厂长""草莓园主""带货网红""带货主播"……现在，我的"名头"越来越多，我已经与所帮扶过贫困地区的干部群众血脉相连！

（何亚兵　整理）

扎根一线科技兴农　助力农民脱贫致富

赵亚夫

40 年来，我始终坚持在农村一线科技兴农，扶贫成绩得到了党和人民的充分肯定。20 世纪 80 年代，江苏茅山革命老区就开始流传开了"要致富，找亚夫，找到亚夫准能富"的民谣。2014 年习近平总书记来江苏镇江视察时，亲切地拍着我的肩膀在现场说：做给农民看，带着农民干，帮助农民销，实现农民富。我在工作上为农民做了　点微不足道的事，但赢得了农民的尊敬和爱戴，我感到非常光荣。总书记还说："三农"工作需要一大批无私奉献的人，农业专家的成果就是要体现在广阔的土地上，把科研创新转化为实践成果。

1941 年，我出生在江苏武进农村，虽然小学中学都是在常州城里上的，但是从小就对农村很亲切，觉得很好玩，而真正了解农村，是读大学的时候。1958 年，我就读于宜兴农林学院的农学专业。学校搞教育改革，整体"搬"到了农村，我切身感受到，"农村太苦，农民太穷，农业太重要了！"在这之后，我便下定决心，希望通过自己所学到的知识帮助农民摆脱贫困。毕业后，我分配到镇江农科所工作。工作的前 20 年，我不断地向老专家学习，潜心研究稻麦高产问题，先后在武进、丹阳、宜兴等地蹲点 7 年，为农民提供技术指导服务，创造过一个大队的我国南方双季稻＋麦亩产的最高纪录。

1982 年，组织上派我前往日本学习进修，在日本农村生活了近一年。在日本，通过对比，我认识到传统农业生产率低，只能解决温饱问题，现代农业能够带来更高的经济效益。认识到这个问题，我就拼命地学习草莓、葡萄、无花果等种植技术，每天工作、学习 12 个小时以上，忙时一忙就是 16 个小时。

回国时，我没有带当时国内稀罕的电器产品，而是带了 13 箱农业书籍和复印的技术资料，还有 20 株原种草莓苗。1984 年，我提出"水田保粮、岗坡致富"的工作思路，希望通过种植经济作物，比如草莓、葡萄、桃子等，增加茅山革命老区农民的收入。一开始农民并不接受种植草莓的做法。我带着科技人员走村串户，动员村干部带头试种。第二年草莓收获时，亩产 1000 多斤，效益 500—600 元，超出了常规农作物的两倍。只有带着农民干，做给农民看，才能让农民相信你，跟着你干，采用先进技术、品种，增加收入。

我在农村 60 年，用自己从书本上学到的和实践中得到的知识为农民服务，把农民致富作为自己的第一责任，与农民一道艰苦探索，开辟了一条通过党组织引领、科技兴农、以农富农，建设"农民共同富裕、农业生态高效、农村可持续发展"的农业农村现代化发展之路，带领数十万贫困农户实现了"小康梦"。

我一辈子都是做农业，也就是搞"三农"工作，对"三农"的认识有自己的深刻的体会。农业问题，无论在历史上，现在或在将来，肯定都是国之大政。中国革命之所以能够成功，是靠我们党领导农民从农村开始包围城市，找到了一条成功之路，在中国取得革命胜利，中国人民站起来了。解放后，为了建设新中国，在国家那么困难的条件下，也是广大农村农民挑起了建设国家的重担，作出了巨大贡献。农村是中国经济一个很大的缓冲区，说是有压舱石的作用，不行我就到农村去。农民不富，全面小康、现代化是完不成的。总书记在党的十八大后，更加重视"三农"问题。现在脱贫攻坚取得了全面胜利，提出来重中之重是乡村振兴，要实现农业农村现代化，这决定了我们国家下一步发展的重大关键问题。四个现代化，现在农业现代化是个短板，特别是我们江苏，总书记多次提出来、中央领导也多次提出来要做表率，要走在前面，要带头。现在全党从上到下都非常重视"三农"工作。我做了一辈子"三农"工作，对"三农"工作建立了深厚的感情。所以也应该是牢记使命、不忘初心。从开始下决心学农、务农到现在已经60多个年头了。对我来讲，看着农村解放以来在党领导下发生了翻天覆地的变化，自己从中出了一把力，感到非常欣慰，也有幸福感、充实感。现在我有80岁了，对"三农"工作仍然有强烈的感情。尽管做得不是很好，党中央和各级领导给了我这么多鼓励、勉励，我想在有生之年，充分利用自己60多年"三农"工作的经验和教训，来作出更大、更好的贡献。

我感觉到农民的生活、农民的面貌，整个国家的发展都起了翻天覆地的变化。我感到最高兴的一点，是党的十八大后，在习近平总书记领导下，找到了一条我们国家解决"三农"问题的道路，可以讲从根本上为国家发展指明了方向。这就是一个了不起的伟大成就，有了这样一条路，就从根本上，走上了一条康庄大道。为什么这样讲，我们国家与世界其他国家不一样，我们是地少人多，农业人口比重是最高的，绝对值也高。还有一个是种田的多，消费的人少；城市人口少，从事非农行业的少。刚解放时90%左右的人口在农村，工业化搞起来后还有一半人口在农村。农业人口占的比重在全世界是最高的，绝对值也高。种田的人多，吃农产品的少。农业创造的价值不可能按农业投入应有的报酬实现，价格不在农民手中掌握，而是在消费者及经理人手中，消费者这么少，生产量这么大，一直制约着农业的发展。再有是土地少，生产不出大量农产品来，而且农户生产规模很小，成本很高。美国人的大豆、小麦，运到上海、镇江，它的价格比我们都便宜，他们田多人少，规模种植，科技水平高。我们的单产高，投入的成本高，产品卖不掉，只好贬值。我们的国情、农情决定了我们的农业非常难搞。发达国家是95%的人交税，来补助农业，来发展农业，我们过去是20%的人交税，现在名义上是一半的一半，还有部分人口统计时算是城市户口，实际上还是从事农业生产，农民工统计上还是农业户口，所以不可能国家用很多补贴来发展农业。这一直制约着农业的发展，国情制约了农业发展，成本很高，也决定了农业难搞，不可能通过国家大量补贴农民的办法把农业搞好。欧美日等发达国家农业搞得好，你把它的补贴拿掉，它就不行了。它的补贴与农业生产成本基本已经对等，农民获得的利润实际都是国家的补贴。它的农业生产率高，一个人种100亩、200亩，甚至几千亩。我们人多地少，不可能这样做，我们只有靠农民把单位产值提高。他们的路不是我们能走的，只有走自己的路。解决问题的这条路一直在找，一直没找到。一直到党的十八大后，才开始上路了。找到这条路是了不得的。农民致富这条路落实确实很难，解决的办法是搞工业化、城市化，否则大量的劳动力在农村，无法转移出去。但光靠这个不把农民的积极性调动起来，还是不行的，要把农民变成种田的主体。现在农民很迫切要富起来，很强烈的要求，但找不到路。富起来是农民的要求，出去打工也是调整生产者与消费者比例的办法，也是一个方向。问题是留下来的农民怎么办？首先农民要有技术，还要有好的项目，再加上国家扶持。现在农村大多是老人，怎样留住年轻人，让他们回来。句容就搞得不错，白兔、茅山、后白、天王一带，有相当部分年轻人回来了，他为什么回来，他在家比出去挣的钱多。归根到底就是让他在家要比在外挣到更多的钱。现在按照党中央的要求，总书记提出共同富裕。怎么共同富裕，就是把农民发动起来、组织起来。政府通过集体经济这个平台，为农民提供服务，达到共同富裕。第二，绿色发展，搞生态农业，习总书记"绿水青山就是金山银山"的理论指出了今后农业农村发展的方向，把效益、安全、保护环境、节约资源、协调发展统一起来。还有党的十九大后提出城乡融合、统筹发展。既要搞城镇化，又要搞乡村振兴，达到互利共赢。城镇化给城市居民的福利待遇，农村也能享受到，生产者与消费者，互利共赢，生产者要为消费者的身体健康负责任，消费者要帮助农民增加收入。我提供你优质产品，保证食品安全和健康，你要拿出相应的报酬给我。现在草莓、葡萄价格卖得很高，包括越光大米，但还是有人愿意买的，中高档食品市场越来越大，农产品卖得出价格，这样城镇建设与乡村建设共同发展，加上消费者增加就行了，两者协调发展。既要城镇化，也要乡村振兴。现在有这个条件了，农业不光有一产，还大规模进入了二产、三产，农产品的附加值大幅度提高并能留在农村。退休之后，我20多年搞的戴庄经验、丁庄经验，从村合作社到乡镇联社，下一步跨区，像越光大米联社就不光是天王了，白兔、后白的村合作社也可参加，再下一步句容成立市级联合社。句容市搞了一个13个单位的党建联盟，有政府机关、社会团体、农业合作社、联社、村社。现在开始就加强党的领导，将来成为句容市的大联合的农业合作社。既有自己的主导产品，如草莓、葡萄、优质大米、茶叶等，又有一、二、三产融合发展，二产、三产的大部分利润可以留给农民、留在句容，农村的效益就上来了。现在优质米品种出来了，省科院的专家搞了好几个，农民种了都说这个品种好，产量又高，米质又好吃。结果一家一户的农民种了，老板来收，加价一毛两毛，农民开始还很高兴。原来政府收的价只加几分，老板加价一毛两毛，然后到了米厂老板加工成米，1斤就高了1块2块。然后到了高档超市，1斤米就加了8块10块。专家说：我忙了十几年，搞了这几个品种，究竟是为谁搞的？戴庄的米卖8块，为什么？他有合作社，自己卖，这些贩子就拿不到了，压价就压不起来了。丁庄葡萄也是的，巨峰葡萄送合作联社能拿到5块1斤，贩子收购价2块1斤，农民就不给他了，这边四五块收，那边一两块收，就不给他了，直接进市场。丁庄葡萄品牌已经叫响，今年还出口到东南亚。现在面积已扩大到2万亩。一个品牌、一个标准、一个价格，就可以到市场上跟小贩子竞争。否则小贩子把价格压得低低的，你也没办法。所以这条路清楚了，农民要组织起来，成立合作社。现在找到了这样一条正确的路。

一开始搞草莓，农民没有商品知识，以为我种了，国家就要收。白兔、行香这里就不同，人家卖不掉，他们照样卖掉。因为他们搞得早，很早就懂了市场，一大早就起来，挑着担子往丹阳赶，坐公共汽车，到丹阳买张火车票到上海，上海虹桥火车站，因为是新鲜货，当时水果少，下车后很快就卖掉了，卖掉后快吃饭了，就在车站弄碗面吃吃，下午回来了，三四点钟，空担子晃荡晃荡地。后来我就跟他们讲，叫他们种无花果。我问他有个新果树品种要不要种，他们反问我：你先告诉我，这东西城里人吃吗？他有实际经验，只要城里人喜欢吃，他就能卖掉。他先问我这个，要求我回答。我就晓得他们有商品意识了。当时是

1985 年、1986 年。原来是问我有人收吗，没人收不种，现在是问有人吃吗？

什么事情最感动的呢。有一次我在春城参加社员会，散会后出来，有位老农民跑到我面前，向我恭恭敬敬鞠躬，我叫不出他的名字，什么也没讲，赶快拉他起来，跟他握握手。他是发自内心的感激。下乡时，有时跑到不熟悉的村，到午饭时候了，农民见到就会拉我进屋，喝喝水，鸡蛋炒韭菜招待。

当时条件艰苦，下乡当时都走路。公交车在一般小站等车都是一两个小时，往往等两个小时都上不了，来了一辆不停，来了一辆不停，不如跑路，还轻松些。20 年代下乡，还是打背包，带着小被子，在学校里老师教的，学习解放军，到了老百姓家里，稻草地铺睡觉，小旅馆里虱子、跳蚤很多，我们用青霉素瓶子倒一点农药水，放在被褥里挥发驱赶，晚上再回来睡觉，不然没法睡觉。放在枕头边看的书，早上起来打开，会发现臭虫躲在书里面。这种情况一直到 80 年代末情况才好转。

戴庄、丁庄搞的合作社和生物多样性农业可在全国推广。浙江等地也在搞，大的路子是一样的。有些地方还不是这样明确，发展的理念与我们有区别，区别还不少。有好多地方还没搞得清，这里面有干扰。有什么干扰呢？工商资本的介入，既是好事，也是坏事，是双刃剑。资本的最终目的是获利，很多地方搞的民宿，什么一条街等，后来都失败掉了。光靠资本是解决不了问题的，资本要获利，但获利后一定要拿出一大部分返回给农民，这种情况有，但很少。他请农民去打工，他觉得了不起了，他把利润大头拿去了。我们帮农民富起来，农民能做的事尽量让农民做，农民做不了的就让国家去做。特别是跟农民争土地，刚才我们讲的，最大的矛盾是地少人多。天王那里稻田都种的苗木，后来苗木卖不掉，跑掉了。老百姓的土地租金没有了，跑去找政府，政府到银行贷款付土地租金。行香、白兔那里种杨树，也是跑掉了。到现在还是搞项目，大项目，多省事，老板一来现代化就解决了？为什么要搞合作社？合作社不赚农民钱，是服务农民。合作社他只要能转起来，就行了，随着事业发展，逐步增加积累，增强为农民服务的能力。合作社只提取公积金，15% 至 20%，农民也愿意。这钱是集体的，仍然用到集体的事业上去，为农民服务。现在政府补贴都补到有钱人头上了，农民拿不到。大棚补贴要 100 亩以上，每 100 亩补几千块钱，但一定要有规模才能拿，这样财政补贴都补给有钱的老板了，小农户没钱做大规模，就拿不到，变成了欺贫爱富。有了合作社就不同了，合作社联合农户集体申报就有规模了，合作社拿到后再安排给社员种植，这样农民就能拿到政府补贴了。所以总书记说不能够富了老板，穷了老乡。他在世业洲就讲一户都不能落，一个都不能少，广大农民都能过上幸福美满的日子。现在老板跑掉了，政府给他们揩屁股。农村工作任重道远，很复杂。很多地方都是资本运作，政府出钱，老板经营，大钱给老板拿去了。当地农民在里面打打工，没有多少钱的。很多地方都是这样资本运作，样子好看。戴庄那里看上去发展比人家是慢点，但是农民得到大好处，五年十年坚持，效果明显了。资本运作，农民是被动的，不能成为主体，单是打工，脱贫可以，但真正做到富裕，过上现代化生活，是不大可能的。

2006 年，我帮助村党支部牵头成立了句容市天王镇戴庄有机农业合作社，希望通过合作社的形式，为农户提供产前、产中、产后统一服务，把加工销售环节的利润留给农民，促进了村集体经济和农民收入"双增长"。随着南京经济区效应的溢出，戴庄村的劳动力转移明显加快。最初全村 800 多户农民种有机水稻，到 2019 年只剩 130 户，其余的农户转向二三产。留下种地的农户，部分成为适度规模经营的职业农民，半劳动力负责管理 20—30 亩，全劳动力负责管理 50—100 亩，每亩 600—700 元的年纯收入也能让他们安心在家种田。

村民种植户的身份发生变化，让入社农民有了更多的致富空间。很多农户在我帮助下，发展起了鸡鸭养殖。形成了"林果＋草＋畜禽"有机农业生态系统，农业效益大幅上升，戴庄村农民 2020 年人均纯收入 3.4 万元，比 10 年前常规栽培时高出 6 倍。戴庄模式的成功，充分说明了走集体合作社的道路是可行的，应大力推广。

2021 年 2 月 25 日，我参加了全国脱贫攻坚总结表彰大会，认真听取了习近平总书记的重要讲话。摆脱贫困，是中华民族各族人民数千年的梦想，是我们共产党人百年来的奋斗目标。这次大会习近平总书记给我颁发脱贫攻坚楷模奖章和证书，当时总书记带着慈祥的笑容，轻声嘱咐我"把成绩写在大地上"。我感到太幸福了！我感到了无上光荣，无比高兴，非常激动。总书记的亲切嘱咐，是赞扬，是勉励，更是鞭策。在返回南京的高铁上，迎着窗外扑面而来欣欣向荣春回大地的农村景色，我认真思考：怎样在脱贫攻坚取得全面胜利后做好与乡村振兴衔接的历史性发展格局中，落实好今天总书记的嘱咐，继续把科技兴农的成绩，更多、更好地写在更广阔的农村大地上。

（顾华　整理）

25年"绣花"功助力姜堰区
脱贫攻坚圆满收官

王稳喜

泰州市姜堰区位于江苏省中部,地处江淮之间,跨长江三角洲和里下河平原,通扬运河贯穿其中。南部属长江三角洲平原(即通南高沙土地区,俗称"上河"),北部属江淮湖洼平原(即里下河地区,俗称"下河"),土质由沙土逐渐向黏土过渡,主要种植水稻、大小麦、棉花、玉米、花生等农作物。新中国成立以来,姜堰人民在党的领导下,踊跃参加治淮、引江、归海工程,开展大规模兴修农田水利,生产河、引江河、周山河、通扬运河等一批大型水利工程开工建设,逐步实行机电灌溉,农业生产迅速发展,老百姓肚子填饱了,生活明显改善。

虽说姜堰物产丰富,素有"鱼米之乡"之称,但上下河地区发展很不平衡,经济悬殊较大,尤其是地处通南高沙土地区的黄桥革命老区。这里田少人多、土沙地薄,以麦、豆、高粱、花生为主,远不能自给,需购买粮食,故有"买不尽的东南"之说。改革开放以来,这里依然还没有摆脱贫困落后的旧貌,集体经济增长缓慢,农户人均收入低下,贫困人口不见减少,反而与经济发达地区差距拉大了。

情系家乡，扎根基层

2021 年 2 月 25 日，我获评全国脱贫攻坚先进个人，赴北京参加会议接受表彰。当我听到习近平总书记的重要讲话时，我内心感到无上自豪和感慨，泪水一下子夺眶而出。这是国家对一个扶贫工作者的最高褒奖，也是群众对心中最满意基层工作者的回报。

回顾自己 25 年的职业生涯，除了期间短暂到其他岗位交流过两三年，几乎都跟农业、农村、农民打交道。我从一个地道的农村人成为一个专业的扶贫人，做的都是些平凡的事儿，但始终没有割舍掉对农村这块土地的眷恋和对农民群众的情怀。我见证了父母亲的操劳与艰辛，也饱尝了生活的酸甜苦辣，最能咀嚼那种贫困的滋味，感同身受那些基层贫困户的迫切需求。工作中，也耳熟能详了解姜堰历史上有名的扶贫典型，比如 20 世纪 60 年代，河横大队党支部副书记、大队长陈忠善带领群众战天斗地，实行"沤改旱"，变一熟为二熟，叶甸公社仓南大队支书郑永福坚持群众路线，兴修农田水利和"沤改旱"同步实施，1964 年实现粮棉丰收，被誉为"里下河地区的一面红旗"；20 世纪 80 年代，河横村进行生态农业试点获得成功，1990 年被联合国环境规划署授予生态环境"全球 500 佳"称号……这些前辈为我们树立起农村工作的光辉典范。他们的事迹让我深深感动，无论面对什么样的困难和挫折，没有退缩，有的是坚持忍耐、无畏前进。我逐渐意识到，要干好农村扶贫工作，始终要怀着一份真挚朴素的热爱之情，要坚持求精创新的匠心态度，还要秉承持之以恒的奋斗追求。

在大伦经管站，我先后从事过农村财务辅导、土地承包管理等直接与农村、农民打交道的基础业务，参与了多轮建档立卡、挂钩帮扶慰问的联系服务工作。这段经历让我更加深切了解农村工作，对扶贫工作有了自己的理解。后来，我逐步成长起来。

转换角色，攻坚克难

2014 年，我调入姜堰区委农工办工作。2015 年 11 月，中央扶贫开发工作会议召开，强调要坚决打赢脱贫攻坚战，"确保到 2020 年所有贫困地区和贫困人口一道迈入全面小康社会"，这是中国共产党对全体中国人民的庄严承诺，也是习近平总书记向全世界发出的庄严宣告。2016 年，姜堰区新一轮扶贫开发攻坚战打响。区委、区政府按照中央、省市部署，率先行动，全区新一轮扶贫工作正式拉开序幕。一系列举措相继出台，脱贫攻坚环环相扣，紧锣密鼓，一着不让。这年 5 月，姜堰区农工办新设扶贫开发科，负责全区扶贫开发工作。

当时，我正担任区农工办人秘科副科长一职，领导考虑到我有多年从事农村工作经验，希望我从人秘科转岗到扶贫开发科工作。在向我征求意见时，我一方面感到责任重大，担心自己不能扛起这个担子，但一想到当时全区很多乡镇、村仍有部分农户生活在贫困线上，说不出的揪心，夹杂着一股朴实真挚的情感，在我心里升腾、涌动、蔓延，最后我决定接下这份重任，痛痛快快干一场。

父亲得知我转岗，既欣慰又语重心长地对我说："身在福中要知福！都是从穷日子过来的，要时常想到那些还在过穷日子的人！"我向父亲保证："我自己就是农村出来的，干了这一行，更加知道农村里贫困人群生活的不易，能够为他们做一点事情，苦点累点都值得。"

据建档立卡调查统计：2016 年全区 10678 户低收入农户中，因病致贫户占比 62.03%，因残致贫占比 13.87%，因学致贫占比 1.2%，因灾致贫占比 0.93%。显然，这与时代的发展、社会的进步和日新月异的姜堰格格不入，脱贫工作可谓任重道远。

开发科属新设科室，科室就我一个人，可谓光杆一个，一切从零开始。但小时候的生活经历磨砺了我不怕苦，不服输的性格。面对新岗位、新领域、新行业，为了尽快进入角色，真正指导和掌握脱贫攻坚工作，我就像个小学生一样，勤学好问，虚心钻研，外出参加培训，学习"他山之石"。6月份，区委区政府召开新一轮挂钩帮扶工作会议，会上印发由我牵头起草的工作意见和考核办法，要求各挂钩帮扶单位每季度组织帮扶责任人到村、到户走访，并将走访情况上报，区扶贫办及时编印简报发放，宣传、介绍典型经验、做法，推进工作进度。

2017年10月25日，泰州市阳光扶贫系统正式上线。10月27日，姜堰召开全区创新农村集体"三资"管理工作推进会暨"阳光扶贫"监管管理平台建设运行动员部署会，明确要求11月10日前，全面完成"阳光扶贫"系统中资金、项目等数据录入，时间紧、任务重、压力大。当时我恰好被抽调到纪委巡察组工作，科室工作人员又是刚从顾高镇调入，对有关业务还不熟悉。为了保证平台在规定时间内上线运行，我白天到乡镇去巡察，下了班再赶到单位与软件开发商对接需求、反馈意见。既要组织镇街将一万多户建档立卡贫困信息汇总上传，又要统计90多家帮扶单位结对帮扶信息，每天加班到晚上十一二点是常事。经过大家共同努力，11月中旬，完成全区1万多户建档立卡贫困户、125个经济薄弱村、6000多个帮扶结对、90多家帮扶单位基础信息的录入，在泰州市率先建成了阳光扶贫监管平台。不久，泰州市纪委、市扶贫办在姜堰区联合召开阳光扶贫监管系统建设工作现场会，姜堰区在会上作试点经验介绍。

创新思路，领航扶贫

为了从根本上解决贫困问题，更好地帮助农民脱贫致富，就必须创新扶贫方式和手段。2019年10月17日，我牵头组织参与成立全市首家"消费扶贫"超市。超市坐落在姜堰区小梁山市场，面积约130平方米，集产品展示、宣传、销售于一体。我通过"以购代帮、促销代扶"的方式，义务帮助白米镇昌桥村、大安村，张甸镇杨俞村、张前村，顾高镇申洋村等经济薄弱村开展大米、芦笋、红薯及红薯制品、花生油、小杂粮等农副产品销售，一度红红火火。2020年年初因受新冠肺炎疫情影响，姜堰区白米镇大安村芦笋遭遇日滞销700斤的困境，30多个农户满面愁容，唉声叹气。我一方面为农户打气鼓劲，另一方面会同供销合作总社相关同志多次到场咨询芦笋滞销情况，借助"扶贫超市"平台帮销促销，同时想方设法四处联系，不厌其烦当说客，拓宽销售渠道，终于帮助村集体解决了"燃眉之急"。

消费加扶贫，联村又联民。目前，"消费扶贫"超市销售经济薄弱村及各类新型经营主体产品达140多种，全区98家单位、11089名镇街和区级机关人员参与消费扶贫行动，认购金额达430多万元，销售所得收益全数返还经济薄弱村，助推经济薄弱村发展。同时，利用扶贫超市销售利润义务开展爱心助学、爱心助困活动，累计发放助学金201.18万元，组织开展扶贫助学活动，资助贫困户家庭学生2316人次。

脱贫致富，关键靠产业带动，以此增加村级集体经济收入，增强经济薄弱村自身"造血"能力。我向领导建言献策，为经济薄弱村谋划发展思路，利用区财政投资的200万元，在蒋垛许桥、白米大安2个村开展试点，其中大安村由村集体牵头创办芦笋种植合作社，探索"党支部＋合作社＋基地＋农户"的利益联结模式，在村干部示范引领下带动芦笋产业健康快速发展，实现了村集体、村干部、农户三方共同增收。在全区推广白米大安"村社合一"产业脱贫模式，指导经济薄弱村发展高效农业，培植出张甸杨俞红薯合作社、大伦太平土地合作社、顾高申洋蔬菜大棚等新典型，实现村级发展面上整体推进。近年来，积极整合各级财政扶持资金7300多万元，落实扶贫项目67个，直接带动85个村的产业发展。

但是，全区还有部分经济薄弱村集体资产薄弱、自身资源又匮乏，内生动力严重不足。我觉得"决不能让一个经济薄弱村掉队"。我联想到区级层面通过压缩"三公"经费、整合上争资金，累计筹资1.1亿元建设扶贫标准厂房，采取"确权到村、园区运作"的形式，园区每年按10%的预期收益比例返还租金1085.29万元，分配到137个经济薄弱村，村平均增收近8万元。于是，我决定在镇级层面参照这种"集中建设标准厂房，获得稳定收益"的模式，最先在蒋垛镇、顾高镇开展试点探索，在资源不足的经济薄弱村统一在镇级园区集中投资实施标准厂房，再将收益分配到各个村。很快，这一发展模式在全区几个乡镇得到推广。目前蒋垛、顾高、俞垛、大伦等镇为经济薄弱村集中实施标准厂房 4 万平方米，44 个村受益，平均每村增收近 8 万元。

另外，我还引入"大数据＋网格化＋铁脚板"理念，开通全省首家"一网通办"社会救助综合平台，变"人找政策"为"政策找人"。目前，已登记救助保障对象 3.11 万人次，主动发现因病导致生活困难群众 43 人次，受理救助申请 62 例，被列入全省社会救助领域创新项目。

用心用情，铸就幸福

脚下沾有多少泥土，心中就沉淀多少真情。我觉得扶贫工作就是要多走、多看、多问，必须找准"病根"，才能对症下药，靶向治疗。为了掌握第一手的资料，我进村入户，走访慰问。五年多来，全区 125 个经济薄弱村我基本走遍，入户走访千余低收入农户。通过调研，我掌握了大量第一手资料，有效弥补了不熟悉基层扶贫情况的短板，也让我更深入地了解了百姓的心声，更有针对性地解决了他们的问题。

2019 年 4 月，习近平总书记在重庆主持召开解决"两不愁三保障"座谈会，提出"两不愁三保障"是贫困人口脱贫的基本要求和核心指标，直接关系攻坚质量。我们立即组织传达学习贯彻，对全区低收入人口"两不愁三保障"以及通电通水情况迅速开展调查摸底，至年底解决 377 户的自来水接通问题，完成了 294 户危房改造任务。其中，有两件事让我印象深刻。

2019 年 8 月，天气炎热似火烧，我带队到蒋垛镇核查"两不愁三保障"政策落实情况。当地镇村干部反映，该镇兴港村有个姓申的农户因为政策原因，不好落实低保，又事实贫困。我一到现场，立马怔住了：破旧的房屋，室内连件像样的家具、厨卫也没有。这哪像个家呀！

申大爷腿脚有畸形，走两步就得坐下，家里脏乱无比，根本没有下脚的地方，再一了解，家境确实贫困，虽有一子，但长期流浪在外，全靠兄弟帮其耕种田地，提供粮食。他本人穿的衣服破烂不堪，说话语无伦次，疑似有精神疾病。我当即就跟镇村干部商议，"能否走评残拿残疾补助这条路？"镇村干部一听个个喊好，响应之下积极主动服务，我这边随后与残联联系，介绍实情，帮助申报，办理相关手续，不到两个月时间，让申大爷拿到了每月500元的两项残疾补助，生活从此有了保障。当年10月，老申拿到第一笔补贴，逢人便说："没想到，这辈子遇到了救星！"我专程赶到老申家祝贺，告诉对方："党的扶贫好政策才是真正的'救星'。"

梁徐街道官野村是省定经济薄弱村，有44户建档立卡低收入户，共66人。2020年4月，我走村入户核查信息时，采取"铁脚板＋大数据"的方法，核查到低收入农户刘某家，上门一看，两间小瓦砌就的破旧房屋，朝南面墙已经裂开，露出近乎巴掌大的洞口，难以遮风挡雨，显然年久失修多时；门前且有20多米的入户土路，如逢落雨天，自然道路泥泞，行走不便。我顿时眼眶湿润，心潮难平：就住这样的房子，安之若素。叫我们，作为职能部门，代表的是党和政府，怎么能不把关心和温暖送上门呢？我提出："两不愁三保障"中最难过的一关便是住房安全。当即叮嘱一同前去的镇村干部，一定要帮助解决，杜绝安全隐患。在场镇村干部点头称是，保证落实到位。第二次核查时，我坚持要去现场看看，但村干部劝道，"你跑了上万步的路，这户就不必看了，墙缝早就补好了。"但我心里始终记得那间破旧的瓦房，直奔刘某家一看，当地只是象征性补了个裂缝，危墙仍在。我当时发火了："怎么落实的？说说看，这不是糊弄是什么？将心比心，如果是你的亲人住这样的危房，你能放心得下吗！"在场相关负责人自知有愧，脸上红一阵、白一阵，面面相觑，没有一个开口说话。"扶贫工作不能走过场，要扶真贫，真扶贫。"我毫不客气，一脸严肃指出并要求镇村切实帮扶，承诺不从根本上解决问题，会来得更勤。镇村干部当场召开协调会，分析原因，拿出整改方案。约一个多月，我再来时，两间新瓦房已拔地而起，门前20多米长的土路也变成了水泥路。72岁的刘老太见我再次

"回访"，激动地握着我的手说："能住上这样的新房，不知怎么感谢你？"我笑笑说："你应该感谢共产党！"

这两件事给了我很大启发：落实好低收入群体应享受的扶贫政策是大家共同的责任，尤其是基层党员干部更要用心用情，俯下身子抓好提醒监督，为群众排忧解难，搭建好干群关系的连心桥。

"绣花"功夫，精准扶贫

我母亲有一手好的针线活，我从中受到启发，时刻警醒自己，"扶贫工作要精准，练就'绣花功夫'"。我多次跟同事说，"绣花是慢工，不可能一针下去就绣出美丽的花朵。有时要创新方法，精准到位，才能收获事半功倍的效果"。

张甸镇原甸头村（现合并为甸桥村）蔬菜大棚项目系 2018 年扶贫项目，地址位于原甸头村 13 组，土地流转 34 亩。总投资 80 万元，其中财政资金 60 万元，村自筹资金 20 万元。2018 年 12 月，该项目由姜堰区久润温室大棚配件经营部中标。原甸头村与该经营部签订施工合同，合同约定施工工期为 60 天。中标方实际经营人蒋某，由于经营不善，资金链跟不上，导致工期延误。为此，我先后二十多次到项目现场督查，分析项目进展缓慢原因，与镇村领导沟通，积极参与矛盾调处，经甸桥村"两委"与实际经营人蒋某调解，蒋某承诺该工程于 2019 年 4 月 26 日前竣工，但仍因某些原因未能按时兑现。行政村合并后，我督促甸桥村"两委"明确专人跟踪进度，直到 11 月底才彻底竣工。随后，我又督促甸桥村将扶贫资产大棚等设施作为经营性固定资产登记，并按照区、镇"三资"管理制度，履行相关手续，分别于 8 月 17 日、9 月 24 日在镇产权交易平台两次招租，因未有单位或个人投标，导致流标。最终我指导村按照相关程序自行发包，中标人为潘某，年租金 6.1 万元，如剔除 34 亩土地流转租金，增加村集体经营收入 3.4 万元，年收益达投资额的 5.8%。

大伦镇扶贫标准厂房建设项目地处镇工业集中区内，分为 1 号和 2 号两座标准厂房，总投资 4100 万元，上级财政扶贫资金补助 1007 万元（其中黄茅老区帮扶政策专项资金 550 万元、泰州市级帮扶资金 457 万元），其余资金由镇财政承担。项目建设初期，受土地指标控制、手续办理繁琐等多重因素影响，项目整体建设进度慢于预期。遵循合法施工建设的理念，手续不全不得开工建设。我邀请有资质的设计单位现场勘探、设计、放线，请国土局、规划局、消防大队等单位现场论证踏勘，先后办理了土地证、建设工程规划许可证、江苏省房屋建筑和市政基础、设施工程施工图设计文件审查合格书、建设工程施工许可证，耗时近四个月。其间，我对项目不断加以督促和指导，环环相扣。证件办理到位后于 2020 年 8 月 6 日，项目在区级平台招投标；5 天后确认中标方；9 月 10 日施工方进场；9 月 20 日正式破土动工。2021 年春节前，两幢厂房主体工程封顶，4 月底整体建设竣工，5 月份申报验收。目前，1 号标准厂房 3 月底交付给承租方（永发模塑公司）。

2020 年，全区脱贫攻坚任务如期完成。我发现部分建档立卡农户、低收入边缘户、收入不高的一般农户，因病、因学、因灾等因素致贫返贫现象时有发生，如何防止返贫，这是要钻研的一个新课题。这年，区委、区政府将防止返贫作为脱贫攻坚的重点工作进行部署。我牵头起草出台《关于建立农村居民防贫预警处置工作机制的意见》，组织各镇街全面排查易返贫、易致贫的"两易"户和收入骤减、支出骤增的"两骤"户，按月开展防贫预警监测，分类处置，及时落实帮扶措施。我一方面奔赴各镇街抓紧调研，听取意见和建议，另一方面，跟当地保险公司多次洽谈会商，达成精准防贫保险协议，在此基础上，创新推行"防贫保"试点，并在大伦镇率先开展。其做法是，通过政府购买第三方服务，重点关注年家庭人均可支配收入低于 1.2 万元的农村低收入人口，不设定具体名单，按照总人口的 5% 设立防贫人口总规模，聚焦因病致贫、因学致贫、因灾致贫三大关键因素，设立预警线给予保险赔偿救助。

2020 年，大伦镇兴驰村村民严某患病花光了手头余钱，老伴又去世多年。关键时刻，保险公司根据精准防贫协议，提供了 6000 多元保险救助，帮助她渡过了难关，大大缓解了因病返贫的生活压力。

"防贫保"成了决战决胜脱贫攻坚的新抓手，政府与保险企业携手，打造精准扶贫新模式，在困难群众未贫将贫时拉一把、托好底，通过保险赔偿救助，有效地破解了"边脱贫边返贫、边减贫边增贫"的难题。目前，该项目已实现参保协议全区覆盖，有30多名村民享受"防贫保"救助，金额达40多万元。防贫保工作群众满意度达100%，这项工作获得泰州市领导的充分肯定并专门批示，在《泰州日报》上宣传报道，省扶贫办在第33期《江苏扶贫简报》上刊登作为经验推广。

双鬓斑白，初心不改

我爱人宋会珍常说："他头脑里总是想着扶贫的事，还不到五十，有些头发都白了。"我常常因为工作早出晚归，家务事很少过问。我工作的性质就决定了不能总坐办公室，全年大部时间都是在外面跑，在办公室的时间不到一半。2019年3月份的一天晚上，我在办公室谋划蒋垛镇八个经济薄弱村的脱贫方案，联系国土、规划、发改委等部门的专家，商定会审时间，不知不觉忙到晚上11点多。下楼回家时，才发现大门已上锁，几经周折才得以出来，这成为农业农村局大院内的笑谈，局里干了十几年的保安老王第一次把职工锁办公室，为此还愧疚好久。

2019年，姜堰区的脱贫攻坚工作正处于最吃力的爬坡过坎阶段，人手不够，加班熬夜早已成为常态。2020年是脱贫攻坚非常关键的一年，我更加忙碌，甚至有一次妻子生病住院也很难抽出时间来照顾，我感到很自责。虽然妻子心里暂时还会责怪我，但是逐渐地理解我工作的特殊性了："扶贫工作是大事，跟家事比起来，家事就是小事"。

平时工作忙，我有时顾不上关心孩子，也没时间给孩子辅导作业。孩子有时埋怨几句："爸爸有时候加班到半夜才回家，只能偶尔抽空来给我辅导作业。之前不懂为什么别人的爸爸都能接送他们上学放学，而我的爸爸却很少接送我，也很少辅导我的功课，有时候委屈了还会朝父亲发火。"如今她长大了，都已经考上大学了，懂得了我的难处与辛苦，也渐渐理解我、支持我了。我现在也跟孩子谈心，"希望她也能为国家尽自己的一份力"。我父亲患病动过手术，经常要去医院复查。我同样没时间服侍，总是拜托妻子照料。父亲嘴上不说，但心里多少有些想法，"工作就算再忙，送自己上医院看病总能抽出时间吧"。当看到电视上的儿子获得表彰，才理解了我的"不孝"，也为我这份工作感到自豪。

25年基本占据一个人职业生涯的大部分，我的25年让我成为姜堰区扶贫工作亲历者、见证者。如今，我区脱贫攻坚圆满收官，这是区委区政府正确领导的结果，是各镇街、村以及各相关部门奋力攻坚的结果，我有幸参与其中，还获得全国扶贫先进个人称号，这个奖项、这份荣誉不属于我个人，是对我区脱贫攻坚工作的一种肯定，是对所有参与脱贫攻坚这项工作的各位领导、各位同事的一种激励。但是扶贫工作远没有结束，如今，我想的最多的是巩固拓展脱贫攻坚成果：如何继续从严落实"摘帽不摘责任、摘帽不摘政策、摘帽不摘帮扶、摘帽不摘监管"的要求，健全完善防贫预警长效机制，如何落实低收入农户常态化帮扶，接续推进乡村振兴、全面振兴。

（潘国琴 整理）

我在靖江市七里村的扶贫历程

龚建军

我自从担任靖江市生祠镇七里村党组织书记以来，牢记富民兴村第一使命，主动作为，在知重负重中矢志前行，在苦干实干中提升本领，以"咬定青山不放松"的韧劲和"不破楼兰终不还"的决心，努力攻克脱贫路上的各种绊脚石，用辛勤努力让昔日贫穷落后的七里村换了天地。七里村先后被评为国家创建无邪教示范村、江苏省和谐社区建设示范村、江苏最具魅力休闲乡村、泰州市农村党风廉政建设示范村、泰州市先进基层党组织、靖江市文明村、靖江市五星级党组织，我多次获得靖江市优秀共产党员、优秀村（居）党组织书记荣誉称号。

担任村支书的初心与使命

我于1979年参加工作，先后担任原靖江县生祠乡八一村团支部书记、民兵营长、村委会主任等职务，1999年担任八一村村支部书记。2001年行政村合并，原八一村、倪家村两村合并成立七里村。当时七里村村域面积 3.94 平方公里，人口 2300 多人，村集体经济收入为零，村级开支靠向外界要赞助，村集体负债十万元，村组干部工资欠发，被靖江市列为贫困村。面对当时集体经济薄弱，村干部谈发展不知从何处入手，村民们致富不知富从何而来的现状，我喊出第一声口号"天不变，七里村的地要变"。我原先在靖江城区经营一家生产日用品的企业。虽说规模不大，但当时一年也有数万元收入，而农村由于经济基础落后，农民致富无门，村干部一年工资 3000 元左右，农民人均收入 2000 多元。看到群众期待的目光，我心想不能让大家失望。经历了一番激烈的思想斗争，我于 1998 年将企业盘给他人，一心一意回村带领村民致富奔小康。

我担任七里村支部书记后，不辞劳苦，四处奔波，寻找帮助村民致富的门道，邀请农业专家组织论证强村方案，确定全村的发展方向；带领村"两委"入户调查走访，白天走村入户，和全村老党员、致富带头人、贫困户谈心谈话，晚上探讨交流，查找发展中存在的问题和症结，积极寻求解决的办法；到苏南等发达地区学习经验，将他山之石攻而为玉。

上任伊始，我还带领村"两委"一班人努力完善公开办事制度、村内事务管理制度、村重大事项民主报告评议制度、一事一议制度等，从群众不满意的地方改起，取信于民，变"一言堂"为"透明"工作方法，做到小事有沟通、大事会上定，村民补助发放、计划生育指标等涉及群众切身利益的热点、焦点问题均由党员大会、村民代表会议讨论决定，并在公开栏中公开，接受群众监督。变管理为服务，彻底把群众围着干部"转"的工作局面转变成干部围着群众"转"，事事有人管、有人问，村中的大事小事也变得公开透明，群众心气顺了，上访的也没有了，全村要发展、想发展的心气更足了。

1999 年底，因为当时粮食价格低迷，各地出现了农民卖粮难的情况，严重制约了种田农民的收入，农民种田积极性不高，村里的土地出现了不同程度的抛荒，农村出现了富余劳动力没事干的情况。通过集思广益，我带领村民率先搞起农业结构调整，把传统的稻麦种植改为经济作物种植，和相关农业龙头企业挂钩结对，种植外贸蔬菜，全村蔬菜种植面积达两千多亩。高附加值的蔬菜收益是传统种麦种稻收益的 2—3 倍，增加了农民收入。

为了解决农民卖菜难的问题，2002 年，我带头搞起了七里村第一家蔬菜加工场，蔬菜加工场从开始酝酿到最终建成前后只花了两个月时间。其实，我原先并没有想过自己要创业，自己创建蔬菜加工场主要目的是给乡亲们引路，乡亲们看到村干部能搞起来，自然也会想着试一试，因此我那时候就把自家所有的老本都投进去，凭的就是一股子劲，想想不管怎么样也得弄出点成绩，让大家瞧瞧！为此，我跑废了一双双鞋，磨破了嘴皮子，人也瘦了一大圈，七里村蔬菜加工场总算有了一个好的开端。

紧接着，我积极做好蔬菜加工场的运营，一头在厂里搞管理，一头在外面联系业务，蔬菜加工场在我手里慢慢红火起来，规模越来越大，收益也越来越好。就在蔬菜加工场发展得红火的时候，2004 年我把蔬菜加工场交给村民经营，自己又转入到寻找村级发展项目的工作中去。

发展"绿色经济"，助推"富民强村"

作为党员，我应当是全村产业发展的引路人；作为党支部书记，我应当是群众脱贫致富的领头雁。为此，我始终将群众的脱贫致富放在心头，多次召开村"两委"会议，广泛征求党员群众的意见建议，提出了"强基础、促发展、调结构、促增收"的发展思路。我深知，七里村要想在脱贫致富上取得长足发展，必须加快工业和现代农业建设步伐，积极争取"外资"，大力引进项目。项目落户，需要占用土地。群众长期和土地打交道，与自家地有深厚的感情，一时间思想转不过弯。我用了三年多时间，动员群众流转手中的土地，积极做好耐心解说工作。另外，我还动员一些村民把祖坟迁出，集中安葬，这样腾出一部分土地，这其中又做了大量的思想动员和解释工作。

我带领村"两委"积极利用好闲置土地，努力招商引资，推进富民强村。其中，经历了风风雨雨，饱尝其中的酸甜苦辣。2006年无锡江阴一位投资人来到七里村建设养兔场。我村为该项目流转土地100多亩，当时，兔皮市场形势一片大好，一只兔子养殖成本20多元，一张兔皮卖到40多元。该投资商投入资金500多万元。2008年，受国际金融危机影响，兔皮降至6元一张，投资商亏损严重。工人工资、土地租金等无法偿还。一些病死的兔子还对环境造成影响。当时，我心急如焚，十分担心这个项目引起的连锁反应，影响社会稳定。我多方联系，终于联系到山东临沂一家兔肉加工场，对方以一只兔子20多元的价格进行了收购，从而减少了该项目的损失。

2010年，利用原教育资源整合的契机，盘活原八一学校废弃校舍，成功引入成辰汽配。从企业的入驻到企业相关手续审批，人员招收。我全身心的投入，使企业当年建设，当年投产。成辰汽配的入驻安置劳动力180余人，创造了良好的社会效益，使得集体经济得到初步发展。2016年利用闲置土地投入400余万元，新建标准化厂房4000余平方米，改善基础设施，进一步筑巢引凤。

蒋陈浩，七里村人，原先在外地务工，2016年听说村里建了厂房，便动了回乡创业的念头。之后，在村委会的帮助下，他成功在家门口开办江苏杰塑建材有限公司。杰塑建材生产新型墙板，产品品种丰富，20条生产线满负荷运转，产品销往全国各地及越南等国。杰塑建材安置劳动力100余人，仅此企业使村集体经济每年增收30多万元，取得了较好的社会效益。像成辰汽配、杰塑建材有限公司这样规模的企业七里村共有四家。通过企业的招引，使村级集体经济收入逐年递增，一举甩掉了贫困村的帽子，既还清了村级所有的债务，又积累了资金。

围绕农业增效、农民增收、农村发展这一主旋律，不遗余力地发展现代高效农业。利用七里村位于生祠现代农业园区的区域优势，本着宜工则工、宜农则农的原则，将全村农户的土地统一流转，由村集体统一管理，再招引农业项目进驻。

2009年，一位投资人来七里村投资建设蔬菜大棚。当时，路还没来得及做好。有一天，大雨滂沱，路上泥泞不堪，运菜的车子驶不进来，我带领村干部和村民挖排水沟，自己赤着脚帮忙推车。那年冬天，大雪纷飞，在深更半夜、天寒地冻的情况下，我组织人扫雪、搭架，等到天亮，老板赶到时，深受感动。

2010年，利用江平路改线的契机，抢抓机遇，超前规划乡村旅游项目。江平路改线，建设路基需用土方，需要挖土面积约150亩，结合乡村旅游项目，采取多方论证协调。道路建成后，取土区变成了按照规划设计而成的有形态的人工湖，当年成功引进江苏丽园生态园进驻。江苏丽园始建于2010年，位于七里村七里庵，总占地面积600余亩，前期投资6亿人民币，园内风景如画，环境优美，是一座集合了苏派、扬派、徽派建筑风格于一体的美丽园林。2018年，丽园文旅成立，作为江苏丽园的配套公司，是集高效农业、红色教育、观光旅游、休闲娱乐为一体的全方位、多渠道发展的有限公司。丽园设施完备，功能齐全，具有7个大小型会议室，9个临湖小木屋，36个标间（72个床位）、篮球场、射箭场、高尔夫练习场、室内乒乓球室、农耕园、养生馆等配套设施，其中园内的3000平方米的国际会议中心可容纳各类大型会议，年接待人次6万余人，有良好的市场反响。经过了11年的匠心打造，园内鸟语花香，景色浑然天成。近年来，成为靖江市、泰州市乃至江苏省的一张名片。2020年9月3日至6日，央视摄制组专程来到丽园，以"发展农旅经济、促进乡村振兴"为主题，拍摄了一部专题片，在财经频道《生财有道》栏目播出，好评如潮。2021年5月，央视二套再次将目光锁定丽园，丽园的美食在《消费主张》栏目播出后，引起轰动。该项目的建成，安置了周边富余劳动力，仅此一个项目，群众务工收入每年增加300余万元。

2011年，七里村引进了青龙圣果专业合作社，位于改线江平路北侧，占地160亩，项目投资800余万元，主要种植台湾红心火龙果，也称"吉祥果"。基地种植的火龙果肉质鲜甜、绿色无公害、营养丰富、口感好，具有润肺、解毒、养颜、明目等功效，是现代人们理想的保健食品。火龙果为热带水果，最适宜生长温度为25—35度，在靖江属于南果北种，然而靖江冬天温度最低时在零度以下，一到冬天，火龙果冻死不少。为了能让火龙果正常生长，保温是关键，需用大棚保温，寒冷的冬天，棚内还需要人工辅助再加温。先尝试用电加温，后尝试用蒸汽加温，但成本过大。后采用煤炉加温。我带领"两委"成员，义务为果棚加温。经过大家共同努力，2014 年火龙果种植取得了成功，吸引了大批市民前往观光采摘。果园经营者由衷地感叹：我投资在七里村投对了，没有村里的支持和帮助，我的果园不可能有今天。

2019 年，七里村招引靖江市城投基础设施发展有限公司，投资 9500 万元建设马洲兰苑兰花基地。当年年末，建成 20 个生态智能化大棚。2020 年 4 月，马洲兰苑一期项目正式投用。项目规划总用地面积 175 亩，培育春兰、蕙兰、春剑等 29 个品种，其中蕙兰名品解佩梅约 1 万盆、近 6 万苗，数量位居全国前列。原先七里村农业项目规模较小、零散粗放，种植技术落后，马洲兰苑项目落户后，村"两委"班子带领村民平整田地，由城投公司流转承包，提升了土地利用率。城投公司还提供苑内绿化养护、除草打药、清洗大棚、搬运卸货等多个工种，使村低收入农户实现了家门口就业，月月都能有收入，村集体收入也明显增加。

我带领村"两委"班子成员，借助马洲兰苑建设契机，探索七里田园观光体验区旅游发展新模式，促进农业产业结构调整。七里村将以马洲兰苑为载体，探索赏花、休闲、旅游、经贸之间的有机融合，未来计划借助解佩梅盛放时节，策划举办靖江兰花节、兰花博览会等，打造农村科普教育基地和休闲体验场所，串联生祠苑艺小镇核心区、游憩区和体验区，为七里村带来人气、聚集财气、打响名气。

十多年来，我带领村"两委"班子成员经过不懈努力和奋斗，先后招引农业企业天月生态园、上元农庄、丽园生态园、嘉和园林、马洲生态园、青龙圣果园、金花园、马洲兰苑等 12 个农业项目落户七里村，流转土地 2500 亩，吸收 6 亿元工商资本投入，安置农村富余劳动力务工，每年增加农民收入 300 余万元。群众的生活越过越好，脱贫致富的信心越来越足。

提升"基础颜值"，建设"最美乡村"

"晴天一身土，雨天一身泥"，这是七里村 20 年前交通状况的写照，落后的交通是制约七里村经济发展的最大瓶颈之一。如何改变这一现状，成了压在我背上的一座大山，成了我心头的一个结。在我任职期间，七里村采用"向上级争一点，村组织投一点，村民出一点"的灵活方式，对全村通组道路进行了硬化、亮化。"要想富，先修路"，基础设施建设是脱贫的"面子"，"种好梧桐树，才能引得凤凰来"。

2008 年以来，硬化道路 21 公里、安装路灯 750 盏，群众的生产生活环境得到了明显改善。同时搭乘乡村振兴的快车，2021 年，为进一步改善乡村面貌，实施乡村旅游基础设施建设项目，在全村范围内大力开展美化、绿化、亮化工程，如今七里村的面貌焕然一新。贯穿七里庵埭、仁家埭，连接兰苑和丽园，通过整治周边环境、打造亮化工程、构建景观节点，增设人文元素、完善交通功能等方式，深化打造环境美、人文美、产业美的"水韵七里"景观。依托丽园二期工程建设，结合周边农户农房改造，扶持有条件的农户修缮、改造自有住房发展民宿和农家乐，盘活利用空闲农房及宅基地，打造乡村旅游活动场所。

另外，2009 年 1 月，通过多方筹措，新建七里村村委会大楼一座，大楼共三层，各项功能一应俱全，便民服务中心和居家养老活动中心宽敞明亮，温馨舒适。2021 年自筹资金 200 多万元，新建百姓大舞台一处，一座村民文化广场。

帮扶弱势群体，共建和谐村居

工业和农业项目招引，发展了村级经济，增加了村集体收入，为贫困户脱贫摘帽提供了强大动力。我积极用好项目的吸附效应，帮扶贫困户脱贫。七里村原有低收入农户35户，这些低收入农户致贫的主要原因有以下几点：因病致贫；缺乏劳动技能，致富无门；家庭缺少劳动力，年老体弱多病；参与劳动积极性不高，无经济收入。

针对以上这些情况，我倡导开展针对性扶贫，首先扶贫要先扶志，教育一些参与劳动积极性不高的贫困户不能等靠要，要自力更生，发家致富，引导他们参与一些力所能及的劳动，这样不仅增加他们的收入，也调动了他们的工作积极性，激发他们的劳动潜能，变"输血型"为"造血型"，以扶贫为抓手，让这些人尽快脱贫。

对一些因病致贫的农户多关心，多想办法，让他们感受到党的温暖。我随身带有一本民情日记，老百姓有什么想法、要求，我立即记下来。日记后面还写着全村的贫困户、孤寡老人、残疾人的基本情况，他们的名字被记在了日记里，被刻在我的心坎上。我和村"两委"班子成员主动与村里的孤寡老人、"特困户""五保户"结成"亲戚"，每逢重要传统节日，都采办一些慰问品到"亲戚"家里，与他们拉家常，为他们送温暖。在我的带动下，七里村"两委"班子成员共帮助35户贫困家庭成功实现脱贫，村民之间互帮互助的新风也日益浓厚。

2015年，本村孙家埭展金桂夫妇年老体弱，独生子身体也不好，村委了解到因经济原因，他们一家三口连最基础的医疗保险也没有参加，万一生病这家可是承受不起的，我主动联系村内企业家帮助这户买了医疗保险，半年后该户的儿子因双侧患股骨头坏死，在医院进行了两次手术，共花费二十几万元，事后展金桂开心地逢人就说：幸亏当初龚书记联系了好心企业帮买了保险，不然开刀住院的钱根本就拿不出来，要是拿不出钱出来，我儿子只能等死，万分感谢。现已康复，且找到力所能及的工作，工资待遇还不错，家庭收入有了来源，生活再也不用发愁了。

贫困户鞠雪春孤身一人，今年50多岁，患糖尿病，无法参加劳动，家庭条件很差，房屋破旧不堪。2020年，该户成功申请了危房改造计划，我把这个消息告诉了鞠雪春，考虑到鞠雪春资金紧张的问题，我主动帮助他落实帮扶资金，从资金预算到工程施工，全程参与帮助把关，顺利完成危房改造。鞠雪春现在跑到哪都乐滋滋的，一个劲地称"共产党好"。

困难户薛兰芳，体弱多病，人也比较愚钝，儿子患肝病，治病多年，家中微薄的积蓄全部用光，并且债台高筑。后来儿子因病情加重，医治无效，不幸去世。去世时连安葬的费用都没有。得知情况后，我主动联系企业及社会进行捐款，落实资金，帮助把后事办好。考虑到薛兰芳的生活困难，为其办理低保，以解决他的后顾之忧。

现代工业、农业项目的入驻，让脱贫有了"输血"的可能。而对贫困户的精准施策，让贫困户有了"造血"功能。近些年来，七里村边缘劳动力，无劳动技能的劳动力通过项目务工，既增加了收入，也为企业解决了劳动力的麻烦。一些农业项目的进驻既美化了村容村貌，又能带动周边旅游业的发展，解决了农民的农产品的销售。

扶贫路上，继续砥砺奋进

"共产党员是块砖，哪里需要哪里搬"，我时常将这句话放在嘴边，我认为党员平时把大家的事装在心上，关键时刻说话就有威信；关键时刻带好头，人们才会少走弯路。七里村现有 23 个村民小组，原先全都是土路，晴天一身沙，雨天一身泥，车辆进不了村，桥梁过不了河，交通极度闭塞，通过这么多年的努力，现村内工业项目 7 个，农业项目 12 个。全村道路包括田间生产路都浇上了水泥路，村内主干道都变成了黑色柏油路，全村各组全部安装上了路灯，村庄环境得到了提升，道路绿化，河道整洁，真正做到了水清岸绿，宜居宜游的农旅综合示范村。2020 年村经营性收入达到了 103 万元，村账户结余资金近千万元，农民人均纯收入达到 2.9 万元。当前，我又在为村里积极寻找新的致富项目，准备进一步做大做强七里村农旅产业，让村民在致富路上越走越宽。

目前，除了社会保障、社会救助、慢性病门诊医疗、大病保险、新农合和新农保等政策，七里村主要是通过产业扶贫，帮扶弱势群体。我认为扶贫工作要做好精准施策，必须在调查研究的基础上，对症下药、精准滴灌、靶向治疗；必须因地制宜，因户施策，提供更加精准、完善的扶贫措施强化落实。如何用好用活扶贫政策，发展村集体经济，助推贫困户发展自主产业，让贫困户更好地享受到党的惠农政策和扶贫开发的阳光雨露，我认为需要重点做好以下几点工作：

要抓好基层党组织建设。扶贫工作千头万绪，带头人的作用十分重要，关系成败。要充分发挥党建工作抓班子、带队伍的核心职能，大力实施能人强乡兴村工程，为推进精准扶贫提供坚强的组织保障。一是抓好选拔任用。对精准扶贫来说，用好公道正派、能够带领群众找到脱贫致富门路的干部至关重要。这就需要上级党组织知人善任、优中选优，注重选拔重用基层工作经验较为丰富、在脱贫攻坚方面具有创新思维的领导人才。特别是在村一级，要引导党员群众把头脑灵活、善于创业兴业、群众威望高的人选举为村党支部书记、村委会主任，让能干事、干成事的干部在扶贫攻坚中有为有位。二是抓好能力培训。拔除带头人头脑中的"穷"根，是推进扶贫脱贫的先决条件。为此，要采取组织带头人到发达地区学习考察等培训措施，提升带头人队伍的能力。三是抓好管理激励。扶贫攻坚是一场硬仗，要让基层带头人队伍始终保持坚强的战斗力，就必须在管理和关爱上下功夫，让他们始终保持良好的工作作风和昂扬的工作热情。既要把全面从严治党的要求落实到基层，严厉查处扶贫领域的腐败问题；又要建立科学的考核激励机制，积极落实农村基层党组织带头人的经济、政治待遇。

扶贫工作者要用好用活政策。"巧妇难为无米之炊"，要发展壮大村集体经济，必须要有"第一桶金"，要充分用好惠农政策，用好用活扶贫政策，整合扶贫资金，发展集体经济。一是积极争取产业扶贫项目资金。如：种植优质稻、花卉苗木，养殖稻田鱼、稻田虾，村企联建等项目，争取项目资金。二是通过流转土地的方式，从村民手中盘活土地，成立土地股份专业合作社，用于发展乡村旅游项目，让服务管理费和农产品销售鼓起村民"钱袋子"。三是争取增减挂钩项目，通过土地复耕，获得收益，增加村集体经济收入。四是通过贫困户小额贷款，鼓励贫困户自主创业，脱离贫困。五是通过村里在外经商的乡贤募捐资金，发展集体经济。

扶贫工作者要真心用心帮扶。要从内心深处怀着对弱势群众的关爱，宣传扶贫政策，了解他们的真实想法和未来的规划。站在他们的角度上思考问题，把贫困群众当作亲友，倾听他们的诉求和想法，设身处地谋划、实事求是的规划，保护他们的脱贫愿望和发展生产的积极性。我们不能以脱贫为目的，而要以扶贫为契机，培养贫困户生存技能，增强贫困户内生动力，在发展壮大村集体经济的同时，大力发展自主产业，巩固脱贫成果，使贫困户成为致富能手。有没有用心、用情帮扶，群众是有感觉的；有没有将工作落在实处，群众是看在眼里的。只有真心付出、真情帮扶，扶贫工作才会取得实效，更会体现出扶贫干部的自我价值。

今后，我们要继续用好党建引领这个法宝，推动脱贫攻坚和乡村振兴有效衔接，以持续壮大村集体经济实力、促进农民增收致富为目标，探索农村经济发展繁荣新方式，大力推动土地集约化规模经营，充分利用现代农业园区现有产业，重点推进休闲观光农业，着力打造一个集科技示范、群众休闲、旅游采摘为一体的休闲观光村，奋力开辟七里村高质量发展的新征程。

（姚俊峰　整理）

书写宿迁脱贫攻坚的历史荣光

朱殿华

2021 年 2 月 25 日，全国脱贫攻坚总结表彰大会在首都人民大会堂隆重召开，习近平总书记在会上作重要讲话。会议表彰了全国脱贫攻坚先进集体和先进个人，表明这些脱贫攻坚楷模代表带领着全中国人打赢了脱贫攻坚战，向祖国和人民交上了一份满意的时代答卷。我作为全国脱贫攻坚先进集体荣誉获得者代表，站在雄伟的人民大会堂，接过沉甸甸的奖牌，内心涌现出的是无比骄傲和光荣，脱贫了，吃苦受累值了，我们赢了，宿迁赢了，中国赢了……

2017 年 3 月，我担任宿迁市委农工办副主任，分管扶贫工作。要说宿迁的扶贫工作，就不得不说宿迁扶贫"家底子"：宿迁是较为典型的农区、灾区、老区和黄泛区。1996 年建市，工业基础薄弱，属东部沿海欠发达地区，也是江苏省这个经济发达省份中扶贫人口最多、脱贫难度最大、贫困问题最为突出的地区。"十二五"期间，全市实现 99.5 万低收入人口人均纯收入全部达到 4000 元，360 个经济薄弱村基本达到新"八有"，村集体经济收入全部达 15 万元。"十三五"全市建档立卡低收入农户 62.9 万，经济薄弱村 188 个。全省六个集中连片贫困地区，宿迁就占三个，分别是西南岗片区、成子湖片区和涟沭结合部片区，脱贫攻坚任务艰巨。

面对如此艰巨的脱贫攻坚任务，我深感责任重大，但身处这个岗位，不允许我有一点犹豫和退缩，必须勇敢地挑起重担。在市扶贫办副主任的岗位上，我必须紧紧围绕以大局为重、以民为本、为民解困的工作宗旨，恪尽职守，埋头苦干，做出对得起组织和人民的工作业绩。2014年底，宿迁被列为国家扶贫改革试验区。此后的五年，也是宿迁脱贫攻坚最艰苦的五年，我们举全市之力，投入脱贫攻坚战。加强统筹推进，突出工作重点，创新体制机制，扶贫改革试验区建设取得了明显成效。2016年9月，国务院原扶贫办领导莅宿调研，对宿迁扶贫改革试验区建设及精准扶贫工作的具体做法和工作成效给予充分肯定。2017年11月上旬，全国电商精准扶贫现场会在宿迁成功召开，国务院扶贫办领导对宿迁电商精准扶贫工作给予积极评价。截至2019年底，全市62.9万名低收入人口、188个省定经济薄弱村全部稳定脱贫达标，沭阳、泗阳、泗洪三个省级帮扶重点县摘帽，三大片区面貌明显改善，完成了"十三五"脱贫攻坚核心任务。

　　扶贫工作不仅是系统工程、社会工程，还是政治工程、民心工程。我们按照习总书记指示，坚持用绣花功夫，统筹布局、深入谋划，善作善为、久久为功，一件事接着一件事做、一件事接着一件事干。在具体工作推进上：

　　一是完善推进机制，凝聚脱贫攻坚强大合力。首先，健全"四级网络"。始终把建强组织、健全网络作为第一抓手，着力构建严密的责任体系。市里成立脱贫攻坚工作领导小组，市委、市政府主要领导担任双组长，党委副书记牵头主抓、政府分管领导具体负责，每个乡镇均设立扶贫办，在全省率先建立扶贫专干、扶贫专员队伍，累计配备乡镇扶贫专干115人、村居扶贫专员1421人，出台管理和考核办法。先后提拔使用基层一线优秀扶贫专干46人，占比40%。其次，建立"责任图谱"。市扶贫办牵头制定了《"十三五"实施脱贫致富奔小康工程责任图谱》，明确县区组织实施、乡镇具体落实、村居落地生效等30项具体责任。机构改革中做到市县扶贫力量只加强、不削弱。将脱贫攻坚纳入对县区和部门综合目标考核，始终保持较高权重，层层签订脱贫攻坚责任书。在全省率先推行"述扶"工作制度，将干部扶贫工作实绩作为提拔使用重要依据，列入任前公示范围，累计完成 20 批次 480 名提拔使用市管干部扶贫实绩认定。第三，深化"帮引结合"。在全市建立机关企事业单位"挂村包户"脱贫责任制，7.5 万名干部职工按照"全员参与、全程帮扶、全责落实"的"三全"工作要求，与扶贫开发人口深入结对，"十三五"期间，累计开展帮扶走访 116 万人次，投入帮扶资金 14.87 亿元，实施帮扶项目 5905 个。在省委派驻帮扶工作队基础上，连续选派两届 115 名市委帮扶工作队员兼任经济薄弱村第一书记，结合县（区）派第一书记，实现 188 个省定经济薄弱村和 193 个重点片区行政村帮扶队员全覆盖。实施"志智双扶"激励，每年开展"脱贫致富示范户""脱贫示范村居""双十佳"评选表彰，探索构建科学有效的激励机制。第四，推进"阳光监管"。以建设"三层、四库、两端"（即公众层、管理层、监督层，扶贫对象数据库、扶贫资金数据库、扶贫项目数据库、扶贫力量数据库，电脑 PC 端、手机 App 客户端）为核心，构建精准、高效、透明的宿迁"阳光扶贫"监管系统，打造工作平台、监督平台、服务平台。全市 22 个市级部门、147 个县区部门、122 条涉农扶贫资金线纳入平台监管，涉及资金 246 亿元、项目 1768 个，实现资金拨付、项目实施、收益分红等全程信息化管理。

二是聚焦长效脱贫抓发展，持续提升强村富民水平。多年的工作实践告诉我，扶贫的根本是发展，是持续提升贫困人口的增收能力和致富水平。工作中，我始终坚持脱贫攻坚与区域发展相统筹，与实施乡村振兴战略相衔接，用发展的思维推进扶贫，靠发展的成果带动脱贫。一是做大富民产业，有效拓展产业富民路径。坚持建设农业重大项目向经济薄弱地区布点。"十三五"期间，全市累计竣工农业重大项目 275 个，完成投资 73.5 亿元，其中 84 个优质项目落户重点片区，片区富民特色产业规模达到 10.9 万亩。坚持培育扶贫产业园，把乡镇特色产业园、现代农业园打造成为产业扶贫主阵地，积极拓展电商物流园等特色园区，累计建成各类扶贫产业园（基地）93 个，带动 20.5 万人稳定增收。坚持放大电商扶贫效应，探索形成"一村一品一店""支部 + 电商""流量扶贫"等电商扶贫模式，创成"中国淘宝村"174 个，其中省定经济薄弱村 19 个，4 万名低收入人口通过电商就业脱贫。坚持推进就近就业创业，累计建成"家门口就业"项目1281个，带动低收入农户就业6.9万人，人均年增收1.46万元。二是振兴村级集体经济，不断加快集体脱贫步伐。制订出台《振兴村集体经济三年行动计划》，多渠道、多形式探索集体发展空间。结合农房改善，为涉及搬迁村居置换或建设经营性用房；鼓励村集体经济组织参与光伏、风能等能源项目建设，因地制宜发展能源资产。截至目前，188个省定经济薄弱村村均固定资产达到299.1万元；坚持抓队伍，建强集体组织，持续开展软弱涣散村党组织整治行动，解决突出问题230多个。三是补齐片区发展短板，快速改善片区面貌。编制成子湖、西南岗、涟沭结合部三个省级集中连片贫困地区"十三五"整体帮扶规划，实施基础设施、产业发展、民生改善三大类项目1071个。实施片区通达工程，共完成三大片区交通基础设施建设投资16.2亿元，建设农村公路304.1公里，溧河洼特大桥、成子湖片区330省道等一批关键性工程相继完工，片区高标准农田覆盖率达63%。完成36所学校改薄任务，全面消除校园D级危房；新建改建村级卫生室193个，启动建设2所公办区域医疗卫生中心；社区综合服务中心实现全覆盖。着力推动特色产业向片区布局，片区桃果、碧根果、花木蔬菜逐渐形成规模效应。

三是紧盯民生福祉强保障，建立健全"三保障"政策体系。因学、因病、因残致贫是致贫主要原因，必须从根本上解决，只有"挖穷根"，才能"挪穷窝"。为此，我和扶贫一条线的同志们始终做到聚焦深度贫困特殊群体，普惠政策和特惠措施同向发力，破解支出型贫困难题，综合保障水平实现新跃升。一是完善"四个体系"，实现教育扶贫全覆盖。持续完善"学前至高等、公办和民办、市内到市外、就学与就业"全方位助学体系，资助标准高于省里要求，实现资助全覆盖。严格落实控辍保学措施，全市无因贫辍学情况。"十三五"期间，累计资助低收入农户贫困学生6.87亿元、63.36万人次。连续四年开展群众扶贫助学活动，通过线上微信腾讯公益平台、线下募捐相结合的形式向全市社会各界募集资金，累计募集8327万元，资助低收入家庭大一新生12359人次。二是巩固"四道防线"，实现健康扶贫全覆盖。聚焦"因病致贫、因病返贫"难题，持续巩固低收入人口基本医保、大病保险、医疗救助和大病补充保险"四道防线",将低收入人口住院医疗费用个人自付比例控制在 10% 以内。在全省率先建立低收入农户大病补充保险制度,对低收入人口本地住院费用,经过专家评审,合理且确需使用的由大病补充保险兜底保障。在全省率先完成全域推行"先诊疗后付费"制度和"一站式"结算服务,全省第一个以市为单位 100% 实现医院信息系统自动识别低收入农户。累计拨付预付金 1.12 亿元,惠及患者 23.9 万人次。三是落实"四项举措",实现住房饮水安全全覆盖。危房改造实现清零。"十三五"期间,积极筹措配套资金,实施农村危房改造 4982 户,到 2018 年底,提前两年全面完成农村四类重点对象现有危房改造任务;住房改善优先实施。坚持将三大片区和省定经济薄弱村内的自然村庄、低收入农户优先纳入农房改善范围,已累计实现四类重点对象住房条件改善 1.63 万户;住房负担有效减控。通过引导自愿有偿退出宅基地、提高搬迁奖励等措施,户均增加综合补偿约 3 万元;通过优化设计控制户型面积、安置房价格适当下浮等降低换购新房负担。对四类重点对象中特困家庭灵活采用"交钥匙"暖心房、共有产权、贷款贴息等方式保障基本住房需求;饮水安全有效解决。实施区域供水"通村达户"工程,更新改造农村供水管网 1609 千米,区域供水通村入户率达到 100%。四是实施"四项保障",实现兜底保障全面覆盖。对基本医疗、基本养老、大病补充及主要种植业政策性农业保险由财政全额代缴,对生活用水、用电按照户均每年 360 度电、48 吨水标准予以补贴;低保水平持续提高,2019 年实现城乡低保标准一体化,标准提高至每人每月 520 元,较 2016 年增长 150 元、增幅 40.5%,累计发放农村低保金 27.97 亿元,5904 名重残重病人口纳入"单人保"范围,于 2020 年 4 月起低保标准提高至每人每月 610 元;困难残疾人生活补贴、重度残疾人护理补贴累计发放 4.85 亿元,惠及 8 万多人,建立低收入家庭残疾人照护体系,建成 166 个残疾人之家;在全省率先建立失能特困老人集中供养、"1+1+1"关爱照料、"一老一小"关爱保障等"三位一体"照料关爱模式,107 家乡镇养老服务中心开展居家和社区延伸服务。

四是围绕机制体制求创新,持续探索要素保障试验。宿迁是江苏省唯一的扶贫改革试验区，国务院扶贫办、省委省政府对宿迁扶贫改革试验区建设高度重视、大力支持。围绕要素保障工作，宿迁统筹抓好三项重点：一是积极开展土地增减挂省域交易试点。强化规划引导。2016年3月，宿迁市获批土地增减挂节余指标省域内流转使用试点，优先选定省定经济薄弱村、扶贫片区作为实施区域，编制完成"十三五"增减挂钩专项规划。"十三五"期间，转让节余指标1.57万亩，交易收益134.8亿元。规范资金使用。制定《城乡建设用地增减挂钩节余指标收益资金管理办法》，明确资金专项用于扶贫开发和乡村振兴。发挥综合效应。土地增减挂交易有力推动农业规模化发展，土地增减挂实施区域土地流转率达到71%，比全市平均水平高18.6个百分点。试点模式被复制到省内12个重点帮扶县区，为国家《城乡建设用地土地增减挂钩节余指标跨省域调剂管理办法》提供了实践样本。二是全域开展公共空间治理。全域推进农村公共空间治理，系统开展"五整治五构建"，集聚发展资源。大力推动重点片区和经济薄弱村公共空间资源清理，确保长期被侵占、闲置和不合理处置的集体资产资源，一律应收尽收、应收快收，全市累计清理收回被侵占集体土地33.3万亩、集体资产67.2万平方米。规范开发利用。按照边治理边开发的原则，对清理收回的资源资产全部进产权交易市场公开交易，交易收入全部缴入村集体基本账户，统筹用于发展村集体经济。全市188个省定经济薄弱村村均增收10.7万元。引领面貌改善。将治理公共秩序混乱、公共环境不优和公共服务缺失与农村人居环境整治相结合，以经济薄弱地区为重点，建成美丽宜居村庄282个。三是大力实施资产收益扶贫。做大做强资产规模。整合精准扶贫帮扶资金、村集体各种帮扶资金发展"飞地经济"，在开发区或重点镇工业园区建设、购买标准化工业厂房，实现扶贫资产持续保值增值。清产核资确定权属。2016年，在省内率先对"十三五"以来各类帮扶资金形成的经营性资产进行清产核资、确权登记、折股量化，明确资产收益权归属经济薄弱村和低收入农户，通过持股获取稳定的收益分红。截至目前，已确权量化资产12.4亿元，实现年收益8000多万元。2017年，"股权"扶贫模式被汪洋同志批示肯定。

脱贫攻坚是工作任务，更是情感责任

亲身经历后，才知道扶贫的苦和累！但扶贫工作是正确的、值得的事情。几年来，看到低收入农户搬进了新居、经济薄弱村改变了面貌，摆脱了贫困，告别了苦日子，感到一切都值了。从事扶贫工作八年来，我走遍了全市各个乡镇和 80% 以上的经济薄弱村，每到一地，都能感受到低收入农户的热情，有人给你带路，遇上雨天，道路泥泞，有人开着拖拉机拉你进组入户，有人摘来新鲜的果子让你尝鲜，我看到的是一双双期盼的眼神，满满的是对未来的希望，从他们的眼神里，我也深切感受到眼前的困难都不算什么，所有的辛苦都值得。

这些年来，我慢慢地从一位扶贫工作的门外汉成为一名名副其实的扶贫行家，不仅把脱贫攻坚当成工作任务，更是情感责任，愿意到片区去、到村里去，身为扶贫干部，我领略过春雨之后乡间小路的泥泞；感受过炎炎夏日，衣服干了又湿，湿了又干；体会过秋风萧瑟；经历过冬雪无情。心里只有一个念头，那就是早日实现脱贫。为了扶贫，虽然委屈了孩子、慢待了父母、辛苦了妻子，也忙坏了身子。长期在扶贫系统工作，早出晚归，"5+2""白 + 黑"成为常态，经常夜以继日、连续作战，家务事全部交给了妻子。更顾不上父母和孩子，一个月都见不到他们的面也是常有的事。扶贫工作虽辛苦，但我却感到幸福、快乐，因为我不是孤身作战。我们有上级领导的关心，有群众的支持，更有一群敢于奋斗、勇于争先的扶贫战友。身为一名扶贫人，我自豪。

一分耕耘一分收获。到 2020 年底，全市 62.9 万低收入人口和 188 个省定经济薄弱村脱贫率全部达到 100%，3 个省级重点帮扶县实现顺利退出，全面完成了"十三五"脱贫攻坚核心任务。组织的肯定和群众的满意就是最高的评价，从事扶贫工作八年，我的工作得到了领导的认可和群众的称赞，先后获全省扶贫工作先进个人、宿迁市扶贫开发工作先进个人等荣誉称号。

脱贫摘帽不是终点，而是新生活、新奋斗的起点

"脱贫摘帽不是终点，而是新生活、新奋斗的起点。"习近平总书记铿锵有力的话语，引起了全国人民的强烈共鸣。围绕决胜全面建成小康社会总目标，宿迁严格落实摘帽不摘责任、不摘政策、不摘帮扶、不摘监管"四不摘"要求，通过实施脱贫成果巩固、脱贫质量提升、重点片区攻坚、产业富民增效、长效机制创新"五大行动"，高质量巩固提升脱贫攻坚成果，实现农村低收入人口"两不愁三保障"及年人均可支配收入巩固率达100%。

面对巩固脱贫攻坚成果与乡村振兴有效衔接的历史任务，我市全面启动改革成果巩固行动。在做好国家、省级普查排查基础上，有的放矢整改，补齐短板弱项。精细梳理薄弱环节，逐项建立问题台账，逐个推进销号整改，确保"问题摸排不漏一条，有效整改不漏一项"；统筹做好三个重点县脱贫攻坚政策措施落实审计。同时，全面启动市辖区脱贫攻坚审计评价工作；把持续推进政策稳定发挥作用作为首要任务，紧扣"两不愁三保障"和低收入人口收入巩固率100%的工作目标，攻坚期内保障标准不降、投入不少、力度不减；继续保持原有挂村包户和工作队帮扶机制不变。按照"扶上马送一程"的要求，原有帮扶责任人继续进村入户帮扶，持续关注低收入农户生产生活状况，深入开展"稳收入、解难题"活动，确保帮扶对象稳定脱贫不返贫。

一是持续提升脱贫质量。统筹整合资金资源，提高医保水平，通过降低住院起付线、提高报销比例及年度补偿限额，规范医疗机构服务行为等，切实减轻医疗负担；提高兜底保障标准，4月1日起，统一提高低保标准至610元/人·月，确保补差资金及时发放到位。同步提高特困人员救助供养和困境儿童分类保障标准，提高困难残疾人生活补贴标准等；提高住房保障条件，按照定户头、定程序、定标准的"三定要求"，全年实现1万户四类重点群体住房条件改善；提高集体增收能

力，通过统筹增收资产实现稳定受益，通过深化空间治理实现"应收尽收""应用尽用"。二是全面推进重点片区攻坚。按照协调发展、整体推进的工作路径，着力推动交通基础设施建设，全力推动以344国道、267省道为重点的片区道路建设，积极争取成子湖大桥立项；着力推动农田水利设施建设，建设"五统一"高标田5万亩，不断提升片区特色农业发展支撑基础。年内完成三大片区60千米农村供水老旧管网改造任务，实现从"有水喝"到"喝好水"的转变。着力推动公共服务设施建设，加快推进教育、医疗、文化、养老、环境"五大改善工程"，建立优质医疗卫生资源"下沉"机制，健全城乡教师轮岗交流机制，不断缩小城乡差距，推进均衡发展。全年实施片区项目不少于120个，总投资不低于70亿元。三是持续提升产业富民成效。有效强化园区支撑效应，按照"建设一个园区、造就一个产业、形成一个品牌、带动一方致富"的路径，推动扶贫产业园与现代农业园、与乡镇加工集聚区相结合，力争年内建设各类扶贫园区10个以上。把增强产业带动效应作为产业扶贫的关键，进一步彰显片区桃果、光伏、花木等产业带动优势。推广"电商+消费扶贫"等电商扶贫模式，带动更多低收入农户参与"网络经济"。放大利益联结效应，坚持"资源变资产、资产变资本、农民变股民"路径，引导社会资本投向乡村扶贫产业，与乡村资金资源资产相结合。积极推进入股分红、返租倒包模式，大力发展订单农业。全年新增订单农业10万亩，发展返租倒包农业基地20个。四是构建减贫助弱长效机制。建立健全动态预警监测和减贫助弱长效机制，为脱贫攻坚和乡村振兴融合推进提供有力保障。将脱贫不稳定人口、边缘人口，特别是那些无法通过产业就业脱贫、也不符合低保的"夹心层"群体，以及受疫情影响较大的农户作为重点，实行动态预警监测，逐户评价，及时予以救助帮扶；全面完善常态化、普惠性帮扶救助政策，探索构建城乡统筹减贫助弱长效机制，加快建立面向所有困难群体、城乡统筹一体的常态化减贫助弱体制机制，逐步构建"贫有所扶、弱有所助、扶助衔接、精准高效"的减贫助弱"大民生"保障体系。统筹救助扶贫政策，全面梳理现有扶贫、低保、医疗等扶贫救助政策，实现无缝衔接。统一工作机制，建立市县乡村四级减贫助弱服务机构，形成一门受理、协同办理的统分结合工作机制。统一救助平台，统筹扶贫救助业务系统，精简审批程序，下放审批权限，建设市县乡村统一使用的智慧工作平台。加大保障支出力度，适度提高保障标准，扩大保障范围，建立健全与社会发展、经济增长和物价水平相适应的保障标准自然增长机制。同时，我们与中国人民大学中国扶贫研究院合作，深入开展扶贫改革试验区建设成效调研，系统梳理宿迁市在缓解相对贫困领域的改革实践和发展脉络，评估宿迁在扶贫改革中取得的成效、突破与创新，并总结提炼宿迁在改革实践中所取得的经验，分析精准扶贫精准脱贫中面临的困难和挑战。

下一步，我们将对标全面巩固拓展脱贫攻坚成果与乡村振兴衔接差距，以习近平新时代中国特色社会主义思想为指导，按照中央和省委、省政府工作部署，以"四化"同步集成改革为主线，奋力把宿迁建设成为以农业现代化为基础，粮丰物阜、产业兴旺的"富足之乡"、以农村经济繁荣为支撑，要素涌流、城乡融合的"活力之乡"、以乡村田园风光为特色，配套完善、生态宜居的"美丽之乡"、以党的领导为核心，和谐有序、文明诚信的"善治之乡"。

情满花乡沭阳扶贫路

周铭敏

"紫陌红尘拂面来，无人不道看花田"，如今的花乡大地，我们可以尽情地感受自然之美，绿色之美，宁静之美。在满路绿色与花香之中，随时可以体会到沭阳历史文化的厚重，欣赏到沭阳花卉园艺多彩多姿的奇丽景观。如今的沭阳花木，早已超越了清代性灵派大诗人袁枚在沭阳任县令时描摹的景象。

每每看到这样繁荣的景象，我都感慨万千。2010年，我在组织安排下，担任沭阳县扶贫办副主任两年。2015年又重新回到扶贫战场，从副主任到主任，一回首又是6年时光。8年里，在沭阳县委、县政府领导下，我在沭阳的扶贫战场扎了根，带领全县扶贫工作者，一步一步丈量沭阳2290平方公里的土地，坚决守住脱贫攻坚底线，终于不负重托，打赢打好了这场脱贫攻坚战，交上了高质量的脱贫答卷。

精准施策挖穷根

沭阳，既是江苏人口最多的县，也是全省扶贫工作重点县，有建档立卡低收入人口23万、省定经济薄弱村59个。北富南穷，尤其是东南角的涟沭结合部片区，交通区位差、基础设施落后，是全县最为贫困的地方。

沭阳为什么穷？我一到岗位就开始思考这个问题。找准穷因，才能挖掉穷根。精准施策，才能提升贫困群体"造血"能力。

通过深入调研，我看到，沭阳为淮海革命老区，传统农区和水患灾区，是名副其实的人口大县、经济穷县和财政弱县，经济社会发展长期处于全省"谷底"。三大穷因找到了，一是低收入人口仍然较多。2016年初，按照新一轮江苏省建档立卡的标准，我们沭阳县低收入农户7.2万户23万人，占全省8.3%，为全省最多县份，其中有劳动力低收入人口16万人，困难群体主要集中在边远乡镇，其综合素质低，自我脱贫难度大，加之每年因灾、因病、因学等返贫人口约有1万余人。二是经济薄弱乡村条件差。特别是涟沭结合部地区乡村，基础设施滞后，生产生活条件差，产业发展底子薄，村级集体经济增收难，一些未帮扶村集体收入不到10万元。三是扶贫投入仍然不足。上级投入扶贫资金虽然较大，但到具体项目资金还是较少，有限的扶贫资金项目只能覆盖到一部分自然村，大部分自然村都没有投入扶持；地方可用财力不足，配套资金很难解决根本问题，农田水利设施严重老化，村组道路、灌渠急需维修。投入与需求矛盾十分突出。以至于2016年沭阳还被江苏省纳入"十三五"扶贫开发重点县进行重点帮扶。当时就感觉到，沭阳的脱贫攻坚可能是江苏全面脱贫最难啃的硬骨头，自己身上的担子很是沉重。

那段时间我一直在思考，穷因找到了，怎么才能带领群众脱贫致富？为了找到一条符合沭阳县情的脱贫之路，我有时间就往乡下跑，沭阳北富南穷，我就北边也跑，南边也跑。跑得多了，我发现，正是由于种植花木，"北富"与"南穷"的差距才不断拉大。我想，花木是县里的优势产业之一，把它作为重点扶贫的产业岂不是因地制宜的最好体现。

说做就做，在我们努力推动下，沭阳花木产业逐步由主产区向南部等贫困地区扩展，区域布局由西北向东南沙、西南岗等地区延伸，带动贫困乡村发展花木产业近 10 万亩，数千户低收入家庭就业增收。沭阳也由曾经的全省扶贫开发重点县，一跃成为全国花木电商"优等生"。

我印象最深的是钱集的扶贫工作。钱集位于沭阳最南端，是省定重点帮扶片区。地理位置偏僻，使得这里一直与花木电商"绝缘"。我在走访调研的时候，群众也表达了对发展花木脱贫致富的强烈渴望。县内花木主产区土地紧张，很多大公司正为拓植犯愁，我想着我可以来牵线搭桥，让沂河北的公司到沂河南片乡镇来种植。于是我立刻联系那些有意拓植的公司，2017 年 11 月，苏北花卉股份有限公司落户钱集，流转土地 710 亩，建设了达之康多彩苗木基地。这是沭阳花木龙头企业，为了吸引他们到钱集投资，我们提供了很多优惠政策，比如降低流转费，当地每亩地年流转费仅 900 元，还让镇里提供物流发货区，帮助企业降低运营成本。企业过来了，提供的不仅仅是就业机会，还能培养出一批苗圃老板、花木电商。以前不少村民就在家里待着，现在到基地打工，一个月能挣两三千元。整理花、浇浇水，活不重，年纪大的不能外出务工的老人也能干，一个月也能挣 2000 元。紧挨着达之康基地，钱集绿植电商产业园同样由沭阳花木电商龙头企业投资建设，占地 245 亩，设置了专门电商孵化区，首批孵化 50 名花木电商。带动的经济效益不能小看，几何倍的增长。

还有耿圩镇，看准了多肉植物消费趋旺的态势，建设了占地 500 亩的多肉植物培植园。镇政府投下 1200 万元，配齐基础设施，包括可供大货车进出的水泥路、高标准灌溉管网、高速光纤网络等等，使得耿圩成为孵化创新的摇篮。多肉植物培植园早已满额入驻 35 家花木电商，去年实现网上销售 4000 余万元。后来又推出"一园多点"模式，鼓励种植大户伸脚进村，打造"多肉小镇"。目前，耿圩多肉种植面积已达 3000 亩，年产值 2 亿元，带动 2000 多人就业创业。

在整个脱贫攻坚战中，企业发挥了很大的作用。不少企业以"企业＋基地＋农户"合作经营的方式，免费为低收入家庭提供电商培训、工作岗位等。他们利用强大的平台优势，从农户手中流转土地，提供技术、资金、幼苗，并与村民签订产品回收协议，风险由企业承担，让农户"旱涝保收"。同时还吸纳低收入人员及闲散劳动力务工，年人均增加工资性收入 3 万余元。苏台、三叶园林、俄勒冈彩色苗木、大沈庄鲜切花、国际花木城等一批大型农业龙头企业，通过帮种、帮销以及联户带动、入股分红等多元帮扶方式，直接或间接带动群众创业就业。从种粮到种花，从农民变成电商达人，从小店铺到产业园，我们以花木主导产业为抓手，不断强化"大潮裹挟"和"大船摆渡"效应，有效带动了低收入户实现增收脱贫。

电商扶贫结硕果

花木是我们的优势产业之一，也是重点扶贫产业。在我们沭阳扶贫办的努力推动下，沭阳县政府出台了一系列扶持花木发展优惠政策，大力扶持发展苗木产业和电子商务，打造出全国著名的沭阳花木之乡、淘宝镇和淘宝村等，实现了沭阳花木产业新突破，农民享受到了实实在在的利益。

另一方面，农村电商也是沭阳的优势产业，我们出台政策，放大电商扶贫效应，通过培训、结对帮扶等，扶持低收入户创业就业，同时将免费培训、免费仓储、贷款贴息、典型奖励、优先就业等优惠政策全部向低收入群体倾斜。县里专门设立了 1500 万元电商扶贫专项资金，共建立了省定经济薄弱村电商服务站 30 个，帮助低收入户开办网店 3000 余个，吸纳就业 3 万余人，23 万低收入人口中 10% 以上通过电商实现脱贫。

打造电商扶贫方舟，我们主要的使命就是做个忠实的、有远见的"店小二"，通过不断变换服务思维、创新服务举措，为广大低收入户和创业者做好服务。

比如在庙头镇，利用扶贫资金兴建富业花卉扶贫电商产业园，投资 190 万元建设 1 万平方米智能温控大棚，年租金 20 万元租给庙头镇富业花卉种植合作社使用。合作社由镇上 13 名村党支部书记领头合办，在探驾村流转 550 多亩土地做基地，种植欧洲月季，富业花卉扶贫电商产业园是营销的门店，用于接待客商，开展电商直播。整个产业园，带动周边 100 多人就业，其中低收入农民 30 人。庙头镇还利用扶贫资金建设了扶贫厂房，租给老板开办家具厂，带动低收入农民就业。扶贫大棚、扶贫厂房的租金用于给低收入农户分红。这样做，实现了扶贫资产投入既有租金给低收入农户分红，还吸纳低收入农民就业，同时，企业纳税也对地方财政作出了贡献，让政府、市场、低收入农户三方受益。

再比如新河镇双荡村，现在是著名的花木之乡、"中国淘宝村"、省"特色田园乡村建设试点村"、远近闻名的"富强村"，去年，村民年人均纯收入超过 2 万元。其实之前双荡村是"十三五"省定经济薄弱村，2016 年村集体经济收入只有几千元，有建档立卡低收入农户 173 户。那时村里没有路，花木都卖不出去。后来修建了连接 245 省道的虞姬大道，生意逐步就好了。以前村里的土地租金才五六百元一亩，现在 1 万元一亩。全村有 360 多户从事电商，160 多人做直播。

针对电商资产少、用款急、备货资金需求大等特点，我们创新出台小额信贷金融扶贫政策，联合第三方金融机构，共同推动扶贫资金市场化运作，为基层创业者保驾护航。比如联合江苏农行通过与村委会对接，对新河镇周圈村、维新村，颜集镇堰下村、花晏村开展整村送金融服务上门。

目前沭阳县拥有各类活跃网商 4.5 万余家，15 个"中国淘宝镇"，84 个"中国淘宝村"，是全国首批电子商务进农村综合示范县、全国最大农产品淘宝村集群。花卉直播销售额占全国的三分之一，今年"双11"当天，快递发货量突破 160 万件，销售额超过 7 亿元。

我一直坚信，低收入人口要实现脱贫，产业扶贫是关键一招。我做扶贫工作这八年多，经过多方调研，参与确立了沭阳县的三大扶贫产业，就是花卉苗木、板材家居、花木及图书电商。牵头制定了产业扶贫"328"工作机制，就是在项目筹备过程中稳步做好"规划、申报、优选"三项步骤，在项目建设中认真履行"项目、资金"两类监管，探索实施扶贫大棚、扶贫厂房、电商扶贫、光伏电站、三产服务、自主创业、公益岗位、片区帮扶等八项带动机制。

在"328"机制的指导下，投入 6500 万建设了 25 万平方米扶贫大棚。每年收取租金 420 万元，近 3000 名低收入人口在扶贫大棚内务工，年人均工资 1.8 万多元；带动了 2000 多户低收入农户参与产业发展，实现增收脱贫。投入 1.63 亿元建设或购买木材加工、服装加工、鞋帽针织、五金机电等扶贫厂房共计 31 万平方米，带动 2500 名低收入劳动力就业；人均获得工资收入 2.5 万元，为全县低收入农户分红 3600 万元，免费培训低收入人口近 1 万人次，带动低收入户开办网店 3000 多个，全县 8 户低收入户中就有 1 户通过从事电商行业脱贫。实施低收入农户自主创业项目 4300 个，发放补助资金 326 万元。4000 多户低收入农户通过花木种植、蔬菜种植、畜禽养殖等项目实现自主增收脱贫。

整村推进兴乡村

我们连续三年获得省政府大督查表彰，入选全国脱贫攻坚典型县。截至 2019 年底，全县 59 个经济薄弱村集体经济收入全部达 18 万元以上，建档立卡低收入人口全部脱贫。这在一开始是难以想象的。一户一户脱贫容易，难在整个村整个县脱贫，而要想加快脱贫攻坚的脚步，一户一户脱贫是不现实的，必须一村一村一片一片整体脱贫。

2016 年，我在经济薄弱村"村村到"调研走访活动中，到了沭阳县出名的穷村韩山镇石平村，这里基础设施特别陈旧，产业发展严重滞后。随后的几个月，我经常去和村干部一起讨论制定发展计划，深入各村民组，与建档立卡低收入农户促膝交谈。在我的一步步推动下，石平村引导村民参与土地流转，因地制宜调整产业结构，积极推广特色农业产业：利用夹滩地种植黄花菜；流转土地 150 亩，种植蜜薯。还投入乾祺农业科技有限公司扶贫资金 160 万元，打造生态农业园，流转土地 1300 亩，共带动近 60 户低收入农户脱贫。截至 2019 年底，石平村年村集体经营性收入达 40 万元，219 户 693 名低收入人口全部脱贫。

因为种植蜜薯，当时真的没少操心。当初，很多村民认为，石平不能种植蜜薯，因为蜜薯含糖量高，村里根本没有能力建设规模性的专业存储设施，长期储存难度大，导致销售周期短，红薯腐烂较多。另外，蜜薯虽然附加价值高，但是因种植不多，无法形成规模化种植，导致蜜薯深加工企业无法引进，效益打折。我就带着工作人员一家一户跑，反复做群众的思想工作，终于说动了大家。然后又带着工作人员选品种，最终确定种植烟薯25，这个品种在全国甘薯食用评比第一名。当年秋天石平村的蜜薯大获丰收，经过测算，亩产多达6000斤以上。看着新挖出来的蜜薯，一只只胖胖嘟嘟，我真像看着自己的孩子一样开心。那蜜薯，一烤就蜜心流糖浆，细细软软，一戳就冒蜜油，煮熟掰开后香糯无丝，口感甘甜。蜜薯丰收后，我又变身石平村的宣传员、促销员，到处给他们打广告，几千亩的蜜薯被抢购一空。

扶贫和其他工作不一样，必须带着感情工作才能真正把党的政策和温暖真正送到农户心坎里。沭阳县共有59个省定经济薄弱村，占全省7.6%，党的十八大以前，59个村的平均收入不到5万元。这59个村，我几乎是一个不落都去了，而且是反复去，多次去，向每一名村组干部了解情况，跟村贫困户聊天，从中找准脱贫靶心。采取增加资产性、资源性、服务性、经营性四项收入的方法，经过五年的努力，目前59个经济薄弱村经营性收入由村均不足5万元，攀升至村均超过40万元。

你看西南岗，以前有句话叫"沭阳西南岗，到处茅草荒，晴天一身灰，雨天和泥浆……"现在的西南岗，路两边路灯林立，成群的两层小楼，很好看。就是通过招引三个高效农业项目、公共空间治理收回公共土地1074亩，采用集体资产出租、参股等形式，2018年收入24万元、2019年215万元、2020年突破300万元，目前还在积极招引其他项目。产业兴旺，村民致富的心劲才足，生活也才能越来越精彩。

重点攻坚换新颜

要说扶贫工作中的大难题，涟沭结合部片区脱贫是一场硬仗。涟沭结合部片区涉及沭阳县钱集镇、周集乡、张圩乡，建档立卡低收入人口

1.8 万人，占片区总人口的 19.6%。但是我们扶贫工作者不能退缩。"民患民忧考虑在前，扶贫政策学习在前，措施落实调研在前，项目跟进吃苦在前"，这是我一直秉持的"四前"工作法。越是困难，我越是要带头，这个片区的脱贫攻坚，我从一开始就参与扶贫规划、片区项目规划。

片区 3 个乡镇的所有行政村我都去了。就说钱集镇万庄村，此前发展底子薄、基础配套差、收入来源窄，到 2016 年，全村共有建档立卡低收入户 152 户，占总户数的三分之一，被列为省定经济薄弱村。那时候万庄村民家里油盐酱醋，少哪样都得跑到镇里买。跑一趟钱集镇可不容易，相距 12 公里不说，路只有三四米宽，坑坑洼洼的，颠来颠去。在省委驻沭帮扶工作队的支持下，村里统筹推进"四好农村路"建设，实现"家家门前都是水泥路"；同步改扩建党群服务中心，并增设健身走廊、快乐驿站、为民超市等，更好服务百姓生活。为民超市是村民自己租党群服务中心房间开的，卖日用百货和生鲜，村民买什么再不用出村，超市每个月也能赚三四千块钱。远闻木制品厂是万庄村利用改造后的闲置厂房招引的项目，2200 平方米厂房，每年 8 万元租出去，要求企业优先录用万庄村民尤其是低收入户就业，这个厂已经录用万庄村民 20 余人，人均月工资 4000 元左右。增加村集体收入、增加村民收入，万庄村在最大限度盘活集体资源的同时，还遵循"因地制宜、科学布局、注重实效"原则，积极筹建高效农业产业示范园，项目一期占地 180 亩，高标准建设 17 座连栋温控大棚，发展特色花木产业。既充分发挥示范作用，带动高效农业发展，又拓宽渠道，增加农民收入，最多每天可吸纳上百人就业。万庄村集体收入三年"三级跳"，由 2017 年 5.38 万元猛增到 2018 年 14.20 万元再到 2019 年突破 25 万元。

片区周集乡是全县乃至全市闻名的贫困乡镇，地处三县两市交界，交通闭塞，产业以稻麦两季种植为主，且因土地贫瘠，含碱量高，导致粮食产量低。我针对土地及农业发展现状经过多次深入考察选址，沿 329 省道胡庄和谢河段新发展农业产业园项目占地面积 450 亩，投入利用精准扶贫项目资金建钢架大棚 237 个，形成了以西瓜种植为龙头的产业化基地，产业园带动了近 100 多个低收入农户就业。还利用片区关键工程建设资金为胡庄、合兴的农民新型社区进行改造提升,改善居民居住条件。投入扶贫资金 300 多万元在胡庄村购买了扶贫厂房,招引了服装加工企业入驻,目前该企业用工 400 多人,解决贫困农户就业问题。

要想富,先修路。这话放到现在依然有道理。在调研中,我发现,片区内李庄线、老 205 国道改造、329 省道等三条重要道路破损老化,严重制约了片区发展。于是我会同相关部门共同决策,争取政策,对三条道路进行改造,目前已全部建成,打破了片区交通瓶颈,形成了"三纵三横"路网,给片区三个乡镇出行带来了极大便利,为活跃片区经济发展提供了重要的交通保障。在各种政策支持下,涟沭结合部片区扶贫开发工作取得了一个又一个建设成果。"十三五"期间,片区三个乡镇共实施整体帮扶项目 282 个,总投资 31.4 亿元。2019 年底,片区低收入人口、省定经济薄弱村全部脱贫达标,脱贫成效显著,整体面貌有效改善。

民计民生总关情

我在工作中还发现,在沭阳县建档立卡低收入户中,因病和因学致贫占比达 50.9%,这是沭阳脱贫攻坚中难啃的"硬骨头"。要让贫困群众感受到党委政府的温暖,就要从民生小事上关心扶持他们。我们县里因此出台教育、医疗等多种配套扶贫政策筑牢兜底保障,从根本上解决这些低收入户家庭因病和因学致贫问题。常态推行"病、灾、财、产"组合保险,县财政承担全部保费,降低低收入农户的各种风险。

2017 年,我们沭阳县出台《关于推行"先诊疗后付费"结算服务模式的通知》,在全县范围内全面实施先诊疗后付费政策,推行"一站式"结算服务。将基本保险、大病保险等全部纳入一站式结算平台,低收入人口住院患者只需在出院时支付自付费用即可。目前,全县各医疗机构医保结算系统内均加入低收入人口信息提示模块,低收入人口在入院刷卡时,二、三级医院的系统便会自动弹窗"此人为建档立卡户,无需缴纳住院押金"的提示。同时，施行财政全额资助建档立卡低收入人口享受免费健康体检等惠民服务。"先诊疗后付费"解决了"看病难"的问题，"扶贫病房"解决"看病贵"的问题。县里要求各一级及以上医疗机构在收治建档立卡低收入患者时，将乙类自付费用比例严格控制在 8% 以内。像五保户、低保户住院，不用交押金，凭乡镇民政的有效证明可直接住进医院专门设置的扶贫病房治疗，出院时医保报销后，我们对五保户自付部分全部减免，对低保患者自付部分再减 60%，大大减轻低收入人口住院就医负担。

沭阳县建档立卡低收入人口中，有 3.1 万户 4.7 万人上学在读，占全县低收入农户的 42%，平均每户要负担 1.5 个学生的上学费用，户均年支出约 7500 元，教育支出成为众多低收入家庭的重大负担。沭阳在全省率先实施教育扶贫"增智力"，针对低收入户子女教育补助，沭阳每年资助标准为幼儿园 1200 元、小学 1600 元、初中 2500 元、普通高中 4000 元、职业学校 5000 元、专科 3000 元、本科 5000 元。并对当年高考被普通高校录取的，一次性补助专科 1000 元、本科 2000 元。每年县财政教育扶贫资金投入近 1 亿元，累计已资助贫困学生近 13.6 万人次、2.76 亿元。同时，为了方便农户，教育扶贫的资助费用由县教育局直接汇入低收入农户户主的"一折通"账户。沭阳县委县政府还连续 5 年组织开展爱心助学募捐活动，号召全县企事业单位、学校、企业及社会团体踊跃捐资助学，"十三五"期间社会各界扶贫助学捐款 2079 万元。2016 年以来，沭阳县累计发放助学资金 3.88 亿元，对全县建档立卡家庭困难学生教育资助的比重达到 100%，帮助 6595 名花乡学子圆了"大学梦"。

扶贫必扶智，让贫困地区的孩子们接受良好教育，是扶贫开发的重要任务，也是阻断贫困代际传递的重要途径。我们在工作中，紧紧围绕"解决相对贫困长效机制"省级试点，认真总结"十三五"以来教育脱贫的成功经验，始终把教育作为防止返贫的治本之策，提前筹划"十四五"期间教育助困工作，争取做到助学一人、圆梦一生、致富一家。

除了不让脱贫户返贫，沭阳县还非常重视易致贫边缘户的监测。针对相对贫困户易贫、返贫压力加大问题，县里制定出台《加强帮扶防止返贫实施办法》，将脱贫不稳定户、易致贫边缘户纳入重点监测范围。

沭阳是江苏第一人口大县，也是全省贫困人口最多的县。8 年扶贫工作，我深刻意识到，要坚持把脱贫攻坚作为重大政治任务和第一民生工程，聚焦解决"两不愁三保障"突出问题，坚决守住脱贫攻坚底线，下足"绣花"功夫，强化"赶考"精神，增强"交卷"意识，打赢打好脱贫攻坚战，交上高质量脱贫答卷。截至 2019 年底，沭阳县低收入人口年可支配收入全部超过 6000 元省定脱贫标准线。沭阳县作为江苏 12 个省级重点帮扶县区之一也如期摘帽，我没有辜负组织和人民群众对我的信任和托付。

我认为，工作不能墨守成规，把准脉搏才能定向施策，更需要创新举措。几年来，沭阳扶贫办在深化完善宿迁扶贫改革试验项目承担的金融保险扶贫、光伏扶贫、养老扶贫等 19 项扶贫改革任务的同时，结合沭阳实际，积极探索 5 项自主创新。其中，创新金融扶贫机制"助发展"，扶贫小额贷款投放量连续十五年位居全省第一，开发的扶贫小额信贷管理服务平台，在全国小额信贷信息系统培训班作专题交流发言。创新推进电商扶贫工程"强本领"，承办全国电商精准扶贫会议观摩。

我们所从事的，是一份最有良心、最有温度的事业，要时刻记住秉公心、办公事、积公德，谁要是丢了"公"字，就是严重的不称职，就对不起群众。能够生活在美丽的花乡是件幸福的事情，若能凭一己之力为他人送上一份温暖、为花乡建设增添一抹靓丽，那就是更大的幸福。

三任第一书记

杨海玲

2016 年到 2019 年，我被江苏省委驻洪帮扶队派驻到泗洪县四河乡雪二村任第一书记；2020 年至今，又到泗洪县瑶沟乡瑶沟居（桂湾村和胡三村）做第一书记。六年来，我从人民保险公司副经理蜕变成贫困村农产品宣传推广销售员，让帮扶村蔬果产业得到质的飞跃。六年来，我充分发挥党员模范带头作用，扎根基层，帮助村里盘活资产，增加集体经济收入，培育优势产业，招商引资，党建引领，争创乡村振兴先行军。

2016 年 2 月刚被派到雪二村，面对困局，加之自己对农村工作从未接触过，内心也曾彷徨无措，但想到我身后站的是省委、省政府的各项扶贫政策，站的是省人保系统的磅礴合力，我就暗暗下定决心：如果说全省系统对泗洪西南岗真情帮扶的决心和信心是一支如椽巨笔，那么，我就做好这个体系中"触地的笔尖"，一定要把省公司的关爱写成政府认可、群众满意的温暖诗篇！

当好驻村第一书记的关键，是要迅速了解村级班子状况和村里的基本情况。我通过与村干部交流谈心，走访老党员、困难户，并加强与当地党委政府的沟通，了解村民家庭的基本情况，摸清村情现状，积极与上级公司和帮扶队协调，争取各项帮扶资金，完善村基础设施建设，找准帮扶村发展思路，组织村干部出去考察、学习、观摩，请省农业专家到村培训、指导，激发村民创业积极性。

共建支部，谋发展思路

为发挥党建引领作用，以共建促交流，以共建促合作，以共建促发展。2016年，我积极与江苏省人保公司、江苏省保监局、泗洪县人保公司、县邮政局等支部共建，共谋发展思路。省公司夏玉阳副总裁等领导多次亲赴雪二村调研考察，帮助协调资金近300万元，建起了蔬菜大棚、农技中心、蔬菜保鲜库，并修建基地道路，为该村脱贫攻坚奠定了基础。并相继开展了送种子、肥料到村里，与南农大园艺系支部联系，请他们到雪二村传经送宝。并邀请省农科院专家到村里实地培训指导农户科学种植蔬菜，新品种改良及病虫害防治、优化品种结构。邀请省书画院教授春节到乡里书写春联及字画，并多次邀请省艺术团送文艺下乡，丰富群众生活。2018年10月，《新华日报》专刊发表《精准扶贫、保险先行》，刊登精准帮扶带头文章。

创新模式，助力乡村振兴

2016年5月，正是西红柿大量上市季节，恰逢连续阴雨，因道路泥泞，西红柿被困在大棚里卖不出去。我立即找到县邮政局王达海，请求他们给予帮助。利用邮政网点渠道，采取网上众筹订购，当天就有许多爱心人士纷纷要求购买，我也联系宿迁市人保公司等多家单位，通过邮车快递，次日就把西红柿销往邮政各个网点自提，解决了菜农的燃眉之急。2016年，《宿迁晚报》刊登《扶贫书记架金桥，雪二西红柿畅销》。

有了县邮政局和人保公司等各方的助力，我有了发展蔬菜产业的创新思路，加快产业兴旺是脱贫致富的关键。要想把"贫"扶起来，必须要走产业兴农之路。雪二村土地丰饶，物产丰富，愁的不是"产"，而是"销"，所以我决定创新产销模式，让特色电商持续做大做强。

1. 创"互联网+公益+直供"模式

我积极与县邮政支部共建，助推雪二蔬菜入驻"洪邮生鲜邮乐农品网"，并在雪二村合作开办"绿邮优网络体验中心"。将雪二村蔬菜销往全国各地，并直供到县直机关、超市、学校食堂等单位。这一模式在江苏省创新创业大赛中连续两年都获奖，吸引到广东省邮局到村里考察学习。

2. 创"合作社+村部+低收入户"模式

通过土地股份合作社，把土地复垦新建标准化大棚，出租给种植大户承包，低收入户家门口就业又入股分红，使建档立卡户有了稳定增收。

3. 创"品种+技术+销路"致富经

2018年，四河乡举办首届萝卜节，推广该乡青萝卜品牌。为此，我积极向省公司反馈，省公司领导高度重视，并与南农大园艺系联系，邀请国外留学的柳博士亲临雪二村指导农民种植，并带来青萝卜种子，让有能力的低收入户种植，省公司负责统一采购。在2018年9月的首届萝卜节上，雪二村低收入户张贤志种植的青萝卜最大的达6.6斤，荣获"萝卜王"称号。其他低收入户种植的青萝卜，得到大家一致好评，在当天销售一空。2019年省人保公司助推消费扶贫，爱心销售雪二村青萝卜1.5万多斤。

4. 创"品牌+基地"致富路

为了打造四河蔬菜品牌，经过各级政府积极努力，在全国萝卜专家柳博士的积极推荐下，2019年，四河乡"四河青萝卜"获得泗洪县首个农产品全国地理标志认定。同年，南农大蔬菜根茎类实验基地也落户雪二村。我通过帮扶队员积极推荐，不仅将村民种植的1.8万斤青萝卜销往南京菜场，还将"四河无公害蔬菜"品牌入驻在南京菜市场，大大提高了四河蔬菜的知名度，同时，对四河蔬菜产业发展起到了巨大的推动作用。2019年6月，新浪网刊登了《让帮扶工作真正的接地气》。

"输血"与"造血"相结合，助推脱贫攻坚

脱贫摘帽，"持续输血"是基本保障，"精准造血"才是长久之计。"授之以鱼"不如"授之以渔"，坚持扶贫与扶志、扶智相结合，才能实现如期脱贫的目标。只有外部"输血"式扶贫与内部"造血"式脱贫相结合，通过自身"造血"巩固"输血"的成果，才能彻底拔除穷根、消除贫困。

（一）带出去考察学习

2016年以来，我与村干部带领党员及有劳动能力的低收入户到山东寿光、江苏徐州等地学习蔬菜种植技术，激发劳动能手和有能力的建档立卡户发展家庭农场。以"一户一品"模式种植蔬果，并印制个性化包装袋。用新零售模式在微信上宣传推广销售蔬菜，成功将雪二村的圣女果、羊角酥、贝贝南瓜、青瓤黄瓜、沙瓤西红柿等无公害产品打造成深受大家喜爱的蔬果。在脱贫攻坚战中，贫困群众尝到了勤劳脱贫的甜头，真切感受到了党和国家扶贫政策带来的实惠，他们走上了脱贫奔小康之路，越干越有劲头。2019年2月，《宿迁晚报》刊登了《蔬菜之乡菜品多，扶贫书记忙"代言"》。

（二）领进来传经送宝

技能培训是帮助贫困群众脱贫最直接最有效的途径，帮助和指导贫困群众着力提升脱贫致富的综合素质，激发贫困群众自我发展的内生动力。2019年5月，雪二村黄瓜种植能手张士军的蔬菜大棚里来了几个村民，这是几个想在大棚里种植羊角酥和黄瓜的低保户。他们因不懂技术，又想通过自己的劳动致富而苦恼。我与张士军多次沟通，请他把种

植技术教给他们，他欣然答应。五一劳动节，我邀请《宿迁日报》记者登门采访了他，他高兴地说，共同致富是他的心愿，希望大家都能吃上他们种植的无公害瓜果。

张贤志也是一个低保户，为了早日脱贫，他承包了4个葡萄种植大棚，苦于没有经验和技术，产量不高。为扎实开展"不忘初心、牢记使命"主题教育活动，2019年，南农大园艺系组织党员到雪二村为建档立卡低收入户培训指导种植技术，技术人员向村民示范了栽培流程，并详细讲解种植要点及土壤改良，并为张贤志指出改良葡萄品种，扩大种植面积种植高效的"阳光玫瑰"，第二年，6个大棚收入达4万元。

树立典型，激励贫困群众立志气

贫困群众是脱贫攻坚的主体力量，只有帮助他们"扶"起脱贫的志气、挺起脱贫的腰板，才能真正激发出持久的脱贫致富动力。没有脱贫志向，再多扶贫资金也只能管一时，不能管长久。因此，要打赢脱贫攻坚战，就是要帮助贫困群众提高认识、更新观念、自立自强，唤起贫困群众自我脱贫的斗志和决心，从"我要脱贫"变为"我能脱贫"。一方面通过入户走访，准确掌握农户信息，对思想觉悟高的建档立卡户，我积极宣传惠民政策，让他们思想上提高认识，鼓起干劲，先做出成绩；另一方面通过树立起一群典型，用乡贤示范作用带动其他群众创业致富。

（一）树诚实守信道德模范典型

我2016年刚到村里调研时，被"国扬正气、党展雄风""国赐安康、党赠幸福"对联吸引，并认识了82岁低保老党员孙正海。通过帮扶，他认识到还有比他更困难的家庭需要组织上帮助，便召集全家开会，宣布把低保名额退出，得到家人的赞同。考虑到他家里几个人都是身患重病，村里没有同意他的申请。在他第五次把退低申请书递交到村部时，我迅速把他"五退低保"的事迹积极向媒体宣传报道，得到各级组织高度重视，他也先后获得"感动宿迁""江苏好人""中国好人""江苏省道德模范"等荣誉称号。在他的影响下，村里有劳动能力的低收入户也主动提出退出低保，靠自己的双手劳动致富。他也与我结下深厚的友谊，并在 2017 年春节自购对联纸，为人保公司写了对联"国策指出幸福路，人保帮扶奔小康"，"排忧解难绩国策、帮扶济困功"。2018 年，老人家写下一首 60 字的词：

《临江仙·雪二在变》

瑶淮交汇鸡心滩，雪二新村显现。集举改田惠民生。支部基石坚，干群心连心。

大干脱贫攻坚战，人人献计流汗。"十三五"小康实现。雪二人文变，村容村貌变。

2019 年底，雪二村已经完成脱贫攻坚任务，当我去跟他辞行时，他依依不舍，整夜未眠。我劝慰他说，脱贫不是终点，我还会继续帮助下去的。2020 年 4 月，《新华日报》刊登了《走到哪儿，我都是咱雪二村人》。

（二）树梦想改变命运典型

2020 年，我在入户走访中，被瑶沟乡桂湾村建档立卡户陈强战家里各种电器仪器吸引，当了解到他不畏贫困，热衷发明电器，从小因贫辍学，励志培养品学兼优的子女后，就积极宣传报道，被各大媒体纷纷采访。10 月 16 日，学习强国基层人物刊登了《江苏泗洪：一个农民和他的发明梦》，他的发明为他及周边村民带来了创业、就业的机会。

（三）树劳动致富典型

张贤志，丧偶，三个孩子，自己因为身体不好，长期依靠低保和救助过活，我了解到他有种葡萄技术后，在南农大园艺系践行"助农梦想"社会实践中，邀请葡萄专家为他指导品种和种植技术。他承包了6个大棚种植葡萄，年收入一下跃升至4万元。在他的带动下，汤乐勤种的圣女果高产了、张士军家青瓢黄瓜供不应求了、汤乐亮家的羊角酥更甜了、毛美玲家大白菜被超市定点采购了……

真心真情，为帮扶奉献全部力量

驻村扶贫工作很辛苦，也需要全心全意的奉献付出，我是党员，是"人民保险、服务人民"的一员，秉承公司红色基因，不忘人保为民初心，是我坚守和投入的内心动力。"真情帮扶感动众乡邻——人民有期盼，保险有温度。"这是中国人民保险的一句宣传语，也是我最喜欢的一句话。有时候一句话、一个举动，都能让人感受到温暖。从事保险几十年，我深知一份信任最可贵，在别人遇到困难时伸出援手，这是一种温暖在传递。我始终把做一名有温度的人民保险人，融入所帮扶人的心中。

（一）亲力亲为带着干

萝卜销售旺季，都是我和雪二村党支部成员一起装货、送货。记得有一回，忙碌了整整一天，到晚上送货时，才发现棉皮鞋脱胶了，袜子湿透了，正是寒冬季节，脚冻得冰凉。我就用透明胶带把鞋子绑起来，继续去送货。2018年12月，为了把村民的青萝卜介绍到南京新开业的菜市场，我连续三天在地里跟村民一起拔萝卜，中午村民回家吃饭了，我就把萝卜当午饭，直到坐上物流货车，晚上9点多送到南京菜场，并成功把"四河乡无公害蔬菜"产地作为他们的供应基地。当拖着疲惫的双腿走在去车站的路上，心中充满了自豪感。2020年10月，学习强国刊登了《江苏泗洪："第一书记"当好"代言人" 四年间"雪二村"蔬菜叫响全国》。

（二）真心真情领着帮

对优秀贫困户学子，我发动身边爱心妈妈捐资捐物，圆梦助学，也争取省公司各支部支持，每学期资助学生学习经费、书包、文具等。如雪二村品学兼优的陈静雅，在我多次走访中了解到她从小跟着爷爷奶奶生活，小学成绩优异，中学要远离爷爷奶奶到县城上学。我积极向省人保公司申请给予资助，省公司支部发起"晨曦行动，传递爱的阳光"公益助学活动，从初中每学期党员捐款 2500 元，直至高中毕业。她不负众望，中考以优异的成绩考入洪翔中学火箭班，现在已经上高三，成绩在班上名列前茅。她说感谢省人保公司多年对她的关心，她将不负众望，争取考上理想的大学，将来为国家作贡献。

2020 年，我在瑶沟乡桂湾村建档立卡户陈学宝家走访，看到他女儿陈凤正在阅读一本《爱的教育》。当了解到孩子 5 岁失去母亲，只能从书上感受母爱，从没有过过一次生日，我便在她 11 岁生日来临时，发动许多爱心妈妈们购买礼物，并在县城肯德基为她过了一个难忘的生日。考虑到她即将进入青春期，就找到学校领导，请求让班上女老师多关心照顾她。我还教她写日记，帮助她提高语文阅读和写作能力。

在走访瑶沟乡桂湾村建档立卡户陈强站家时，了解到他五年级的儿子陈子严各门学习成绩都比较强，但英语偏弱，就及时联系泗洪中学的英语老师为孩子补习，并赠送他许多学习资料。孩子回来后写了一篇日记，说心中有了考出好成绩的底气，争取在小升初冲刺全县前 100 名。看着孩子由衷的笑容，我的心也满满的自豪。2020 年 7 月，宿迁电视台报道《身边的榜样"最美基层共产党员"：脱贫"快车道"上的"引路人"》。

以爱筑家，点亮梦想腾飞希望

2020 年，江苏省十三届人大四次会议发布的工作报告中，建设

5000个事实孤儿"梦想小屋"的计划，被纳入民生实事工作清单。共青团省委着力关注6—16岁困境青少年的成长生活环境问题，对其原有居住房间（或空间隔断）进行规划、设计、装修，配备必要家具和学习生活用品，建成"梦想小屋"。"梦想改造+"关爱计划是巩固提升脱贫攻坚成果的为民办实事工程，是共青团探索服务现代化建设、助力乡村振兴的有效载体。我得到这个信息后，及时与学校及乡团委取得联系，帮助贫困学子陈子涵圆梦。当孩子放学回家，发现家里焕然一新，取代了泥巴地面的地板、全新的家具，简直乐疯了，开心得满地打滚，我们当时也激动得快要流眼泪了。"梦想实现真的太幸福了！"她父亲激动不已。孩子在日记上写道："要不辜负期望，下定决心努力学习，将来更好地回报社会，把爱心传递下去。"2021年春节，受助孩子们纷纷给我发感谢信，感谢关爱之心。2021年1月10日，北京软实力教育研究院首席教育官14班"大手拉小手"助学活动到瑶沟学校捐资助学，我帮扶的两个品学兼优孩子收到了1万元捐助资金。2021年，中国江苏网刊登了《作为帮扶村第一书记点亮"微心愿"，搭起"连心桥"》。

扶贫扶智，温暖学子书香为伴

扶"钱"不如扶"智"，扶"今天"更要扶"明天"。让孩子们接受良好教育，阻断贫困代际传递。让他们树立知识改变命运的志气和底气，不输在起跑线上。2021年10月14日，为了普及科学知识，弘扬科学精神，提高科学素养，培养学生讲科学、学科学、爱科学的浓厚兴趣，我特邀江苏省科协科普服务中心，到瑶沟学校开展科普进校园活动，将"科普大篷车"开进瑶沟学校，以展示、体验、互动等形式，点亮孩子们的科技梦，为孩子们送去了丰盛的"科技大餐"。

2022年1月，瑶沟乡开展"圆梦阅读"爱心公益活动。我及时与省人保公司领导取得联系，得到高度重视，秉着"人民保险、服务人民"的初心使命，为孩子们圆"一本图书"的梦想，让人保温暖情怀传递到孩子们心中。在寒冷的冬日，特委派省"95518"客服中心团委向瑶沟学校捐赠千余本图书和书包、文具用品。书籍是知识的宝库，是人类进步的阶梯，一本书籍一份情，温暖学子书香为伴。

强化组织，积极探索新型农村社区党建工作模式

扶贫工作期间，我积极探索新型农村社区党建工作模式，将党建工作有效融入新型农村社区治理。我帮扶的桂湾村是典型的多村融合型村居，通过前期调研，与乡党政办领导研究，建立"社区党总支＋小区党支部＋楼栋党小组"的组织架构，搭建沟通平台，充分发挥党员先锋模范作用，激发服务效力。为了使基层党组织更加富有战斗力，改善村居工作作风、服务本领和服务质量，不断把一批惠及民生的实事好事落实到位，并主动与乡园区企业合作，发展"三来一加工"，带动小区有劳动能力的人员就业，筑巢引凤助推集体经济发展，帮助贫困家庭剩余劳动力参加技能培训并转移就业，寻找适合该村的农业生产，使村民能够从产业上增收，达到致富目的。志愿服务是培育和践行社会主义核心价值观的重要载体，是建设服务型基层党组织的重要载体，是共产党员发挥先锋模范作用的重要载体。河桂湾村党支部通过组织共产党员广泛参与志愿服务活动，建立以共产党员志愿者为中坚的志愿服务体系，进一步巩固和发展党的群众路线教育实践活动成果，进一步密切党群、干群关系，推动形成良好的社会风尚。

引入外力，探索村级集体资产增值新路径

新形势下发展农村村级集体经济要坚持开放共享的理念，凭借自身资源与地缘优势，引入工业资本、外来资本，促进产业融合，探索村级

集体经济发展新业态，实现共同发展、合作共赢。农村村级集体经济的发展壮大必须突破单一农业发展限制，通过一、二、三产业融合发展，拓展经营性收入来源。村级组织应整合自身资源优势，因地制宜，探索生产服务、电商、旅游、健康、物业等产业。

为实现帮扶村乡村发展"产业兴旺、生态宜居，共建美好家园"目标，我带着共产党员的初心和使命融入为民服务中。为了使村集体稳定增收，经乡领导建议，瑶沟乡桂湾村把废旧学校改建成1000平方米标准化厂房，我多次带客商实地考察，经乡领导综合比较，以五年租期，每年固定15万元租金被一企业租用。瑶沟乡胡三村打造省级农房示范小区，并为低保拆迁户新建了暖心房，让老百姓实现了安居梦和幸福梦。为"留得住乡愁"，我借鉴成功案例，提供策划方案。针对城市休闲市场需求，从文旅产业形式发展开发。以村庄野外为空间，人文无干扰，生态无破坏，依傍古桥遗址、凤凰墩传说、西瓜产业园和红色教育等打造研学、度假旅游基地，使村集体产业多样化发展，铺就乡村振兴路。一分耕耘，一分收获，截止到2019年底，雪二村顺利完成整村脱贫任务。依托省人保每年帮扶100万资金入股和城投公司，使瑶沟帮扶村每年有稳定固定收入。到2021年底，桂湾村村集体收入达到了67.03万元，胡三村集体收入达到了59.15万元，大踏步地向乡村振兴的大道上迈步。

任重道远，继续努力为人民服务

功夫不负有心人，六年来中国江苏网、《新华日报》、学习强国平台、《宿迁晚报》、新浪网、中国人民保险、江苏金融、江苏时报网等媒体多次刊登我的帮促事迹，宿迁电视台在《身边的榜样》专栏曾专题播放我的事迹纪录片。2019年10月，我被评为泗洪县"扶贫100"十大爱心人物；2019年11月，荣获中国保险行业协会第二期"保险好事迹""爱心奖"；2021年2月25日，荣获全国脱贫攻坚先进个人，得到习近平总书记等国家领导人的亲切接见，并受到人保集团领导的亲切慰问；2021年2月，荣获江苏省人保公司"特别贡献奖"；2021年4月，荣获中国人民财产保险股份有限公司"保险扶贫无私奉献奖"；2021年7月，荣获中共人保集团公司"优秀共产党员"；2021年7月，荣获宿迁市最美基层优秀党员称号。

人保集团董事长曾握着我的手说："我代表集团党委，向你表示热烈的祝贺！向为国家脱贫攻坚作出贡献的人保人致以崇高的敬意！希望你珍惜荣誉，再接再厉，按照中央要求，巩固脱贫攻坚成果，进一步做好农村产业发展和社会服务，助力乡村振兴。"

荣誉是激励前行的斗志，更是继续努力拼搏的沉甸甸的责任。从事保险行业38年，驻村帮扶6年，我深知信任的可贵，是组织和人民群众的信任让我拥有了发光发热的机会，我要继续发挥好党员模范带头作用，全身心地投入到为人民服务的伟大事业中，争做帮扶路上的先行者。

我在家乡泗洪县当脱贫致富带头人

程智

我从事水产养殖、销售已经20多年，有个水产养殖专业合作社，大家叫我程老四。2021年全国脱贫攻坚总结表彰大会上，我被评为全国脱贫攻坚先进个人。我觉得我没做什么大事，我是土生土长泗洪人，所做的一切，都是源于对这片土地的热爱，这片土地生我养我，我也想回馈它，回馈身边的兄弟姐妹，为乡亲们做事是我最大的快乐。

25天破解疫情困境

2020年正月初一，家家户户还沉浸在浓烈的春节氛围中，疫情来了。泗洪很快就积极响应上面通知，停止大型群众性活动，要求非市民日常必需的场所全面停止营业，车站、国省道、高速公路口等处设立留检站，实施严格消毒管理。生命安全是第一位的，每一个泗洪人都应该密切配合。可是，城门封闭，进出受限，螃蟹就出不去了。

泗洪是著名的螃蟹之乡，全县河蟹养殖保持在18万亩左右。河蟹销售于每年的重阳节后进入高峰，我们蟹农们为了拉长销售期，实现错时销售，提高养殖效益，往往将螃蟹暂养起来，于春节期间投放市场。当时据泗洪县相关部门统计，全县大约有5万亩成蟹暂养在塘里，如果不及时销售，螃蟹就会死亡，蟹农们的一年劳动将付诸东流，更为严峻的是，有部分蟹农是建档立卡户，很可能因此而返贫。看着每天死亡的螃蟹，我跟所有蟹农们一样心急如焚。

正月初十一大早，泗洪县陈圩乡第一渔场负责人，戴着口罩，一路问到我家找我，急匆匆地说："程会长，我们渔场暂养了50万斤螃蟹，原以为开年能卖个好价钱，谁知遇上了疫情。这可怎么办呢？建档户王桂朝养了20多亩，4000多斤蟹，全部养在塘里，那可是他们全家押上身家性命的家当，一旦死了，那是要出大事的。"

我被说得一愣一愣的，稍稍理了理头绪说，县里领导很重视，我们农民专业合作社联合会也很急，但是现在正处在防控疫情的关键时段，只有先联系，没有什么好办法。

渔场负责人很沮丧，又很着急。我当时心里也没底，但是这忙不能不帮，身上的担子一下子很重很重，心里也很沉重。螃蟹能不能销出去，关系着万千家庭的生活，怎么着也得想办法把螃蟹卖出去。下定了决心，我就叫负责人先回去，让养殖户一定要关注螃蟹的生长状况，如发疾病，一定要及时告诉我。

正常年景，春节前后，向我订货的电话，一天会有无数通。去年从正月初一开始，我就与外地批发市场老板通电话，寻求支持。渔场负责人走后，我从早到晚，所做的唯一一件事，就是打电话。人家回答很直接，只要你运进来，我们就帮你销，赚多少不谈，哪怕稍赔点，哪怕先存入冷库，我们也帮你做，大难之年，一定帮一把。患难见真情，我非常感动。

后来每天都有一些认识不认识的蟹农找上门，请我帮助销蟹。看着他们焦急的眼神，我知道他们的难，也希望通过自己的努力，帮乡亲们一把，将蟹销出去，收获应有的劳动成果。可是，疫情当前，车子进出却不是自己能够做主的。

一连多日，我天天向领导汇报，找相关部门商量，能不能通过绿色通道将螃蟹运出去。市县领导高度重视，组织多个部门会商，认为螃蟹是农产品，可能通过绿色通道运送，但必须严格按照防疫要求，对产品进行检测，决不能让问题产品流出县域，要对车辆进行消毒，工作人员配备防护用品。车辆与随车人员返程后，要经过医护人员的严格检查，决不能让病毒进入泗洪。

按照领导要求，农民专业合作社兵分三路精心准备。我本人负责联系销路，副会长潘裴负责调度车辆，将塘口的螃蟹运到城郊的一个空地上，集中装车。副会长王大新负责车辆消毒，给每车配发防护物品。

泗洪县暂养蟹在4000吨以上，不可能一时销出去。考虑到蟹农的具体情况，我就提出，优先销售建档立卡户的螃蟹，不能使他们因滞销而返贫，大家一致响应。

经过半个月的精心准备，正月十六，6辆满载180吨螃蟹的加长卡车，一溜儿排开。由于防疫限制，没有举行出征仪式，但是数十位蟹农早早从田野里赶来送行。每辆卡车两侧都张贴着横幅。一侧是"防疫抗疫，人人有责"；一侧是"泗洪县农产品急运"。挂着"农产品绿色通行"标识的蟹车终于驶出县城。看着远去的蟹车，我们看到了希望，我跟蟹农们兴奋了。

从正月十六到二月十一，我和同伴们没日没夜地干了25天。这25天，几乎没有睡过一夜舒坦的觉，没有吃过一顿完整的饭。要打电话询问车辆运行情况，要对接第二天第三天送货的地点。计划赶不上变化，想不到的事太多了。有一天，三辆运往南方的螃蟹，到了入口，却不让进。螃蟹是生鲜产品，容不得长时间滞留。这可把我急坏了，紧急联系下一家，好在对方很爽快，有惊无险，三车螃蟹顺利到达，顺利卸车。25天，运出去120车螃蟹，总重超过3000吨，销售额达到1.8亿元。

25天，用于购买消毒等防疫用品的费用超过12万元，合作社联合会是民间协会，没有收入，向蟹农们摊派，我开不了口。受疫情影响，螃蟹价格不高，蟹农们已经损失不小，其中还有为数不少的低收入农户，这点费用就由我个人承担吧。

当时不少镇村给联合会、向我个人送来锦旗。还有几位养殖大户提出，要给我报酬。我没收，也不可能收这个钱，有能力帮助乡亲们做点事，是应该的，也是快乐的，这也是我深藏在心底多年的愿望、多年的梦想。

自己脱贫致富，才有能力帮助他人脱贫致富

童年的记忆很模糊，但有一点是很清晰的，那就是父母整日为一家人的吃穿操心。我们家和村里所有家庭一样，日子过得都很紧。一家六口挤在四间老式农舍里，家里收入就是几亩责任田所出。我在城里上学的费用都是紧紧巴巴七拼八凑来的。1993 年 6 月，我从泗洪县职业中学会计班毕业。我不想回家种田，我想出去闯闯。父母虽然不舍，但拗不过我，凑了几百元，放我远行了。

我第一站选择上海。经过几天的敲门应聘，终于被位于虹口区的一家农产品批发市场接纳。具体工作内容是打杂，上货卸货打扫维持秩序，无所不做。工作很辛苦，但我年轻力壮，手脚麻利。半年后，老板主动为我加薪，还常带我到产品生产地考察，到江苏看大闸蟹，到山东看大蒜，到东北看大米。

我时常想，我的家乡有螃蟹有大米有很多很多农产品，为什么不能运到上海卖呢？甚至想建议老板到家乡看看。但是那时到泗洪的路太难走了，进出泗洪只有一条石子路。哪一天家乡那些晴天满天灰、雨天泥浆飞的道路，能变成市场周边一样宽阔的马路就好了。

一年不到，我由打杂上升为市场管理者，开始有机会参与谈判，有机会与大的供货商交流。一年时间内，我学会了谈判，学会了看货。后来我离开上海，到了北京，大大丰富了我对农产品的认知。此后，我又去过杭州、温州、厦门、南京等大中城市。闯荡在外，但我一直想着家乡，想着在地里干活的父母，想着辛辛苦苦过日子的乡里乡亲，想着哪一天能回家乡做点什么。

机会从来垂青有准备的人们。1999 年 8 月，家人传来消息，县委县政府出台了"走水路、奔小康"的特色富民政策，鼓励在外务工人员

返乡创业,大力发展水产业。我感到机会来了,这些年,自己从事的不都是水产品吗?有这么多市场资源,能产出来还愁卖不掉?我决定回家乡干一场。

经过综合考虑,我选定养殖螃蟹。螃蟹养殖在泗洪是传统产业,蟹农们积累了丰富的养殖经验和技术。我筹措了 280 万元,流转了 800 亩土地,加入了蟹农的行列。隔行如隔山,如何养蟹,如何养好螃蟹,成了横亘在我面前的一道大山般的难题。我周围有几十户养蟹,他们多年养殖,蟹的产量高,质量也好。但他们有他们的难题,他们的最大难题是,销路有问题,急于出蟹,常常遭到商贩们压级压价,丰产不能丰收。他们知道我有路子,主动提出辅导我养螃蟹,我帮助他们销蟹。彼此一拍即合。

渐渐地,我在养殖圈内的名气越来越大,很多养殖户请我帮助销螃蟹。身边的养殖户日渐增多。可是,品种不同,规格不一,质量参差不齐,销售受阻,而且价格偏低,严重影响了养殖效益。

2012 年,在政府相关职能部门的指导下,我牵头成立了泗洪县程老四水产养殖专业合作社,抱团发展,规避风险。合作社拥有社员 65 户,其中低收入农户占三成以上,养殖面积超过 4000 亩。合作社严格按照"八统一、两规范"模式开展生产经营,即统一供苗、统一技术指导、统一防病治病、统一生产规程、统一品牌、统一包装、统一销售、统一培训;规范用料用药、规范生态保护。合作社还经常邀请专家到池边塘头巡视,及时解决养殖户的技术难题。管理规范,养殖科学,信守承诺,为合作社赢得了良好的外部形象和口碑。

合作社养殖基地于 2013 年通过农业部无公害基地验收。2014 年被批准为"农业部水产养殖示范基地"。合作社生产的"水韵一品"泗洪大闸蟹,在市场上成为抢手货,多次在全国评比中荣获大奖。社员收益显著提高,不仅产得出卖得掉,而且每户每年增收 2 万元以上。

我们合作社的成功运行,在泗洪产生了很好的示范效应,一批螃蟹养殖户要求加入进来,而且不同类型的农民专业合作社如雨后春笋般涌现出来。

在合作社内,我既要养好自己的螃蟹,还要关心社员们的养殖,更要随时掌握市场行情。蹲守塘头，走访社员，调研市场，忙得我不知道白天黑夜。我想到，专业人做专业事，不如将塘口让给别人，我就专事销售，精力集中，才能做好做精。于是我全身心投入市场营销，一方面注重提高品质，打造品牌，另一方面注重市场开拓，在巩固老关系的基础上，着眼更广的布局。

泗洪县农字头合作社有180多家，但总体小、散、乱。2018年，我向县有关部门呼吁成立泗洪县农民专业合作社联合会，县委县政府积极支持，召开了高规格的成立大会，我以高票当选会长，全国劳模潘裴、省劳模王大新当选副会长。成立后的联合会，引导各专业合作社制定章程，规范管理；组建了工会，创建了劳模工作室，自建了微信公众号"泗洪农合"。成立联合会就是要在"合"字上做文章，对内合心，一门心思脱贫致富奔小康；合情，情系社员，情系家乡；合力，合力做公益，合力强发展。对外，合成规模，抗风险，争市场；合成影响，创品牌，争效益。"泗洪农合"在我们一班人的带领下，凝聚力、带动力、影响力不断增强，在泗洪由农业大县向农业强县的发展过程中，发挥着强劲的作用，在脱贫攻坚奔小康征程中，屡屡有出色的表现。

对于扶贫脱贫，我有自己的想法。只有自己脱贫致富了，才有能力帮助他人脱贫致富。脱贫致富，仅有良好的愿望是远远不够的。这是一句大实话，也是切身体会。我从回乡创业到发起成立水产养殖专业合作社，再到呼吁成立专业合作社联合会，都在试图处理好自己脱贫致富与他人脱贫致富、自我发展与共同发展的关系。

一群人做，才能做一片

提到贫困，我有着刻骨铭心的记忆。我是从穷困中走过来的，我知道贫困的滋味，我懂得他们的甘苦。

我回乡创业后，几乎每年腊月都要购买些大米、食油等食品慰问村里的孤寡老人，给家庭经济困难的子女添置学习用具。平时问问社区，有什么困难，需要我做什么。前年，跟社区党组织负责人一次闲谈中发现，村里有些中老年妇女在家没事干，如果能够找点活干干，既能增加收入，也可以丰富她们的生活，减少社会矛盾。于是我就联系连云港一家生产圆珠笔的出口企业，将组装工序安排在我们社区。那家企业还真的很负责，免费培训了300多人，安排50多人组装圆珠笔，每人每天可以挣60—80元。

2018年，泗洪县临淮镇水域受"8.25"污水过境的直接影响，不少养殖户几乎绝收，生产生活出现了困难。我及时采购价值3万多元的大米、面粉、食油等生活用品送给受灾群众，并主动帮助协调资金，提供技术和销售渠道，全力支持受灾群众恢复生产，走出困境。2019年，我又到临淮，给溧河村58户低收入农户带去3万余元的生活用品。临淮党委政府悄悄送来了一面锦旗，我当时有点不高兴，我不是为了锦旗而帮扶的，人都有困难时候，我也曾得到别人的帮助。

在漫长的帮扶过程中，我越发感到，面对众多需要帮助的乡亲，一个人的力量是有限的，一个人无论能力多大，只能做一点，一群人做，才能做一片。

有了这样的想法，我便利用专业合作社和合作社联合会的平台，联合更多的人做公益促脱贫。联合会副会长潘裴、王大新率先加入其中。潘裴是80后大学生，2012年毅然回乡从事水产养殖，帮助数百户养殖户摆脱贫困，走上致富之路，是全国青年创业致富带头人，是江苏省"五一"劳动奖章获得者，2020年又被评为全国劳动模范。王大新也是土生土长的农民企业家，是多年的省劳动模范。我本人也是全国首届农民专业合作社明星理事长，宿迁市五一劳动奖章获得者，宿迁市劳动模范。我们三个劳模强强联手，在养殖的繁忙季节，不间断地抽出时间，有专题、有侧重地走访会员，开展助产助销活动，遇到矛盾和困难，不回避，不退让，主动给予扶助和支持。

2019年，我们三人到省定经济薄弱村半城镇洪安村开展产业扶贫调研，当了解到该村贫困户赵辉、刘加美、王守成因养殖螃蟹亏损而走不出贫困时，三人出谋划策，让三家改养螃蟹为育蟹苗，免费为三家提供蟹仔和专家技术服务，承诺按每亩盈利不低于8000元收购。当年，三户获纯利都超过 10 万元。

2016 年，泗洪县在全国首创"互联网＋保险公司＋扶贫"的"扶贫 100"保险精准扶贫模式，通过政府出资以及向社会募集资金等渠道，牵手江苏人保财险为全县所有建档立卡低收入人口每人购买一份 100 元的综合商业保险，当这些家庭遇到子女上学、生病、发生意外伤害以及财产受损等情形时，在享受原有体制内普惠制保障外，还可从"扶贫 100"中获得保险公司的赔付补偿。这是脱贫双保险，是防贫新举措。

自活动开展以来，我都是一马当先，广泛宣传，主动捐款。联合会成立后，我积极组织联合会班子成员捐款，倡导各专业合作社奉献爱心。四届活动，我、潘裴、王大新等人以及所在的专业合作社捐款已经远远超出百万元。

只有加快发展，才能真正拔穷根奔小康

泗洪县虽然于 2019 年完成了核心指标的脱贫，但县委县政府领导十分清醒，充分认识到脱贫的基础还很脆弱，距离全面建成小康社会还有不小差距。因此，在疫情防控形势仍很严峻的情况下，多次召开脱贫攻坚奔小康会议，认真找差距，排弱项，补短板，把着力点放在加快新项目、大项目建设上，切实做到以项目强村，以项目富民，以项目兴县，新一轮发展高潮正在泗洪掀起。

我嗅到了又一波发展机遇。充分利用县镇村基地设施逐步完善的有利条件，充分利用金融支持小微企业和农村新型经营主体加快发展的宽松政策，在各类专业合作社强身健体上下功夫，在养殖规模化、示范化、标准化、生态化上动真格，养出最好的蟹、最美的虾、最叫卖的鱼，制造出最受消费者喜爱的泗洪农产品，让泗洪水产品行销天下，使农民从养殖中获益增收，拔穷根，奔小康。

我清楚家乡农业的短处，简单地说，就是生产有余，加工不足，出

售的大多是原初农产品，没有加工增值，一二三产得不到融合发展。二产介入农业，如同一根扁担，就可以挑起一产三产。我一直想上农产品加工项目，苦于没有成熟的产品，也没有充裕的资金支持。这就像一个梦，一直萦绕着我。

2019 年 6 月，县政府扶贫办同志找到我，说扶贫办准备牵头，由几家企业联合起来，上一个小龙虾速食加工项目。问我有没有兴趣。我毫不犹豫地回答，有啊，怎么会没有兴趣呢，我早有这个想法了。就让我们联合会加入吧，一个人的力量太小了。

泗洪县养殖小龙虾 25 万亩，产能达到 10 亿元，丰产不丰收的现象时有发生，苦了虾农，坑了产业。一旦小龙虾加工项目上马成功，既解决了小龙虾就地消化的问题，避免商贩压价，又可以培植税源经济，同时，还可以让部分村民实现就业增收，一举多得。我当然是求之不得的。

经过一段时间协商，2019 年 8 月初，由缤纷泗洪电子商务有限公司、泗洪县农民专业合作社联合会、泗洪沃德生态农业发展有限公司共同成立"缤纷泗洪小龙虾产业化联合体"。

联合体项目坐落在陈圩乡工业集中区内，三幢近 1.6 万平方米的标准化厂房，是租赁的村集体资产，每年租金 92 万元，由 14 村分得；两条自动化生产流水线，每小时可加工小龙虾 4 吨；吸纳当地 300 人就业，每人月薪 3000 元以上。一条完整的虾业产业链形成了，村集体从这个链条上获益，农民从这个链条上增收，养殖也通过这个链条增值。

三家发起企业形成一致意见：从加工增值部分切出一块，以每斤高于市场价一元的价格不限量收购虾农的小龙虾。小小一元，很不起眼，但细算，真的惊人。全县 25 万亩小龙虾，平均每亩生产 200 斤虾，每亩就多给虾农 200 元，合计就是 5000 万元，摊到每个农民头上，也是不菲的。一元，脱贫路上缩短了一程，小康路上加快了一步。

联合会具体负责加工技术、生产管理和销售。这个分工恰到好处，我有销售网络，用上了螃蟹的销售渠道，点多面广，而且填补了螃蟹销售的空档期。潘裴有成熟的加工技术，王大新与蟹虾打了半辈子交道，好虾孬虾，不看便知。

我们就利用好联合体的平台，做大做优虾产业。也许哪一天，我们还会上蟹、鱼、果品、蔬菜加工项目，到那时，农业就不再弱了，农民种植养殖就真的不会穷了，贫困自会不脱而去。

由于疫情的影响，加工厂于 2020 年 5 月才正式开工生产，我每天奔波在县城与陈圩乡之间，忙着收购虾，协调生产，还要随时帮助蟹农解决疑难问题。我很得意地对外地商家说，缤纷泗洪六味小龙虾，很快就会爬到你们的餐桌上，好吃可不要贪多哟。

遇到发展的机会，我会眼睛一亮，碰到发展的问题，我也会当仁不让。我不只是关注联合会的发展，也不只是投入小龙虾加工项目的推进，甚至从不囿于农业发展，我把眼光放到全县的发展上。

我始终记住一条，只有加快发展，才能拔穷根奔小康。

我每年都有几个月时间，来往于各大城市与泗洪，或是将泗洪蟹农带出去考察市场，感受市场的千变万化，或是将批发市场的老板请到泗洪体验养殖环境，感知泗洪的好风好水。无论是走出去还是请进来，我都抓住一切机会宣传泗洪，推销家乡。

有的同行感到不解，你就是个卖蟹卖虾的，能赚到钱就是本事，管那么多干嘛。

我可不这么认为。以前家乡穷，我们到外面都抬不起来头来，现在摘掉了贫困的帽子，各方面条件都得到大大改善，给我们做生意搭建了更好更高的平台。俗话说，锅里有碗里才有，家乡穷，我们又能富到哪去呢？

自觉担负起家乡的宣传员、推销员和招商人

这些年由我直接招引的项目有三个：一个投资 3000 万元的保健酒项目，一个是投资 2200 万元的棉业项目，还有一个是投资 1500 万元的电子商务项目。三个项目都已投产见效，其中保健酒的年销售已经突破 8000 万元。

我隔三差五地致电三家企业负责人，问问有没有困难。逢年过节，也会过去看看。

看到三家企业发展得不错，比自己赚钱还高兴。领导表扬我，组织也要奖励我。我不需要，我不是为表扬和奖励而做的，也不是为他人做的，我也是在为自己做，我们每个人都在不知不觉地分享家乡发展的红利，家乡发展得好，我们个人才能发展得更快更稳。

我为家乡发展出力，为家乡富裕自豪，也为自己日后的发展制定一个不大不小的目标，那就是把泗洪螃蟹做大做强，做成全国第一蟹，尽自己最大力量，帮助更多的人走上富裕幸福的康庄大道。

现在走进泗洪，纵横交错的道路，鳞次栉比的楼群，规划别致的农民集中居住区，清清的风，蓝蓝的天，绿绿的水。谁能想到曾经是省扶贫开发重点县。回顾我的发展过程，看看泗洪的巨大变化。不能不说，我曾经的梦想成真了，但我更大的梦想还在远方。

苏州参与脱贫攻坚部分印象和记忆

仇圣富

2003 年我从部队转业到苏州市发展与改革委员会工作，2010 年担任苏州市发改委支援合作处处长。支援合作处具体承担苏州对口支援工作办公室职能，作为处长，我有幸全程参与和见证了苏州市的东西部扶贫协作、对口支援及省内南北挂钩工作。下面结合我的本职工作谈一谈苏州参与脱贫攻坚的一些情况。

根据党中央、国务院和省委、省政府的决策部署，从 1995 年开始，苏州市承担了多个省、市、县的对口帮扶合作任务。党的十八大以来，尤其是 2016 年 7 月 20 日银川东西部扶贫协作座谈会以来，苏州市委、市政府深入贯彻落实习近平总书记关于东西部扶贫协作和对口支援工作重要论述，围绕推动区域协调发展、协同发展、共同发展战略，不断加强区域合作、优化产业布局、拓展对内对外开放布局，积极践行先富帮后富、最终实现共同富裕的目标，从讲政治的高度，认清形势、聚焦精准、深化帮扶、确保实效，不断提高东西部扶贫协作和对口支援工作水平，为全面打赢脱贫攻坚战贡献了苏州力量。

苏州承担的脱贫攻坚任务既光荣又艰巨

根据上级安排，苏州市承担的脱贫攻坚任务"点多、面广、线长"，涉及西藏、新疆、贵州、陕西、青海、重庆、江苏7个省（市、自治区），10个市（设区市、州），24个县（市、区），任务是光荣而艰巨的。分别是东西部扶贫协作贵州铜仁市及所辖10县区；对口支援分别为新疆3个县（市、区）、西藏林周县、青海海南州、三峡库区重庆云阳县；省内南北挂钩宿迁市和连云港灌南县。其中，铜仁市所辖10个县（区）、西藏林周县、新疆阿图什市、陕西周至县与苏州市及所辖10板块是作为携手奔小康行动的结对关系。

（一）东西部扶贫协作贵州铜仁是苏州市脱贫攻坚工作主战场

从2013年开始，国务院明确江苏省苏州市对口贵州省铜仁市，苏州市政府成立了"对口帮扶铜仁市工作领导协调小组"，办公室设在苏州市发改委，具体指导和协调全市对口帮扶工作。2013年7月经市委、市政府同意，苏州与铜仁两市建立了区、县"一对一"结对帮扶关系。即：张家港市—沿河县、常熟市—思南县、太仓市—玉屏县、昆山市—碧江区、吴江区—印江县、吴中区—德江县、相城区—石阡县、姑苏区—江口县、苏州工业园区—松桃县、苏州高新区—万山区。脱贫攻坚战斗打响后，国务院扶贫开发领导小组和省委省政府于2016年12月30日，明确苏州市10个市（区）与铜仁10个县（区）建立携手奔小康行动结对关系。苏州市与铜仁市深入贯彻党中央和江苏省贵州省关于东西部扶贫协作工作的决策部署，开展了全方位、多层次、宽领域的扶贫协作。铜仁10个贫困县（区）从2017年起分四批顺利脱贫摘帽。

（二）对口支援工作事关国家边疆稳固，是脱贫攻坚的重要组成部分

一是对口支援新疆。2010 年 3 月底，中央部署了新一轮对口支援新疆工作，工作期限为 2011 年至 2020 年（目前中央明确为长期结对），2010 年为准备阶段，2011 年开始正式实施。苏州市围绕项目建设、产业援疆、智力支持、民族团结等方面"多管齐下"，项目、资金持续向新疆克州阿图什市以及伊犁州霍尔果斯市和巩留县的贫困乡村、贫困人口倾斜，大力支持三个受援地开展精准帮扶和脱贫攻坚。

二是对口支援西藏。根据党中央、国务院的部署和中央西藏工作座谈会精神，自 1995 年起江苏省对口支援拉萨市。按照省委、省政府的统一部署，苏州市对口支援拉萨林周县。苏州市先后派出 9 批 29 名干部、12 批 33 名医生赴西藏林周县挂职工作（第一批至第六批我市选派的是林周县委书记、副书记和副县长；从 2013 年第七批开始，苏州市选派常务副书记、常务副县长和副县长。另从 2007 年第五批开始，增加安排 1 名干部在拉萨经济技术开发区挂职工作）。2003 年，苏州在全国援藏工作中首创了乡镇结对帮扶，明确对口关系为张家港市塘桥镇—边交林乡、常熟市海虞镇—卡孜乡、太仓市城厢镇—唐古乡、昆山市花桥镇—松盘乡、吴江区平望镇—强嘎乡、吴中区角直镇—江热夏乡、相城区元和镇—春堆乡、工业园区娄葑街道—阿朗乡、高新区枫桥街道—旁多乡。2004 年增加吴中区长桥街道—甘曲镇，实现了苏州市对口支援林周县九个乡镇的"全覆盖"。2010 年开始，根据中央第五次西藏工作座谈会的部署，对口支援西藏建设资金按支援地 2009 年一般预算收入的 1‰安排。这部分援藏建设资金由省统筹，从各地金库直接划拨至省对口办专户，尔后划拨至对口地区的帮扶专户。援藏工作坚持以"苏州理念"为指导，不断丰富和拓展援藏工作内涵，为推动林周经济社会发展和维护稳定作出了重要贡献。

三是对口支援涉藏州县（青海海南州）。2010 年 1 月召开的中央第

五次西藏工作座谈会决定，由六省市对口支援六个藏族自治州。其中，江苏省对口支援青海海南州。新一轮援青工作从2011年至2020年，时间跨度为十年（目前中央明确为长期结对）。根据中央和省的规定，援青资金按2009年支援地地方公共财政收入（即一般预算收入，剔除城市维护建设税、专项收入、行政事业性收费等有专门用途的收入后作为收入基数）的0.5‰（为援藏资金的一半）测算，每年递增8%。这部分援青建设资金由承担资金筹措任务的市汇缴至省财政，由省统筹安排使用。援青工作由省里成立的前方指挥部负责，苏州市没有安排挂职干部直接参与援助青海工作的任务。省对口支援办考核苏州市的援青工作，主要是资金筹措和协助省前方指挥部、海南州做好其在江苏的招商引资工作等。

四是对口支援三峡库区（重庆市云阳县）。1992年，党中央、国务院号召全国人民支援三峡工程；1994年，国家明确由江苏省重点对口支援云阳县（省政府安排苏州、无锡、常州、徐州四市对口支援云阳县）；1999年以来，省里要求各市筹措资金集中上交省财政，由省集中组织实施对口支援项目。

（三）南北挂钩合作工作是省内区域协调发展的重要组成部分

2002年，省委省政府明确苏南五市对口挂钩苏北五市，其中苏州市对口挂钩宿迁市。从2006年开始，从单一挂钩合作向共建合作产业园区转变。为改苏州"输血"式帮扶为"造血"式帮扶，苏州、宿迁签订合作开发建设苏州—宿迁工业园区协议，在全省率先尝试合作共建开发区。目前，经省政府批准的全省南北共建工业园区共45个，苏州市有10个（其中3个为自行结对），占全省结对园区的22%，分别是：苏州—宿迁工业园、张家港—宿豫工业园、昆山—沭阳工业园、常熟—泗洪工业园、吴江—泗阳工业园、吴中—宿城工业园，苏州与非对口的连云港（太仓市—灌南县）、淮安（昆山—淮安，自行结对）、南通（常熟—海安，自行结对）、泰州（昆山—姜堰，自行结对）。苏州高新区和盐城大丰市为响应省委省政府沿海开发上升为国家战略，共建了苏盐工业园；苏州工业园区以市场化方式分别在南通、滁州合作开发了南通科技园、苏滁工业园。苏州与宿迁合作共建的六家园区在全省考核中全部进入前十位，苏州—宿迁工业园连续 11 年位列全省第一。

形成一批具有苏州特色对口帮扶支援工作典型案例

自脱贫攻坚以来，我们会同前方工作队和各前方工作组，围绕脱贫攻坚苏州主要举措、主要成效和基本经验，及时进行总结提炼推广，形成了一批具有苏州特色的"整村推进""易地扶贫搬迁 +""组团式""园区协作共建式"等对口帮扶支援工作新路径、新经验和可复制、可推广的对口帮扶支援工作新模式、新方法。这里举几个例子。

（一）善港—高峰整村推进结对帮扶

贵州省沿河深度贫困县中界镇高峰村是深度贫困村，处于三乡镇交界处，属典型的喀斯特地貌，资源贫乏，有 3 个自然寨，共 147 户 562 人，其中建档立卡贫困户有 50 户 119 人，贫困发生率 21.2%。村民收入主要来源靠传统种养殖和外出务工收入，村集体经济收入在开展"整村帮扶"以前一直为零。

为推进高峰村加快发展，按期实现脱贫目标，在江苏省对口帮扶贵州省铜仁市工作队的组织下，张家港市杨舍镇善港村与沿河县中界镇高峰村结对帮扶。张家港市杨舍镇善港村和沿河县中界镇高峰村结对后，于 2017 年签订了《善港村—高峰村"整村推进帮扶"协议书》，在"携手奔小康"行动中，率先探索村村结对的"整村推进结对帮扶"新模式，推动形成可推广、可复制的深度贫困村精准扶贫、精准脱贫的善港—高峰村村结对的"善登高峰"范例。整村推进结对帮扶具体如下：

一是支部联建助推基层组织建设。善港村精准扶贫驻村工作队临时党支部与高峰村党支部实行支部联建，以"围绕扶贫抓党建，抓好党建促扶贫"理念为指导，以抓好基层党建联建为抓手，充分发挥基层党组织和党员在脱贫攻坚战中的战斗堡垒和先锋模范作用，建强脱贫攻坚先锋队。

二是文化共建助推乡村精神文化建设。挖掘当地文化内涵，增强群众对本土优秀传统文化认同。实施惠民文化工程，引导开展具有地方特色的文化文艺活动，引导乡村文化现代化发展。开展科学知识文化普及教学活动，提高文化素养。针对该村30多个留守儿童无人看、没去处的现实问题，工作队在村里开设周末作业班、青少年暑期活动班，为学生辅导日常作业、举办国学、科技等特色的活动开拓青少年视野。通过文化墙、宣传专栏、标语等，浓郁文化氛围。

三是乡村治理联建助推乡村振兴发展。驻村工作队利用一周时间彻底清理该村主要通道，同时发动群众"各自打扫门前雪"。工作队出资添置垃圾箱和垃圾桶，身先士卒、示范引导群众养成良好的卫生习惯。完善高峰村村民自治，探索村民自治章程、村规民约，成立村民议事会，引导村民主动参与村务管理。2018年8月，工作队在高峰村探索"善扶康"健康医疗互助基金项目。通过平台作用，带动多方慈善力量，增强村民发生大病时的救助渠道，推进对高峰村的精准帮扶。

四是产业同建助推村民脱贫致富。工作队通过走访调研、邀请赵亚夫团队专家等实地考察，高点定位、谋划高峰村产业布局，做好高峰村产业发展规划。先行发展示范种植美国金瓜7亩，红玫糯玉米4亩，获得成功。因地制宜，引进善港村优势农业项目，并适度推广。该村目前已建成高峰有机产业园一期项目，占地面积58.7亩，建有2万平方米钢管塑料薄膜大棚以及物联网高标准大棚，正引种日本限根葡萄、日本网纹蜜瓜、台湾地区高山红颜草莓以及美国金瓜等。村民同步学习种植技术，以承包大棚种植创业致富。探索村集体经济培育路径，所有大棚设施等均将归村集体所有，实现该村集体经济的发展壮大。整个产业园最终将占地 120 亩，融设施高精农业种植、露地有机种植（以稻鸭共存等形式种植有机水稻）为一体。高峰有机茶叶公园已完成项目立项，近期已着手启动茶叶加工生产中心、茶叶种植和茶叶文化展示中心工程建设。张家港市农委、科技局与沿河县农牧科技局结对共建，探索高峰村养殖加工项目，两地合作、三部门联动，在技术和项目等方面提供全力支持，建立生态养殖基地、生态果林经济种植基地，引进生态猪、鹌鹑、灵芝等种养殖产业，制定生态可持续秸秆饲料化基料化利用与种养循环发展模式，以一村探索推进两地农牧合作。

五是人才共建培育创业致富带头人。工作队进驻高峰村开展结对帮扶后，发现高峰村尽管基础较差，但村民脱贫致富、加快发展的积极性很高。如要改变高峰村村民现状，单靠救济、简单改变村容村貌，内在活力不行，劳动力不能回流，没有经济上的持续来源，高峰村的发展还是存在问题，必须有产业，有劳动力，有技术，内外结合才能发展。为此，善港村决定要加强对有意愿创业致富村民的培训，并在张家港市创建国务院扶贫办全国贫困村创业致富带头人（善港）培训基地，以善港农村干部学院为载体，以整体带动被扶贫村（地区）的脱贫为宗旨，培养一大批创业能成功、带动能成效的贫困村创业致富带头人，最终实现扶贫对象增收脱贫。

2019 年底，高峰村全面脱贫，人均可支配收入达 9000 元以上，贫困人口清零，整村退出贫困行列。《"整村推进结对帮扶"新模式》扶贫案例成功入选 2019 年国务院扶贫办编制的《全国东西部扶贫协作培训班案例选编》。

（二）太仓—玉屏"组团式"教育帮扶

2017 年 10 月，太仓市派驻玉屏县前方工作组成立。2018 年，玉屏县整合朱家场中学、新店中学、兴隆中学及原玉屏民族中学初中部，新成立玉屏侗族自治县第一中学。由太仓市选派优秀管理团队到玉屏第一中学支教，自 2018 年 8 月启动，以两年为一个周期。首期团队成员为校长陆振东（太仓市实验中学校长、党支部书记）、副校长严卫中（太仓市第二中学副校长）、校长助理兼政教处主任方志文（太仓市实验中学德育办主任）。

针对玉屏教育管理、教师面貌和育人方式上存在的不足与短板，玉屏第一中学管理团队通过深入调研、科学论证，决定以"教师成长"为突破口，以"做有温度的教育"为主线，实现"四大改变"，即改变课堂、改变教师、改变家长、改变校貌。主要表现在：学生成长方面，学校实行全封闭式管理，即学生从早上7点进校，到晚上9点离校，除有特殊情况必须请假外，中途一律不得离开校园。学生在校所有时段，包括午休、课外辅导、食堂就餐、宿舍就寝等，都有对应的老师陪护和监管；组建"紫风"志愿者服务大队，共有学生志愿者120人，参与6个项目的志愿服务，年累计服务时间1780个小时，营造了浓厚的志愿服务氛围；组建社团，共开设社团20个，参与学生人数占学生总数的90%，提升了学生的综合素质。教师提升方面，太仓市教育局精心组织资深骨干教师和外教送培到校，每月至少有两次外来资源共享活动，如苏州市家庭教育指导专家肖广艳先后来校三次，启动了家庭教育指导项目；苏州市招生考试院副主任孙进鹏来校两次，开展学生生涯规划指导；意大利足球教练达柳马科里尼来校两次，与学生分享足球与合作的课程等。家校合作方面，通过开设家长开放日、开展家庭教育培训讲座，进一步加强家校联系，提升家长的教育理念，形成教育合力；创设家校合作软件"晓黑板"，让教师家长在网络上面对面交流；组建家长委员会，家长零距离参与学校管理、学生管理，监督各项制度的执行。后来，越来越多的家长主动参与到学校管理，为学校的发展建言献策。教学成果方面，在2018—2019学年的期末检测中，七年级平均分超过县第二名学校69.94分，八年级平均分超县第二名学校56.96分，九年级中考平均分超过县第二名学校51分，参考率、高中上线率均大幅提升。

为扩大"组团式"支教帮扶的经验推广，2019年4月，玉屏县教育局将初中教育联盟的牵头学校变更为玉屏第一中学，联盟理事长也变更为陆振东同志。至此，这一经验快速、全面地向县域内的黔东民族寄宿制中学、大龙中学、田坪中学和大部分小学辐射，东部优秀的校园管理理念在玉屏大地茁壮成长。6月，国家发改委将玉屏侗族自治县教育"组团式"帮扶作为第二批新型城镇化试点经验在全国推广。8月，太仓—玉屏教育"组团式"帮扶入选全国典型案例，在四川举办的全国携手奔小康行动培训班上正式发布。

（三）昆山—碧江"七结对"助力脱贫攻坚

2017年10月，昆山和碧江建立东西部扶贫协作结对帮扶关系。两地在产业协作、教育医疗、劳务合作、人才交流、旅游农业等方面建立全面帮扶合作关系，并以项目化的形式来助推碧江脱贫攻坚。在携手奔小康方面，通过广泛发动、对接协调、横向联系、纵向沟通，调动各部门、单位和社会各界广泛参与到昆山对口帮扶碧江的工作中来。通过部门结对、乡镇结对、村村结对、家庭结对、村企结对、社会力量结对等形式，建立起"点对点、点对面、一对多、多对一、点对线、线对面"的结对关系，形成了多元化、多层次、多领域的精准帮扶格局。

推进部门"对口"结对。东西部扶贫协作领导小组成员单位与对口单位建立起结对帮扶关系，部门间交流合作频繁。实施了人才交流"六个10"计划，即：每年派10名优秀教师支教、10名骨干医生支医、10名农技专家支农、10名科技人才交流、10名优秀企业家考察、10名社会工作专家辅导。两地32所学校建立"校校结对"关系，互派教师交流学习；两地中医院建立共建帮扶关系，昆山中医院通过三年时间帮助碧江中医院升级为三级医院；劳动部门共同建立劳务合作站，昆山每年提供就业岗位1.3万多个，并推动昆山大型企业与铜仁的职业院校合作，开设"百家惠大药房定制班"等；旅游部门开通昆山碧江旅游年卡，年销售3000张卡，打开了两地旅游市场；农业部门积极谋划"黔货出山"，在昆山建设碧江农产品展销点四个。同时，积极推动司法局、粮食局、供销社等非领导小组成员单位的结对。

推进园区"产业"结对。围绕"园区共建、产业合作、产城融合、就业脱贫"的思路，在两省签署《铜仁·苏州产业园共建园区框架协议》的背景下，昆山高新区与碧江经开区签署了共建合作协议，明确6.18平方公里作为先行启动区域，成立了一级开发公司进行开发建设。双方还与国开行签署了三方合作协议，国开行提供20亿元额度的贷款用于园区开发建设。铜仁市政府制定出台《关于支持铜仁·苏州产业园核心区建设的实施意见》，明确了八个部分十四个方面对园区进行授权管理、政策支持和组织保障。

推进乡镇"项目"结对。昆山所辖的八个镇和旅游度假区与碧江九个乡镇实现双向结对全覆盖，其中巴城镇、淀山湖镇、千灯镇和周庄镇在与新疆阿图什市相关镇结对的情况下，与碧江漾头镇、六龙山乡、滑石乡和桐木坪乡建立结对关系，探索"一对二"双结对模式。同时，昆山四个办事处与碧江四个街道实现结对全覆盖。已结对乡镇均以项目形式进行帮扶，提升被帮扶乡镇的造血功能。如：张浦镇与坝黄镇共建100亩蓝莓园基地，周市镇与瓦屋乡共建羊肚菌食用菌项目，陆家镇与和平乡共建油茶项目，巴城镇与漾头镇共建茶园山古村保护项目等，乡镇和街道结对资金700多万元。

推进贫困村"全面"结对。2018年，碧江拥有90个村（社区），其中贫困村34个（含8个深度贫困村）。立足昆山各村的发展优势，结合碧江农村的实际，推动昆山8个经济强村与碧江的8个深度贫困村建立结对帮扶关系，26个一般贫困村实现村企、村村、村社（社区）结对。同时，引进各类社会资源支持贫困村发展，将社会捐赠、公益资金、民间资源向贫困村倾斜，形成"多对一"的帮扶关系，重点发展经济作物、农产品深加工、"村头工厂"、田头"基地"，帮助贫困村增强"造血"功能。

推进家庭"广泛"结对。借助民政、群团等的力量，鼓励商会、协会、社会组织等社会力量参与碧江脱贫攻坚，并借助"昆碧山水情"微信公众号，开展网络宣传和社会宣传，让更多人关注碧江贫困人口和弱势群体，推动家庭间的"户户"结对。2019年底，昆山1024名党员干部与788户建档立卡贫困户建立了家庭结对关系，并开展了"六个一"

（一笔爱心奖金、一套床上用品、一床棉被、一件棉衣、一桶油、一袋米），助推碧江区建档立卡贫困户全部"清零"。

推进村企"柔性"结对。积极推进昆山企业与碧江有关村的结对帮扶，以定向招工、项目扶持、资金支持、弱势群体关爱的形式开展帮扶。多家企业帮扶茶园山、陈家寨、卜口、小冬云等 13 个村。同时，通过昆山工商联联合的商会优势，整合企业捐助资金建立扶贫资金池，定向扶持 10 个产业项目，并与贫困村的建档立卡贫困户建立利益链接机制。

推进社会力量"参与"结对。积极架起昆山社会各界与碧江的联系桥梁，推动社会力量和爱心人事参与碧江的扶贫事业。社会捐助资金重点用于贫困学生资助、孤寡老人关爱、冬衣捐赠等。昆山亚香香料有限公司出资 100 万元成立"亚香奖助学金"，对品学兼优的学生进行重点资助和奖励，并组织了 20 多名贫困家庭孩子到昆山开展为期一周的夏令营活动，让贫困孩子走出大山看昆山发展。昆山一退休村书记，整合各类社会资金在坝黄镇坪茶村发起"昆碧幸福里"项目，建设公共服务、日间照料、党员服务、留守儿童关爱"四中心合一"，关注留守儿童和孤寡老人等弱势群体。

2019 年 4 月，《昆山碧江"七结对"助力脱贫攻坚》入选第二届中国优秀扶贫案例。

为圆满完成对口帮扶支援合作做好参谋和助手

在东西部扶贫协作和对口支援及南北挂钩工作中，苏州市始终加强组织领导，投入真金白银、倾注真情实意、持续真帮实扶。自 2016 年到 2020 年，我们统筹协调对口帮扶资金 89.55 亿元，其中东西部扶贫协作贵州铜仁资金 20.25 亿元、陕西周至县资金 0.93 亿元、对口支援新疆 3 县资金 44.17 亿元、西藏林周县资金 9.51 亿元、青海藏区海南州 4.75 亿元、重庆云阳 4000 多万元，省内南北挂钩资金 9.76 亿元，组织部门先后选派了 1400 余名援派干部至受援地挂职，援受双方开展了多形式、多渠道、多层次、全方位的扶贫协作与对口支援合作工作。为保障这些工作顺利进行，我们主要做了这些工作：

（一）及时贯彻党中央决策部署，确保如期完成任务

从 2016 年以来，中央每年都要召开东西部扶贫座谈会，并出台相关政策和措施。苏州市都是在第一时间传达学习、贯彻落实上级精神。脱贫攻坚战以来，苏州市先后召开 16 次常委会议、7 次政府常务会议、8 次东西部扶贫协作推进会议。为加大对所属市区及相关部门的统筹指导力度，逐级压实责任，确保上级精神落地有声，苏州市每年及时召开年初任务部署会，下半年召开东西部扶贫协作和对口支援工作推进会。各类会议召开前，我会同处室同志做好会前策划、会中保障、会后督促等相关工作。围绕党中央、国务院每年及各个阶段出台的政策、文件，关于脱贫攻坚的最新部署，我们必须紧跟形势，及时学习、消化、理解，并适时提出贯彻落实的建议、方案，为召开常委会议、政府常务会议提供形势分析和策略，如阶段性工作总结、下一步工作重点情况汇报，同步提出可行性建议报告。

2016 年开始，中央确定包括苏州市在内的东部 9 省（市）与东部 13 个城市作为接受国家考核的东部 22 个单位，每年接受脱贫攻坚及东西部扶贫协作考核（以下简称"国考"），实行东部 9 省和东部 13 城市"国考"联合排名制，倒数后两位及考核出现不合格的省、市将被党中央约谈，约谈党委、政府负责人，并追查职能岗位责任人，大家俗称"国家史上最严"的考核。我们感到责任重、压力大，但是我们选择迎难而上。围绕"国考"标准，全面落实年度工作任务相当纷繁复杂。对标对表国家决战决胜脱贫攻坚新要求，围绕东西部扶贫协作和对口支援工作考核评价体系，我们认真做好接受国家东西部扶贫协作和对口支援考核和督查普查各项工作。每年迎接"国考"基本要花费近两个月的时间，基本每天都要加班加点，时常晚上十一二点才能回家休息。通过全市上下共同努力，全社会共同参与，从 2017 年到 2020 年，在国家

组织的脱贫攻坚考核中，苏州市3次取得"好"的档次，1次"较好"档次。

（二）深入调查研究，组织编写"援藏""援疆"和帮扶贵州铜仁规划

没有调查研究，就没有发言权。为了摸清受援地的实际情况，我和同事们经常深入各对口地区进行调查研究和对接工作。我记得单就铜仁一个地方，我就去了80趟左右。在结对初期，贵州及铜仁交通不发达，通常每次赴铜仁出差，都是早上5点起床出发，正常情况下，到晚上11点左右才能到达铜仁。可以自豪地说铜仁的每个县（区）、大部分贫困乡镇，都留下了我的脚印。2016年9月，江苏党政代表团在陕西调研考察期间，苏州和延安两市市委书记就苏陕扶贫协作进行了初步沟通。为贯彻落实苏州延安两市主要领导的沟通意图，我赶赴延安市开展苏陕扶贫协作情况实地调研和对接，在途中突遇交通事故，因车辆倾覆导致我3根肋骨骨折。为了确保任务如期完成，我在住院一周后又立即投入了工作，并最终将任务顺利完成。"上级要求、受援地所需、苏州所能"是我们工作的宗旨，实地调研为可行性决策建议的提出打下了坚实的基础。在此基础上，支援合作处牵头编制了对口帮扶铜仁、对口支援新疆3县、对口支援西藏林周的"十三五"规划，并根据进展情况，及时进行调整和修编。同时，围绕部门分工、板块职责相继印发了《苏州市东西部扶贫协作考核实施细则（试行）》和《苏州市东西部扶贫协作工作分工职责实施细则》。针对每年脱贫攻坚形势和任务，苏州市印发当年苏州市脱贫攻坚工作要点。五年间我们牵头制定东西部扶贫协作和对口支援15个文件，将工作经验和工作管理上升到制度层面，巩固对口帮扶工作成果，建立良好的长效运行机制。

（三）保障调研对接，做好高层互访及联席会议工作

党政调研对接、召开高层联席会议是商定重大事项及推进整体策略

的主要方式。苏州主动到西部调研对接，可以研究解决规划编制、资金支持、产业发展、劳务协作等重大事项。这既是苏州的一种姿态，更是中央的政治要求和规矩。2016 年以来，江苏及苏州党委和政府主要负责同志每年都到贵州及铜仁调研对接。我和处室同事围绕对接工作做好对接计划、行程安排、商议事项及各类服务保障工作。据不完全统计，2016 年以来，江苏省及苏州市到铜仁市调研对接共 1043 人次（省级 11 人次、地厅级 75 人次），贵州省和铜仁市到苏州调研对接 1105 人次（省级 17 人次、地厅级 154 人次）；召开高层联席会议，充分发挥联席会议决策功能。双方省市领导调研对接十分紧密，五年来，共召开了 11 次联席会议，并形成联席会议纪要。

苏州市在东西部扶贫协作和对口支援工作中，取得了许多成绩，形成了一些典型经验，展现了"苏州担当"，打响了"苏州品牌"。近五年来，各类媒体宣传报道苏州市东西部扶贫协作工作和对口支援工作 3000 多篇。仅 2020 年就有媒体宣传报道 1448 篇，其中国家级以上 196 篇、省级以上媒体宣传报道 258 篇。如 2020 年 9 月 14 日，《光明日报》用两个整版刊载了《新时代东西部扶贫协作的创新实践》，全面系统地总结了苏铜扶贫协作工作。2021 年 2 月我荣获了全国脱贫攻坚先进个人，并有幸参加全国脱贫攻坚表彰大会，我感到无上的光荣和无比的自豪。我深切感受到，能全程参与伟大的脱贫攻坚战斗并贡献自己的力量是人生的幸事。站在工作新的起点上，我绝不能愧对党中央国务院给予的崇高荣誉，在接下来的乡村振兴建设中，以脱贫攻坚精神，开启新生活、接续新奋斗。

（靳海鸥　整理）

寻梦墨竹 建功工卡

李求超

2019 年 6 月底，按照组织部统一部署安排，我作为南京市第九批援藏干部的一员，来到拉萨市墨竹工卡县，在县农业农村局担任副局长，分管县乡村产业发展、畜牧业、双创等工作，开始了我的援藏工作。

建功工卡，从无数个第一次开始

2019 年 6 月，当洁白的栀子花还在享有国际慢城美誉的固城湖畔恣意绽放的时候，我第一次踏上了西藏这片神圣的土地，抵达墨竹工卡县，开始了自己的艰苦的援藏生涯。其间，经历了"四个一"，使我深深感受到援藏工作的不易和什么是"奉献"的含义。

第一次体验强烈的"高反"。之前，我从未到过高海拔地区，也未体验过让人心有余悸的高原反应。来西藏之前，我提前做了准备，吃了一个星期的抗"高反"药。可是飞机到西藏一落地，还是感觉到头昏脑涨。第二天还能勉强应付，到第三天终于支持不住，在下榻的酒店睡了一天一夜。第四天，摇摇晃晃去参加援藏培训。培训中脑袋虽然迷糊，可始终记住培训老师的一句话："缺氧不缺精神、艰苦不怕吃苦、海拔高境界更高。"后来我才知道，这就是当地干部和群众口口相诵的"老西藏精神"。20世纪五六十年代及其后几代驻藏部队官兵和地方各族干部，在世所罕见的特殊艰苦环境下，发扬党的优良传统，在修路生产、平叛斗争、民主改革、社会主义革命和建设中出色地完成了党和人民交给的各项光荣而艰巨的任务，逐步创造了"老西藏精神"。它是驻藏部队几代官兵同西藏各族人民一道前仆后继、百折不挠、英勇奋斗凝结而成的宝贵精神财富。2020年8月28日至29日，中共中央第七次西藏工作座谈会召开，习近平总书记在座谈会上为"老西藏精神"作出新的时代注解。他说："缺氧不缺精神、艰苦不怕吃苦、海拔高境界更高，在工作中不断增强责任感、使命感，增强能力、锤炼作风。"近几年，中央支持西藏，各地支援西藏，西藏的发展步入了发展的快车道，但是这里和东部发达地区相比依然有短板。缺氧、干燥的气候让我失眠，交流也存在一定困难，而发扬"老西藏精神"，是开展援藏工作的"法宝"。工作初期，特别是下乡的时候，我"兜里揣着'高反'药，脸上挂着氧气罩"，和大家互相鼓劲，互相关心。我还特意买了一个监测仪，用于监测血氧浓度和心率，随时了解身体状况。通过调整心态，遵照医嘱，我也逐渐适应了那里的环境，投入到了援藏工作中去。

第一次"种油菜"。我原来从事的是畜牧兽医方面的工作。和农作物、种植业是八竿子打不着。来到西藏，我便同"油菜"结下了不解之缘。墨竹工卡县具有悠久的小油菜种植历史，早在唐贞观年间、松赞干布主政西藏时期，墨竹工卡县龙珠岗村就已经开始种植小油菜，并作为贡品，距今已有千年。它也是西藏特有的品种，在2018年，"墨竹工卡小油菜籽"通过申请成为地理标志证明商标。墨竹工卡把"油菜"产业作为县农业产业发展的"突破口"，我也"跨界"投入到第一次"种油菜"中去。2019年末，投资近2000万、年产量近1000吨的墨竹榨油厂初步建成投产。经过测算，要使榨油厂满负荷生产，需要原料菜籽近600万斤。当时的油菜种植产量远远达不到生产需求。于是我同大家一起，一方面联合农技推广站，利用一切惠农政策，采取种子化肥优惠价发放、"耕地托管"包服务等模式，调动农民种植油菜的积极性；另一方面联合县净土公司和各行政村签订统购协议，承诺以高于市场的价格收购油菜籽，以打消农户的销路顾虑。经过两头抓，2020年，小油菜种植面积达到了2.96万亩，为榨油厂的运行提供了原料保障。由于粮食保供的要求，2021年小油菜的种植面积无法再进一步增加，于是我同大家一起准备在良种选育上做文章。今年推广种植了5种新品种油菜，共计100多亩，为墨竹油菜种植业提供科技支撑。

第一次做"代言人"。原料的问题解决了，接下来就是解决销路的问题。我同大家一起决定充分利用南京这个广阔的市场，为墨竹小菜籽油找到"新家"。2020年"南京墨竹周"期间，出于宣传"墨竹小菜籽油"品牌的需要，我把自己的姓名和联系电话印在了"墨竹小菜籽油"的宣传海报上，并加了一个前缀：墨竹小菜籽油"代言人"。随着宣传的推进，来电咨询购买墨竹小菜籽油事宜的客户由每天几个增加到十几甚至几十个，有时候手机一天要充三四次电。白天，我一边忙着接电话，一边筹备在南京各区的展销会；晚上，就在酒店整理汇总收到的订购信息。虽然每天都会忙到深夜，但是看着订购的数字一天天的增长，心里却是比蜜还甜。此外，我同大家一起在南京设立了首个"格桑花开·高原直播间"。主办方为了加强宣传效果，要求援藏干部带头直播带货。经过认真准备，很快我便进入了角色，开始和网友互动起来。特别是当看到手机屏幕里有网友好奇地询问墨竹菜籽油的特点时，我即刻打开话匣子，主动向网友介绍墨竹的小菜籽油的特点，并分享墨竹的风土人情。直播带货效果出奇地好，可谓是干货满满，"墨竹小菜籽油"得到了南京市民、各部门、单位的认可和热情支持，认购金额超过460万多元。与6家电商平台和渠道服务商签订合作协议，注册了"天边墨竹"公共文化品牌，带动制定墨竹小菜籽油新的产业规划。2021年，全县的目标销售额预估突破1200万，小菜籽油产业发展上了一个新的台阶！

和边巴卓嘎的第一次"约定"。边巴卓嘎是榨油厂的一名女工，负责食堂后勤工作。工作中的边巴卓嘎总是面带微笑，弯弯的眼睛就像纳木错上空升起的月亮一样美丽，是一个阳光、给人带来正能量的同志。

我在工作中得知，边巴卓嘎是建档立卡户，属于扶贫政策重点保障对象。她从山南市搬迁而来，而且已经是两个孩子的妈妈，大女儿8岁，小儿子4岁。她的丈夫在县里另一个乡打工，有时候需要上夜班，因此，照顾两个孩子的重任就压到了她一人的肩上。更为不幸的是，她的大女儿患有脊柱侧弯，2018年在南京儿童医院做了手术，现在每年仍然需要前往南京进行一个月的矫正治疗。然而在她的脸上看不到丝毫生活上的磨难。得知她的境况，我准备去边巴卓嘎家看看，了解她家的真实情况，还需要哪些帮助。边巴卓嘎住在县城里建成不久的集中安置小区，家里崭新宽敞，摆放了很多绿植，不知名的白花红花开满了屋子。说起大女儿的病情的医治，边巴卓嘎心里充满着感激，她认真地说，大女儿得这个病的时候，手术要花费很多钱，开始不知道该怎么办，那时候很有压力。后来南京援藏的医生告诉她，像她这种情况，小孩可以去南京免费治疗。在墨竹卫健委的安排下，和她情况类似的几名家长，带着患儿在南京儿童医院免费实施了手术，康复都很好很快。榨油厂虽然去年才开始生产，但生产的油卖到了南京，效益很好，她在厂里每个月能按时拿到3500多元的工资，厂里也提供午饭晚饭，所以生活上没有压力了。她深情感谢南京市委市政府，感谢南京人民。她说道，家长们都知道，南京儿童医院是全国最好的儿童医院之一。虽然女儿每年要去南京治疗一个月，但是免费的，南京的医生说女儿需要治疗到18岁，但是如果恢复得好，到16岁就可以不用去了。南京儿童医院提供了最好的医疗条件和医生，也派了很多很好的援藏干部，所以要感谢他们。边巴卓嘎说，女儿恢复得很好，上体育课也没问题，可以和其他同学一样生活学习。谈话间，她的大女儿蹦蹦跳跳地放学回家，坐在了她妈妈的旁边。见到她的女儿，我便问边巴卓嘎和孩子："去南京这么多次，有没有带女儿去南京的旅游景点，比如中山陵、夫子庙去看一看？"边巴卓嘎低声地说："带孩子治病的时间很紧张，都是在医院比较多，没有去过这些地方。"我当即与边巴卓嘎和孩子们做了一个约定，下次去南京，带他们逛一逛古都南京。边巴卓嘎一家人露出欣慰的笑容，就像一朵朵盛开在雪域高原的格桑花。无数个"第一次"，使我明白了援藏工作意义和价值，更感受到了我们工作的责任。

回望援疆

陈晨

新疆在召唤

2016 年 12 月 29 日，南京虽已跨入"冬至"，也走过"大雪"，却没有见到天上落下一片雪花，而在万里之外的新疆却正风卷着大片雪花咆哮着，让机场公路披上厚厚的白雪，不让人们出门，是宅在家烤火的日子。

此刻，我和其他准备去援疆的五名南京干部正焦急等待着，不知何时才能登机入疆。不管有什么变化，我们做好了应对一切可能的变化。还好，好消息来了，新疆的风雪停了，深夜终于登上了飞机。我们肩负着党和国家赋予的援疆使命，亦不忘省、市、区领导们的嘱托，作为南京援疆第三批鼓楼区干部提前进疆人员，负责与第二批援疆指挥组做好交接、打好前站。

新疆的天气说变就变，飞机刚飞到伊宁上空就遭遇暴雪，只好备降乌鲁木齐，第二天早上 7 点再次起飞，一路奔波，途中大概用了十五六个小时，终于降落在伊宁机场，这时已到晚上 10 点多。出了机舱尽管有所准备，但零下 10 摄氏度的气温，还是让我们感到新疆天气的寒冷。

当时，是伊宁市委组织部的领导来迎接我们的，欢迎会后，我们三年的援疆伊宁生活就此拉开帷幕。

伊宁的早晨

伊宁的早晨是安静的。可南京的援疆干部，一点儿睡意都没有，只想着啥时候上岗。短暂休息了一阵，下午，前方指挥组组长童晓佳带领我们一行六人与第二批援疆指挥组进行交接工作，学习了解伊宁地理文化、风土人情和民族特点等。同时了解前期援建工程项目、资金核算、后勤保障、队伍管理等各方面的情况，确保尽快交接和新工作的启动。

元旦当天，我们第三批援疆工作组人员正式上岗，我由南京市鼓楼区幕府山办事处分管经济工作的副主任，转任伊宁市发改委副主任、南京援疆指挥组人才办主任，负责南京援疆项目的编制、推进及资金统筹调拨和人才工作。这是组织对我的信任，也是对我的考验。现在起，我和我的同事们就是新疆伊宁人了，我们都决心立足岗位努力工作，为伊宁经济社会发展贡献自己的力量。

这天，南京市鼓楼区副区长、现伊宁市副市长、南京第三批援疆指挥组组长童晓佳带领我们到伊宁市金陵文化活动中心、金陵维吾尔医院、金陵抗病毒治疗中心、金陵二十一中学等前期援疆建设项目进行实地考察，了解尚未完工的建设项目和所需要的设备原料的采购情况。童组长比我们早入伊宁，对伊宁的建设项目都了然于胸，所有的数据都在他的头脑里。他要求加快进度、严把质量关，让各援建项目工程尽快投入使用，让伊宁的百姓尽早享受援建成果。

紧接着，我们又到最基层去调查什么是人民群众最重要的生活所需。经过多日调研和听取多民族人民的建议，基本确定了一些与市民生活息息相关的教育、医院、贸易市场、人民安全设施的建设需要尽快设计动工。打前站工作开展得很顺很好，这让我们信心十足。

2017年2月20日，南京第三批援疆后续干部和各专业人才到达伊宁，作为南京援疆指挥组人才办主任，我忙着给他们安排宿舍，购买必需的生活用品，还找了适合南京人口味的厨师，并安排老师、医疗工作者与工作单位对接，这是一批有着多年专业经验的精英，可以预见，一场脱贫攻坚的战斗即将打响。

金陵同伊宁

我们工作组在走访调研时了解到，伊宁火车站周围片区的孩子们上学很不方便，每天要到离家五公里以外的学校上课。早晨不仅起得早，坐汽车又人挤人，骑自行车亦怕不安全。通过论证，工作组决定在伊宁火车站片区建设一所学校。让孩子们不跑远路，在家门口就能上好学。

根据实际情况，我们仅用了四个多月的时间就完成项目可研报告，设计施工图和规划、国土、环境评估等审批手续。2017 年 7 月 2 日，伊宁市第二十八中建设正式开工。这是我们入疆的第一个项目开工，工作组所有人都很高兴。经过工程技术人员、建筑工人的辛勤劳动和科学施工，学校于 2018 年 8 月建成投入使用。这所学校总投资达 8000 万元，最大办学规模可接收 3000 名学生。

我曾多次去过这所学校，校门前一块石碑上刻有"真情援疆，大爱永存"八个大字，校园里一幢幢教学楼各具特色，有明德楼、明智楼、明义楼、明信楼和明礼楼，处处闪耀着独特的民族文化。校园绿色的草坪和树木交相辉映，一派勃勃生机。同学们置身于如此美丽的校园，能不"好好学习，天天向上"吗？

值得一提的是，在援建伊宁二十八中学时，我们超前考虑，利用太阳能电力为学校供电。伊宁当地有日照资源优势，太阳能能够减少二氧化碳排放，减轻空气污染，让天更蓝、空气更清新。这是在伊宁第一次使用太阳能发电，也是全市唯一用太阳能电力供电的学校。作为审计，我将煤炭电力与太阳能电力费用进行比较和测算，虽然太阳能电力比煤炭电力成本高，但新能源是大势所趋。今天看来，当初大家一致支持用上太阳能的决策是正确的。2020年9月，在第七十五届联合国大会一般性辩论上，我国首次提出要在2030年实现碳达峰、2060年实现碳中和的目标。为此，我们感到骄傲，走在"双碳"前列了。

医院为民而建

伊宁市的塔什科瑞克乡卫生院也是我们的一项重要援建工程。当时我们援疆工作组到实地调查，看到的是一家破旧的小医院，卫生院设施非常简陋，一幢陈旧小二楼看上去似多年没有修葺，随时都有倒塌的危险。塔什科瑞克乡有3.5万多居民，且多数是维吾尔族居民，他们都在这个小卫生院看病，早就盼望有一个新的卫生医院，能够好治病、治好病。我们"尽快立项，早日开工。"2017年9月，新的卫生院正式开工建设，2018年8月建成并投入使用。新的卫生服务中心不但医疗设备先进，基本科室都有，还增加了中医科、慢性病科、理疗科等服务，方便了病人的及时就诊检查。城镇和城乡居民等参保病人，都可享受最高报销比例。

新的设施和良好的医疗技术，为病人提供了优质的医疗服务。有一个病人叫吾热古丽，患有严重的腰椎间盘突出症，常常半边腰腿发麻疼痛，疼得无法走路，就医非常不方便。如今，新建的卫生院，彻底改善了医疗治病的条件，医院也离她家近了，经医生精心的治疗，吾热古丽的病有了很大的改善，不久就可以轻松地活动了。

援疆工作组不仅改善了当地医院看病环境，援助了先进的医疗器械，还选派五名南京的高级医疗专家，定期到乡镇卫生院坐诊，并培训当地的医务人员，大大地提高了乡镇卫生院的医疗水平。

在伊宁的这些日子里，我也听过一些援疆医生的精彩故事，印象深刻，让人难忘。

南京鼓楼医院是鼓楼区域内的一家三甲医院，有不少医疗专家和知名医生参加了援疆工作，其中普外科主任王浩对口支援伊宁人民医院。

2018 年 10 月的一个周末，50 多岁的哈萨克族农民工巴克吐鲁干被家人送到伊宁市人民医院。两天前，他在工地上干活，不小心从两米多高的脚手架上跌落，被一根钢管从他的会阴部直接插入腹部，当时送到了附近的卫生院治疗，简单处理了伤口。两天后，巴克吐鲁干病情严重，不仅腹部疼痛，同时发高烧。王浩医生了解病情后，认为是伤者肠道受到损伤，需立即手术探查。手术中，王浩医生发现伤者直肠穿孔，腹腔有粪便，污染严重。经过精心的手术治疗，伤者终于脱离生命危险。

巴克吐鲁干病好后曾不止一次地感慨道："如果没有南京援疆医生，我早就不在了……"

服务在伊宁

2017 年 3 月，由南京援建的伊宁市行政服务中心装修改造工程在寒风中开工，为了早日完工，工程师和工人们抗严寒、冒风雨、战酷热，又快又好，于当年 7 月完工并交付使用。

在此期间，在工作组的协调配合下，伊宁市组织了有关部门的干部去南京考察学习先进的管理经验，学习服务窗口业务办理，为行政服务中心的运转奠定了坚实的基础。伊宁市行政服务中心投入使用后，成为提高行政效能、践行"学讲话、转作风、促落实"专项活动的一个重要示范窗口。伊宁市委、市政府与南京市援伊工作组以此为突破口，结合江苏省推进"放管服"集成改革所积累的经验和南京市先进的政务服务措施，推进行政服务中心各项工作快速步入正轨。

以前，居民到服务中心办事要走好几个窗口，时间长、头绪多。现在行政服务中心设有服务窗口 80 个，纳入办理相关行政审批服务的市直单位有住建局、教育局等 21 家单位。每天来办事的人流量达到 1500 至 1700 人次，最多时达到 4000 人次左右，而且一天之内都能办好、办成。曾有一家房产经纪有限公司经理感慨地说道："以前我们办房产手续要跑好多部门，现只要手续齐全，只要跑一次就可以办好相关手续，节约了好多时间。"

建设富民安居房

新疆的极端天气现象比较多，如沙尘暴、6月的冰雹、9月的飞雪，都时有发生。还有小地震也会时不时来捣蛋，见得多了也就不算什么了。但最恐怖的一次是在2017年8月9日，在博州精河县，发生了6.6级地震，震源深度11千米，地震发生地点离伊宁市不到100公里。

当时，我妻子带着孩子利用暑假来探亲，大约在早晨7点钟，突然感觉到宿舍楼剧烈晃动，房间的吊灯在大幅度摆动，橱柜的门都被震开了。我明白这是地震了。第一反应就是找可靠的空间保护妻儿。没一会儿，一阵一阵的晃动过去了，我们以为没事了，可两三分钟后又晃动起来了，这时门外有人在喊着：是地震呵，是地震呵，快下楼呵……当年四川汶川大地震的情景从眼前一闪而过，我立即套上衣服，抱起孩子同妻子从宿舍五楼跑下楼，只见楼下已有些人了，他们帮助我护着儿子，直到地震停止下来，我们才上楼，吃完早饭，又赶去上班工作了。

这次地震是我在新疆亲身经历的最大地震，指挥部办公室的楼顶也被震裂一条口子，市政府楼顶的装饰构件被震掉在地上。当地有一些牲口圈被震倒，死了一些牲口，但没有人员死亡。后来得知，这里也是地震多发区，房屋要求能够抗8级地震不倒。

这几年援疆项目中就有给当地贫困户盖抗震加固房，很多人受益于我们盖的抗震加固房，地震没有造成人员伤亡。我们援疆工作组协调伊宁规划、国土等部门简化审批流程，免费为贫困户办理建房手续，无偿提供设计方案，为建房户免费搭建临时居住生活用房（帐篷），提供挖掘机、铲车等机械为建房户拆除旧房。2018年起，南京援疆补助在往年户均1万元的基础上又增加了1万元，结合精准扶贫工作实施了安居住房改善工程，3年共建了5870户富民安居房。通过国家、自治区、对口援疆补助等资金的大力支持，伊宁市农村安居建设工程成为最受农牧民欢迎的一项民生工程，成为统筹城乡发展、加快村镇建设、改变农村面貌、提升人居环境的重要平台。

伊宁市潘津镇潘津村村民赛提瓦了地·伊不拉木是一位盲人，属于一级残疾，享受残疾人两项补贴240元每月和低保政策295元每月。他和妻子、儿子、儿媳妇、孙子一家5口人住在一起，在儿子结婚时，老两口搬进了一间老旧的小房子，将大一些好一点的房子腾给儿子儿媳居住，由于房子内没有卫生间，白天家里人都去工作了，只有他一人在家，上卫生间成了一个难题。2018年，赛提瓦了地·伊不拉木享受了安居富民政策，获取各类建房补贴4.2万元，新建了40平方米的抗震房，在2018年冬天到来前，赛提瓦了地·伊不拉木住上了漂亮、安全且带室内卫生间的新房，他那满是幸福的笑脸我至今记忆犹新。

精准施策见成效

我刚到新疆伊宁市的时候，比我们先期到达的童晓佳再三强调：南京援疆指挥组要团结带领全体干部、人才，深入贯彻中央治疆方略，围绕新疆社会稳定和长治久安总目标，积极落实党中央及各级党委政府关于援疆工作的要求，在省前指领导关心和伊宁市党委政府的大力支持下，精心谋划、周密部署、有序推进各项对口支援工作。

巴彦岱镇农贸市场改造项目是我们援建的重点项目。这个农贸市场在伊宁市西部，位于巴彦岱镇，著名人民作家王蒙同志曾在这里生活过。一个不起眼的小菜市场，因长年风吹雨打，已经摇摇晃晃。为尽快精准脱贫，解决百姓实际困难，我们选择在老集市原址进行改建扩建。这里处于伊宁市高速公路出入口，有天然形成的"巴扎"（集市）的优势。经过改扩建，一所新的室内集市建成，有400多个摊位，其中40个摊位无偿交给贫困户经营使用，让贫困户早日脱贫致富达小康。新集市建成后，生意十分兴隆。从早上8点开市到晚上8点打烊，周边很多农户到这里贩卖新鲜蔬菜、鸡蛋、肉禽，等等，每天早上集市很热闹，人流量极大，周围早餐摊生意火爆，商家也忙得不亦乐乎，农户增加了收入，收到良好的社会、经济效益。

为了帮助当地贫困农民就地就业，我们还建成了达达木图乡打馕工厂、克伯克于孜乡惠民超市等一批扶贫就业项目。

新疆紫苏丽人公司是以薰衣草种植为主业的高新企业，只做薰衣草精油。早先生产销售很好，可近几年来由于同类产量大增，导致竞争激烈，产品积压难卖。董事长杨建新找到援疆工作组，希望能助她一臂之力。援疆工作组根据该公司的状况，建议她利用既有原料，提高产品科技含量。帮她联系到南京一家上市医药公司挂职，又邀请南京市野生植物综合利用研究院院长张卫明到公司指导，使杨建新学到了技术，终于开发出了美肤、护肤、洗护、助眠等30多个新品种，公司生产与销售节节攀升。杨建新激动地说："现在我们企业有自治区唯一的薰衣草精油深加工研究中心，唯一的薰衣草技术中心，都是在南京援疆干部帮助下建成的。南京援疆干部帮我们开拓经营思路，企业的发展越来越好。"

新疆零号网络公司董事长郭炜，亦是援疆工作的受益者。他以前从事建材制造和销售，受到物流条件的制约，客户有时急需产品时，找不到车，无奈他几乎把找车作为重点工作。2017年的一天，他找到我们援疆干部工作组请求帮助，又是援疆工作组帮他引进南京一家互联网企业。他索性不再做建材销售，集中精力做物流网络平台，也运输各类物资，发展很快，平台上线后有全国各地200多万名司机注册使用，运输网络也遍布全国。郭炜的转型，让他受益匪浅。他说："援疆干部引荐的互联网物流平台，彻底改变了全疆物流运输落后的现状。"

喀赞其民俗旅游区是伊宁市具有浓郁新疆民族风情的街区，居住着13个民族居民，这里的建筑和餐饮各有特色。南京援疆干部来后，发现了这里的旅游特色，在充分尊重当地居民的生活习惯的基础上，帮他们规划，做强旅游业。街区南面丁字路口的乌孜别克文化大院，原本是一座老建筑，在南京援疆指挥组的帮助下于2019年8月修缮完工，还被纳入旅游规划，不仅建成游客服务中心等项目，还确立整体性经营、制度化管理的发展理念。让人高兴的是，一年下来，喀赞其民俗旅游区接待全国各地游客超过 20 万人次，解决当地 4000 余人就业，成为伊宁旅游一张闪亮的名片。

风琴传友情

2019 年 5 月 18 日，新疆伊宁市由市委常委、宣传部部长巴合提汗·阿山别克带队，六星街手风琴队带着新疆伊宁人民的情谊，专程来到南京。

来自伊宁市的六星街民族团结手风琴乐队七名队员用手风琴演奏出一首首新疆民歌，悦耳的情歌在南京市鼓楼区白云亭文化艺术中心响起。

61 岁的亚历山大·谢尔盖维奇·扎祖林是民族团结手风琴乐队的团长，他 16 岁时就拥有了人生的第一台手风琴，从此爱上了手风琴，而且还收藏了 1200 多台手风琴，其中有一台还是 1827 年产的古琴。为了更好地保护和发展当地手风琴文化，南京援疆指挥组投入 400 万元建立了六星街手风琴馆。

2019 年 3 月，他们七名成员正式成立了六星街民族团结手风琴队。他们来自不同民族和行业，有民间歌手、艺术学校手风琴老师、中学音乐退休教师，经常进行串场表演。

2019 年 4 月，乐队刚刚成立不久，他们便收到中央电视台节目组邀请，去参加录制一档民族文艺节目。演出后，乐队七人就马不停蹄赶到南京。为了感谢我们南京援疆伊宁的支持，也为了推介美丽伊宁，手风琴乐队在南京办了七场手风琴音乐会，除了演奏在央视录制的那十首经典歌曲，还有各具特色的新疆民间歌曲，让南京市民们看到了一个充满文化魅力的新疆。

六星街民族团结手风琴队的精彩演出，表达了伊宁人民对南京人民的深情厚谊。在旅游旺季到来之际，手风琴乐队来到南京，以丰富的文化内涵展示美丽伊宁风情，吸引更多的南京人到伊宁市旅游。

南京之行结束时，团长亚历山大表示，希望今后乐队能争取更多的机会走出去交流。他说："我们都生在长在新疆，了解她的美好，如果我们的琴声能够让大家对新疆感兴趣，想要走进她，了解她，我愿意就这样弹奏下去。"

授鱼亦授渔

中国有一句古话：授人以鱼不如授人以渔。这句谚语充满深刻的道理。

2017年4月10日，伊宁市召开专业技术人才赴南京培训会暨2017年宁伊人才交流培训工作启动仪式，这是南京援疆第三批工作组首次组织伊宁干部人才到南京开展培训学习。援疆工作不仅仅送"鱼"，更要送"渔"。这就是不仅仅帮助伊宁人民搞建设、去扶贫，给予多方面的帮助，更要吸引伊宁人民到南京学习、培训，学习各方面的专业知识和技能。

首次培训学习，学员不多，只有30天的培训时间。学员们很珍惜这个机会，学习很刻苦，收获也很多，这让我们全体援疆同志为之喝彩。

随着培训学习的力度加大和培训业务的不断开拓，伊宁的同志想到南京来培训、学习的愿望越发高涨。2019年，南京援疆工作组收到各单位紧缺的人才的大量信息。如伊宁市国土局不动产岗位、伊宁市检察院检察官岗位、伊宁市羽毛球教练员、伊宁市委组织部电视编导，还有医疗卫生、科研院所、农田水利管理、社会事务管理等专业人才，等等。每年5000人，三年来已达到1.5万人。让人欣慰的是培训人才中党员在增长、少数民族人才在增长、女性人才也在增长。

2019年8月，我意外感染了疱疹病毒，造成面瘫。到伊犁州中医院就诊，看了15天，没有好转，上级领导令我回南京治疗，我丢不下工作，不想离岗。看到我的病这么严重，组织上还是让我回宁看病，治好了就回疆。我有些不舍回到南京，以为这病好治，南京又有大医院，可是医生说，在疆急性期没有对症治疗，错过了最好治疗时机，还要很长的时间治疗，而我愣住了，2019 年是我们援疆工作的最后一年，有不少项目都需要资金拨付和审计终结。我作为项目和财务负责人，在南京治疗期间也一直对接伊宁的项目进度和审计工作。接受了两个月的治疗后，稍有好转，11 月初就赶回伊宁，重返工作岗位。

2020 年 1 月 4 日，我们援疆工作任务圆满完成，我和工作组的同事们恋恋不舍地离开新疆，离开伊宁，那里留下了我们的脚印，留下了我们的汗水，我们与伊宁人民结下了深情厚谊。坐上飞机，在飞机升上空的那一刻，我和我的同事们都不约而同地回着头，望着渐渐远去的伊宁城……

再见了，新疆伊宁！

（褚家亮　张兴中　整理）

徐州第八批援疆有感

杜剑

"一声鸿雁泪双行，晓风残月天尽霜。寄梦关山八千里，从此奎屯是吾乡。"在之前的工作生涯中，我从未想过将徐州和奎屯联系在一起，4000多公里的距离，一个位于江苏西北部，古称彭城为华夏九州之一，一个位于新疆西北部，地处天山北麓和准噶尔盆地西南缘；一个是长三角北部集聚辐射力最强的节点城市，一个是新疆天山北坡经济带金三角区域的中心；一个是五省通衢的国家综合交通枢纽，一个是新亚欧大陆桥东联西出的桥头堡。而一段援疆支边经历，1000多个日日夜夜，却让我一生难舍新疆情结。

记得那是2013年12月，我以徐州第八批援疆工作组副组长、党委副书记的身份从徐州来到了奎屯，担任奎屯市委常委、副市长，晚上下火车见到海依拉提·阿西克市长，他拉着我的手高兴地说："舅舅家来人了。"让我一到奎屯，就感受到无限的温暖和亲情的慰藉。在这里，三年的工作生活，我们与奎屯市各族群众手拉手、心连心，用初心点燃激情，以实干见证承诺，让奉献闪耀人生，在奎屯这片热土上奏响了一曲新时代的大风歌，创造了一个又一个值得骄傲的"第一"。可以说，奎屯，已融入血脉、烙在记忆深处，是情愫、是鞭策、是催人奋进的号角，是一次弥足珍贵的人生历练，也是一次诗情画意的远行。

"一片冰心在玉壶"：用初心擦亮援疆底色
用行动践行无私奉献

几年来，在徐、奎两市党委、政府的坚强领导和大力支持下，第八批援疆工作组深入贯彻落实中央"依法治疆、团结稳疆、长期建疆"方略和省委、省政府"真情援疆、科技援疆、持续援疆"的要求，确立"一二三四"工作思路，围绕"一个中心"，即围绕对口援奎工作走在全省前列；做好"两个对接"，即做好与后方徐州市和前方奎屯市各相关部门的对接；实施"三先工程"，即重大援疆城建项目争先、重大援疆民生项目领先和重大援疆产业项目率先；推动"四化"新模式，即援疆资金分配"集中化"、招商引资窗口"前沿化"、干部人才工作"订单化"、产业援疆"园区化"。在第八批援疆工作中，徐州共安排援疆资金 3.73 亿元，先后实施创业街、学校、医院等 22 个民生项目。所有项目 100% 获奖，100% 移交，成为全省援疆工作的排头兵。

根据分工，我主要负责经济、干部、人才、招商引资、教育、科技等工作。2014 年 1 月 1 日，作为第八批援疆干部骨干成员，带着对奎屯人民的无限热爱、带着徐州人民的殷勤嘱托、更是带着稳疆兴疆的初心和使命，提前来到对口支援的奎屯市，开展调研、对接工作，对备选援助项目进行实地调研，在徐州市委、市政府的坚强领导下，在充分尊重奎屯市委、市政府意见的基础上，按照"摸清情况、把握标准、突出重点、抓住亮点"的工作要求，精心编制了《江苏省徐州市对口支援新疆奎屯市援疆专项规划（2014—2016）》。规划充分体现了奎屯需要"集中力量办大事"的新实际，对援建项目的建筑设计方案，力求既有鲜明汉韵文化特色又富有现代气息。通过前期的调研、对接，让我们的工作能够尽快融入奎屯的发展，让我们的干部尽早进入角色，2014 年 2 月 28 日，气温零下 20 摄氏度，我们一天驱车 1300 公里深入南疆阿克苏地区考察，顺利完成了项目论证工作。2014年4月10日，由我们援建的公共自行车系统、奎屯市疾病预防控制中心、东区农贸市场等10个民生项目集中开工，成为江苏第一个集中开工的工作组。4月29日，奎屯市公共自行车系统率先竣工交付使用，成为江苏省第一个交付使用的援疆项目和北疆第一个公共自行车服务运营系统。3年里我与团队成员按照"干在实处、走在前列"的目标要求，拧成一股绳，并肩作战，全力以赴，合力完成徐州市委、市政府赋予我们的援疆任务。

为设计丰富的招商活动，我和援疆工作组其他成员结合奎屯实际，确定招商目标、提出招商重点，大力宣传新疆、推介奎屯，提振内地企业到奎屯投资创业的信息。我们还成立了奎屯驻徐州招商局，并选派八位奎屯干部在徐州市属重要经济部门挂职，建立招商联席会议制度，定期举办招商成果汇报会和信息交流会，促进资源和信息共享。采取"走出去"和"请进来"相结合、会议招商和定点招商相结合、单体项目招商和引进资金股权进行合作开发相结合的方式大力推进招商引资工作。徐州天虹、江苏金昇、山东佰郑三大纺织巨头及徐州中煤百甲重钢生产基地、山东伟业重工等项目先后落地。援疆招商引资全州第一。徐州天虹纺织从开工到25万平方米的厂房建成并投产运营，用时不到半年，被《新疆日报》誉为"徐州速度"。《光明日报》以《产业兴 百姓富》为题对徐州产业援疆进行了重点报道。中央电视台新闻联播节目组专赴奎屯就产业援疆进行采访。

与此同时，我们创新项目运营管理方式。充分借鉴徐州市政府项目代建的先进经验，协助成立了项目代建中心，对投资1000万元以上，其中财政投资占项目总投资50%以上的非经营性项目实施代建管理。采用"一遍一审、跟踪审计、当地招标"等方式，实行"在线监管、网络直报、公开监察"等措施，进行项目线上线下全流程监管，确保工程优质廉洁、高效节省、阳光运作和公开透明。全省156个项目中有8个获"天山杯""扬子杯"优质工程奖，其中徐州有4个项目在列。

"甘将热血沃中华"：用信念勇挑责任重担 以创新助力产业发展

候机楼建设是奎屯市重大城市功能性项目，也是一项重要的民生工程。鉴于该项目落地、线路审批等方面进展缓慢，我及时向奎屯市委、市政府提出解决方案，并牵头推动项目洽谈、手续审批。2014年12月21日，在我和其他援疆干部的共同推动下，奎屯市人民政府与新疆机场（集团）有限责任公司签署了《奎屯城市候机楼项目协议书》，候机楼项目正式落户奎屯，全疆第一家城市候机楼项目抢在邻近的乌苏、独山子之前进驻奎屯。随后，先后三次召开专题会议，多次在伊犁州、乌鲁木齐来回协调，促成奎屯至乌鲁木齐机场的客运专线获批。2016年6月19日，奎屯市候机楼正式运营，目前日均上座率保持在90%以上，极大地方便了"金三角"乃至七师50万人的出行，在"金三角"地区抢得了先机，占据了主动，对聚集奎屯市"三地四方"乃至北疆地区的人流、物资、资金流、信息流起着重要作用，提高了奎屯市对外交通地位，增强了奎屯市打造天山北坡区域性中心城市的核心竞争力，成为奎屯城市的一张新名片。

为着力推动徐奎两地开发区密切对接、旅游产业精细对接、机关单位无缝对接，促成徐州五区和奎屯五街道、邳州市和开干齐乡"高挂低、大包小"全面展开，在我的推动下，徐奎两地124家机关实现一对一的牵手对接，成立了以中国矿业大学等高校为依托的六大人才培训基地，牵线徐州工程学院、北京理工大学与奎屯市政府成立产学研基地、与清华大学合作设立清华新疆培训学校，夯实两地的交流平台。同时精心选派89名重点领域的业务骨干赴徐州挂职锻炼，组织8批259名干部人才赴井冈山干部学院、延安干部学院学习，大力组织"徐州大讲堂"等培训活动。为扎实开展各类培训活动，精心编排"六大人才工程"156个子项目，奎屯市累计受益达3万余人次。当时我是云龙区的干部，为深化两地共建，我利用本土资源优势，推动徐州市云龙区与奎屯市签订《基础教育领域人才培养合作协议》，协调首批 10 名校长、班主任、骨干教师赴云龙重点中小学及幼儿园开展一个学期的挂职学习。在我的多方协调下，我们举办了"大汉之源·丝路汉风徐州画院书画展"，为两地书画爱好者提供交流互动的良好平台。我们还积极推动"彭城英才奎屯行"、免费白内障手术"光明行动"等活动，切实造福当地群众。大力实施"候鸟式"招才引智计划，引进 160 余位疆内外优秀专家、学者参与奎屯发展建设，有效地解决了奎屯市重点行业人才匮乏的难题。我们还积极推动徐州市与伊犁州两地民政部门联手，开创徐州—伊犁"候鸟式"旅游养老先河，实现两地合作共赢。积极组织"徐州援疆健走团"，喊出"徐州援疆、走出健康"口号，每天规模达千人，共同传递运动健康的生活理念。

为了加大招商引资力度，我们先后率奎屯市代表团深入哈萨克斯坦阿拉木图市参加第十四届"哈展会"，助推中煤百甲、丰茂建材与该国企业达成初步合作意向，泽惠果蔬与该国企业达成进口贸易意向；我们率领奎屯招商小分队，深入江苏、浙江、四川等地对接洽谈；利用援疆平台优势，积极与徐州市人民政府、发改、商务等部门对接交流，与徐州商会等协商产业援疆事宜。3 年来，我们累计走访企业 120 余家，举办产业合作对接会 40 场次，300 余家内地企业赴奎屯考察，推动多个项目落地奎屯。其中，山东佰郑、天虹集团、金昇集团三大纺织巨头，总规模将达到 470 万锭 / 年，总投资达 156 亿元，年产值将达到 180 亿元；引进的山东伟业、中煤百甲、桑德环卫等项目先后开工建设，投产后将对奎屯工业增速、增强发展后劲注入新的活力。

"一枝一叶总关情"：用真情走进群众心间
用真心谱写爱民箴言

心中有多少牵挂，脚下就有多少泥土。入疆以来，我始终立足民生需要，坚持民生优先，走进群众，贴近群众，不断加强与基层群众的交流交融，努力为基层发展作出积极贡献，谱写了援疆干部的为民情怀。

根据安排，我在负责做好援疆工作及奎屯市旅游工作的同时，还兼任开干齐乡梧桐树村第一书记。第一书记就意味着责任，意味着担当，就要充分体现"第一"这个特点。为了深入了解当地人的现实需求，我整日奔波在梧桐树村田间地头、牧民家中，讲实话、办实事、用真心，为着梧桐树村的发展和当地群众的幸福而奉献力量。

依稀记得初次到梧桐树村委会的模样，那是一栋简单的小二层楼，面积不大，却与村警卫室、活动室联合办公，设备简单、条件简陋，办事效率也因此而低下。为了改善办公环境、提高基层服务效率，我积极协调解决了办公电脑紧张等系列难题，提高了基层工作效率，方便了群众办事。为切实改善当地群众生活，我还积极协调徐州市民政局赴奎屯开展"特困家庭援助行动"，拿出10万元慰问开干齐乡200户特困农牧民家庭。同时主动协调援疆干部与该村困难家庭结亲结对，在"古尔邦节""肉孜节"等重大节日来临之际进行走访慰问，为他们送去生活物资及帮困资金，希望能尽我所能，为他们解决燃眉之急。在这里，让我体味了风土人情，在这里，让我真正融入了奎屯，能够扎根生长。梧桐树村既是我和奎屯结缘的地方，也是我和江娥丽·玛娜太结识的地方。

江娥丽·玛娜太是梧桐树村的普通村民，哈萨克族人。刚认识老人家的时候，老人家64岁了，算起来，今年也有72岁了。2015年9月，我在梧桐树村走访慰问过程中了解到，江娥丽·玛娜太的两个膝盖严重损伤、行动不便，需要转院做置换人工膝盖手术，但在转院过程中遇到了困难，老人家很无助。得知这一情况，我马上行动起来，为此多方协调、多方对接，经过不懈努力，终于为江娥丽·玛娜太办理了转院手续。10月，江娥丽·玛娜太成功进行了手术，身体得到逐步恢复。老人家出院了，但我心里很是牵挂，知道老人家因治病而再次面临困难后，我再次前往她的家中，并带去1万元帮助她渡过难关。再次见到江娥丽·玛娜太时，她激动不已，她没想到我还一直惦记着她，实在出乎了她的意料，江娥丽·玛娜太不知道用什么来表示，连连说着谢谢。这个朴实的哈萨克妇女和她的家人，如今，在春节、中秋佳节之际，还会特意给我打电话，表达内心的感激之情。2016 年 7 月，江娥丽·玛娜太在她儿子的陪伴下，拖着年迈的身躯，奔波几十公里，亲自来到了市政府，送来了特意制作的"心系群众、为民排忧"的锦旗，表达内心无比感激之情。后来我听说，这个故事渐渐传开来，在当地引起强烈反响，人们纷纷称赞"徐州援疆干部不愧是真正为老百姓解难题、办实事的好干部"。回到徐州后，我还经常会接到江娥丽·玛娜太的电话，给我分享这几年家乡的变化，上年春节，老太太还给我邮寄了亲手腌制的马肠子。这份跨越 4000 多公里来自家乡的礼物，每每想起，我都泪流满面，既感动于老人家的这份心意，也感慨于"为民服务"的宗旨要义。"利民之事，丝发必兴；厉民之事，毫末必去。"身为人民公仆，为老百姓办点实事，解决实际困难，原本就是职责所系，但老百姓回馈给我们的却是"滴水之恩、涌泉相报"的情谊和感动。奎屯群众朴实的情怀深深地教育了我，让我真切地领悟到，党员干部与人民群众之间永远是鱼水关系、鱼水之情，只要党员干部真心爱民、真情为民，人民群众的眼睛是雪亮的，心是纯朴的，我们的工作和事业也一定能得到广大人民群众的衷心拥护和支持。

2016 年 12 月 26 日，第八批援疆工作取得完美收官。奎屯市隆重召开第八批援疆干部工作总结表彰大会，伊犁州党委、州政府和奎屯市委、市政府对第八批援疆工作和全体援疆干部给予高度评价。奎屯市委对援疆工作组和援疆干部予以表彰，中共新疆维吾尔自治区党委、新疆维吾尔自治区人民政府也授予我援疆干部人才奖励证书，记二等功一次。

三年援疆路，一生徐奎情。奎屯是一个催生激情的地方，激发了我和第八批援疆干部在奎屯施展才华的满腔激情；奎屯是一个发现亲情的地方，3 年来徐州 124 家单位在奎认亲结对，93 名奎屯小朋友有了"徐州妈妈"；奎屯更是一个凝聚友情的地方，从西华园到开干齐乡，三年来徐州援疆工作组与奎各族干部群众建立了深厚的友情。

教育援疆　人生不平凡的历练

颜忠元

党的十六大以后，胡锦涛同志在关于新疆的讲话中多次谈到新疆的发展需要全国的帮助和支持，并明确提出了"稳疆兴疆，富民固边"战略。本着对党和国家教育事业的无比忠诚，怀着对新疆教育事业的满腔热忱，我在 2012 年 8 月"无情"离开江尾海头——江阴，热情奔赴万里之遥的西北边陲——新疆霍城，来到霍城县江苏中学援教。我希望自己做起舞的精灵，在霍城的土地上播撒希望的星芒；我希望自己做起舞的飞天，在教育的天空下广散仁爱的鲜花。

大爱无疆万里行

我选择了教育援疆，就选择了一片对新疆孩子大爱无边的情怀。有了这一份情怀，离家的孤寂、环境的陌生、工作的劳累、生活的沉闷，都变得不那么重要了。

一到霍城，没来得及适应环境、熟悉当地的风土人情，我就开始了广泛的调研。我研究当地的学生，熟悉学生，并充分了解学生想什么、需要什么，和学生建立了和谐融洽的师生关系。我充分尊重学生个性，让每一个学生都能发现自己的优点，尽情展示自我。我研究当地的教材和教学大纲，分析历年的高考卷，根据当地学生的实际情况制定教学计划、确立教学方式，奋力打造"345"有效课堂："三个突出"——突出学生本位、突出目标清晰、突出当堂消化；"四个注重"——注重启发、注重过程、注重条理、注重训练；"五个环节"——问题情景、课题引入、学生探究、学生感悟、归纳总结，让学生变被动学习为主动学习。还提出了"课堂缓冲"：课堂留出一定的时间让学生思考、消化、吸收。一个知识点不掌握绝不讲下一个知识点，还学生一定的时间和空间，让学生在紧张的学习之余有一定的缓冲。学生普遍认可、认同、适应我的这种课堂。短短一个月，学生的学科学习热情和成绩就有了非常明显的提高。

家住霍城县城的禹某浩同学本已转到伊犁地区最好的学校就读。他从网上得知江苏中学有个"江苏班"时，决意转回霍城中学就读。经过我和其他援友的辅导，一模才考 394 分的他，二模考到了 560 分，高考考出了 540 分的好成绩。他深有体会地说："我能考出这么好的成绩，和老师的教学方法是分不开。江苏援疆教师对教学的严谨、负责让人佩服。"

寒假来临之际，我收拾行囊，准备回家过年。同学们留恋地围着我说："老师，这次放假你能不回家吗？我们有问题找谁帮我们啊？我们想请您到我家去……"听着学生们纯真的话语，一股暖流缓缓淌进我的心里，我暗暗地对自己说，一定要对得起同学们的信任和爱戴。这份情感，使我对教育、教学丝毫不敢懈怠。我努力用精湛灵活的教学技能、深厚朴实的为人品质和大爱无疆的教育情怀在霍城的这片土地上灵动地飞舞。第一次援疆，受援班级在 2013 年高考中取得了学校历史性突破——高考本科上线率 100%，其中一本上线率达 84%。也正是因这份诚挚的情感，我毅然开启了我的第二次援疆之旅。

带着挂念再返疆

离开新疆后几多牵挂常常萦怀。对第二故乡新疆的眷恋，对新疆学子的挂念，常常召唤着我，回去看看，回去看看！2019年底，我主动请缨到霍城助力教育。2020年初，我再次赴疆。阔别八年后再次来到霍城这片热土，内心涌起强烈的使命感，一定要更有所作为才是！

2020年是不平凡的一年，突如其来的新冠肺炎疫情阻碍了援疆老师们奔赴霍城的脚步。作为援疆教师队伍的领队，我利用再次援疆背景下对受援学校比较熟悉的有利条件，2月25日我主动与霍城县江苏中学联系，组织所有援疆的高中老师通过直播网课的形式开启支教生涯。一根网线、一台电脑，把江阴援疆老师与万里之外的新疆霍城学生连接了起来，我们暂时走上了"线上支教"之路。万里之外的学生和家长、不同版本的教材、素未谋面的同事……这一切，都给老师们带来了挑战。我和团队中的江阴援疆老师们积极钻研、切磋网课直播技能，人人化身"网络主播"为学生授课，并提供心理健康咨询。另外，与当地老师开展业务"云交流"……援疆老师为"线上支教"尽心尽力。因为有时差，援疆教师们为了直播课常常错过饭点，晚上批改作业也要忙到半夜12点以后。但我们毫无怨言，用短短十多天的时间，收获了霍城老师、学生、家长的普遍认可。

2020年4月中旬，根据江苏省前方工作组安排，我们援疆教师来到霍城，住进英才公寓，江阴援霍工作组考虑周全细致，生活设施一应俱全，还有专门的医疗小组工作人员指导我们做好疫情防控事务。

为了让援疆老师尽快了解新疆，了解霍城，熟悉霍城教育，全面进步、全面过硬，我与霍城县教育局商量，隔离期间，开启援疆教师岗前培训"云端"大学习活动。援疆教师通过钉钉视频会议的形式参加了岗前培训班。另外，我还第一时间与受援学校、备课组、班主任联系，了解教学实际情况，了解学生学情，并及时把相关信息反馈给援疆教师，并组织援疆教师们通过查找电子教材、小组在线讨论合作等方式，有针对性地开展备课和教科研工作。同时，要求援疆教师在隔离期间做好近三年的高考试题，以快速适应当地高考，力求最大程度发挥无锡教育的优势和江南智慧的作用。

智慧扶贫谱华章

推进精准脱贫攻坚、逐步实现共同富裕，是以习近平同志为核心的党中央从战略全局高度作出的重大决策部署。习近平总书记强调，扶贫先扶志，扶贫必扶智。此次支教，我担任无锡江阴援疆支教教师团队领队和霍城县江苏中学副校长。如何推动霍城教育教学的发展进入"快车道"，为打赢脱贫攻坚战助力，这是我经常思考的问题。

隔离结束后来到学校，我带领援疆教师认真调研学生的情况，针对学情，有的放矢，认真备课，及时调整教学方法和教学节奏。我特别倡导让学生自己动手、动脑积极思考问题的"课堂缓冲"环节，给学生提供自主学习的条件和机会，帮助学生学会主动参与、主动学习，启发学生提出问题，然后指导和帮助学生分析、解决问题，使学生能做到举一反三，触类旁通。我们的工作很快得到了受援学校教师的肯定和赞扬，也赢得了学生的好评。

我始终认为，援疆教师除了要以极高的热心、极强的耐心帮助当地孩子提高成绩以外，更要授人以渔。我号召援疆教师注重引领和帮助组内青年教师成长，为受援学校带出一支敢闯敢干的业务精良的教师队伍。这次我带领的32位援疆教师与三所受援学校40位青年教师进行师徒结对，充分发挥了援疆教师的传帮带作用，促进受援学校青年教师迅速成长、不断提高他们教学水平和业务素质。如我们18位高中援疆教师积极辅导伊犁州"苏伊杯"教师基本功大赛的参赛选手，为霍城县教育局获集体二等奖作出贡献。我指导的青年教师叶青、唐晨晨，在2020年伊犁州"苏伊杯"教师教学基本功大赛中分别获得一二等奖。

为发挥援疆教师的优势，帮助霍城县教育教学工作有序有效开展，提升教师的教育教学理念，助力霍城县学科教学、校本培训、校本教研等工作的高质开展，进而提高霍城县教育教学质量，我和其他援疆教师一起开展问诊课堂、教学讲座、指导引领、交流交融等活动，让霍城县一线教师们在家门口享受到了优质的教学引导与服务指导。2020年年初至2021年6月，我带领的支教团队共开设县级以上公开课150多节，县级以上讲座150多场。6位援疆老师参加了伊犁州"优秀教师乡村行"送教活动，分别前往昭苏县、尼勒克县、新源县、巩留县等偏远地区开展公开课教学、讲座、说课等教学研讨活动。19位援疆教师被邀请加入霍城县各名师工作室，参加"送教下乡"活动23人次。高中所有援疆老师到霍城县二中上示范课13节、做讲座5场。我们把优秀的教育教学经验传递到霍城县下属的各个学校。一年多来，我们有效地推动当地教师教育教学理念的提升和学术教育教学质量的提高。江苏中学陆某华老师说："援疆专家用他们崭新的理念，饱满的激情，无穷的智慧，去实践幸福的课堂，点亮了我们江苏中学全校师生的心灵智慧之光！"

为促进伊犁州教育水平提升，让伊犁学生享受到"苏式教育"，第十批江苏援疆工作开展以来，江苏省援伊前方指挥部积极推广"组团式"援疆试点单位做法，出台《江苏省对口支援伊犁州（含兵团）"组团式"援疆工作三年行动计划（2020—2022年）》，逐步形成了伊犁州本级试点示范、面上"一县一校"的"组团式"援疆工作新格局。2020年8月中旬，我与江阴援疆前方指挥部领导、学校领导商量，率先在江苏中学组建了"组团式"援疆班，即"江阴班"，任课教师尽可能由援疆教师担任。我想通过在霍城县江苏中学打造家门口的"江阴班"可以达到这样一个目的："立足一个班级，示范一些学科，引领一个年级，带动一所学校，影响一片区域。"这一"五个一"模式，协同本地教师加强课堂教学研究，积极探索新时代教育教学方法，不断提升教书育人本领，全面提升当地教育教学质量。我自加压力主动请缨，逆疫而行不辱使命的做法多次得到江阴对口援疆前方工作组的认可与表扬。我充分了解我的团队中的教师特点并与受援学校特点相结合，调整各年级教师配备。

高一年级"江阴班"组建以来，采用江阴教育教学管理模式，全体任课教师全力以赴，建设班级管理体系，成立自主学习课堂小组，形成了稳定、规范、踏实、刻苦的班风。学生学习成绩进步很快，在学校各项常规评比中都获得优秀，在高一年级各班级中起领头羊作用。高二年级"江阴班"援疆教师团队个个都认真备课上课，努力提高课堂效率，处处做示范，全身心做好教育教学工作。每次考试后我都主动与高二援疆教师分析，找差距与问题并研究突破方案，力求教学管理成功始于精细化，赢在执行力，发挥"组团式"效应。高三年级组建了"组团式"援疆"5+1"模式（5位援疆教师+1位原校班主任）的"江阴班"。

我亲自蹲点高三年级"江阴班"并任教化学。我提出教育教学三大要求。1.以新课标为依据，以考纲、考题为指南，以教材为依托，以学生知识能力水平为根本，做到体现核心，理清层次，彰显关联，化繁为简。2.立足基础薄、能力低、学习习惯差、学习动力严重不足等学情和重视核心主干知识、学科基本能力、学科素养的考查等考情，结合高频考点、必考考点、学生易得分点，把握教学内容的增与减。做到"两减两不减"——减难度不减落点，增加情景设置，解决能学问题；减题量不减题型，增加思维容量，解决学会问题。3."抓两头、促中间"，通过每月的模考，不断认识学生在学习的过程中存在的问题，从而确定出培优补差的人名单。落实培优补差措施，辅导学困生的时候努力做到"三要"——了解后进生，尊重后进生，对后进生有信心。

我重视学法指导与班级管理。教学过程中，我的学法指导采用集体指导与个别交流相结合的方式，短短两个月时间就实现了所带班级化学成绩的显著提升。有的学生感言："做颜老师的学生真幸福、真幸运！""颜老师拯救了我的化学，也拯救了我的高考。"班级管理中，我注重精细化与精准化。高三"江阴班"的班主任说："刚开始的'5+1'模式让我无所适从。颜校长作为我班化学教师，更是我的班主任指导。他细致耐心地向我传授了很多管理经验和思路，不论班级课程安排，还是晚自习的自学时间，颜校长都进行了合理周密的安排。颜校长还经常做学生的思想工作。是颜校长的指导与帮助让我的幸福感满满！"

习近平总书记提出"扶贫必先扶智"。这揭示了教育扶贫在全国扶贫工作中的重要性，也明确了我们援疆教师的使命担当。由于霍城县江苏中学师资短缺，我们援疆教师的工作量都非常重，每位援疆教师身担多种工作——授课、送课下乡、做讲座、指导徒弟、协助防疫等，晚上还要加班加点把当天作业批改出来，工作量骤然加大好几倍，没有休息日，除了睡觉的几个小时外连轴转。疲惫但斗志昂扬是我们的常态。我和团队中的语文老师、英语老师、班主任四人基本上每天天不亮未吃早饭就坐车离开宿舍到校管理督促学生早读。我们远程但早早到校的行为使同学们感受到援疆老师对他们的殷切希望和关怀。我几乎每一个晚自习都安排援疆教师在学校督促和帮助学生学习。这种陪伴式的教育让学生倍感亲切能量满满。看着老师们的笑脸和学生们认真地学习并不断地进步，我感觉很幸福。更何况还有领导和同仁的关爱。江阴对口支援霍教育局赵副局长得知我和另三位援疆教师连早饭都不吃就早早投入工作的事后，专门给我们备了保温饭盒，每天早晨让第二批到校的援疆教师将热腾腾的饭菜带到学校。生活中充满着令人感动的地方，苦点累点都不算啥。我们援疆老师每天利用大课间、中午时间、晚自习、周末段给孩子辅导，答难解疑。援疆老师付出也得到了孩子们的认可。就像班级里的学生在课后对我说："我认为我们援疆老师非常敬业，我特别喜欢上他们的课。"听完之后，心里暖暖的！付出终有回报！江苏中学2021年高考成绩再创新高，一本上线率高出上一年十几个百分点达30.33%；本科上线率高出上一年近十个百分点达79%；高三"江阴班"成绩更加喜人，本科率100%，本一率87%。"江阴班"不仅在学习成绩上遥遥领先，在班风、学风以及班级纪律方面，也是全校各班级学习的榜样。"江阴班"在霍城已成了各族群众公认的教育品牌。

再次援疆的我非常清楚，要用无锡江南先进的教育技术、优质的教育资源、创新的教育理念，为霍城县江苏中学的各学科教师的专业成长注入新的活力，教育援疆工作要从"输血"转向"造血"，为霍城县留下一批带不走的专业教师队伍。2020年暑假期间，我根据学校实际情况，撰写了《霍城县江苏中学集体备课制度》。2020年9月初组织学校教务处、教研室、教研组进行讨论并正式实施。霍城县江苏中学丁校长说："教育教学工作是学校的中心工作，集体备课开展得好不好，直接影响到年轻教师的专业成长和学生的学习效果，颜校长帮助学校进一步完善了集体备课制度，学校各备课组知道如何认真落实集体备课工作。加强集体备课制度建设定会提升学校的教育教学质量，我们江苏中学的教育教学水平一定会再上一个台阶。"当地教师深情地说："颜校长帮我们完善了学校管理制度，提高了学校的管理水平，保障了教育教学质量的提升；他引领、帮助青年教师成长，为我校带出了一支业务精良的教师队伍；课堂上，他给学生一片化学知识的海洋，生活中，他给学生无尽的爱与温暖。"

问渠哪得清如许，为有源头活水来。我真心希望我带领的教育援疆团队唱响教育之梦，焕发生命之光，谱写智慧援疆的华章！

脱贫攻坚爱有光

2020年突如其来的疫情使教育扶贫遇上防疫抗疫。此时，学校防疫工作也成了此次支教的重点工作之一。开学之后，霍城县江苏中学对防疫物资的需求巨大。早在2020年3月份，我就在微信"2020年江阴援疆教师群"中发起倡议，倡议援疆教师为霍城县捐赠防疫物资，得到了老师们的积极响应。我们联系捐助了300套防护服、一批防护口罩与消毒物资等近6万元抗疫物资，并向霍城县红十字会捐款人民币7000元。我们用爱心缔结民族团结深情。到霍城后，在我的组织带领下，援疆教师团队积极参与，成功促成了"健康饮水计划"公益项目落户霍城县江苏中学。援疆教师团队不仅自己积极参与，且广泛发动亲朋好友、同事、学生、家长，通过朋友圈、微博等多种形式，呼吁社会各界人士，利用支付宝平台共同参与。6月15日，新疆资助教育基金会为霍城县江苏中学捐赠了四台反渗透纯水机。直饮水机的安装让孩子们的饮水更方便、更健康、更安全。此事经《霍城零距离》等媒体报道后，产生了积极的连锁反响，新疆资助教育基金会又追加了四台反渗透纯水机。

心系霍城教育，情牵学生困难

援疆教师以实际行动促进民族团结，这种情谊还感召了一些社会力量积极参与到教育援助中来。霍城县教育局援疆副局长赵局长、江苏中学援疆教师胡老师、刘老师，募集7.64万元用于4支欢乐鼓公益手鼓队的组建与公益活动，胡老师、刘老师任教练。欢乐鼓队以鼓圈游戏、红歌打唱等方式，陪护孩子健康成长，帮助学生提升修养。我们积极链接爱心资源，组织爱心人士对霍城县江苏中学的家庭经济困难的学生开展帮扶活动。我和我的团队中的老师都有对应一对一、点对点帮扶助学对象，平时利用资金、辅导等形式帮助相关学生。另外，我们还自己捐助和联系外力捐助霍城教育。援疆教师胡老师和爱心人士捐助9.36万元资助霍城县贫困学生，爱心资金用于10名在籍学生和一名优秀毕业生。我们联系到江阴市黄山船舶配件有限公司捐助10万元用于江苏中学奖教基金。臧老师自己捐助和联系江阴市澄西中学及西石桥初中全体师生捐助3.6万元资助霍城县贫困学生。我个人资助霍城县教育3.3万元；高老师捐助染色体模型25套，用于江苏中学生物实验。张老师的江阴山观中学学生龚同学，将自己的5000元压岁钱捐给了霍城县江苏中学两位学生，助其努力成才，报效祖国！2021年6月底援疆结束前，朱小红收到了无锡市仓下中学华老师3000元捐款。朱老师与援疆的几位老师一起商量，发起了援疆教师帮困捐款。朱老师还向霍城县青少年活动中心捐款2万元采购10架电子钢琴。该中心李主任称这10架电子钢琴是及时雨，也是青少年活动中心成立11年来，第一次收到民间人士的捐赠。李老师、王老师在已捐助图书馆款2万余元的基础上，又募集到3万元善款。一段援疆路，一生援疆情！援疆老师，正在用自己的方式，继续着他们的援疆支教工作。

　　江阴小学援疆教师联系爱心人士，开展了捐赠书、书架和"手拉手"书信活动。谢老师对接江阴市花园实验小学，捐 3000 本课外书，江阴邮政局员工也主动通过捐赠邮费的方式，助力少先队员完成了心愿。由刘老师联络，在公益组织江阴市青年点点爱心港的牵线下，江南水务股份有限公司出资 2 万元，为霍城县江阴小学的每个班级建立图书角，楼道建立阅读角；由谢老师对接，与江阴市花园实验小学友好结对，协同开展学校德育活动，江阴市花园实验小学利用成长仪式，向全校师生发出"杏"好有你的倡议，组织向江阴小学的学生捐赠价值 5.2 万元的爱心干杏树 100 棵，播撒希望，守望芬芳。由何老师联络江阴爱心人士出资 1 万多元购买电子器材，无锡中旅江阴分公司的爱心人士出资 0.54 万元，购买机器活动小车，为学校打造创客新校提供了有力的帮助。十年树木，百年树人！ 2021 年 6 月小学五位援疆老师捐赠 0.66 万元种植一排银杏树以留下成长的足迹，见证学校的发展。

　　近一年多来，我带领的援疆教师团队促成助学和公益项目资金达 80 多万元。将无锡江阴的"经济帮扶 + 立德树人"互动型协作模式，推到了新的高度，有效提升了合作育人的精准度、实效度和能见度，真正在扶志、扶智上贡献了江阴智慧和无锡力量，有效推动了援疆工作往深里走、实里做。

　　2021 年 2 月 25 日上午，全国脱贫攻坚总结表彰大会在北京人民大会堂隆重举行。中共中央总书记、国家主席、中央军委主席习近平向全国脱贫攻坚楷模荣誉称号获得者颁奖并发表重要讲话。大会还对全国脱贫攻坚先进个人、先进集体进行表彰。我作为全国脱贫攻坚先进个人，赴京出席盛会并接受表彰。我会加倍珍惜这份荣誉，鞭策自己更加勤勉地工作，为援疆事业作出更大贡献。我将谨记习近平总书记的嘱托：脱贫摘帽不是终点，而是新生活、新奋斗的起点。我正积蓄新的力量，准备踏上第三次援疆之路。

援疆使我成为了阿勒泰人

何祖大

2002 年 6 月 19 日早晨，新疆阿勒泰地委门前的广场上挤满了人。我们第三批援疆干部圆满完成三年的援疆任务，怀着依依不舍的心情和第二故乡的各族干部群众告别。"何书记，你回去以后一定要常回来看看啊"，第二故乡的父老乡亲们一个劲地握着我的手叮咛着，有人还煮了鸡蛋，手里提着苹果，有的民族群众还拿着自制的奶疙瘩（奶酪），要我带着在路上吃，看着这千余名前来送行的人群，我泪流满面。当地区电视台采访我时，我声音沙哑了，"3 年中我们做了一些事，但还不够，我谢谢阿勒泰各族干部群众对我们的厚爱……"想说的话也说不下去。沿路阿勒泰干部群众以哈萨克民族最隆重的礼遇为我们送行，现在回忆起来，虽是近 20 年前的事了，但仍历历在目，时常在我脑海里翻腾，也激励着我努力工作。

为大家舍小家

根据组织要求，从 1997 年开始，常州市选派干部赴新疆工作。

1999年组织选派我赴新疆工作，担任阿勒泰地委副书记、江苏省第三批援疆干部的总召集人。6月26日，我带领江苏省64名援疆干部从南京出发赴新疆伊犁、塔城、阿勒泰三地，其中常州市共有10名干部在阿勒泰地、县两级工作。赴疆时，我已经51岁了，我81岁的老母亲患脑溢血出院不久，生活还不能自理，为了不使她担忧，我去新疆的事没有告诉她。记得来新疆后的第一个中秋节，我给家中打电话，母亲知道了还责怪我，说："怎么来个电话，不来看看我？"我只能说我出差在外，要过一段时间才能回来，这样一骗就是3年。在3年中母亲还出现过一次病危住院，但家中亲人为了让我在新疆安心工作，没有告诉我，回来探亲才知道。我岳父母当时也近80岁了，岳母又患癌症，我来新疆后，爱人的负担加重了，但为了边疆的建设和安宁，我们只能舍小家了。

新疆地大物博，俗话说不到新疆不知道祖国之大，江苏援疆干部当时又分布在伊犁州下属伊犁、塔城、阿勒泰三个地区，地区间相隔千里。作为江苏援疆干部的总领队，我时刻牵挂着援疆兄弟的工作和冷暖，去看望他们一次，乘汽车在路上来回要跑七天。茫茫的戈壁滩荒无人烟，气候变化多端，一天乘车下来，脚肿，腰都直不起来，但得知援疆干部一切都好，心里乐滋滋的，忘却了路途的疲劳。在阿勒泰，我们常州的十位同志，在节假日经常相聚在我住地，和他们谈谈心、拉拉家常，我动手为他们烧烧家乡菜，虽然离开了小家，但大家相处在这个大家庭中还是暖融融的。

在暴雪中经受锻炼

阿勒泰地区是一个"老、少、边、穷"地区。新民主主义革命时期，这里曾是"三区革命"的发源地。阿勒泰地区人口以哈萨克族为主体，由36个民族组成。下辖7个县市全是边境县。虽有畜牧、矿产、水利、旅游等丰富资源，又有对哈、蒙等国开放口岸的地缘优势，但由于历史和自然的原因，经济发展仍比较滞后，群众生活仍比较贫困。另外，阿勒泰在祖国西北的最顶端，是名副其实的"西北利亚"。这里气候寒冷，一年中有半年是冬天，最冷的气候在零下40到零下50度，一年的平均气温是零下3度。

2001年初，阿勒泰连下了几天大雪，根据地委分工，我和行署专员木哈提别克到气温最冷的青河县和富蕴县了解灾情，组织抗灾。记得在去青河县的路上，茫茫的戈壁滩银装素裹，一望无边，公路已被大雪覆盖，分不清哪是路哪是沟，唯一的标记是看着路边的里程碑，汽车在雪地上艰难地行走。在山脚下，突然前面一辆车陷进去了，轮胎使劲地转动了几下，再也动不了了。我们只能冒着雪下来推行，我一下车，好家伙，雪已超过膝盖，我们五个人使出全身的力气，使劲地推，折腾了十多分钟，才把车推出来，这时大家都成了雪人，我用手摸了摸头发，松软的感觉已没有了，头上好似戴了一顶冰帽。到了牧民点，我们沿着牧民们铲推出来的一条雪壕沟，进村入户了解牧民的生活情况、牲畜情况、草料准备情况，在毡房里，我们和县、乡领导一起商量抗灾保畜的方案。

第二天一早，我们又赶往富蕴县了解情况，一夜暴雪地上已积雪70多厘米，青河县唯一的一条出口公路被大雪封没了，交通部门带了电台和铲车前去打通，我们跟在后面沿路察看牧民点，乡间的雪更大，有的地方雪的深度已接近马的肚子了。在茫茫的雪地上，我突然看到一面鲜艳的五星红旗在迎风飘扬，我知道那是一所学校，执意下车步行到学校看一下，这么大的雪，一些乡村学校又都是土房，我最担心的是发生房屋倒塌，我一边察看了校舍，一边了解学校取暖情况，并一再关照校领导大雪停后，一定要派人把屋顶上的雪推下来，确保学生的安全。平时一个多小时的路程，那天竟然艰难地走了七个多小时。肚子饿了，就在车上啃几口带的馕，冻得发抖了，就喝几口酒。寒冷的气候，艰辛的工作，对从小生长在江南水乡的我来说，是人生旅途上的又一次洗礼和磨炼。

把老百姓的事挂在心上

在疆工作三年，我始终牢记自己来自人民，要为人民办事，当一名人民公仆，处处以平民之心真诚待人，时时把老百姓的事挂在心上。

有一次，我刚从乌鲁木齐开会回到办公室，正巧碰上一位上访的群众，因对儿子工伤事故的等级鉴定有不同意见，几次上访都没有结果。我认真听取了她的反映，并亲自到医院找到了鉴定的主治医生，了解伤残者的真实情况和鉴定的经过，并请有关部门对定级问题进行认真的实事求是的复议，经复议确定了新的等级，伤者母亲感到满意。我后来回到江苏，伤者母亲多方打听到我的电话号码，打来电话再三表示感谢，也正是这次复议结果，使她的儿子重新扬起了生活的信心。

青年教师徐华胜为了抢救少数民族落水儿童而光荣牺牲，我得知这一消息后，带领常州援疆干部前去看望，并送上 1200 元慰问金。烈士家中生活很困难，我多次协调有关部门，解决了徐华胜弟弟的工作问题。烈士母亲患病缺钱治疗，经我协调为她解决了 5000 元医疗费。中秋节到了，这是家家户户要团圆的日子，我想烈士母亲一定十分想念儿子，我就自己掏钱买了慰问品前去看望。

在我的倡议下，我们援疆干部在地区二中设立了扶贫助学基金，每年自己掏钱为十名品学兼优、家境贫困的特困学生支付学费。在疆期间，我每月有 300 多元的高寒地区补贴，三年共 1 万多元全部用于扶贫帮困。而我们在生活上尽量低标准，不向当地政府提任何要求，一切从简，连宿舍的电话费都不让单位报销。到北京出差跑项目争取资金，为了节省开支，我和部门的同志一起乘火车坐硬卧，泡方便面吃，到了北京住在胡同里的小旅馆。一位在国家机关工作的大学同学来看望我时，竟找了两个多小时，看到我住的地方，感到惊异，深有感触地对我说："老同学啊，你还是当年学校里的穷学生。"

援藏干部孔繁森有一句名言："一个人爱的最高境界是爱别人，一个共产党员的最高境界是爱人民。"我达不到这样的最高境界，但是我经常对自己说："我们都是来自老百姓，要时刻关心老百姓的疾苦，多为老百姓做好事实事。"

西部大开发，教育要先行

在阿勒泰工作，我具体分管地区意识形态和教育、科技、文化、卫生、体育等方面工作。初到阿勒泰，为了了解掌握情况，我用了一个月时间，跑了7个县50多个乡村，深入100多户农牧民家中走访。平时我经常深入到我分管工作的基层单位了解情况，有时为了了解到实情，我还对一些单位暗访。记得有一次在青河二中，我先进校门跑了一遍，并和个别学生、老师交谈。在开座谈会时，校领导见到我和个别老师认识，问我怎么认识的，我说刚才我已在学校里走了一圈认识的。

百年大计，教育为本。阿勒泰要发展，关键在人才，教育要优先发展。通过调研，我感到教育事业的发展涉及千家万户，是干部群众十分关心的热点问题。通过调研，我基本了解和掌握了阿勒泰教育现状。在地区一农场学校，我看到学生上课的教室房顶塌了一个大洞，无钱维修。几十个孩子挤在一起住在低矮阴暗潮湿的土房子里，地面上甚至可以踩出水来（因地下水位高），一摸被子都是湿漉漉的，看到孩子们在这样艰苦的条件下学习生活，我禁不住流下了眼泪。在阿勒泰市汗德尕特乡，我看到土坯教室墙上被雨水冲刷出好几道深沟，房檐处已透亮。有的墙体已有指头粗的裂缝，可学生们仍在这样的危房里上课。我的心又被深深刺疼了。通过调研，我发现本地学校普遍在教育设施上存在一些问题，比如地区一中风雨操场盖了半年，因资金缺乏撂在那里；地区二中由于宿舍紧张，上百名学生只能住在阴暗的地下室里；一些乡村学校十分简陋，操场是除了一个自制的土篮球架，一无所有，有的冬天连取暖的煤都保证不了。再加上由于教育教学人才流失严重，师资力量薄弱，一些家长只能把自己的孩子送到外地更好的学校去上学，社会上对教育事业的发展呼声很高。

西部大开发，教育要先行，人才是关键。我暗下决心一定要尽全力改变这种状况。但当时阿勒泰财力十分拮据，靠自己的财力一时难以解决，我先后动员常州一些单位，筹措了100多万元资金，建了三所希望小学，改善了学校教育设施，同时我带上教育主管部门的同志两次到北京，含着眼泪向国家计委、教育部、国家民委等部门反映阿勒泰的实际困难，得到了有关部门的理解和支持。争取到地区一中风雨操场，地区二中学生宿舍楼、教育楼，福海县职业高中等一批项目和近1000万元的资金。同时，请援疆干部、地区设计院副院长经炎精心设计，加班加点完成了地区二中学生宿舍楼、教学楼的建筑设计，施工期间，我每隔两三天就去工地看看，协调解决施工中遇到的问题。

针对调研中发现的突出问题，我向地委、行署写成了专题汇报材料，并在地委会议上作了汇报，引起了地委、行署主要领导的高度重视。地委、行署主要领导带领有关部门负责人，深入基层，听取意见，并就发现的问题逐个进行分析，提出了解决的办法，并形成了《阿勒泰地委、行署关于加快地区教育改革和发展若干问题的决定》，有力地推动了全地区教育的发展和改革。

为了提高初高中师资的业务水平，我带领有关部门到陕西师范大学寻求帮助，通过反复交谈达成协议，陕西师大分6个专业每年为地区培训30至40名专升本老师，这一计划的实施，为全地区教育质量的提高打下了良好的基础。

2004年8月下旬，我随常州市党政代表团到阿勒泰回访，特地抽出时间，到地区一中、二中看了一下，看到一中风雨操场盖好了，二中新建的教学楼、学生宿舍楼明亮宽敞，特别是看到二中校门口被北京大学、西安交通大学等重点大学录取的学生名单，我心里有着说不出的高兴。当得知地区二中还缺乏一些必要的教学设备时，我回到常州又多方争取，给地区二中捐助了10万元，解决了学校的燃眉之急。

"我是新疆阿勒泰人"

阿勒泰是我的第二故乡，能为故乡人民做点有益的事，是我们的责任。阿勒泰在地理上是个"死角"，人口流动性很小，时间一长成了"一潭死水"，干部群众思维不活，积极性、创造性很难发挥出来。应该说，援疆干部带来了新的观念，成为当地干部释放潜能的催化剂。我在工作中也深刻感觉到，阿勒泰地区和内地发达地区首要的差距是思想观念上的差距。有一次我对援疆干部说："我们援疆干部不是来指手画脚的，而是要踏踏实实做好本职工作，首先是将东部地区较为先进的思想观念和工作方法引进来。"

3年中，我们为常州和阿勒泰之间架起了友谊的桥梁。通过常州市和阿勒泰地区党政代表团多次互访，不断加深了两地的友谊和了解，两地建立了友好地市关系，武进区和阿勒泰市、金坛区和布尔津县、常州日报社和阿勒泰报社、武进区横山镇与阿勒泰北屯镇先后建立了友好关系，双方建立友好单位达14个。经我们援疆干部推动，常州有关部门组团参加了"乌洽会"和"伊洽会"，阿勒泰地区先后三次组团参加常州国际中小企业博览会，扩大了阿勒泰产品在内地的知名度，在互惠互利、共同发展的基础上，签订了一批经济合作项目。

经我们牵线搭桥，两地开展了多层次、多渠道的考察和招商，共签订合作项目9个，正式履约7个，金额达3700万元。其中常州长江水产公司和福海县水产局联合投资320万元，利用乌伦古湖无污染的水面，投放了1亿粒大银鱼卵，发展特色水产养殖。阿勒泰是新疆的畜牧业基地，乳制品和肉制品资源充裕，通过牵线，双方达成协议，内地提供技术、市场，阿勒泰企业生产，使两地都得到了实惠，阿勒泰资源优势得到充分利用。三年中，通过常州市和阿勒泰地区党政代表团多次互访，各友好县市和友好单位互相走访，选派各级干部到常州挂职培训，有力地促进了阿勒泰地区各族干部思想观念的转变，为开创工作新局面推动阿勒泰的发展奠定了坚实的基础。

当时援疆是派干部但财政不拿钱，经我们援疆干部的奔走和努力，常州无偿援助阿勒泰地区资金达 614.82 万元，还向地区人民医院捐赠了一辆救护车，为喀纳斯湖捐赠了一艘豪华旅游快艇，为阿勒泰市人民医院捐赠了一批医疗器械。我们还组织实施了"人才工程"，通过多种形式为阿勒泰经济发展培养人才，先后组织三批地区县、乡两级干部到常州及所属区、市挂职培训，组织选派当地急需的医生、旅游宾馆管理人员、教师等专业技术人才去常州进行短期培训，组织来阿勒泰考察的常州干部和技术人员给当地干部和专业技术人员授课。

2001 年春节，我正在常州休假，当得知阿勒泰遭受了 50 年不遇的特大雪灾时，我心急如焚，立即打电话给地委办公室，要求赶快把反映灾情的电视录像带寄给我，接到录像带以后，我找人连夜复制了十多盘。第二天，我带上录像带向市委主要领导汇报阿勒泰遭受雪灾的情况。接着，又两次到江苏省委、省政府反映阿勒泰的雪灾情况。常州市委、市政府看到受灾情况后，立即向阿勒泰地委、行署发了慰问电，并先行拨出 50 万元作为抗灾资金。江苏省委、省政府也拨出了 200 万元，支援伊犁、塔城、阿勒泰三地区的抗灾救灾。

当时为了引起社会上对阿勒泰雪灾的关注，我带领常州的援疆干部在常州日报社召开新闻发布会，播放了灾情录像片，接受了多家媒体的采访，《常州日报》《常州晚报》、常州电视台、常州广播电台等多家新闻媒体大篇幅作了宣传报道，并向全市公布了救灾捐助热线电话。我带领常州援疆干部，在常州开辟了抗灾救灾的"第二战场"。

为了能多募集到救灾资金，我带着援疆干部，骑着自行车，深入到市内机关、企业单位宣传动员，连续几天跑下来，累得腿都迈不动了，但我一直坚持把能去的单位都去了。半个多月的连续劳累，我病倒了，医生让我住院治疗，同事也劝我住院，可我执意不肯，一边治疗，一边联系各方，千方百计为第二故乡争取更多的救灾资金。一次我去医院看病的路上，看到文化宫广场上有两个学生捧着募捐箱，我走上前去，一问才知正在为新疆阿勒泰救灾募捐，我立即把身上所带的钱全部塞进了箱子，两位学生激动地说："叔叔谢谢您！"我握着他们的手，含着热泪说："我谢谢你们，我是新疆阿勒泰人，阿勒泰人民谢谢你们。"通过我们的努力，为地区募集了187万元的抗灾救灾资金。

后来，我又跑到北京，把阿勒泰遭受雪灾情况通过新华社内参向中央领导反映，朱镕基总理亲自在内参上批示，拨出4000万元抗灾救灾资金，有力地支持了全地区的抗灾自救工作。作为援疆干部，我们为第二故乡尽了责，当年新华社记者武彩霞采写了长篇通讯，报道了常州援疆干部的事迹，我也被新疆维吾尔自治区党委评为优秀援疆干部。

同人民想在一起、干在一起

我是2002年离开新疆的，现在一转眼已经过去快20年，我也已经退休了13年。回到常州后，组织上依然没有忘记我。2005年5月，我被国务院授予全国民族团结进步模范个人。2017年6月，我又被中共中央组织部、中共中央统战部、国家发展和改革委、人力资源和社会保障部联合表彰为全国对口支援新疆先进个人，并于当年7月出席在新疆举行的第六次全国对口支援新疆工作会议并代表援疆干部作了题为《真心换真情 他乡亦故乡》的大会交流发言。组织上给我这么高的荣誉，我感到十分内疚，深知这个荣誉属于全体援疆干部，我个人做的还远远不够，离这个荣誉差距还很大。但这也充分体现了党中央对援疆干部这个群体20多年来工作的充分肯定。

我不禁想起习近平总书记在7月1日庆祝中国共产党成立100周年大会上的讲话："全体中国共产党员！党中央号召你们，牢记初心使命，坚定理想信念，践行党的宗旨，永远保持同人民群众的血肉联系，始终同人民想在一起、干在一起，风雨同舟、同甘共苦，继续为实现人民对美好生活的向往不懈努力，努力为党和人民争取更大光荣！"我们作为江苏第三批援疆干部不远万里来到新疆，把阿勒泰当作第二故乡，把各族群众当亲人，想群众之所想，急群众之所急，帮群众之所需；情为民所系，利为民所谋，权为民所用，才能赢得新疆各族干部群众的尊敬和爱戴，阿勒泰的各族干部群众才能把我们看作最亲的亲人。

南通援疆工作组扎根新疆援建伊宁纪事

张华

南通援疆工作有着悠久历史和光荣传统。早在 20 世纪五六十年代，上千名南通人响应国家号召，远赴新疆支边。70 年代末，南通建筑队伍率先进入新疆，在天山南北留下了一批精品建筑工程。1997 年起，南通参与江苏援建对口新疆伊犁州的工作。2010 年起，南通市对口支援伊犁州的伊宁县，成立南通市对口支援新疆伊宁县前方工作组，每三年选派一批干部援疆。我是 2013 年底作为第八批援疆干部来到伊宁县的，先后参与三期援疆，成为南通援疆在伊宁的常驻代表。

以先贤张謇的理念开展援疆事业

伊宁县位于被誉为"塞外江南"的新疆伊犁河谷，县域总面积6153 平方公里，人口 43 万。根据上级对援疆工作的要求和受援地伊宁县的实际情况，我们南通援疆工作组秉承"真情援疆、科学援疆、持续援疆"的工作理念，突出"四个一"重点（培育一个富民产业、实施一批优质项目、组织一项公益活动、培养一支人才队伍），全面开展各项援建工作，推进伊宁县经济社会发展和全面小康进程。

我曾担任过海门市（现南通市海门区）常乐镇的镇长、书记。习近平总书记评价我们家乡的张謇为我国近代民族企业家的楷模。张謇创办实业、发展教育、兴办社会公益的实践推进了南通早期现代化进程。关于实业，他认为一个地方的发展，必须要有强大的经济实力；关于教育，他认为通过教育能够培养人才、能够奠定发展的基础；关于公益事业，他认为能弥补社会管理、经济发展之不足。张謇的这些理念对我影响很大，而且我觉得对新疆特别适合。我们援疆工作，主要也是从教育、产业、公益入手的，可以说先贤张謇的理念和精神在边疆得到了传承和发扬。

参与援疆的第一个三年（2014—2016），是在前人基础上继续巩固发展的三年（当时我为工作组副组长），建成了伊宁县南通实验学校等一批基本建设项目，建设城南产业园与托乎拉苏等景区，累计实施援疆项目66个，初步形成"嵌入式""滴灌式"精准援疆工作模式。到了援疆第二个三年（2017—2019），援疆四大重点工作全面展开，全力打造轻纺产业区就业大平台、实施园艺花卉产业增收计划、组织"百名南通名师进伊宁"行动、开展爱心图书捐赠公益行动、医疗卫生援疆、产业工人培养等，各项工作打开了局面，成效也逐渐显示出来。

纺织之乡带来的产业园区

为受援地培育一个优势产业，是我们的工作目标。按照"打造大平台、发展大产业、促进大就业、实现大稳定"的思路，南通市一直致力于将产业援疆与促进就业相结合。南通援疆工作组经过调查研究，充分发掘当地交通、土地、电力、人力等潜在优势，和南通的产业发展相对接，成功开辟出新的发展空间。

南通是全国知名的纺织之乡，跻身世界三大家纺生产基地、全国十大服装出口基地行列，拥有国内最大的家纺专业市场。家纺是南通传统优势产业，但近几年也面临招人难、运营成本高、行业竞争激烈等多重矛盾，升级或转移迫在眉睫。相比之下，伊宁县的人力资源、政策优势等尤为凸显。新疆是棉花主产地，位于伊犁河谷中部的伊宁县，不仅是丝绸之路经济带的重要节点，也是全疆第五、北疆第一的人口大县，空运、陆地交通便捷，自然、人力资源丰富。第二次中央新疆工作座谈会以来，国家和新疆维吾尔自治区出台了一系列产业扶持政策和推进新疆发展纺织服装产业带动就业的特殊优惠政策，特别是出疆运费补贴、优惠电价、棉花和粘胶纤维补贴、就业补助金等八大政策补贴，很大程度上为企业节约了运营成本。在充分研究南通与伊宁经济发展实际后，南通援疆工作组建议伊宁县大力发展轻纺产业，得到县委、县政府的大力支持，合力打造一个强县富民的轻纺产业园区。

2017 年起，新一轮援疆围绕轻纺产业园区建设这一龙头工程展开。我牵头组织深入调研并形成《伊宁县纺织服装产业发展优惠政策》《伊宁县加强招商引资工作的意见》《伊宁县推进轻纺产业区劳动力就业实施方案》等支撑性文件，率队考察对接、洽谈推进 40 多次。历经 8 个月，成功启动伊宁县轻纺产业区建设，先后招引一批纺织、服装、家纺等企业入驻。开园之初，全县 20 个乡镇场干部全部进村入户，动员农牧民进厂应聘。县里还抽调老师，在各地开展为期 10 天的培训，首批1805 名当地农牧民转变为现代产业工人。在援疆组协调下，海安中专和伊宁县政府签订合作办学协议。

栽下梧桐树，引得凤凰来。新疆华曙纺织是入驻园区的第一家企业，计划总投资 8.3 亿元，建设 30 万锭高档纺纱生产线，已形成 15 万锭规模。全部建成后年产中高档棉纱 3.2 万吨，吸纳就业 2600 人。总投资 6 亿元的健骅纺织项目设计年产全面坯布 7000 万米，成为全疆单体规模最大的家纺坯布生产企业。总投资 4 亿元的大胜织造项目、总投资 2 亿元的贻程纺织项目等相继落户投产。专业生产手套、服装、口罩的外贸企业——卓万服饰还开设 5 家卫星工厂，带动群众在家门口就业。

在援疆工作组的组织协调下，各种优质资源源源而来。2021 年 3月，江苏南通国际家纺产业园区与新疆伊宁县伊东工业园签订合作框架协议，加强两地产业协作。到 2021 年底，产业园区开发面积达 4 平方公里，形成纺织加工区、织造加工区、家纺成品区等功能区块，已启动 107 万平方米标准厂房建设，其中 45 万平方米建成启用。入驻纺纱、织造、家纺、服装等企业 20 多家，其中一半来自江苏南通，吸纳就业 5000 多人。园区先后被中国纺织工业联合会授予"全国纺织产业转移试点园区"称号，被商务部评为"国家外贸转型升级基地"。在中美贸易摩擦中，一些境外企业抵制新疆棉，但援疆企业对新疆棉和国内市场充满信心，新疆大漠传奇公司增加投入，新增棉胎项目，可生产加工棉被 30 万至 50 万条，实现产值超亿元。走进园区，到处是一派繁忙景象。

根据自治区"两霍两伊"一体化发展战略，伊宁县纺织产业园确立争创伊犁州第三个千亿级产业园区的目标。中纺联产业发展研究院编制伊宁县千亿级纺织产业园规划，园区规划总面积 20 平方公里，以专业化、规模化、市场化为方向，实现链式发展，预期形成 350 万锭纺纱、2.5 万台织机规模，吸纳就业 8 万余人。不久的将来，伊宁纺织产业园将成为全州最大的就业基地、全疆最大的产业援疆基地、全国最大的家纺坯布生产基地。

百花盛开幸福来

伊宁县萨地克于孜乡是伊宁县最小的乡，2017 年，我留任第九批援疆工作组组长后，以花卉产业为重点，在技术、资源、资金、市场等方面全方位支持，使美丽的花卉发展成为真正带动老百姓增收致富的朝阳产业。

在硬件方面，安排 350 万元援疆项目资金，新建了一座 2300 平方米的智能温室，于 2018 年 1 月建成投入使用。目前智能温室内培育有 2 万株月季、1000 株牡丹和 1 万株实验育苗等花卉品种。智能温室引进先进的技术与装备，花卉所需的光、营养、温度等全部通过电脑精确控制，实现了花卉之乡花农冬季也能生产花卉的致富梦想。

在资源方面，工作组邀请南通绿化造园开发有限公司来伊考察，就人才、技术、资金、市场等方面的合作达成协议。2017年10月，南通绿化造园公司将多头菊、模纹菊、盆景菊、悬崖菊、球菊等8个种类、共3224盆、价值10多万元的菊花跨越千山万水送到萨地克于孜乡，并派技术员前来为当地花农传授菊花栽培技术，同时邀请南通籍国家菊艺大师陆建山、顾艳等前来传授种养经验。之后，南通绿化造园公司又源源不断、毫无保留地把技术、信息等传到萨地克于孜乡。

在人才方面，专门安排人才培训资金，由南通援疆工作组对接，组织花卉种植学习考察团赴江苏取经，深入了解花卉产业从制种、种苗、栽种、鲜切、干花到花艺的全链条生产过程，以及从资材、设备、泥炭土、灌溉、温室管理等上下游衔接业务，并参加花卉博览会、听取专题论坛，还到中国花木之乡如皋与花卉经营户直接对接。花卉产业全面启动的第一年，萨地克于孜乡150多户花农就实现增收300万元。该乡的下萨地克于孜村后来还在伊宁市建了2个花卉超市，还通过霍尔果斯口岸使花卉走出国门，村集体经济创收15万元，16户建档立卡户全部脱贫。

几年来，我们整合伊宁县农牧业资源，通过各种途径从发达地区引进大量技术人才，通过示范引领、典型带动、要素扶持，组织各族群众大力发展规模养殖、高效种植和生态农业，建成了全国最大的薰衣草种植加工观光基地，让2000多名贫困群众因此脱贫。

教育改变命运

教育援疆是援疆工作的重要方面，援疆工作组充分发挥南通"教育之乡"的资源优势，实施"组团式"教育援疆工程，大幅度提升当地教育教学质量，精心打造"家门口的南通学校"。

原先我们按照计划每批只派5名教师参加援疆，力量比较薄弱。

2017 年起，我们大胆实施"百名教师进伊宁"柔性援疆计划，在一个月的援教期间，每名南通名师都要做到带好一个徒弟、上好一堂观摩课、帮扶一名贫困学生、缔结一个友好家庭等"十个一"规定动作，将南通先进的教育理念移植到伊宁县。十年累计派出 70 名骨干教师到伊宁县二中支教，选派优秀教育管理者担任学校法人代表，建设学校管理、教育教学、科研师训团队，不断提升办学质量。近年来，伊宁县二中本科录取率达到 54%。投资 1 亿元实施"交钥匙"工程，建设九年制义务教育学校伊宁县南通实验学校。建校四年来，共组织 40 批次近300 名南通教师到实验学校援教，助推教师专业发展。实验学校各科教师分批次赴南通学校跟岗轮训，全方位感受南通教育文化、感知学校精细化管理，提升教育教学水平。实验学校在中考中各学科成绩均列全县之首。

援疆教师与受援学校各学科教师实施联合教研活动，吸引了伊犁州 8 县 2 市各族一线骨干教师 400 余人参与。通过主抓重点班级、重点学科集中发力的形式，打造"立足一个班级，示范一个学科，引领一个年级，带动一所学校，影响一个区域"的"五个一模式"，协同本土教师加强课堂教学研究，全面提升教育教学质量。援教老师的示范课、专题讲座覆盖周边 20 余个乡镇、万余名中小学师生。两地互动一体的教科研训，推动南通教育经验在伊犁落地生根，服务当地教育可持续发展。

知名教育家朱永新说过："一个人的阅读史就是一个人的精神发育史。"我们持续开展全国最大的援疆公益项目——"让阅读照亮边疆孩子的未来"爱心图书捐赠行动。发动南通后方百万家庭的力量，累计为伊宁县各族孩子募集图书 110 万册，总价值 2600 万元，让每所学校、每个班级都拥有充足的图书资源，让每一位学生充分享受阅读的快乐。加强两地学校结对，开展"万里鸿雁传真情"活动，组织两地同年级学生书信交往，交流阅读心得。

2021 年，工作组对接中南集团公益团队、南通市"石榴籽"爱心公社向伊宁县学校和贫困学生捐赠图书、课桌等价值 50 余万元物资。组织"点亮微心愿，圆梦千万家"微心愿认领活动，发动南通各界爱心人士捐赠物资 20 万余元，为伊宁县的贫困学生实现微心愿 1000 余个，让他们真切感受到祖国大家庭的温暖。

这里有我的事业和舞台

"带上行李，告别故里，我们穿越万里来到了伊犁。胡杨戈壁，大美四季，每个朝夕都变成了回忆。"轻轻哼唱这首我们自己创作的歌曲《和你在一起》，我的心里既有无限感慨，还有无比自豪。

金杯银杯不如百姓口碑，得到群众的认可比什么都重要。2013 年底，我作为一名援疆干部来到新疆伊犁州伊宁县。到任后，我除了县政府的正常分工外，还兼任巴依托海镇茶依其温村的第一书记。为了从根本上改变该村落后的面貌，我通过各种渠道甚至个人举债筹资 300 多万元，和镇村干部共同拼搏了两年，历经千辛万苦，最终成功异地新建了村委会办公楼和村民活动中心，同时解决了村民反映多年的出行难、看病难等问题。村委会办公楼启用那天，村里像过年一样，在新的村委会组织了一场演出，结束后，现场 200 多名各族村民自发地排着队，逐个和我握手。我流着泪和他们一一握手，尽管听不懂他们在说什么，但从他们眼里，我读出了一种肯定、感恩、信任和尊重。2016 年底，我完成为期三年的援疆任务，即将返回江苏。临走前，我又来到茶依其温村，与村民们座谈。多年有病、足不出户的 70 多岁维吾尔族老人吾斯曼听说后，硬是让家人用三轮车把他送到村委。他说一定要看一看让村里彻底改变面貌的江苏干部长什么样，还想和我合个影，请我去他家喝一碗鸡汤。政声人去后，民意闲谈中。我们所说的以人民为中心，绝不是空洞的理论，而是实在的行动，民心才是最大的政治。

日久真情，事业留人。第二轮援疆开始后，南通市委组织部领导来伊宁考察时问我，伊宁希望你留下来，你也愿意留下来，为什么？我非常认真地回答，留下来有三个原因：一是舍不得。我在新疆工作了三年，和当地干部群众结下了非常深厚的情谊。这样的情谊是我人生的一部分，舍不得这份感情。二是放不下。在新疆三年，我分管的教育、产业发展等，很多事情刚刚破了个题。就像写文章，提纲列好了，已经开始写了，却没有写下去，会很遗憾。三是离不开。这里有我干事创业的舞台，可能发挥我更大的作用。留下来，对我个人来说，肯定会有很多困难，但我愿意克服这些困难。对我来说，这是发自内心的一种感情。

"点点滴滴，风风雨雨，我们亲如兄弟永不分离。日复一日，不问归期，每滴汗水都变成了奇迹。"2020 年起我参与第三轮援疆，连续九年援疆的记录即将实现。回望这八年多来，我和同事们接续奋斗，产业援疆、教育援疆等各项工作都有了日渐丰厚的成果。在一片荒地上建起的轻纺产业区，一座座充满生机的学校，覆盖全县的 120 急救网络，还培养了一批少数民族企业管理者、优秀教师，走出了一批大学生、一批具有技能的产业工人和新型农民，众多边疆的少数民族家庭和全国各地一样过上小康美满的生活。所有这些，都是我们向党、向这个伟大时代交出的"答卷"，也正是这片土地给了我们干事创业的舞台！新疆是个好地方，美丽的草原，多情的土地，有我们援疆干部的努力和付出，大美新疆一定会变得更美！

（周磊　整理）

我的医疗援疆之路

臧豹

2019 年底，淮安市一院发动第十批援疆动员，胸外科领导找到我谈话，问我去不去援疆。我起初是有点纠结的，考虑到父母亲年老多病需要人照顾，如果我离开，家里能不能正常运转。没想到当我和家人沟通后，他们都很支持我援疆，并且让我不用担心家庭因素。于是，我放下了思想包袱，主动申请援疆，希望到边远的地区磨炼自己，把淮安的医疗知识和技术给边疆人民带过去。恰逢此时，新冠疫情爆发了，而且呈现出越来越严重的态势。疫情又增加了扶贫的难度。我们院党委经过精心筛选和考量，决定委派我、刘华、王泰岳三位医生支援新疆兵团第七师医院，我挂职担任七师医院副院长。于是，在 2020 年 4 月 13 日这天，我离开了淮安前往新疆，开启了我的援疆之旅。

转变角色，适应岗位

到达新疆后，我们被安排在奎屯麗枫酒店封闭隔离 14 天。2020 年 4 月 28 日，淮安援疆前方指挥部召开进岗动员，我们第十批援疆人员就正式进驻各自援助单位。我是第一次来新疆，也从未参加过援疆工作。摆在我面前有两道关卡，一是没有参加过援疆工作，走上一个新的工作岗位，如何转变角色、尽快投入工作；二是新疆气候、饮食、习俗和淮安差异较大，如何慢慢适应当地的环境。

新疆气候干燥，昼夜温差大，冬天低温能达到零下30度左右，和内地有近3小时时差。而我们的家乡淮安四季分明，冬天最低温度通常不会超过零下10摄氏度。刚到新疆，我们很多同事都出现了水土不服、鼻腔出血、嗓子干痛、皮肤皲裂等情况，身体感觉很不舒服。新疆的饮食也和淮安差距很大，这里口味重，做菜喜欢用牛羊肉，配土豆、辣椒、洋葱，油多盐多偏辣，一开始吃着不习惯。气候、水土、饮食、生活习惯，对于初来乍到的我们来说，都是不小的挑战。更难熬的，还是对家乡的思念和对远方亲人的牵挂。夜深人静独处的时候，对亲人的思念涌上心头，对故土的想念蔓延开来，常常彻夜难眠。靠着和家里通话视频，才熬过了这段艰难的时光。

在新疆待了一段时间之后，我对本地的风俗民情越来越了解，也逐渐地适应了这里的生活。比起适应生活环境，更为棘手的是，如何尽情挥洒汗水，充分展示才能，在援疆工作经历中留下浓墨重彩的一笔，为这里的改革、发展、稳定作出贡献。在七师给我们召开的欢迎会上，师党委副书记、副师长周青寄语我们，希望淮安援疆干部人才要倍加珍惜援疆这段难忘的特殊经历，满腔热忱地投身到对口支援各项工作中，进一步加强对中央关于新疆工作的一系列决策部署、对兵团的定位要求和新疆、兵团、七师胡杨河市发展史的学习，迅速转变角色，增强业务本领，提升工作水平，切实发挥好援疆干部人才的桥梁纽带、技术骨干、交流交往使者的特殊作用。

为了尽快适应岗位，我利用休息时间抓紧学习，提高对扶贫工作、援疆工作的认识，从思想观念上调整自己。同时，在工作中思索，怎样把淮安的医疗技术和当地的实际情况结合起来，找到一条适合新疆水土的健康扶贫之路。在这期间，我不断地深化理论学习，对援疆工作的认识也在不断提高。原先在我的认知里，援疆是一种治国之策，古已有之。它是由对口支援政策发展演变而来的，总结了有益的历史经验，体现了一方有难、八方支援的社会主义制度优越性。后来，在不断深化理论学习中，我对中央新一轮援疆的真实内涵理解也越来越深。开展对口支援新疆工作，是中央从全局战略高度作出的重大决策，是推动新疆实现高质量发展和长治久安的重大举措。我深刻理解到，新一轮对口支援新疆是全方位的援疆，包括经济援疆、干部援疆、人才援疆、教育援疆、科技援疆等。我们医生属于人才援疆。对口援建七师是江苏省委省政府交给淮安市的一项光荣、重要的政治任务。淮安市对口支援师市工作已有十个年头，十年来，淮安人在第七师胡杨河市这片热土之上艰苦创业、倾心奉献，为第七师经济社会发展注入了源源不断的新动力，淮安和七师也因此结下了深厚情谊。近年来，在两地领导的坚强推动下，七师与淮安市携手合作、相互支持，各项援助工作扎实推进，取得了显著的成果。淮安和七师虽然远隔千山万水，但通过对口援建这根交流纽带，我们紧紧地连在了一起，两地人民心更近、情更浓，亲如一家。

同时，我也详细了解了淮安这些年的医疗援疆情况，做到心中有数。这些年，淮安医生援疆采取的主要是"组团式"模式，集中力量对当地医院薄弱科室进行帮扶，每批会派遣2—3名医生到薄弱科室辅导工作，直到薄弱科室可以独立开展常规工作为止，这个过程有时需要好几批援疆工作者才能完成。可以说，这些年的医疗援疆工作，我们是前赴后继，一批接着一批干。这次我们淮安过去的11名援疆医生，被分到了不同的科室，让大家发挥自己的特长和优势帮助当地科室发展。既然选择参与援疆工作，就要履行好自己的职责。来新疆对口支援，我们不仅要在医疗技术上发挥引领作用，填补兵团医疗技术空白，更重要的是带动当地医护人员共同学习进步。不仅仅是学习医疗技术，还有医疗道德、医疗规范以及医疗技术宣传推广。让他们知道，医生这个职业真的需要活到老学到老，否则边疆人民的医疗服务质量永远上不去。

明确了自己的工作职责后，我要求自己树立政治意识、大局意识和责任意识，带头贯彻落实对口支援新疆工作的决策部署，扎扎实实完成对口医疗援疆任务，树立"争当新时期援疆工作排头兵"的目标。政治理论的加强和思想认识的提高，让我一进入七师医院就递交了入党申请书。在还是入党积极分子的时候，我就一直以党员的标准严格要求自己，积极参加所在机关第二党支部的日常学习交流，按时完成学习笔记、心得体会，在集体学习中踊跃发言、向身边的同事分享援疆心得。援疆也许无法让我完成质的蜕变，但是使我的思想境界得到了升华。援疆为什么？援疆做什么？援疆留什么？经过一年多的工作淬炼，我已经可以回答这三个问题了。只要忍得住孤独，耐得住艰难，顶得住压力，扛得起责任，挡得住诱惑，援疆路上不管遇到多大困难，"只要思想不滑坡，办法总比困难多"。

从实际出发，推进科技兴院

作为援疆医疗队长，我深感使命光荣、责任重大。我给自己定下目标：援疆一定要留下痕迹，这痕迹对医疗援疆来说就是技术的传承，消灭"因病致贫返贫"的局面。我们不能仅仅走个过场，还要把自己最擅长的技术留给当地医院，造福当地人民。结合七师医院的实际情况，我们确立了以"医疗技术援助"为核心的思想理念，通过技术传承来进行精准帮扶。援疆工作中，我们一直强调，不仅要"输血"，还要"造血"。我们坚持以实际行动践行为七师医院提高造血能力的宗旨。

我本人擅长普胸外科常见疾病的外科诊治，尤其擅长 ERAS 胸腹腔镜联合食管癌根治术、重症胸外伤的诊治，微创胸腔镜单孔气胸肺大疱切除。在对胸外科的帮扶过程中，我把自己 18 年的胸外科有效经验，理论联系实际，通过教学查房，将胸外科专业的常见病、多发病的诊疗规范和临床思维传授给当地的胸外科医生。

在胸外科工作中，我们发现七师医院很多肺部小结节患者因为技术原因无法得到及时诊断和治疗。为了解决这个问题，我带领高文闯医生与全科医生经过多次讨论后，在区域内率先开展 CT 引导下肺部小结节穿刺定位术。同时带领团队率先开展了胸腹腔镜联合下食管癌根治术，此术式为兵团首例，填补了区域内专业技术空白，开创了七师医院微创治疗食管癌的先河。为了减少患者创伤及应激，我们将快速康复理念（ERAS）引入外科及麻醉科，提升了手术安全性，降低了术后并发症，减轻了患者围术期的痛苦。经过手把手示范教学手术，七师医院胸外科医生已经可以独立开展单孔胸腔镜下肺叶切除及肺楔形切除手术。

除了履行好胸外科医生的帮扶职责外，作为挂职副院长，我还协助院长抓好医疗业务，抓好医院核心医疗制度的落实，督促、规范临床科室的医疗行为，保证医疗安全。七师的医疗硬件条件相对来说是比较薄弱的，我们在援疆工作中，也尽量帮助改善提高硬件条件。我们搭建了淮安市一院和七师医院远程会诊平台，方便利用淮安一院的远程医疗技术。了解到七师医院医用氧气仍然通过氧气罐提供，运输、储存不方便。我们便联系了淮安市一院的设备科，在了解了中心供氧的建立流程后，和珠海和佳医疗设备股份有限公司对接解决这个问题。虽然条件艰苦，环境有差异性，但是只要我们用心、多动脑筋，通过技术改良，一样可以让内地的医疗技术在边疆生根发芽，造福边疆人民。

在援疆期间，我们认识到人才的培养是医院发展的根本。为了培养一支"带不走"的医疗队伍，我们坚持"请进来、走出去"相结合方针，多次挑选优秀骨干到淮安市一院深造学习。从实践来看，把优秀医务人员送去进修学习是快速提升整体医疗水平的有效方法。作为挂职副院长，我主动牵线搭桥，当好淮安市一院和七师医院的宣传员、联络员和服务员，联系七师医院人员到淮安市一院进修学习。第一批七师学员十人，为期学习三个月，已经学成归来。第二批学员一人，为期半年，目前正在淮安市一院学习。学习期间，淮安市一院免除进修、住宿费用，优先安排高水平专家带教，还提供伙食补助。我们还立足七师医院外科长远发展，精心准备了课件，定期为临床医护人员传授外科的基础理论和基本技能，并结合本院的特点，开展一些复杂疑难的胸外科示范教学手术。通过言传身教，规范了重症患者的术后监护及抢救流程，使科室整体医疗业务水平有了明显提高。

献真心、献爱心，牵线搭桥办实事

从医以来，我一直将"进则救世，退则救民；不能为良相，亦当为良医"奉为座右铭。一生不做官，当个普通医生为民治病，在平凡的岗位上一样可以创造价值。作为医护人员，我们要献真心、献爱心，用真情为患者排忧解难；作为援疆工作者，为群众办实事，以身作则促进民族团结也是我们义不容辞的责任。在做好本职工作之外，我们团队也多次深入当地群众之中，和他们打成一片，倾听他们的需求，做好服务工作。我们从事健康扶贫，除了在医院坐诊，能做的事还有很多，手术室和就诊室外还有广阔的天地。为了让职工群众不出家门就能享受到高质量的医疗服务，我们多次开展送诊送药到团场、下连队、进牧场活动。援疆期间，我先后带队赴七师一二四团"访惠聚"工作队、一三七团阿吾斯奇边境牧场等地义诊巡诊，自费向团场职工群众、牧民捐赠药品价值2万余元。虽然捐助很少，但也是一份情谊，一份爱心。我相信，涓涓细流，一定会汇成大江大河。我们的工作也赢得了当地群众的赞扬，说起"来自周总理家乡的白衣天使"，大家赞不绝口。65岁的哈萨克族退休职工加别克激动地说："感谢党中央，感谢淮安医生，解决了我们牧区职工群众看病难的问题。"援疆期间，虽然由于疫情的影响，我们义诊的次数有所减少，但是义诊的确是一个非常好的改进当地老百姓医疗知识匮乏的手段。我们走进他们中间，在看病诊断的同时，也积极传播日常医疗知识。让当地老百姓知道，预防疾病比发现、治疗疾病更重要。而且我们的工作能得到当地人的认可，这是一种莫大的荣幸，也是对我们的激励。

淮安市援疆工作硕果累累

我加入新疆大家庭较晚。淮安的对口援疆工作开展已经十多年了。十年来，淮安对口支援新疆生产建设兵团第七师胡杨河市工作硕果累累，累计安排援建资金 13.6 亿元，实施了 6 大类 294 个援建项目，涉及医疗、教育、卫生、基础设施配套等多个领域。建设了"一医、三校、三中心"（胡杨河市医院，高中、职校、小学，融媒体中心、审批中心、活动中心），重点解决了教育、医疗等各族群众最关心的民生问题，帮助第七师医院于 2018 年创成三级甲等综合医院。此外，淮安市还投入 600 万元在第七师 5 个团场和天北新区、五五工业园区建设了 10 个便民服务站，投入 1540 万元在 3 个团场实施保障性住房配套设施和连队安置房建设项目，进一步改善团场职工的居住条件。目前，第七师职工人均住房面积达 39.7 平方米，团场 95% 的职工群众居住在城镇，城镇化率达 84%。

授人以鱼不如授人以渔。做"送水工"不如做"掘井人"，做"送鱼者"不如做"授渔人"。产业是兴旺发达的基础。要增强胡杨河市经济社会发展的活力，就要筑牢产业基础。为此，淮安市通过定向邀请企业家代表团到胡杨河市考察，签约项目 18 个，其中亿元以上重大项目 5 个。总投资 10 亿元的江苏金太阳 30 兆瓦光伏发电、总投资 10 亿元的江苏中兴商贸城项目均已建成使用，中兴商贸城还被兵团评为十大产业援疆项目。

此外，淮安还通过实施筑巢引凤行动，投入 1.6 亿元建设五五园区高新技术孵化园、3.4 万平方米标准化厂房建设项目、1 团创业园区，打造淮安飞地园区的"梧桐树"。利用云平台举办了第七师胡杨河市·江苏省淮安市招商引资"云推介"暨网上项目签约活动，签约项目 25 个，签约金额 105 亿元。组织"十万江苏人游伊犁"淮安首发团活动，旅游援疆工作连续两年位列全省各援疆工作组首位。

为当地培养人才，也是提高造血能力的有效途径。对口援建工作中，淮安市紧盯第七师胡杨河市的根本需求，投入人才援建资金6000万元，培训各类干部人才1.3万人次，从根本上解决人才短缺问题。实施"带头人培育""三化英才培养""南方课堂""企业家轮训"等160个人才培训项目。邀请王建国院士等60多名高端人才，为胡杨河市的经济社会发展献策献力。加强两地职教合作，组织淮阴商校等4所高职院校与胡杨河市职业技术学校建立职校联盟。淮阴中学教育集团选派6位优秀教师到胡杨河市组建了"淮中班"，支教教师送课送教进团场巡回交流，授课120余堂，培养当地30多名年轻教师成为教学能手。2020年4月，又派遣了41名淮安教师奔赴胡杨河市130团完全中学支教。这些举措，为胡杨河市经济社会发展注入了强大的动力。

众人种树树成林，大家栽花花才香。在脱贫攻坚的路上淮安秉持携手共进、合作共赢的理念，利用自身的资源条件，带动胡杨河市共同迈入小康生活。连续三年邀请第七师胡杨河市的企业参加淮安市主办的中国（淮安）国际食品博览会。在2020年举办第三届中国（淮安）国际食品博览会时，来自胡杨河市的8家企业和合作社的6个特展位前，挤满了前来选购的淮安市民。通过参加展销活动，胡杨河市的新疆特色农产品在淮安打开了市场，加强了两地经济往来。

淮安市对口援建紧盯贫困团场摘帽、贫困连队退出和建档立卡贫困人口脱贫任务，围绕产业、就业、教育等方面进行精准帮扶，投入4000万元援建金银川镇一团少数民族连队创业园，采用"淮安、七师资源落地＋少数民族运营管理"模式，重点扶持发展互联网＋民族特色食品电商、少数民族手工艺品制作、民族文化创意影视传媒等创业项目，为少数民族贫困群众提供就业岗位、增加家庭收入、创造创业机会。安排近千万元援助资金，资助在内地普通高校就读的第七师胡杨河市家庭困难学子900余人，切实解决其生活问题。实施60万元的"贫困母亲"帮扶项目，通过技能培训、创业就业、发展生产等方式，帮助30名贫困母亲脱贫致富。援疆干部全员还与36个少数民族家庭结为亲戚，经常开展慰问活动，做到一次结亲终身结缘。

10年来，在多方的努力下，七师经济社会发展不断取得新成效。

目前拥有常住人口 25 万人，管辖 12 个农牧团场，辖区总面积 4525 平方公里；有 1 个国家级农业科技园区、2 个兵团级园区、10 个直属事业单位、34 户国有及国有控股企业。2019 年 11 月 6 日，国务院批准成立胡杨河市，当年生产总值达 194.1 亿元，"十三五"期间年均增速 9.8%，经济总量在"三地四方"占比 30.5%；招商引资到位资金 162.8 亿元，税收收入 2.9 亿元；城镇常住居民人均可支配收入 40809 元、连队常住居民人均可支配收入 24319 元。

援疆经历是人生一笔宝贵的财富

为了丰富生活，更好地融入当地大家庭，我们在工作之余，也开展了丰富多彩的活动，锤炼援疆工作者的精神和品格，培养他们爱国精神，增强工作获得感和民族认同感。

初到新疆时，我们参观了胡杨河市的爱国主义教育基地，了解了兵团屯垦戍边的历史使命及老军垦无私奉献的精神。让我感受最深的是他们的奉献精神，他们是献了青春献终身，献了终身献子孙。他们的精神，激发了我们爱党、爱国、爱社会的热情。去阿吾斯奇边境牧场义诊巡诊时，我们发现当地自然条件十分恶劣。在这样艰苦的环境中，护路和戍边的民兵们不但时刻接受着汗水和泪水的洗礼，也接受体能和意志的锤炼，我们被他们坚韧不拔的精神所打动。这种精神，正是我们大部分人所缺少的。为了加强爱国主义教育，在抗美援朝 70 周年之际，我们组织观看了爱国主义题材电影《八佰》和《金刚川》，观影后组织大家积极讨论。在讨论中，大家结合自己的援疆经历各抒己见，现场气氛很热烈。通过这次活动，我们更加树立了牢记历史、珍爱和平、勿忘国耻、圆梦中华、热爱新疆、建设兵团的理念。

去年 10 月底，我们带领七师医院职工男子篮球队参加七师"胡杨河杯职工男子篮球赛"，荣获体育道德风尚奖；虽然是大龄球员，但我们和七师医院年轻小伙子一起挥洒汗水，团结协作，在球场上收获掌声、点赞无数，赛后更是与七师广大青年干部结下了深厚友谊。

2021年春天，我在北京人民大会堂接受全国脱贫攻坚先进个人表彰后，马不停蹄地于2月28日踏上了飞往新疆的航班，再次来到新疆兵团第七师医院。我越来越喜欢这份工作，援疆工作生活给了我了解边疆、深入基层、了解国情的机会，给了我锻炼能力、提升水平、积累经验的平台，给了我磨砺身体、彻悟深省、知足感恩的心态。感恩在兵团这个大熔炉中得到了锻炼、学习，感谢师市党委的信任、关爱和包容。即使离开这个岗位，这段难得的经历也是我人生一笔宝贵的财富，我会继续用"热爱祖国、无私奉献、艰苦创业、开拓进取"的精神激励自己，继续当好兵团七师形象的宣传员，为淮安市与七师架起交流的桥梁。我相信淮安市的对口援建工作能够不断取得新成果，也相信七师的明天会更加美好。

对援疆工作的一些思考

一衣带水的一份情谊，源远流长十年未竭，依然散发着旺盛的生命力。多年来，一批批来自淮安的援疆干部奔赴新疆，助推当地经济社会发展，改善民生福祉。和大家比起来，我们做的微不足道。在援疆期间，虽然我们竭尽所能做了一些工作，但是离组织的要求和人民的期盼还有差距，我们的工作还是有很大提升空间的。有时我也反思自己，发现自身还存在许多不足和问题，比如：全心全意为人民服务的宗旨有待进一步加强。虽然摆正了公与私、大家与小家的关系，但往往是先公后私，甚至公私兼顾，缺乏那种大公无私、公而忘私的精神。与援疆干部黄群超、王华等同志相比，自觉差距还很大。作为胸外科医生，因为主攻食管外科专业，虽对心脏外科及肺外科也有涉猎，但是不特别精通，虽然在七师医院开展了肺部小结节CT引导定位及单孔胸腔镜下肺叶切除及肺楔形切除，但是无法进行精确肺段切除。作为七师医院挂职副院长，精力主要放在胸外科、普外科及麻醉科等外科相关科室，深入其他科室较少，未能为其解决问题。这些都是我以后改进和提高的方向。

援疆工作是个组织行为，是个系统工程，仅靠个体单打独斗是远远不够的。从事援疆工作一年多来，我最深的体会有三点：一是援疆工作离不开新疆各级党政机构创造的优良环境。在新疆的一年多生活中，我们得到了七师领导及院领导的大力支持，他们在工作上为我们提供方便、在生活上细致周到关心我们，为我的工作生活创造了优越条件。更难得的是给予我们信任，让我们放手拼搏。二是援疆工作离不开淮安援疆工作组的科学管理。在援疆干部的管理上，工作组坚持以人为本，科学管理，做到了既严格要求，又细心关怀，使每位援疆干部都能感受到大家庭的温暖，激发我们做好工作的信心，这是做好援疆工作的关键所在。三是援疆工作离不开派出单位的关怀和支持。在新疆半年多时间里，我们无时不感受到中央、省、市各级政府的亲切关怀，各级领导经常慰问走访，派出单位在资金、技术、人才等方面鼎力支持我们，这些是我们做好援疆工作的坚强后盾。希望今后的援疆工作安排中，不仅仅是我们去援疆，也有机会让边疆人民多到内地学习，互相交流，取长补短。

（聂广晶　整理）

用心用情做"文化润疆"的践行者

路璐

　　2018 年 8 月，作为盐城景山中学语文教师，我申请成为首批教育部"援藏援疆万人计划"支教老师入疆工作，2020 年初，我被选派为中组部第十批援疆干部人才盐城工作组成员入疆开展新一轮援疆支教工作。三年来，我先后在察布查尔县初级中学、察布查尔县盐城实验学校和察布查尔县高级中学任教，用努力工作践行使命，用实际行动铸牢中华民族共同体意识。三年里，我连续两次获评伊犁州优秀援疆教师，获评察布查尔县民族团结模范先进个人。2021 年 2 月，我有幸作为获奖人员参加了全国脱贫攻坚总结表彰大会，身临现场、百感交集、热泪盈眶，聆听习近平总书记的重要讲话，使我对作为脱贫攻坚伟大事业重要组成部分"扶贫必扶智"的援疆支教工作，有了更加清晰和深刻的理解。

　　回顾这几年的援疆支教历程，我以习近平同志为核心的党中央提出的文化润疆政策作为工作的重要指引，坚守信念和初心，明确责任担当；践行课程思政，守牢课堂教育主阵地；坚持教研引领，构建师生同构育人机制；疫情中架设"空中课堂"，创设育人新通道；增进民族团结，用心、用情做铸牢中华民族共同体意识的践行者。

践行课程思政 筑牢课堂育人主阵地

身为一名教育一线的党员，我时刻牢记"为谁培养人、怎样培养人、培养什么样的人"的教育使命，将课堂教学作为立德树人主渠道。

2018—2019 这一学年，我在察布查尔县初级中学的教学工作量达到每周 18 节，我认真备课，熟悉班情，兢兢业业。班上，很多少数民族学生由于小学时期的普通话基础不扎实，导致进入初中语文学习困难。很多学生，特别是少数民族学生对语文学习有畏难情绪，甚至厌学。学习中，学生不能达到掌握语文学习知识的要求，教学的知识目标不能达标更让情感目标难以实现。面对教学生涯新的挑战，我认真分析当时的学情，钻研了教材，决定重点挖掘教材里蕴含的家国情怀，在语文教程里进行德育渗透，以此来提高学生的学习兴趣，激发他们的学习热情，同时也能完成教材的情感目标，达到德育要求。在实际教学中，我注重将爱国主义等思政元素渗入到教学情境中，围绕家国情怀、民族自信等主题，结合新中国成立 70 周年庆典等重大节点，让同学们感受祖国的强大，培养爱国情怀。

在这个教学探索过程中，我精心设计的《潼关》和《邓稼先》这两篇课文的教学效果特别理想，让我非常开心。《潼关》这首七言绝句是部编版七年级语文教材，课外古诗词背诵的最后一首诗歌。这首诗的作者是清朝"戊戌六君子"之一的谭嗣同，谭嗣同创作这首诗时才 14 岁，当时他随父赴甘肃上任，途经陕西潼关，被祖国北方特有的壮阔风景所震撼，欣然下笔，遂有此诗。我启发学生学习诗歌的同时感知少年谭嗣同冲破束缚、强我中华的壮志豪情。说实话，这首诗在艺术性和文学性与教材前面选用的李白、杜甫等名家作品比较还是有差距的，而且学生对谭嗣同了解不多，不如他们对李白、杜甫熟悉。我自己思考编者选用这个作品的用意，应该是希望学生能够了解作者在历史上的地位和为国为民的家国情怀。我决定并不能简单地介绍本文的写作背景，而要把对谭嗣同这样一个历史人物的介绍作为教学的重要环节，在此基础上再结合本文背景，这样才能让学生真切体会谭嗣同少时立志的家国情怀。讲授《潼关》时，我先组织学生在课前观看达式常主演的电影《谭嗣同》，让他们能深切地感受那个年代，仁人志士们为国为民所付出的艰辛和所作出的牺牲。不过毕竟是真实历史题材电影，和现实有距离感。开始的时候学生不是很有耐心，不太看得下去。为了帮助学生对影片的理解和接受，在观影中，我做了简单的思想动员，"你们是初中生，这样的国家大事看不懂，很正常，因为很多大人包括你们的父母，都不清楚这样的历史进程。谭嗣同他们这样为国为民不惜牺牲生命的英雄是值得尊重的。虽然你们才七年级，但你们有责任和义务，从你们开始将这样的家国情怀铭记并且传承下去！"这倒非常有效，部分学生，甚至语言困难的少数民族学生，虽然理解困难，但还是认真看下去了，电影放到谭嗣同牺牲时，我和同学们的对话至今记忆犹新。我问学生："谭嗣同为了什么牺牲了？"回答五花八门，"为了皇帝""为了当官""为了政治抱负""为了大清"，我很认真地告诉他们："为了你们，为了中华民族，为了你们能在今天坐在课堂里听课，为了老师可以站在这里上课。"孩子们一下子安静下来，我接着讲："那样的年代，清政府腐败无能，谭嗣同文武双全，他如果只想自己过好日子，完全可以荣华富贵，但他却为解救老百姓于水深火热之中，积极推行变法，直至献出生命，他不是为了哪个个人和王朝，他是为了老百姓，为了中华民族，为了国家。我们要记住他、学习他。"我还带学生一起学习了谭嗣同的名言"视繁华如梦幻，视死辱为常事，无喜无悲，听之任之。"经过这样的设计，《潼关》这首诗的课堂效果特别好，学生们听课也特别认真！

2019 年春季学期，第一篇课文是杨振宁先生写的《邓稼先》，这是一篇科学家的人物传记。空洞地讲大的历史背景学生印象不深刻，我决定抓住课文第一句话"一百年以前"做文章。我给学生推荐了陈道明主演的电影《我的 1919》。学生们都看得很认真，顾维钧在巴黎和会上的精彩演讲，深深打动了学生，学生们自发地跟着轻轻鼓掌。我突然发现一个亮点，赶紧暂停。提问学生："顾维钧在巴黎和会演讲时用的什么语言？"学生回答："他用的普通话。"再问："日本外交官用的英语。顾维钧会英语，会法语，但他却用普通话，配翻译，不是摆架子，是为了什么？"有学生回答，是为了更好地维护国家尊严。我赶紧肯定说，"对的，这样确实赢得了在场各国外交官的尊重。所以普通话很重要，大家要好好学。"学生们都点头了！

在看到电影中留学生们为了山东主权抗议游行，甚至自焚的镜头时。我提问学生："这些为了山东问题抗议游行的人，只有山东籍留学生吗？"学生说，"不是。有中国各个省份的留学生。""那他们为了什么？为了中国，他们是中国人。他们心中拥有家国情怀，山东不是属于哪个地区的人，是属于中国的，是属于中华民族的。"由此，让学生形成共识，祖国的任何一块土地都不能分割！

最后，我进一步启发大家，"顾维钧是非常优秀和成功的外交家了！但这样一个优秀的外交家，以自己的智慧，在国际舞台上为自己赢得了尊严，但是，却对山东问题无能为力，弱国无外交，铁嘴钢牙，比不上拥有'两弹一星'元勋们为大家铸就的'铁的脊梁'！"带着这样的理解，学生学习《邓稼先》这篇课文时充满了敬意，教学目标完成得很顺利，特别是情感目标的实现，激发了学生们立志努力学习，长大建设家乡，建设祖国，成为对党和国家有用栋梁的热情。

这两篇课文的教学设计效果，使我更加坚信，激发学生的爱国精神，需要以社会主义核心价值观为引领，增强学生的家国情怀教育。因为，学生们心中有了信仰和方向，学习积极性自然就得到了提升！

经过努力，很多没有汉语基础的维吾尔族、哈萨克族学生，主动背诵和默写古诗了。我所带的班级语文平均成绩和优秀学生数目都大幅提升。这也使我信心大增，进一步琢磨如何最大限度地给孩子们展示中华民族传承五千年的文化魅力。这时候出现了一个非常好的契机。

2019年暑假前，我在和学生道别时，班级学生强烈提出让我多给他们上上课的要求，学生表示"你上课，我们就来听"。学生的热情触动了我，我萌发了放弃暑期返乡休息，在当地义务开设国学兴趣班的想法。说干就干，顶着新疆初夏的烈日，在盐城援疆工作组李强书记的支持下，我几次去当地教育主管部门申请，察布查尔县教育局吴强书记深受感动，他亲自帮忙联系县青少年活动中心作为活动地点，同时指导要求关注少数民族学生。在领导们的关心帮助下，7月暑期兴趣班如期开班，兴趣班以《声律启蒙》作为教材文本，面向全县学生公益开班教学，不分民族、不分学校、不分班级，只要愿意都可以来学习。我在教学设计时把《声律启蒙》里的历史典故和语文教材内容以及新疆的当地文化充分融合起来，力图激发学生的文化共鸣。这样的课一经推出，立即得到了当地少数民族学生们的欢迎。比如，我在讲《嫦娥奔月》的典故时，我会提到传说中嫦娥的丈夫后羿求的不老仙药，是到西王母那里求的，而西王母在古籍传说《列子·周穆王》上记载是住在天山，现在新疆天山上还有相关旅游景点。学生听后就特别惊奇和开心，也特别骄傲，增强了孩子们对祖国历史文化的认同感。我在讲《大禹治水》时谈到水利的重要性，我会告诉他们，察布查尔县本地有位锡伯族的历史人物图伯特也是治水英雄，他在清朝乾隆年间，为了让当地各民族老百姓吃上大米，克服万难、修建水利、带领大家挖察布查尔大渠，才有了伊犁河水浇灌而成的获得全国农产品地理标志的察布查尔大米。现在，我们还在使用大渠。学生特别感动，立志要向这些历史人物学习，建设家乡，建设祖国，做有利于社会、国家和人民的人！还有我在讲到汉高祖"六尺剑"典故时，告诉学生们，在汉朝时，有两位江苏的公主，细君公主和解忧公主和亲来到新疆伊犁，给地方上带来和平稳定和文化的交融，为地方安定、民族团结作出了贡献。学生听后很有感触，发自内心认识到只有稳定才能发展，各民族团结起来才有力量！同时也更增强了同学们铸牢中华民族共同体意识！

暑期国学兴趣班结束时，我组织了结学联欢，当天维吾尔族、锡伯族、哈萨克族、汉族的学生们都踊跃参加，赛诗抢答，场面热闹，少数民族学生们对普通话的学习热情空前高涨。学生们争着对前来采访的电视台记者说："我们喜欢听路老师讲的课，喜欢听她讲的解忧公主的故事，喜欢听她讲诗歌。我们喜欢她！"在欣喜的同时，我也深深地认识到在多民族地区开展语文教学工作，工作方法特别重要，并且有了心得：对美的感悟和理解，是不分民族的，适时引导孩子认识我们祖国语言文字的美，感受中国五千年的文化魅力，在他们幼小心灵中播下中华民族文化传承的种子。让他们在我们伟大祖国灿烂的优秀传统文化的熏陶下成长成才。

坚持教研引领　师生同构育人双提升

除了在课堂教学，我还主动开展教研活动，发挥教研对教学的引领作用。在支教团队和当地主管部门的帮助下，我的教研交流的范围从校内到校外，从县城到各乡镇，三年来我走遍察布查尔县 13 个乡镇送教送学 60 余场次。围绕家国情怀、民族自信、传统文化等主题，将爱国主义教育融入教学中。

2019 年 10 月，我受邀给察布查尔县党校的乡村干部培训班开展传统文化讲座。虽然基层村干部学习主动性和积极性都很高，但由于他们年龄都偏大，加之普通话基础差，所以教学难度比初中学生大。但有件事给我感触很深，就是在讲到"鬓蟠对眉绿"这一句时，"眉绿"这一词，本来是解释古代汉家女子用青黛色画眉。学员开始对字面意思"绿色的眉毛"，理解困难。考虑到学员都是维吾尔族和哈萨克族居多，我灵机一动，结合看过的一份资料里，讲到南疆维吾尔族姑娘们，有一种习俗，维吾尔族女子用奥斯曼草精心染眉毛，榨取青色的草汁渗入到女子的眉根和睫毛，再适当地清洗，会让眉毛更美丽。结果，大家反应活跃开心讨论，对"眉绿"的理解也很到位，我们都由衷地觉得，不分古今，不分民族，大家对美的理解如此一致，非常有意义，祖国真的是一个大家庭！同样是增强了对祖国历史文化的认同感，但由于受众是乡村基层年龄较大的少数民族乡村干部，特别是维吾尔族乡村干部较多，带着这样的文化认同感回到村子里，去做脱贫攻坚工作就更有意义了。

在送教下乡的活动中，我的德育渗透的课程设计，获得了当地老师的一致好评。每次我结束上课后，总是有很多当地老师来共同探讨。从教材到教法，从语言组织到课堂时间分配，我总是耐心分析，倾心传授。学生更是热情地表达对我的喜爱，淳朴的孩子们经常热情地挽留我不要走，在山区里的琼塔木村小学送教结束时，几位哈萨克族小学生围着我，有位小姑娘紧紧抱着我："路老师，不要走，住我们家去，我们用最好的奶茶招待你。"让我感动之余，更多的是觉得肩上的担子更重了。更有天真的孩子问："路老师你讲的事情太美好了，你说的故事也好听，你说的嫦娥奔月的故事是真的吗？"我鼓励她："那是神话故事，不过现在我们国家发射了'嫦娥一号''嫦娥二号'上天，我们努力学习，掌握科学，可以把神话变成现实！"孩子接着问："那你说的古代嫁到这里的细君公主和解忧公主，是真的吗？"我坚定地回答："是真的，千真万确，新疆自古以来就是中国的一部分。"看着孩子脸上露出开心的笑容，我相信孩子幼小的心灵会播下好学的种子，播下中华民族文化的传承和认同的种子！

2020年初，我担任察布查尔县高级中学语文教研组长，我积极发挥教研引领作用，努力营造教研氛围，构建教研团队，开设面向全县的公开示范课，为全校教师开设教研讲座和德育讲座。2020年5月，针对高三年级学情，我开设教研讲座《高三冲刺阶段语文复习要点》；2020年10月，我参与察布查尔县高级中学班主任经验交流会暨培训活动，开设讲座《中小学学科教育的德育渗透——德育协同系统架构的几点思考》；从2020年10月开始，为推广普通话，我利用午休时间组建团队，自己担任主讲，为高一高二学生开设午间国学兴趣班；2020年12月，我为全校开设示范公开课《旅夜书怀》。

除了课堂示范，组织教研。我还积极参与青蓝结对，悉心指导结对教师，我结对指导的当地张学志老师和罗春梅老师，2019年他们都获得州"苏伊杯"比赛一等奖和国培"同课异构"优秀学员。我主动结对维吾尔族老师如克彦，精心指导她的普通话，2020年她被选拔参加州普通话诗歌朗诵比赛，2021年4月，在伊犁州推广普通话演讲比赛中如克彦获三等奖。2021年5月，在学校微型说课比赛中如克彦获第一名。

我在陪伴和分享他们学习经历中的艰辛和快乐时，深刻地认识到只有打造一支优秀的当地教师团队，才是把我们的教育教学理念和方法真正留下的最好途径。

架设"空中课堂" 疫情不阻育人新通道

2020年春，受到新冠肺炎疫情的影响，我们援疆支教人员不能如期进疆执教，我深深挂念察布查尔县的学生们。受各地开设"网络课堂"的启发，我经过盐城工作组高明荣书记同意和指导，主动联系察布查尔县教育部门及相关学校，提出通过网络进行授课的想法。在工作组的协调下，"空中语文兴趣班"顺利开设，来自察县初级中学和察布查尔县各乡、镇、场多所学校的近30名各民族学子通过网络课程的形式，接受着优秀传统文化的熏陶，灵活的授课方式得到当地师生的一致好评。跨越万里的"空中课堂"也受到媒体的关注和报道。本来计划开几天课看看，没想到一传十、十传百，学生越来越多，最后只能不停地延长课时。"声律启蒙兴趣班"收获了意想不到的效果，国家通用语言文字的博大精深也令众多少数民族学子惊叹不已，自然产生了学习的热情。

疫情中的"空中课堂"，对我和学生都更显珍贵，为上好每次网课，为了能达到线下课堂的效果，备课量成倍增加，但看到学生踊跃参与的热情和逐渐增加的学生数，一切都是值得的。

增进民族团结 同唱盐察两地一家亲

"各民族要像石榴籽那样紧紧抱在一起"，民族团结是发展进步的基石，援疆支教的重要任务之一是增进民族团结。我平时非常重视和当地少数民族学生和老师的和睦相处，主动关心和帮助学习和生活上有需要的少数民族学生和老师。主动和少数民族老师交朋友，了解和尊重少数民族习俗，在当地建立了良好的人际关系，拥有良好的群众基础。

2019年7月，在开设暑期国学启蒙兴趣班时，有位维吾尔族学生亚热买买提，他是初级中学七年级学生，他的普通话基础很弱，在学校时我一直耐心指导，热心帮助，他的学习兴趣逐渐提升，暑期国学启蒙班也是他自己主动参加的，可是，开班几天之后，他由于贪玩和少许学习畏难情绪，连续几天没来。我一直记在心里，经过几次联系后，顶着察县7月的烈日在当地老师罗春梅的陪同下去他家家访，在同家长交流后，孩子的奶奶非常感动："学习是重要的，普通话更要好好学！老师这么关心他，亚热买买提一定要坚持学习！"这样，亚热买买提又回到了兴趣班的课堂。

我还将帮助察布查尔县少数民族老师提升普通话能力作为日常支教工作的重点之一。我主动跟少数民族老师交朋友，鼓励帮助他们提升汉语水平。米尔万古丽是我主动交流的一位维吾尔族数学老师，不同的民族和学科，并没有阻碍我们成为好朋友，米尔万古丽老师的学科教学认真细致，对学生提问也同样耐心解答，在教学上我们有很多共同话题，平时互相交流鼓励。米尔万古丽会在工作闲暇时，邀请我去她家做客，品尝维吾尔族特有的美食，羊肉抓饭和肉饼子，给我看她们全家的照片，听她们讲讲当地的民族特色。我在她家作客也不忘鼓励米尔万古丽，努力学习普通话，给她划出学习重点。"路老师，我报名下次普通话考试了。"要知道，米尔万古丽本来已经没有信心，再去报名普通话考试了。这是最让我开心的一句话！

哈尼夏依木，一位哈萨克民族女老师，我虽然跟她不太熟，但这并不妨碍她对我的友善和关心。一次我们在校门口值班室相遇，攀谈中，她无意间发现我羊毛围巾上有好几个小洞眼，立刻要求我将围巾留给她修补，心灵手巧的她，忙了几天。先是寻找同色羊毛线，后来干脆把围巾带回家，精心勾了几朵立体漂亮的花，修补了洞眼，我的旧围巾焕然一新，更加漂亮了。哈尼夏依木还坚决不肯收费，哪怕是贴补的羊毛线费用。她对我说："你不远万里来到这里帮助我们，路老师你的工作我们都看在眼里，怎么能收你的费用？我愿意帮助你。"我捧着围巾，感慨万分，这是比金子还珍贵的礼物啊！我暗下决心，践行"天山雪松根连根，盐察人民心连心"，为祖国的边疆教育事业贡献自己的一份力量！

　　三年援疆支教之路，远赴8000里之外，我和我的同志们从盐城来到察布查尔县支教，就是要牢记立德树人初心，践行"文化润疆"使命，就是要共绘盐察两地事业发展新篇章，就是要增强边疆地区铸牢中华民族共同体的意识！

　　我相信，在这祖国的西部边陲，天山之下，伊犁河畔，中华民族盛世的文化之花将漫山遍野，花团锦簇！

参加"苏青协作"的难忘经历

薛强

2021年6月25日，青海省召开脱贫攻坚表彰大会，当时任青海省委书记王建军宣布青海52.9万贫困人口脱贫时，抑制不止的感动和欣慰从我心底油然升起。

正如王建军同志所说，是第一书记和驻村工作队"一片冰心在玉壶"，广大党员和干部"俯首甘为孺子牛"，对口援青和扶贫协作各方雪中送炭三冬暖，社会各界和各行各业众人拾柴火焰高，建档立卡贫困群众感恩奋进奔小康，才取得了彪炳史册的成就。

回顾脱贫攻坚历程，在青海人民自力更生、爬坡过坎，为确保贫中之贫、困中之困与全国人民同步小康的关键时候，"苏青协作"如三冬送暖，与青海人民一起啃硬骨头、打攻坚战。我有幸成为其中一员，是人生的一大际遇。

不 辱 使 命

西宁、海东20多万建档立卡贫困人口全面脱贫，占了全青海的近

50%，这成绩，也有"苏青协作"的一分子。

江苏省向青海省选派41名党政干部，其中南京市9名干部两次延期、连续在高原挂职四年。652名教师、医生、农业人才先后奔赴青海，开展技能培训、巡回讲座，打造了一支支带不走的团队，一次性改造提升了500多个村级卫生室，医疗、教育、农业技能水平明显提升。先后组织300多家企业赴青考察投资，27家江苏企业落户青海，投资额达6.86亿元，带动近2.48万名贫困人口增收。举办"春风行动"等专场招聘会50多场，提供就业岗位超过4万个，举办123期劳务协作培训班，组织近万名贫困人口参加培训，共帮助青海省8864名贫困人口实现就地就业，1475人次贫困人口赴江苏就业。实施了300多个协作项目。结对县（区）党政主要负责同志每年开展互访交流，双方交流对接超过1万人次，协作覆盖面进一步扩大，形成了多层次、立体化协作格局。

数据很有说服力，当走遍江苏对口帮扶的乡村，看到整齐划一的搬迁房，贫困群众吃上了干净的自来水，家里的牛又"添丁"，有的偏远乡村条件比苏北还好，听他们说感恩党拥护党爱戴党、感谢江苏人民的话语，感到融融暖意，如江南拂面春风，让我思绪万千。

江苏与青海，一个地处黄海之滨，一个远在世界屋脊，一个位在长江下游，一个处于三江之源，一条母亲河让两地命运紧紧相连，"君住长江头，我住长江尾"，共饮一江水。

我到青海之前，苏青部协作分两部分，一部分是始于2010年江苏对口支援海南州，另一部分是始于2016年江苏对口帮扶青海省西宁、海东市。对口支援和对口帮扶，无论哪部分工作，都是为了落实习近平总书记重要讲话精神："东西部扶贫协作和对口支援，是推动区域协调发展、协同发展、共同发展的大战略，是加强区域合作、优化产业布局、拓展对内对外开放新空间的大布局，是实现先富帮后富、最终实现共同富裕目标的大举措，必须长期坚持下去。"

青海是三州三区连片集中区域，贫困程度深，帮助青海人民如期打赢脱贫攻坚战，是挑战，更是机会，是践行社会主义制度优势，展现江苏担当的绝佳契机。我的职责是对口帮扶，组织实施好省和南京市帮扶西宁市、无锡市帮扶海东市工作，助力青海省近4成的贫困人口早日脱贫。具体结对情况是，南京市雨花区——西宁市大通县，南京市栖霞区——西宁市湟中区，南京市六合区——西宁市湟源县，无锡市惠山区——海东市平安、乐都区，无锡市锡山区——海东市化隆县，无锡市新吴区——海东市互助县，无锡市滨湖区——海东市民和县，无锡市梁溪区——海东市循化县，江苏向每个对口县派驻2名干部和18名三支专业技术人才。

江苏省委省政府主要领导每年都带队来青海对接需求、检验成效，年底专门接见援外干部，共话对口省份发展。每年年初常务副省长都召集专题会议，布置全年目标任务，派到前方一线的干部都是精兵强将。资金支持更是不遗余力，从2016年的5000万元，到随后的8000万元、2.75亿元、3.35亿元，再到2020年增加到4.07亿元。虽然这期间江苏也面临着化工产业转移、疫情影响生产、财政收入锐减的困难，但每年省人代会预算方案一通过，资金就第一时间拨付到青海。

现在回过头来看，我更深刻体会到江苏省委主要领导来青海时，把工作队员们拉到一边，语重心长地交待："没有青海的水清，哪里有江苏的清水！"

细细想来，农村真是一个广阔的天地，可以大有作为，也终于不辱使命。在脱贫攻坚时间紧、任务重的压力下，东西部协作全体干部没有出现"留影式"入户、"卷宗式"总结现象。而是沉下心把更多精力投入到具体工作中，对"问题"有针对性地开"药方子"，拔"病根子"，为青海打赢脱贫攻坚战贡献了"苏青力量"。

不 遗 余 力

事非经过不知难。

报名来到青海工作的同志，无不满腔热情。但都面临着时间紧、任务重、难度大，民族情况复杂，氧气稀薄、气候干燥难适应等困难。尤其是谋划发展时，受到人口少、物流慢、成本高，施工期短导致资金回笼慢，疆域虽大，但生态要求高，土地使用受限等制约。

从哪里着手，怎么着手是个考验。刚来到这里，比我先来的同志，纷纷向我诉苦，除了上述的困难外，工作压力大，外界不理解，考核压得紧。每年国家考核在 1 月，考核多数时间在户外看项目，这时的青海天寒地冻、滴水成冰。考核组来自全国各地，大家对攻坚战的理解和认识不一，导致标准不一，考核结果不好还要处理干部。队员们平时不好集中，思想不好统一。

面对诸多的反馈，我认为第一件事，就是鼓舞斗志、增强凝聚力，打消顾虑。我首先找两个工作组组长谈心，跟他们讲大家的功劳有目共睹，大胆地干，只要为了青海脱贫，工作上即便有小的瑕疵，我和陈明领队会替大家担着，就是处分也先处分我们，追责我们优先，全队上下都要相信组织上是能够辨清功过的，情绪会影响整支队伍的士气。然后与队员逐个谈心，逐县深入调研，关心队员吃住和医疗保障，掌握队员们工作和生活状况，给 27 名队员配备上制氧设备。请博士团的江苏医生给大家开讲座，留好联系方式，在队员生病时送达组织的温暖。

第二件事才是确立理念，摸清现实条件，抓住工作重点，组织好苏青协作，为脱贫贡献力量。第一条理念是"青海所需、江苏所能"。工作好的标准不是一厢情愿、自说自话地把江苏资源引过来，而是根据当地政府和群众的需求，尽最大可能地满足，心往一处想，劲往一处使，调动当地干部群众发展的积极性。第二条理念是"围绕省情、生态优先"。青海地处三江源，生态是最大的政治，我们上项目、引进企业过来，首先要考虑绿水青山、生态保持，绝不能有丝毫牺牲环境的代价。第三条理念是"自主发展、市场化机制"。研究了青海发展规划、了解了当地资源禀赋，还是离不开总书记对青海擘画的"四地"建设，我们的责任是前后方联动，输出资金、技术、人才、理念、管理，组织企业考察、洽谈，聚合发展要素。总的是，因地制宜、顺势而为，不能强加于人，遵循渐进的理念。

我们研究认为，打造乡村旅游点、推进消费扶贫是优先项目。来到青海之后，我深切地体会到当地人的不易，每年到 5 月份大地才复苏，但这里的人们热爱生活，热爱大自然，即便是只能欣赏一季，他们依然乐此不疲地种养花草，每到6月，精心打造的乡村旅游点上便是山花烂漫、姹紫嫣红。这样的项目可视可触，投入让老百姓直接收益，又能带动贫困群众自力更生。几年里，苏青协作一共精心培育了20多个乡村旅游点，一些项目入选全国精品项目。还有就是消费扶贫，青海青稞枸杞、牦牛藏羊、拉面、虹鳟鱼品质在全国首屈一指，但作为深加工的产品少，作为基础原材料卖出去的多，附加值低，一些季节性的产品还存在产量上来后滞销的情况。问题是线上线下的平台少，物流成本高，深加工企业少，产量低组织得不好，存在低端的恶性竞争……我们首先打造平台，开展产销对接，利用青海大集、万集大丰汇等展销会，推介销售青海商品。依托苏宁易购、金陵饭店江苏舜天电子商城等平台和苏果等大型商贸集团，线上线下销售青海特色农畜产品。建成青海（江苏南京）消费扶贫专馆，两省党政主要领导出席开馆仪式，在江苏共开设特色农产品销售门店11个，化隆拉面进入江苏机关食堂，青海牛羊肉进入江苏学校、医院、国有企业餐桌。青海支持当地群众创业，"阿牛哥""百灵"等项目已经初成规模。2019年8月我到阿牛哥去的时候，这个公司正在草创，从东部省份报社辞职创业的小张是当地人，对民和县有感情，他充满激情且思路清晰，公司是当地免房租的创业园提供的，环境并不好。到2020年底我再去的时候，张总已经非常自豪地告诉我，他如何组织贫困户种苹果、养犏牛，对老百姓的影响已经超过了村干部。

第三件事是以问题为导向，攻坚克难。第一是配合考核难。这项全新的任务难在尺度难把握，工作标准不明确，但年底要考核，考核要求全国一个样，青海特殊情况没有被考虑，考核组都是各地一视同仁。考核和脱贫要求是同向的，在脱贫任务完成的同时，2019年、2020年我们考核结果都得到了第一等次。第二是确定项目难。产业类项目要占60%，且确保每个项目资产归属清晰和带贫属性。资金和项目要直接带贫，但基础设施建设很难直接反映带贫，产业类项目不允许亏本，赢利部分不少于6%到贫困户和村。此外，项目还要到村，让群众直接受益，这个难度很大。地方政府有时希望把这笔钱用在更需要的地方，出现过补窟窿的现象，这让前方的同志费尽周折，要反复做工作才能改变。青海施工期短，直接影响工程进度，但任务是刚性的，在那个热火朝天的时光，每年80%的资金支出率都算低的。第三个难点是劳务协作，这本是件好事，把贫困劳动力组织到东部去就业，既帮他们提升了技能，又解决了东部劳动力不足的问题。根据指标每年要330个贫困人口到南京无锡务工。但是贫困人口中少数民族人口居多，他们难以适应南方气候、饮食和生活习惯，给予再优厚的条件也要回家乡。第四就是2020年春天那场突如其来的疫情。正在全面脱贫的关键时刻，复工不了企业就没有效益，开工不了项目年底就完不成，交通停滞劳务协作任务就完不成，东部的企业怎么来，两地的互访怎么办？记得大通的县长正月初十接到电话，书记请他来一线分管一块防疫阵地，可是那个时候江苏和青海交通全停。黄县长跟我商量，自己开私家车，睡车上、吃干粮，一个人经过两天一夜赶到大通。彼时青海连一个口罩生产线都没有，必须组织防疫物资的支援，那时江苏也缺，但10多万只口罩还是第一时间组织运到青海。之后，生产生活秩序逐步恢复，真正做到防疫和工作"两手抓，两不误"。这场疫情，着实让大家伙对能否如期完成脱贫捏了把汗。

困难总是有，没有困难就不叫攻坚。那个岁月，我们一个一个问题地解决，同甘共苦，一起欢乐，一起流泪，一起扛。

第四件事是坚持长效建设，建章立制。推动制定了《青海省关于加强对口支援和帮扶机制的工作意见》《青海省东西部协作项目和资金管理办法》等文件，强化顶层设计和系统谋划。苏青两省组建了相应工作机构，签署了"1+2+10"战略合作协议，苏青两省发改、经信、教育、人社、商务、卫计、农委、民政等部门和单位逐一结对共建，强化顶层设计、系统谋划。五年来，苏青两省党政主要领导进行了8次互访交流，省、市、县三级党委政府召开高层联席会议近百次，互访交流3000余人次。相关部门同心协力，结合职能为东西部协作贡献力量。西宁、海东9个县（区）、57个乡镇、87个贫困村、59所学校、47个医院分别与江苏省南京、无锡市所属县（市、区）、乡镇、村、企业、社会组织、学校、医院结对。工作队的有效运行是做好工作的保证，工作队建立工作规范，会议制度、总结计划制度、请示汇报制度、请销假制度等，从严管理队伍，严管与厚爱结合，让指挥顺畅、目标同向。

不 负 重 托

家人的嘱咐、组织的信任，都是"重托"。

记得两年前的夏日，组织找我谈话，希望我到青海挂职。那一夜，我心潮起伏，作为一名老共产党员，组织派我去，这是对我的一份信任，没有选择。但大学毕业后我就没有离开过家人，两边四个老人都年逾古稀，儿子从小就是我陪伴得多，马上就要读初中，爱人工作忙起来，能忘掉接儿子放学。

第二天一大早，我便赶到贵州六盘水参加全国会议，感受到了工作的快节奏和紧张气氛。六盘水会议，是脱贫攻坚东西部协作专题会议。在会上，我遇到了南京工作组组长贺永顺和青海省扶贫开发局社会扶贫处处长王正华，他们是我在青工作的重要搭档。在这次会议上，我清楚地知道了自己未来几年要做的工作。我原来熟悉援疆援藏工作，但东西部协作完全不同，是三大攻坚战之一，要在2020年底实现贫困人口一个不落地步入小康，这是一份比援青任务更重、责任更大、要求更高的光荣使命。我暗下决心，世上无难事，一定要不负组织重托！

这个7月，我来到了青海。7月是青海最美的季节，高山的青、湖泊的蓝、草原的绿、花海的金、雪山的白……虽然风景如画，但用脱贫攻坚的视角，这里却是山大沟深，沟壑纵横，村落分散，道路蜿蜒崎岖，常年干旱少雨。特别是近年来暴雨骤增，道路及饮水管道等冲毁严重，出行难、饮水难、看病难、上学难，是群众脱贫致富的"拦路虎""绊脚石"。这就是一张全新的试卷。

工作队下辖南京、无锡两个工作组，前沿阵地一共27名同志，抛家别子，带着共同的理想、组织的重托来到这里。身处异地他乡，更增添了手足之情。在青海，我多了许多"战友"和"家人"。

来青的时候，大家都是分别租住，吃饭除了工作日中午在食堂外，其他要自己想办法。后来我们慢慢想办法，现在大部分同志的吃住都得到了保障，有条件的集中居住，组织上还派来了江苏大厨，周末可以一起吃上家乡的可口菜肴。并肩战斗的场景历历在目，那些平凡的话语、平凡的付出至今难忘。

在互助土族自治县挂职的马晓东，田间地头、农户的房前屋后，随处可见他的身影，手里总是提着一个红色的资料袋，我们把它称为"连心袋"，里面装着的不仅仅是一扎资料，更多的是党的关心关爱、党的各类惠农政策和帮扶干部的担当与汗水。在他的帮助和对接下，地里种独头蒜直供江苏。为了引进新栽培技术，他手把手教村民，把宿舍从县城移到了乡政府。有一次我和他到互助最偏的乡看项目，车在山里转了两了多小时，一个田地里老农转过身，熟悉地跟他打招呼：马县长又来啦！

每年进入 10 月以后，青海大地上褪去了"绿装"，只剩下黄秃秃的黄土地，大雪也如约而至。这时战友们明显感受到身体的不适应，有些人皮肤干燥脸上脱皮，有些人早上起床鼻子流血喉咙沙哑，还有些人彻夜无眠，但大家还要与时间赛跑，100 多项考核指标，一件件要落实，放心不下的贫困户，要一家家走到……

床头放着速效救心丸的小瓶，冬天起床一揉鼻子全是血，一个人两天一夜没地吃没地住开车数千公里，来时满头长发，归时坐飞机因为斑秃安检员要反复核实……但这些又算什么呢？这是承诺。老乡家里的一碗尕面片，一碗自家酿的纯酸奶，一盘现炒的粉条就是让人值得骄傲的奖章。

青海省扶贫局是我在青海的挂职单位，是青海省脱贫攻坚领导小组办公室。虽是个政府部门，我看更像个作战指挥部。下乡的时候，我经历过大楼里一个人也没有，有专项活动的时候，夜里灯火通明，我见过有人倚墙睡着，也见过熬了一宿布满血丝的眼睛。脱贫攻坚开始时，我们坚持"快"字当头，在攻坚的关键阶段，我们做到"慢"字收尾。脱贫不是简简单单从贫困名单上清除，而是要让贫困地区从根本上彻彻底底地摆脱贫困，具有致富的斗志，具有致富的信念，具有致富所应该具有的知识。贫困户应该找到适合自己的发展方案，贫困地区也应该找到自己的立足点，自己的强势地方，因地制宜发展特色产业，发展绿色产业，这样才不会出现返贫和虚假脱贫的情况。

几年来，战友们践行"地域一家亲、发展一体化、工作一盘棋"的理念，以交流交融、共同发展为目标，以干部、人才帮扶为龙头，以资金、项目帮扶为重点，以产业、就业为载体，构建了苏青东西协作工作的大格局，书写了一段充满壮丽篇章的光辉历程。每个人都有一段故事，都是属于自己的传奇，只为不负重托，实现一个共同的理想。他们带着产业发展的火种，带着东部发展的经验，带着对同胞的关心和责任，带着亲人的嘱托和牵挂。他们有一个共同的名字——"东西部协作干部"！

青海省委省政府 2019 年评定江苏对口帮扶工作队等 9 个集体为全省脱贫攻坚先进集体，20 名同志获得全省脱贫攻坚先进个人称号。2020 年，还将江苏工作队推荐申报全国脱贫攻坚奖。这是青海人民对我们工作的肯定。

在青藏高原上唱响扶贫协作之歌

李继军

从 2017 年 4 月 27 日到 2020 年 5 月 28 日，我和工作组其他 13 位同志一起，离别江南水乡无锡，作为无锡市和海东市对口帮扶的桥梁和纽带，远赴位于 2000 多公里之外的青海省海东市挂职，亲身参与了彪炳史册的脱贫攻坚伟大工程，亲眼见证了青海省海东市 10 多万各族贫困群众与全国人民一起携手进入小康社会的历史巨变。这段经历，在我 50 多年人生经历中弥足珍贵。

背景——出发前重要指示

2016 年 7 月 20 日，中共中央总书记、国家主席、中央军委主席习近平在银川主持召开东西部扶贫协作座谈会并发表重要讲话。他强调，东西部扶贫协作和对口支援，是推动区域协调发展、协同发展、共同发展的大战略，是加强区域合作、优化产业布局、拓展对内对外开放新空间的大布局，是实现先富帮后富、最终实现共同富裕目标的大举措，必须认清形势、聚焦精准、深化帮扶、确保实效，切实提高工作水平，全面打赢脱贫攻坚战。他要求，要着眼于任务的适当平衡，完善省际结对关系。在此基础上，实施"携手奔小康"行动，着力推动县与县精准对接，还可以探索乡镇、行政村之间结对帮扶。

12月7日，中共中央办公厅、国务院办公厅印发《关于进一步加强东西部扶贫协作工作的指导意见》，对原有结对关系进行适当调整，在完善省际结对关系的同时，实现对民族自治州和西部贫困程度深的市州全覆盖。调整后，江苏省帮扶陕西省、青海省西宁市和海东市，苏州市帮扶贵州省铜仁市。

根据中央关于加强东西部扶贫协作工作的决策部署，江苏省委、省政府明确，由无锡市和海东市结为扶贫协作关系，对口帮扶海东市到2020年实现现行国家扶贫标准线下的农村贫困人口脱贫，解决区域性整体贫困的目标任务。无锡、海东两市于2016年12月上旬达成协议，由惠山区对口帮扶海东市乐都、平安两区，新吴区对口帮扶互助土族自治县，锡山区对口帮扶化隆回族自治县，滨湖区对口帮扶民和回族土族自治县，梁溪区对口帮扶循化撒拉族自治县，经逐级上报，得到国务院扶贫开发领导小组办公室确认。

2017年1月4日至5日，时任海东市委书记于丛乐、市长鸟成云带领海东市党政代表团到无锡市对接东西部扶贫协作工作。时任江苏省委常委、无锡市委书记李小敏在会见海东党政代表团时表示，做好无锡与海东的结对帮扶工作，是中央赋予无锡的政治责任，也是无锡应尽的发展义务，将积极与海东市沟通对接，进一步明确帮扶目标、内容和具体事项，全面启动扶贫协作工作。

随后，作为东部和西部工作牵头部门的无锡市发展和改革委员会和海东市扶贫开发局，围绕加快落实中央关于加强东西部扶贫协作的工作部署，就海东提出的帮扶需求和无锡对应的帮扶举措，进行了频繁的工作对接。

出发——奔赴那遥远而神奇的地方

2017年4月10日晚，当时在市委党校参加市管领导干部培训的我，回到工作单位市委政法委处理日常公务。政法委常务副书记正好也在加班，见到我说，最近市委组织部正选派干部到延安和青海挂职，征询我是否愿意出去挂职两年，我即刻表示愿意去。

4月26日，我正带队在湖北红安大别山干部学院参加革命传统教育培训。上午10点左右，无锡市委组织部副部长戴美忠打来电话，正式征求我是否愿意作为派驻海东市工作组组长赴海东挂职两年。我回答，服从组织安排，一定会认真履行好职责，完成组织交给的任务。11时半左右，市委组织部干部一处电话通知，下午4时召开动员会，27日早8时出发前往海东。中午，匆匆安排好培训班相关事宜后，我急忙赶往红安火车站。当晚8点回到无锡，连夜准备好了行李。

27日早，我和工作组其他四名成员第一次见面，在市民中心统一乘车前往浦东机场乘飞机。工作组四名成员分别是惠山区副区长赵磊、马山国家旅游度假区管委会副主任杨叶新、惠山区钱桥街道办事处主任戴震乾、无锡经济开发区招商局长姚琛。他们和我一样，都是26日上午谈话，下午参加动员会，第二天就出发，没有丝毫犹豫，没有向组织谈过任何条件，在匆忙中义无反顾地踏上了远赴青海高原的征途。

4月27日下午5时左右，在无锡市委组织部干部一处处长等三名送行干部的带领下，我们工作组五名成员走出西宁曹家堡机场，看到远处白皑皑的雪山，我知道挂职帮扶生活开始了。

事后得知，这次全国性东西部扶贫协作工作要求高，在保证精准的前提下，时间要求也是比较严格的，中央要求"确保西部地区现行国家扶贫标准下的农村贫困人口到2020年实现脱贫，贫困县全部摘帽，解决区域性整体贫困"。中组部牵头总抓这次东西部扶贫协作干部的选派工作，要求2017年5月1日前所有挂职干部必须到达被帮扶地。

初识——开始了解工作伙伴和工作任务

到机场迎接我们的是江苏省对口帮扶青海省工作队领队王显东、海东市委组织部副部长包钧泰、干部二科科长张鲁宁等几位同志，我们一行乘车前往下榻的平安区海东宾馆，途中只用了十分钟时间。

王显东领队有过援藏经历，2016年7月又赴青海挂职，担任省对口支援青海省海南州前方指挥部总指挥和省对口帮扶青海省工作队领队，到青海快一年时间已经让他满脸高原红，看上去要比我大几岁。抵达海东市的当晚，王领队就在我们住的宾馆里单独召集我们五人开会，简要介绍两省东西部扶贫协作的总体情况，并反复强调援青工作"五不准"：不准违反民族政策和民族纪律，不准利用帮扶项目获得非法利益，不准带病工作，不准夜间赶路，不准自己驾驶车辆。在其后的两年多时间里，王领队对工作组的工作指导和成员们的关心是十分周到的，在他的直接领导下，江苏省对口帮扶青海省工作队、对口支援海南州前方工作队工作成绩斐然，受到了青海省的许多表彰。

包钧泰是我最早认识的海东领导，也是我认识的第一个青海当地人。他是海东本乡本土干部，分管挂职干部管理，中等个头，戴着一副眼镜，文质彬彬中透着青海人特有的朴实憨厚，曾经在互助县、平安区、民和县工作过，对海东的情况十分熟悉。到海东工作之初，扶贫协作各项工作推进不及预期，我十分着急，向他请教。他开导我说，东部和西部在理念和工作方式上存在客观差异，要先融入海东当地环境，积极争取当地党委政府和广大干部群众的支持。三年多时间里，他代表着海东组织部门给予我们热情的关心和细致的照顾，在无锡挂职干部眼里他是受人尊敬的"老大哥"。

4月28日上午9时，海东市委组织部在海东会议中心化隆厅举行迎接无锡挂职干部座谈会。会议上，两市组织部门对我们在海东的挂职岗位进行了初步分配：我被安排到市政府挂职担任副秘书长，赵磊挂职任乐都区副区长，杨叶新挂职任民和土族回族自治县委常委、副县长，戴震乾挂职任海东市扶贫开发局社会扶贫科科长、青海高等职业技术学院对外联络中心主任，姚琛挂职任海东市扶贫开发局项目监督科副科长。根据安排，工作组五人被分成三块，赵磊和杨叶新将下到县里工作，我、戴震乾和姚琛三人留在市里负责工作组总体联络和工作对接。

4月28日至5月3日，海东市委组织部安排我、赵磊和戴震乾三人赴海东各县区进行市情考察，杨叶新和姚琛则回无锡办理工作交接。在那次海东市情考察中，河湟文化的悠久、民族风情的多彩给我留下了极其深刻的印象，我生平第一次看到了山大沟深的艰苦环境，也看到了九曲黄河的清清原貌，更体会到了海东各级党委政府和广大干部群众投身脱贫攻坚的积极作为和冲天热情。5月4日，海东市委、市委组织部印发对我们五人的任职（挂职二年）通知。5月5日上午，我们五人分别赴各挂职单位报到。

通过海东各位领导的介绍，又加上我们初步在海东各县考核了一圈，终于明白我们面临的形势之严峻、任务之艰巨。青海省集西部地区、民族地区、高原地区、贫困地区于一身，是集中连片特殊困难地区，国家扶贫开发重点县覆盖全省，脱贫攻坚、防止返贫的难度非比寻常。作为青海省最大的农业区，海东市的贫困村、贫困户、贫困人口，分别占全省的40%、30%、34%，是国家六盘山山区区域发展与脱贫攻坚的重点区域，除互助土族自治县是省定贫困县以外，其余5个县区都是国家扶贫开发工作重点县，全市有634个贫困村，4.84万户17.57万贫困人口，2015年贫困发生率高达13%。作为青海省贫困面积最大，贫困人口最多，贫困程度最深的地区，青海省能否完成决战决胜脱贫攻坚目标任务，海东市至关重要。两市东西部扶贫协作是助力海东打赢脱贫攻坚战的重要支撑，而我们仅仅只有五人的工作组要负责起海东六个县区的协调沟通工作，压力之大可想而知了。

初到海东，环境陌生，人员不熟，生活不适应，工作压力大，人手不够，更要命的是高原反应，走的稍微快一点就气喘吁吁，心跳得咚咚的。到海东上班一周后，我向后方递交了第一份工作汇报，如实陈述了我们的任务和困难。很快，在无锡市委、市委组织领导的协调下，后方拨付了一笔资金作为我们前方工作组的工作经费。人手不足的问题，是半年后得到解决的。2017 年 10 月 23 日，8 位同志增派往海东市，连同最早到达海东市的我们 5 人，工作组的力量一下子壮大到 13 人，实现了海东 6 县区挂派干部的全覆盖。我和戴震乾两人留在市级机关，负责工作组总体协调任务；蒋军民在平安区，负责协调惠山区和平安区扶贫协作；赵磊和刘军在乐都区，负责协调惠山区和乐都区扶贫协作；杨叶新和姚琛在民和县，负责协调滨湖区和民和县扶贫协作；郑虎和严垒在互助县，负责协调新吴区和互助县扶贫协作；王琪和周斌在化隆县，负责协调锡山区和化隆县扶贫协作；朱雄和李洺在循化县，负责协调梁溪区和循化县扶贫协作。

开局——在融入中展开各项帮扶工作

编制帮扶规划。万事开头难，工作组到海东的第一个任务，是协助、协调编制《无锡海东两市"十三五"扶贫协作规划》。按照江苏和青海两省最初的协商，2016 年至 2020 年共计落实帮扶资金 2.73 亿元，分别为 2016 年 3500 万元，2017 年 5300 万元，以后各年按照 8% 递增，2016 年和 2017 年资金合并在 2017 年使用。《规划》主要帮扶项目按照国务院扶贫办制定的工作要求，分成产业帮扶项目、医疗和教育人才交流项目、就业帮扶和培训项目、社会帮扶项目和小型公益项目等类别 107 个项目，其中产业帮扶项目 68 个，资金占比 75% 左右。规划编制过程中，产业帮扶项目征集耗费了大量的时间和精力。首先由县区按照分配资金额申报项目，每个项目要立足精准，有明显的脱贫和助贫效果，还要兼顾资金安全；各县区项目汇总后，工作组要会同海东市扶贫局，下到县区，深入项目实施地，对项目逐个进行实地核实，筛除脱贫效果不明显和资金重复支持过的项目。就这样上上下下 7 个轮次，耗时5 个月，最终才确定下来。2017 年 10 月，两市正式批准《规划》。为此，我和工作组其他四名成员先后走遍了海东 94 个乡镇 200 多个贫困村，对海东的情况有了较为全面的认识，对东西部扶贫协作的政策有了系统了解，工作局面终于打开。

试水就业帮扶。将居住在交通不便、干旱缺水的大山深处的贫困群众劳务输出到东部地区实现就业，是有效的精准帮扶措施之一，我们到海东不久就尝试推动该项工作。2017年8月初，戴振乾通过平安区团委，组织动员20余名贫困家庭青年，计划前往无锡安井食品有限公司就业。为了让这些外出劳务者安心和放心，我和戴震乾在海东市扶贫局会议室专门组织了一次动员培训，并从工作组经费中拨付一些资金，帮助这些青年人解决往返路费，戴震乾还特别让安井公司准备了带空调的四人间宿舍。8月中旬，20多人中只有13人踏上了前往无锡的火车，10多个人出发前打了退堂鼓。到无锡一周后，13人因各种原因全部返回了海东，第一次尝试以失败告终。国家对建档立卡人口向东部转移就业和就近就地就业两项指标高度重视，特别是转移就业人数指标逐年增加，最后分配给海东市的任务上升到青海全省的70%。在海东市、县两级政府的支持下，将东西部扶贫协作专项资金与涉农资金、扶贫资金整合统筹使用，实施"拉面在岗带薪培训＋就业"项目，重点支持化隆、循化和民和三县的3000多名少数民族贫困群众在东部拉面店完成培训，并在东部实现就业或创业；无锡市人社部门还专门出台配套激励政策，通过最高补贴3万元的方式，支持海东和延安两市的建档立卡贫困户在无锡创业。为了解决已转移到东部就业的建档立卡群众不稳定的问题，工作组协调海东市就业管理部门出台了转移就业奖补政策，对在东部企业就业满3个月、签订1年以上劳务合同并缴纳社保的建档立卡群众一次性奖励5000元，后来将3个月的期限延长至6个月。受奖补政策的吸引，许多赴东部转移就业的建档立卡群众不再稍有不适应就返回，经历了3个月的适应期，稳定就业的比例大大提高了。2020年初，工作组还协调海东当地就业管理部门，会同无锡的劳务中介机构，在海东市的易地扶贫搬迁安置小区设立东西部扶贫协作转移就业劳务服务站，迈出了东西部扶贫协作劳动力转移就业市场化运作的关键一步。

初迎国家考核。在2017年的8个月里，按照国家和两省的工作部署，两市签署了对口帮扶协议，共同编制了帮扶规划，人社、教育、卫生等 8 个市级部门建立起对口帮扶关系，实现了海东 6 个县区帮扶干部全覆盖，实际到位资金 8800 万元，规划内的部分帮扶项目也启动实施，平安区和循化县年底宣布实现脱贫摘帽。11 月中旬，国务院扶贫办下发通知，于 2018 年 1 月初组织开展第一次全国范围的东西部扶贫协作考核，要求各地做好迎接考核的准备工作。12 月 18 日，海东市副市长主持召开海东市迎接东西部扶贫协作国家考核工作布置会，会上我就考核要求进行了详细说明。会议刚结束，因连日高烧不退和强烈高原反应，我晕倒被送往海东市人民医院抢救，一周后出院。由于临近第一次国家考核，我谢绝了两市领导劝我回无锡养病的好意，出院后马上忙于协调、督导海东各县区加快资金拨付、项目建设和台账整理等工作。期间，为了规范无锡海东市级和县区的工作台账，我和戴震乾两人还专门设计了东部台账和西部台账范式。2018 年 1 月 5 日，国家脱贫攻坚成效省际交叉及东西部扶贫协作考核组一行 27 人抵达西宁市，西宁市湟中县和海东市循化县被抽为实地考察点。6 日，我和工作组大多数成员带着台账赶往西宁市胜利宾馆 10 号楼接受考核组检查，并现场回答考核质询。7 日，我、戴震乾和扶贫开发局的两位工作人员提前赶赴循化县进行现场督导，发现循化县东西部扶贫协作台账不齐全、受益贫困群众分红未发放等问题。由于脱贫攻坚考核和东西部扶贫协作考核同时进行，循化县迎接东西部扶贫协作工作考核的任务是由工作组派驻循化县联络员，县委常委、副县长朱雄负责，李洺协助其工作。他们到县里工作才刚刚满两个月，还面临高原气候、语言沟通障碍等困扰，我们一行的到来，将市、县两级的迎检力量整合在一起，大大提高了东西部扶贫协作迎检准备工作的效率。朱雄是工作组年龄最大的成员，工作极其认真负责，他和李洺白天要到各项目点检查，督促分红发放，晚上还要参加县里的各种协调会，每天只能睡三四个小时，十分辛苦。忙碌一周后，海东和循化县各项工作全部就绪。1 月 12 日，国家脱贫攻坚成效省际交叉及东西部扶贫协作考核组进驻循化县，工作队领队王显东随同。2018 年春节前，国务院扶贫办通报了年度考核结果，江苏省、青海省分别获得东部和西部考核的良好等次。

攻坚——扶贫协作不断深化和加强

东部加强帮扶力度。在 2017 年度国家考核后，国务院扶贫办进一步明确工作任务，细化了工作要求，完善了考核指标体系。从 2018 年开始，苏、青两省高层定期互访呈现常态。从 2017 年 5 月到 2020 年 5 月，无锡市、区赴海东市、各县区交流互访人员累计超过 3850 人次。江苏省委、省政府持续加大对西部被帮扶省份资金支持力度，由 2017 年县均 1500 万元，增加到 2018 年的 3000 万元、2019 年的 4500 万元，对海东的帮扶资金由《规划》的 2018 年的 5724 万余、2019 年的 6182 万元，增至 17000 万元和 23534 万元。专业技术人才选派工作得到加强，无锡市每年向海东市各县选派不少于 18 人的专业技术人才挂职帮扶，每年接受海东市每个县 12 名专业技术人才到无锡对口帮扶结对的区属单位随岗学习，从 2018 年开始无锡每年要选派 108 名医生、教师和农业技术人才到海东，安排不少于 72 名海东专业技术人才在无锡接受培训或学习。转移就业帮扶也有了更加明确的要求，只有当年到东部稳定就业三个月以上的建档立卡贫困人口才可以列入新增人数统计，年度任务也由 2018 年的 150 人提高到 2019 年的 230 人。上述的调整，是国家基于到 2020 年的脱贫攻坚任务目标按照时序倒排出来的，目的就是要确保 2020 年完成消除区域性绝对贫困。随着人员力量增强，资金更加充足，各项帮扶工作像上足了弦的钟表一样稳步运转。

助力海东产业脱贫。贫困地区群众要脱贫致富，关键是靠产业支撑，没有产业支撑脱贫完全是一句空话。在乐都区，我们将"富硒黑蒜深加工"纳入对口帮扶规划的产业帮扶项目，从资金和技术两个方面资助富硒大蒜加工龙头企业青海恩露科技有限公司公司发展。时任乐都区副区长的赵磊同志多次到江南大学帮助企业进行校企对接，促成企业与学校签订了技术合作协议，帮助企业改进生产工艺，提高产品质量。通过帮扶项目的资助，恩露生物科技增加生产设备，拓展实体销售门店，与周边贫困群众签订保价收购协议，直接吸纳 89 名贫困农户在公司就业，公司每年季节性用工 1.8 万人次，带动海东市乐都区 8 个乡镇 905 户 3802 人通过种植大蒜实现增收、脱贫摘帽。在互助县，通过帮扶项目资助，帮助青海素隆姑文化产业开发有限公司在全县各乡镇村设立基地和扶贫车间，免费为贫困户和农村留守妇女培训，提供原料，与农户签订半成品收购协议，助力贫困户就近就业，辐射带动当地 1.5 万人参与刺绣手工艺制作，其中贫困户 460 余人，平均每人年增收 2 万余元。在平安区、化隆县、民和县，项目资助贫困村建立串珠工艺品、服装加工扶贫车间 9 个，让数百名不能外出打工的贫困群众在自己的家门口实现就业，增收脱贫。在习近平总书记视察过的互助县五十镇班彦新村，我们协调无锡市振发新能源科技有限公司，在新居屋顶架设 2.0 兆瓦分散式光伏发电设施，每年为 114 户建档立卡贫困家庭增收 2500 元，持续 25 年稳定增收；通过帮扶项目，资助该村完善乡村旅游基础设施，开设 5 家农家乐；时任互助县委常委、副县长（挂职）的郑虎同志，协调新吴区的对口帮扶街道，资助该村建起了"土族盘绣扶贫车间""酩馏酒加工扶贫车间"，壮大了该村产业发展基础。让我们工作组所有成员骄傲的是，我们的帮扶项目帮扶了一大批贫困群众，也培育了一批当地的扶贫典型。青海宏恩科技有限公司董事长黄振荣、素隆姑文化产业开发有限公司董事长苏晓莉分别荣获 2018 年、2019 年全国脱贫攻坚奖（奉献奖），海东市互助县五十镇班彦村荣获"全国脱贫攻坚楷模"荣誉称号。

助力海东弥补短板。2018 年夏天，海东市乐都区、民和县、化隆县等区、县突降大雨，部分乡镇在一周内降雨量达到 280 毫米，超过年降雨量的 50%，许多贫困村的道路、饮水工程、村级卫生室等基础设施遭受破坏。当年，工作组协调海东市相关部门统筹使用帮扶资金 3800 万元，新建和改扩建标准化村级卫生室 228 个，受益家庭 48912 户，其中建档立卡贫困家庭 45628 户，受益农村人口 167860 人，其中建档立卡贫困人口 31953 人。2019 年，工作组认真贯彻落实习近平总书记在解决"两不愁三保障"突出问题座谈会上重要讲话精神，在海东全市范围内，逐乡、逐村排查困扰海东贫困群众的行路难、吃水难、用电难、通讯难、上学难、就医难、住危房等问题，梳理出海东市村卫生室标准化建设、村内道路、安全饮水等方面尚存在"短板"贫困村和有贫困户的行政村。会同海东市扶贫开发部门，进一步加强海东市扶贫资金统筹，整合使用东西部扶贫协作资金 1.64 亿元，占年度财政性帮扶资金的 62.8%，完成 330 个村级卫生室标准化改造、128 村安全饮水工程、141 个村村内道路维修、23 个村级学校（办学点）改建项目，惠及贫困人口 3.8 万人，占海东 2015 年底精准识别贫困人口的 21.6%，最大程度地发挥了东西部扶贫协作资金的帮扶作用。该典型经验被国家考核组列入两省对口帮扶工作亮点。2021 年 8 月 30 日，海东市乐都区东林学校迎来首批近千名新生，这所学校是无锡市政府援建的最大的补短板项目。作为易地扶贫搬迁配套学校建设项目，东林学校能有效解决乐都区七里店集中安置小区和中坝乡、蒲台乡搬迁安置区 1900 多户搬迁群众的后顾之忧，其中包含着周边近 1500 户建档立卡贫困家庭的学生。得知东林学校正式启用消息后，已经回到无锡工作一年多时间的我，仍然激动不已。

消费扶贫"海东样板"。通过消费来自贫困地区和贫困人口的产品与服务，帮助贫困人口增收脱贫，是动员社会力量参与脱贫攻坚的重要途径，也是东西部扶贫协作的重要工作内容。2017 年 12 月底，在工作组成员郑虎和严垒的积极协调下，海东市互助县向无锡朝阳农贸市场发出了第一车土豆。由于运输途中防冻措施没有到位，运到无锡的首批 20 吨的土豆中有近 30% 受冻变黑心，最后亏本处理，消费扶贫的首单以失败收场。然而我们并没有因此灰心丧气，针对海东农产品品质好、产量低、成本高的实际情况，向两市相关部门建议，改变从产地经专业批发市场再到零售市场的传统营销模式，调整为从田间地头直接进入无锡终端消费市场的直销模式，从而有效避免了"好货贱卖"的局面，提高了海东优质农产品的实际销售价格，间接增加了海东农民的收入。工作组和全体挂职干部在不断尝试中不断总结经验教训。工作组主动协调两市相关部门和区、县，统筹推进"西货东输""东客西游""东城西就"三大消费扶贫协作行动，全方位拓宽海东市各县区特色产品的销售渠道，多渠道促进海东市乡村旅游加快发展，一条龙提升拉面产业扶贫成效，不断推动海东贫困地区产品和服务融入全国大市场。2018年、2019年，帮助海东市销售农产品4864万元，在江苏从事拉面经济的海东籍人员实现劳务收入达7.5亿元，近2万人次东部游客赴海东"吃、住、行、商、游"，直接或间接为海东增加旅游收入超过1000万元。不懈努力终于结出成功硕果，两市消费扶贫案例被国家发改委地方振兴司推荐到"2019年消费扶贫市长论坛"发布，在"全国消费扶贫典型案例"中排名第九位，并分别被列入2020年无锡海东两市的政府工作报告给予表扬。

2020年4月20日，经青海省人民政府批准，海东市乐都、民和、化隆三个县区退出全省贫困县序列，至此，海东全市6个县区全面实现脱贫摘帽，向贫困县区说"再见"，634个贫困村4.52万户16.9万贫困人口脱贫，剩余10户49人，贫困发生率从精准识别时的13%下降到0.03%。我和工作组的所有成员们，还有当时在海东的50余名专业技术人才，共同见证了这一历史时刻。

一个基层麻醉医生对口帮扶青海的经历

倪欣欣

2020年6月15日，为积极参与《"健康中国2030"规划纲要》提出的健康扶贫工程和响应习近平总书记提出的"精准扶贫"的号召，我荣幸地成为江苏省无锡市惠山区对口帮扶青海省海东市乐都区支医团队中的一员，踏上为期一年多的援青之路。

出发时的忐忑

其实，对于远赴千里之外的青海工作，我心里还是有些担心的，但是我想，既然组织上需要我，就不能辜负组织的信任，在主动说服了满怀担忧的家人后，我义无反顾地投入到健康扶贫的战役中。

还记得出发那天大雨滂沱，一大早我就拎着大包小包，赶往中旅大酒店乘坐机场大巴。雨太大了，我把行李放进机场大巴行李舱一小会儿，全身就被淋了个透，狼狈极了。我暗自庆幸没让父母送，特别是我母亲，昨晚就一个劲担心我去了青海会不适应，要是看到我现在这个样子更要舍不得了。由于参加研究生论文答辩，没能和惠山区的支医大部队一起出发，我独自前往机场，内心略带忐忑又充满期待。这是我第一次一个人去这么远的地方，心底涌起一种茫然和胆怯：在那海拔近2000米，人生地不熟的高原上，我能圆满完成医疗援助工作任务吗？

昏昏沉沉地一路颠簸，我于下午1点多抵达南京禄口机场。刚下车还没进机场，就收到了飞机延误的短信。由于暴雨，不少航班都取消了，未取消航班也都延误了。机场里黑压压的都是人，我赶紧去排队办理托运，想到里面找个地方慢慢等。安检后才发现根本找不到可以坐的地方，即使是吃饭喝茶的地方也是坐满了人。我只能铺了张纸坐在商店旁边的台阶上候机。一直到下午4点多惠山区的领导电话询问抵达情况，依然没收到登机通知。因为原本那个点应该到青海的，家人发微信询问我是否安全抵达青海，可我当时还没能出发，只能告诉他们飞机晚点，请他们放宽心，又和乐都医院的工作人员联系做好对接。站起身来活动一下僵硬的身子，看着机场嘈杂的人群，我瞬间变得焦虑起来：前一天还万里无云，今天却突然大暴雨，航班起飞时间一再后延，这援青之路怎么感觉困难重重啊。

经过漫长的14个多小时的等待，我终于在晚上12点多抵达西宁曹家堡机场。面对在冷风中等待的乐都区医院的工作人员，我突然觉得心里暖暖的。虽然折腾了一天，一路上彼此的寒暄也不多，但我能感受到西北人的朴实和热情。我到宿舍匆匆整理好行李已经夜里1点半了，躺在床上看着天花板，有点激动，有点不知所措，最后也不知道是什么时候睡着了。

开启援青征程

从江南水乡到青藏高原，从白米鲜鱼到面条洋芋，初到青海，虽然早有心理准备，我还是被传说中的高原反应打了个措手不及，时不时会出现恶心、胸闷、腹泻、失眠等症状，加之青海的自然与人文与江苏有许多不同，语言沟通也有障碍。一种孤独感迎面而来，陌生的环境、陌生的人，甚至连空气都是陌生的，我的心里不止一次打起退堂鼓。但一想到这是国家和医院交给自己的光荣任务，我心中那份对于未知的恐惧和焦虑逐渐平复。我暗下决心，高原缺氧不能缺精神，再苦再累也要坚持下来。"援青，我是认真的。既然来了，就应该发挥我的长处，尽最大的努力做好帮扶工作，不给自己留遗憾。"抱着这个初衷，我先对乐都区的整体情况做了了解，以便制订出适宜的帮扶计划。

乐都区位于青海省东北部湟水河中下游，东与民和县相接，西与平安区相邻，南与化隆县接壤，北与互助县毗连。全区海拔在 1850 米至 4480 米之间，年平均温度为 7.3℃。有近 30 万人口，共有汉、藏、蒙、回、土等 9 个民族。由于交通便捷，距省会西宁市仅 63 公里，患者宁愿多花点钱到省级或是市级的大医院去看病，即便是与青海省的知名医院建立了合作关系，可真正从医院康复后转回乐都区人民医院作后续治疗的患者几乎为零，造成了医疗资源的极大浪费。就像我所在的麻醉科，由于患者病情特殊，医生麻醉经验不足，经常导致患者无法手术或是转院，最终造成患者的流失和对家门口的医院缺乏信任度，不利于医院的后期发展。

在医院工作的日子是艰苦而紧张的，作为一名援青医生，本可以少承担一些工作，由于科室麻醉医生少，手术量大，我总是尽可能多给自己安排工作，始终坚持最好的工作状态。结合当地麻醉科人员配置及可开展的手术，与科室主任详细交流之后，提出了从"理念、技术、管理"三方面进行具体帮扶的建议。

东西交融，理念帮扶脱贫

首先，我们东部的医疗理念肯定是比较先进的，但随着帮扶时间的推移，我慢慢发现：不少东部的热门的理念在这里却不一定适用，如果直接把东部的理念生搬硬套过来，只会适得其反。比如说，患者入室指脉氧只有 85—90，在东部已是缺氧或呼衰状态，需要立马纠正，否则无法手术，在这里却很普遍，因为耐受于高原气候，肺的氧合功能降低；患者入室心率 50 以下，在东部监护仪早就报警，患者也会有明显不适，甚至要使用升心率的急救药品，在这里却不能轻易用药，因为长期的高海拔已经让患者适应了这种慢心律，可以自我代偿，一旦轻易用药，可能患者的心率数值是上去了，人却觉得浑身不舒服。再比如说红细胞增多症，在东部少见，可这里牧区的患者，几乎多多少少都有所表现：皮肤、黏膜紫红，眼结膜充血，多合并有高血压病，血液黏稠度高等。

面对这些，我充分意识到：只有将东西部的医疗理念进行融合，因地制宜，才能进一步做好东西部健康扶贫工作。目前东部的麻醉学科已经进入精准麻醉理念快速发展阶段，我希望能通过业务学习和培训讲座的形式，将精准麻醉和舒适化医疗的理念灌输到每个医生心中，实现健康扶贫的第一步。在高原上为每一位患者制订出个性化的麻醉方案，提供精准的术中调控，充分的术后随访与镇痛，全力以赴确保手术安全，保障患者生命安全。

自从国家脱贫攻坚战役打响，青海省的医疗已经有了巨大的进步，但像乐都区人民医院这样的基层医院许多理念还是相对落后。在我来之前，当地麻醉科仅仅是将可视化技术运用在上肢骨折手术中，很局限。科内虽然配有先进的二维超声设备和监护仪，但能熟练操作的人寥寥无几。我通过每天不断的演示和实操，让科内医生借助超声引导实施区域神经阻滞技术，实现了"指哪打哪"的精准化麻醉，拓宽了麻醉科的工作范围。借助麻醉医生的"第三只眼"，为各类手术患者提供舒适化医疗。

其次，是思想观念的碰撞。习惯了快节奏的我，刚来青海是很不适应的。这里早上 8 点半才上班，9 点甚至更晚才开始接择期手术病人，而在无锡 8 点半第一台手术的麻醉已经上好了，差不多有将近两个小时的时差吧。而这里科里医护认为反正每天医院手术相对固定，如果早完成也不能早下班，晚干完最多就是加个班，大家早已经习惯了。后来我和科主任建议，在早交班后接第一台手术患者之前，可以用 15—30 分钟进行当天手术患者的疑难病例讨论，或是前一天手术患者的术后随访反馈，通过每天的归纳总结，促进科室的质量安全管理，充分利用好上班的时间。如果当天没有危重或是疑难病例，就提前把第一台择期手术的患者接到复苏室，类似于临床的教学查房进行系统带教，在不影响第一台手术进度的同时，更直观更细节地去教学。慢慢地，科室制度逐步健全、学习气氛越发浓厚。

再拿工作效率来说，"过会儿"对我们来说，就是"马上"，而对于这里人来说，"过会儿"可能意味着"明天再说"。有时在临床带教中，我会亲自示范，理论与实际操作双结合，在知识的讲解和传授过程中，我会毫无保留地讲清楚，举一反三，让科室同事真正学到位，没时间详细解释的一带而过，会让他们过会去自己看书掌握。可结果往往是第二天再讲到同个知识点时，他们还没来得及去看书上相关的内容。还有我在每月定期抽查麻醉记录单书写是否规范时，会把一些发现的问题和规范书写方式及时分享在群里，叮嘱他们过会儿修改，可我下次再看还是老样子。针对这个情况，我和科主任建议，我每天在科室微信群里将当天的培训重点梳理出来，大家可以有选择性的学习，然后科主任不定期抽查反馈，如果发现没有及时掌握的人员，就由他将相关知识点做成PPT后，给大家重新讲解。以这种形式让大家不断学习，互相督促，互相进步。

起初在做这些事的时候，我还担心科里的医生不能接受，就采取先跟他们做朋友的方法，以心交心，先取得他们的信任，再将技术传授给他们。很快，科内的医护人员都和我亲如一家，再循序渐进地教他们更新现有理念，灵活应用。麻醉手术科就像一个大家庭，医护之间相处融洽。2021年元旦，我放弃与家人团聚的机会，坚守岗位，亲自给全科人员准备了小礼物，祝福大家在新的一年里，事业人生家庭幸福美满，共同助力脱贫攻坚战役的收官，意在增加科室凝聚力，使科室文化得到延伸和扩展。

最后，除了给患者提供直接服务以外，我还积极参与科室管理、完善学科建设、培养本土人才，由"输血"转变为"造血"，做好技术传承。面对科室医务人员医疗技术水平有限、专业知识面局限的局面，我主动承担起了临床麻醉的带教和指导工作，通过"手把手"教学临床麻醉操作技术，传授临床工作经验，为众多危重、高龄患者的手术的麻醉解决了很多棘手的问题，辅助手术科室共同完成了医院众多零的突破，成功培养了学科技术骨干，推行全院人力梯队建设。当时，我所带去的新技术，全科五名医生基本实现了从原来的一点不会到基本掌握。我要将自己的专业技术留下来，让他们稳稳地接过接力棒。即便我回去了，技术仍在，我也放心，我很自豪为雪域高原留下了一支带不走的精英团队。从无到有，麻醉科被按下了"快进键"。我将"不敢做，不愿做"，变为了"敢做，愿做"，免去了病人转诊去省上医院的舟车劳顿和额外费用，让当地老百姓在家门口，就能享受到优质的医疗和服务。

精准麻醉，技术助力援青

俗话说，"外科医生治病，麻醉医生保命。"这句话形象描述了我们麻醉医生在手术中的重要作用。2020年10月的一天半夜，一位86岁老大爷被送到医院急诊科，因摔倒后骨折急需手术治疗。可是老人高龄，合并高血压、冠心病、慢性支气管炎和腰椎间盘突出症多年，心、肺功能较差，导致麻醉和手术的风险都很高。以前要是遇到类似情况，由于没有合适的麻醉方案，可能就直接劝说患者转到上级医院治疗。援青期间，我依旧坚持多年来养成的手机24小时开机的习惯，抢救患者随叫随到。当我赶到医院时，老大爷的呼吸有点急促，目光浑浊地看着我，而他的家人也神色紧张，攥紧了手屏气凝神地盯着我，像是在等待着宣判。经过院内紧急会诊，我和同事赶紧和家属讲清楚病人情况，并告诉他们："通过神经阻滞方式，我们可以尽量减少对老人循环、呼吸系统的影响，从而让他在安全无痛的条件下进行手术。"这是乐都区首例可视化技术下的精准麻醉。我们密切监测老人的生命体征，不放过监护仪上的一点小变化，保证患者术中生命体征平稳。经过了近3个小时的抢救，硬是把老人从死亡线上拉了回来。与平原手术不同，高原长期缺氧为手术麻醉的开展增加了很多难度，对手术团队也是一个很大的考验。虽然这并不是什么复杂高大上的手术，但我们能在有限的医疗设备环境下共同完成，整个手术团队都很开心。手术结束，送老人出手术间时，他突然抓住了我的手，温暖而有力，这股生命力让我感到心安和骄傲。听着他和家属不停道谢，我也很欣慰：所有的辛苦和付出都是值得的。经过大半年的努力，我和我的团队成功将该区手术患者的年龄指征由 75 岁以下拓宽到了 95 岁以下，给当地的老年患者带来了福音。

随着舒适化医疗理念的不断引进，我和科主任提议与康复科开展联合诊疗，打破人们"看病就是要忍受疼痛"的传统印象。起初，推行得不是很顺利，因为患者总觉得疼痛不是病，能忍就忍着，病好了自然就不痛，康复科医生觉得不需要我们也可以完美解决问题。直到来了个前胸、后背部突发带状疱疹的女孩，她说刚发病时，自己没太在意，以为就是皮肤病，有点痒，没做什么处理，可随着病程的发展，疱疹越来越多，也越来越疼。有时好不容易睡着了，却又被疼醒，连穿脱衣服都是触电般的疼痛，那种感觉，就像是有双手把你死死地摁在插满针的钢板上。当她到医院治疗，可不曾想在接受中医针灸、火罐治疗时更是痛不欲生。医生一给她扎针，她的叫喊声不仅吓到了邻床的患者，整个康复科走廊上都是她那歇斯底里的哭喊。实在没办法，康复科想到了我们。当我告诉她我有种方法可以让她在治疗时不痛，她不可置信地盯着我说："真的吗？你不会是骗我的吧，我好多方法都试过了，还是痛得要死。"等我在超声辅助下将局麻药注射到胸背部神经周围大概 15 分钟后，她明显感觉身上没那么痛了。治疗结束后，她开心地拉着我的手说：医生，你逮得很！（青海话：你很厉害的意思）原来治疗也可以这么舒服，一点痛苦也没有，真是太神奇了！真希望以后所有和我一样的病人都能享受到这种治疗！在院领导的大力支持下，我们还通过多学科合作，进一步发展舒适化医疗，打造无痛特色品牌：开展无痛分娩、人流，无痛胃肠镜等，减轻了孕产妇自然分娩和患者就诊时的疼痛，获得当地人民的一致好评。

对于一个医生而言，最大的成就莫过于患者的康复，最好的赞美莫过于患者的认可。我记得有一位来自乐都北山的藏族孕妇，原本是打算到青海红十字医院生产的（因为本地人都默认生小孩要去青海省红十字医院，那的医生水平高、态度好，即使钱花的多了点，但心里觉得值），曾因为考虑离家近方便照顾，而想选择在区医院生产，可一想到朋友说的麻醉要用很粗的针打，就害怕极了，生怕打的时间长了会有后遗症，就提前向医院的朋友打听。当她得知有外省的麻醉专家在，用最细的针打，损伤小还不痛，已经为不少产妇实施了细针腰麻技术，她心里顿时踏实多了，最终选择在区医院生产。进入手术室后，我一边和她用生涩的青海话唠家常，一边做好心电监护和麻醉前准备。产妇分娩前体重有110多公斤，脊椎间隙根本无从寻找，我只能凭多年的经验用针一点一点往下试探穿刺点。不过我没有让她失望，一针到位。很快，一个大胖小子就生出来了，听着儿子响亮的哭声，她向我竖起了大拇指："倪大夫你真牛，打麻醉不光快还不痛，我不用跑省上了，还能省好多钱，真是太好了！"她喜滋滋地评价："在家门口就能看到好医生，实在太方便了！"在那一刻，我更加觉得自己的选择是正确的，青海人民需要我，海东二院需要我。一声声质朴的感谢一次次激励并鼓舞着我不畏艰难，用所学、用真心、用仁心去让患者露出战胜病魔的笑容。

综合质控，管理促进攻坚

经常听到有患者催促："医生，能不能尽快安排手术？"其实排手术日程事小，挑选手术时机事大。作为麻醉医生，就像是个把关者，我得评估患者什么时间、什么状态做手术更合适。我利用工作闲暇时间总结了麻醉医生术前访视应注意的事项供科室医生参考，同时针对不同情况给予不同的处理方式，并印发至各手术相关科室。自从有了这个术前注意事项后，很大程度上避免了患者进入手术室后再因为术前准备不到位而手术暂停，减少了各手术科室对麻醉医生工作的不支持，更好地促进了麻醉科的发展。

在我去青海帮扶没多久，恰逢区医院迎接二级医院复审工作，因刚升级为海东市第二人民医院，评审工作要求较高。就拿麻醉科来说，科室台账缺少医疗质量培训的年度计划；虽然有医疗质量安全管理小组，但成员职责不明确；质控记录和科室台账，自查有漏项，缺乏数据分析；科室在继续教育、教学科研方面投入不足，学科建设发展不平衡等。实际上，医院所有科室都不是很理解等级评审的标准和细则，所以不知道该怎么去做。面对大家的一脸茫然和无措，我主动承担起临床科室的培训工作，以全院讲座的形式详细解读二甲评审条款细则，配合医务科、院办开展全院医务人员的集中培训，重点是明确医疗质量安全管理的重要性和相关制度，组织人员讨论，制定整改措施，培训全院各科室负责人，统一思想，提高对评审工作中存在问题的重要性的认识，完善台账资料，积极推行 PDCA，即将质量管理分为四个阶段，即 Plan（计划）、Do（执行）、Check（检查）和 Act（处理）。

麻醉科在我的带领下上下一心，全力以赴完成各项任务。期间既要保证临床工作的安全运行，又要着手保质保量做好二甲评审的各项准备，无疑是一次严峻的挑战。不过压力就是动力，科内所有医护人员主动加班，对照标准逐条梳理，制定方案，各司其职，为评审工作画上了圆满的句号。

经过二甲评审，更坚定了我为青海人民健康保驾护航的初心，这不单单指当地普通百姓，也包括居住偏远，医疗条件薄弱的贫困户。当地医院的医护人员以"一对一"的方式定点帮扶贫困户，每隔一段时间就会到村子里进行健康保健指导、急救培训等活动。我记得有次和科主任一块去乐都区蒲台乡的一户贫困户家中慰问。我目睹泥砖垒成的墙、凹凸不平的地面，想要上个厕所还要找半天的旱厕……吃上了他们过年才能吃上的羊肉、鸡肉和血肠，虽然我并不觉得好吃，但这已经是他们能拿出的最好的食物了。我突然觉得肩上的担子重了，责任更大了。了解了他家的生活状况和近段时间以来的病情、医疗开支等情况后，我们送上了慰问品并鼓励他们树立信心，加强锻炼。临走时，科主任感慨地说道："如果早些时候也有这样的机会，很多有病的村民就能提前检查、治疗。现在的大夫们经常上门义诊，帮着治疗、咨询，联系科室，又方便、又踏实，这多亏了国家的政策好啊。"作为一名医生，我无力彻底解决"看病难，看病贵"的问题，但我可以经常参加义诊，尽量降低他们的就医难度，为他们无偿发药，督促他们养成良好的生活习惯，加强体育锻炼，以强健的体魄、健康的心理、充沛的精力投入到工作和生活中。作为一名麻醉医生，我无法像第一书记那样走田间、进农家，帮助所驻农村理清思路后引进资金、开发新项目，激活贫困村的发展活力。但我可以坚定地履行我的职责：默默地纠正异常的生命数据，保障生命循着轨道继续运行。

申请延期，对口帮扶无限

为了更好地对口帮扶，麻醉科主任特别向医院申请将我的帮扶时间由半年延长至一年，医院领导也对我的工作高度肯定，积极向惠山区卫健委发函协商。我和我的团队在我援青工作临近尾声时，成功自主举办了省级继续医学教育项目"超声技术在舒适化医疗中的应用学习班"。不仅让当地医生学习到麻醉专业的新理论、新技术，还加强了和周边市县麻醉科间的交流与合作，促进了共同发展，共同进步。

我把青海当作我的第二故乡，能为当地的医疗事业贡献自己的一份力量，我很幸运更感到自豪。一次青海行，一生青海情。其实，有许多像我一样的医护人员坚守在医疗帮扶一线，他们每天都在为提升西部地区的医疗服务能力贡献着力量，他们不仅为贫困百姓解除了病痛，更是送去了生活的希望，用真情和汗水，在这片曾经偏远贫瘠的土地上，绘就改天换地的壮美画卷，而我只是做了一个医生该做的事情。我真心希望今后在支医团队源源不断的努力下，能够不断改善青海当地民生，提高群众幸福感，推动健康扶贫工作不断取得新突破；真心希望在政府的大力支持下，完善当地基层医疗机构基础设施建设，加大专业技术人才招聘和培养力度，落实落细高原特色疾病的签约服务。

2021 年 1 月，我光荣地获得海东市第二人民医院"援青帮扶先进个人"荣誉称号。2021 年 2 月 25 日荣获全国脱贫攻坚先进个人荣誉称号，在北京人民大会堂接受国家级表彰。

难忘援助宝鸡那段山海情

王松松

2017 年 4 月，响应党中央号召，经组织选派，我赴陕西省宝鸡市开展东西部协作对口帮扶，责任重大，使命光荣。接近不惑之年、内心仍满是少年人激情和理想的我，和其他 100 多名江苏援陕干部一起，踏上了西进秦岭之路，在宝鸡市挂职宝鸡市果业蔬菜管理局副局长。

宝鸡，古称陈仓、雍州。相传唐天宝十四年（755 年），范阳节度使安禄山起兵反叛，玄宗与手下慌不择路，正在茫然无措之机忽然飞来两只山鸡，引领他们进入庙中而逃过一劫。玄宗临走时脱口而出："陈仓，宝地也；山鸟，神鸡也。"宝鸡便因玄宗金口玉言"宝地神鸡"而得名。

赴陕四年，我见证了宝鸡这只美丽的"金鸡"在关中大地上唱响新时代发展的强音。

上山下地：用心感受这片土地

现在回忆起刚到宝鸡的那段日子，我还是会心生感慨。从 22 岁大学毕业分配到徐州市农业局（后改为徐州市农业委员会、徐州市农业农村局）工作，20多年来我的生活和工作范围几乎只在徐州，全国各地也走过不少地方，但也仅以出差和偶尔旅游为主，乍到一个完全陌生的工作环境，我的心中也是充满了忐忑，也曾感到迷茫和困惑：周围的环境不了解，身边的同事不熟悉，当地的百姓所思所想所求更是两眼一抹黑，这对口帮扶要怎么帮怎么扶？会不会让帮扶流于形式、起不到该有的成效？习近平总书记强调要做到"真扶贫、扶真贫、真脱贫"。以往的工作经验告诉我，只有充分掌握民意、了解当地实际，才能做到因地制宜、高质量推进脱贫攻坚和乡村振兴。学农出身的我决定还是回到熟悉的老路上：深入田间地头，走进百姓家中，通过用脚丈量土地这样的"土办法"，深入基层走访调研，切切实实地把工作推进下去。

宝鸡地处秦岭这个中国地理南北分水岭上，夏季炎热，冬天严寒。刚来陕西关中地区时，还真不太适应这里的气候，但生来有股倔劲儿的我不会被这小小的不适击倒，越难的事越会激起我的斗志。几年来，我脚踩腿量走遍了宝鸡的麟游县、扶风县、陇县、千阳县和太白县五个结对贫困县以及其他县区，大大小小的贫困镇村、扶贫项目基地、农业园区、企业、合作社，几乎无一遗漏地走了一遍。访户、下田、入园，和当地农户面对面聊天谈心，了解他们最需要什么，听他们拉拉家常，讲讲自己家的喜怒哀乐；和村干部、农业合作社负责人交流，了解当地特色产业，当前的工作思路和方法，共同探讨今后的发展愿景和途径。带着问题了解情况、落实帮扶措施、帮助解决具体问题。通过深入的走访调研，我很快便摸清了当地农业发展基本情况，掌握了第一手资料，通过深入细致的分析研究，逐渐形成了自己的对口帮扶工作思路。我的想法很简单：让对口帮扶项目的规划和组织实施更为科学精准，让扶贫协作资金用到刀刃上，让更多宝鸡百姓过上好日子。

这样的走访调查为我后来撰写《践行初心使命积极投身宝鸡农业农村高质量发展新时代》和《应对新冠肺炎疫情常态化打赢脱贫攻坚战的一些思考》两篇调研报告提供了客观真实、丰富生动的写作素材。

宝货进徐：带不走的消费扶贫

　　秦岭南屏，渭水中流，关陇西阻北横，渭北沃野平原，得天独厚的地理位置赋予了宝鸡优质的农业发展环境，当地种植的矮砧苹果面积全国最大，猕猴桃占到陕西全省一半、全国四分之一；高山蔬菜 27.6 万亩，全省面积最大；设施蔬菜面积 29.4 万亩；全市蜂群存栏占到全省近一半、全国十分之一，中药材面积 38.28 万亩，西山柴胡享誉全国。但酒香也怕巷子深。通过扎实的走访调研，我发现宝鸡当地丰富的农产品缺乏通畅的销路，很多优质的农产品只能在省域内、甚至是市域内小范围流通，省外人几乎没听说过宝鸡的优质农产品，更不用说购买了。农民辛苦劳作，他们的劳动成果却卖不上好价钱，常常是丰产不丰收。

　　一座待开掘的"金山"就摆在我们眼前。

　　作为一直在农业农村系统工作的干部，我深感必须充分利用自己在农业系统工作多年的优势，积极推动徐州、宝鸡两市在农业产业方面合作。

　　2018 年 2 月，在我与徐州市对口帮扶宝鸡市工作组其他挂职干部的共同推动和大力协调下，由徐州市政府与宝鸡市政府联合主办的徐州—宝鸡扶贫协作宝鸡农特产品推介会暨 2018 雨润年货大集，在雨润农副产品全球采购中心举行。在这次推介会上，徐州雨润与宝鸡相关农产品种植基地和销售企业进行产销对接，并在徐州雨润市场设立宝鸡特色农产品直销区，两市形成携手相扶、共同发展的战略合作伙伴关系。

　　时隔 10 个月，徐州、宝鸡再度相约雨润，并在徐州本地各大媒体上充分造势，引导市民关注、参与和支持脱贫产销对接活动。宝鸡以苹果、花椒、猕猴桃、蜂蜜、羊乳品、高山蔬菜六大农业龙头产品为主导，携各县区的近三十余家农业企业、合作社参会参展，现场展销了丰富的农副产品，进一步加深了徐宝双方的农业产业化合作的基础，把更多、更优质的宝鸡市农副产品，送上徐州及周边千家万户的餐桌。

2017年，宝鸡农副产品在徐州雨润的销售额仅有2000万元左右，2018年则上升至1.5亿元，2019年增加到近3亿元，2020年达到5亿元，每年销售额都成倍递增。通过苏陕协作，宝鸡优质农副产品在徐州乃至整个江苏渐渐打开市场。连续三届推介会成功举办，宝鸡的展销农特产品均备受青睐、销售一空。推介会共签约购销合作协议21项、涉及资金3.2亿元。

除了徐州雨润这样的大企业，更多的江苏企业开始与宝鸡当地农副产业展开广泛合作：我们组织宝鸡猕猴桃、苹果、核桃、蜂蜜等农业企业、合作社到徐州、南京等地展示展销；2019年组织凤翔县汇峰农业发展有限公司、眉县秦旺果友猕猴桃专业合作社、陈仓区德利蜂果蔬专业合作社三家宝鸡农业龙头企业，与徐州苏福果业签订长期消费扶贫购销合同，并联合在徐创建"宝鸡农产品（徐州）展销区"，常年销售猕猴桃、苹果等宝鸡特色农产品，2019年9月至2020年4月，仅猕猴桃就销售了300吨，价值150万元。

挂职期间，我们帮助打造宝鸡"带不走"的消费扶贫平台：在徐州、南京建成宝鸡农产品扶贫馆、直营专区26家，年销售收入1000多万元。2019年经苏陕协作搭桥，陕果集团注册成立陕果特产（江苏）有限公司，并开始为"陕果集市"在江苏各地布局设点。2020年8月14日，"陕果集市"首家门店在徐州绿地商务城试营业，首日营收便达5.6万元。随后，"陕果集市"在徐州又开5家门店，并特设苏陕协作专区。近两年来，消费扶贫行动帮助5个对口县消费扶贫金额2600万元，受益贫困人口4524人。为帮助陕果集团在南京、徐州注册公司，建立扶贫产品专营店，在徐宝工作组的统筹指导下，我反复南下北上，联系江苏省发改委、省农业农村厅和南京有关部门，特别是在徐州设立长期供货档口和机关食堂扶贫馆，多次协调徐州市发改委和机关事务管理部门。当看到越来越多的陕西优质特色扶贫产品摆上了徐州市民的餐桌，我内心充满着幸福感和成就感。

2020年初，面对新冠疫情严重影响宝鸡农产品的流通销售，我们通过联系协调徐州农产品市场、企业、商会，帮助宝鸡贫困地区农产品销售到徐州，其中仅帮助销售宝鸡贫困地区苹果价值就达到 20 万元。

近年来，我们利用网络等宣传平台，做好"宝鸡苹果"区域公用品牌推介，实行前期设计、组织实施、公开发布全流程跟踪。充分利用扶贫资金，围绕当地主导产业梳理编排帮扶项目，重点支持高标准苹果、猕猴桃果园和冷链物流园建设，四年来建设高质量果园 29.5 万亩，已挂果 10 万亩，产生经济效益 6 亿元，大大带动了当地贫困户脱贫致富。同时，还组织宝鸡果品赴北京、南昌、柳州、广州、重庆等地推介展销，组织宝鸡市农经、果菜、农机、招商等考察团到江苏学习观摩。

"宝货进徐"，让宝鸡农副土特产品在打开长三角广阔市场的同时，也让宝鸡特产的产业链得到了延伸，让宝鸡土特产实现了价值最大化。宝鸡特产有亮点，江苏帮扶有办法。大量"陕货"在丰富了徐州市民日常餐饮生活的同时，也帮助宝鸡贫困地区群众找到了增收致富和产业延伸的机会，促进了当地果品加工、交通运输、乡村旅游、餐饮服务等二、三产业同步融合发展。

产业崛起："输血式"变"造血式"的永生动力

搭平台、引企业、促合作，将宝鸡本地产业优势和徐州的企业资源优势结合起来，引导两地开展优势对接合作，这是徐宝两市在推动产业合作过程中形成的共同思路。

通过东西部扶贫协作徐州—宝鸡农业产业扶贫协作这个大平台，我们促成了雨润控股集团 100 万头生猪规模养殖项目和"菜篮子工程"配送中心建设项目在宝鸡落地。

在推动"宝货进徐"的同时，我们继续加大在农业招商方面的工作力度，也多次联系后方企业、陕西徐州商会等企业、协会，鼓励引导他们到宝鸡商洽投资，先后帮助有关企业到宝鸡考察，有的已经推进到了选址阶段。

近年来，在两市党委、政府领导下，我们前方工作组大力推进"区中园"和社区工厂建设，强化苏陕协作资金支持力度，积极引导企业落户园区和社区工厂，共建宝鸡扶风科技园，建设陇县苏陕工业园，项目总投资近1.83亿元，资金来源为苏陕协作资金及企业自筹资金。我主要负责落实对口帮扶资金，开展项目协调工作。在我的积极奔走和大力协调下，截至2020年底，项目一期投资9000万元，建成20余栋标准化厂房及配套设施5万平方米，目前二期正推进建设。成功引进江苏恩达通用设备有限公司等劳动密集型企业，带动贫困人口132人。18个村镇工厂，已建成13个，其中投入运营的有7个，带动贫困劳动力就业129人。

如今，苏陕扶贫协作车间在受援县均有布局。贾汪区在太白县桃川镇开设香包制作培训班，培训香包制作人员，引进香包制作加工项目，带动贫困劳动力家门口就业，社区工厂建成后就接到了西安、宁夏等地客商的订单；邳州市对口帮扶的扶风县仿真花制作扶贫车间、新沂市对口帮扶的千阳县坚果加工车间、沛县对口帮扶的麟游县汽车坐垫编织社区工厂等都已开足马力运营生产，有效解决了当地贫困劳动力家门口就业问题。

能源合作是徐宝两地产业合作的重要板块。徐州市对口帮扶宝鸡市工作组深刻认识到了这一板块的重要性，想尽一切办法、利用一切手段促进两市能源产业合作。

2020年12月11日，由苏陕重点协作的国源安华麟游5万千瓦（风电）项目风力发电机安装完成。该项目为宝鸡麟游县首台风力发电机，总投资4.64亿元。项目建成后，可实现上网电量0.959亿千瓦。该项目投入运行后，可实现年上网电量0.959亿千瓦时，每年可节约标煤3.3万吨，减少二氧化硫、氮氧化物、二氧化碳等多种大气污染物的排放，环境效益显著。有"花园式煤矿"美称、位于麟游县两亭镇的徐矿集团陕西郭家河矿业有限责任公司，是苏陕两省经济合作的重点项目，也是苏陕两省协作共赢发展的重要载体和推动者。苏陕扶贫协作开展以来，徐宝工作组沛（县）麟（游）联络组以打造苏陕合作典范企业为定位，勇挑"助力陕西经济腾飞、缓解江苏能源紧张"这一使命担当。目前，郭家河煤矿已经成长为宝鸡地区规模最大、效益最好、贡献能力最强的能源企业。在 2020 年疫情期间，郭家河煤矿一手抓防疫，一手抓生产，疫情防控实现了"零感染""零疑似"，复工复产走在地区前列，有力保障了地区电煤供应。

互通有无：全方位打通帮扶工作的"任督二脉"

引导农村剩余劳动力走出去实现就业增收是贫困户实现脱贫、防止返贫的重点和难点，在两地共同努力下，我和工作组一起充分发挥苏陕协作桥梁纽带作用，逐渐探索出一条"江苏提供就业岗位，陕西供给劳动力资源"的劳务协作之路，实现江苏企业有工用、陕西贫困劳动力有就业的双赢局面。

近年来，在徐、宝两地共同努力下、共举办就业扶贫招聘洽谈会 37 场次、线上招聘会 4 场次，建立苏陕劳务协作培训基地 6 个，在徐州及江苏省设立劳务输出基地 20 多个，在 5 个受援县设立苏陕劳务协作专门服务窗口，开辟苏陕劳务协作绿色通道，累计帮助贫困人口实现就业 2461 人，贫困大学生赴江苏职业院校就读 41 人。

疫情期间，为切实保障农民工和贫困劳动力返岗复工，工作组通过苏陕扶贫就业信息平台发布就业信息 2000 余条，在陕西省率先组织"点对点""一站式"劳务输送，开通就业返岗直通车，先后组织 134 批次、232 辆车、3881 人返岗就业，其中直送江苏 1255 人。今年上半年，举办苏陕就业扶贫线上线下招聘活动 5 场次，参与企业 200 余家，提供岗位 9600 多个，达成就业意向贫困劳动力 548 人。

2016 年徐州与陕西宝鸡结对扶贫协作以来，在我们的不懈努力下，徐宝双方围绕企业投资、园区共建、扶贫车间等重点工作，共建了扶风科技园、陇县苏陕工业园、易地搬迁集中安置社区工厂等产业合作载体，累计引导产业合作企业 27 家，落实投资 12.6 亿元，带动贫困人口 4560 人。同时，累计落实对口帮扶各类资金 3.1 亿元，实施协作项目 168 项，受益贫困人口 10.5 万人。联合举办就业扶贫招聘会、就业创业培训班 35 期，帮扶贫困人口到江苏等地就业、就近就业 2400 余人。通过扶贫协作，助力 5 个受援县在陕西省提前一年率先实现脱贫摘帽。

　　我在陕西宝鸡的工作得到了组织和社会各方的认可和赞誉，深感没有辜负组织和人民的重托。2021 年初，苏陕两省同时推荐我参加全国脱贫攻坚先进个人评选，2 月被中共中央、国务院授予全国脱贫攻坚先进个人。2018—2020 年度，还曾先后荣获陕西省先进个人 1 次、宝鸡市先进个人 2 次。荣誉不是个人的，它属于整个徐宝工作组所有挂职干部以及全体徐州父老乡亲。

苏陕协作　常安携手

张宇

一

江苏省常州市与陕西省安康市的交流合作由来已久，自 1996 年两市正式建立结对帮扶关系以来，至今已走过近 30 个年头。本届常州市对口帮扶安康市工作组共 23 名党政干部，挂职期为 2 年，其中县处级领导 11 人、科级干部 12 人。另外，每年常州市还有 200 多名专业技术人才（教师、医生、农技人员）分别对口帮扶安康的 10 个县区。

尽管大家来自常州不同的地区和部门，但每个人都各有所长、精神饱满、斗志旺盛。可以自豪地说，常州工作组既是苏陕扶贫协作中最大的援派队伍，也是最有战斗力的队伍。在决战决胜脱贫攻坚的关键时刻，大家从常州工作组团队的构成看，就可以从一个侧面了解到常州市委和政府对帮扶安康的工作的高度重视。

二

　　机缘巧合，我是在陕西延安返回江苏南京的途中，决定到安康工作的。2019年3月，我被组织安排到省委党校参加为期两个月的学习。4月中旬，省委党校组织我们到陕北延安参加党性锻炼实地培训，特别到习近平总书记曾经插队过的梁家河村接受现场教育。在从延安返回南京的途中，时任常州商务局局长潘冬铃电话征询我是否愿意到陕西安康挂职帮扶。当时我未加思索就作出了肯定的答复。

　　说实话，在到安康挂职之前，我的工作经历和精力主要在国际经贸合作上，对常州对口援助工作未曾做过全面的了解和系统的学习，对陕西安康也从未做过仔细的了解，更没有想到未来自己会成为对口帮扶安康的工作组组长。从确定到成行时间仅半个月，了解和认识援陕的信息和时间都很有限，可以说一结束党校学习，我们一行就前往安康赴任了。

　　到安康后的一个月内，通过到安康各县区的调研和外部各方信息的汇总分析，我才逐渐了解对口工作不同的类别和内容，认识到东西部扶贫协作的对口帮扶工作是目标最多、任务最重的一类，知晓了扶贫协作工作成效每年都要接受国家考核组的考核验收。在清楚地认识到，对口帮扶的主要目标就是助力安康地区全面脱贫摘帽、实现在中国共产党成立100周年全面建成小康社会时，我对帮扶工作就有了全新的理解。一是对口帮扶工作是实现"第一个百年目标"的重要组成部分，我们肩负的责任重大、使命光荣，政治站位一下提高了。二是在理清了全面建成小康社会的各项目标，明确了七大类二十六小类的工作任务，捋顺与安康当地团队的协作关系后，对口帮扶脱贫攻坚的工作定位就精准了。三是在之前工作取得成效的基础上，明确了常州帮扶安康的成效确保在苏陕协作中名列前茅，助力两省在东西部协作考核中争先进位，取得优秀等次。

现在回顾这两年多来的工作经历和心路历程，真为我们当时的雄心壮志捏把冷汗。好在最终，常州工作组实现了 2019 年、2020 年连续两年省考第一和国考零问题反馈的目标，助力江苏东西部协作连续两年被国考评为优秀等次。

三

常州安康工作组主要围绕资金支持、产业合作、劳务协作、消费扶贫、携手奔小康等方面，通过建立因时制宜的长效机制、发展因地制宜的特色产业，助力安康脱贫攻坚和乡村振兴。

第一方面是坚持聚焦精准，用好帮扶资金。

2019 年以来，安康市共获得江苏省市县镇（乡）财政性帮扶资金共计 15.07 亿元，其中省统筹援陕资金 14.7 亿元，占全省统筹援陕资金的 31.84%，列全省第一。累计实施扶贫项目 1087 个，覆盖建档立卡贫困人口 7.45 万人。常州企事业单位、社会组织和个人积极参与安康扶贫协作，共捐款捐物累计 3020 万元。强化资金项目管理，坚持向深度贫困县、贫困村倾斜，修订印发了《安康市苏陕扶贫协作资金项目管理办法》《关于进一步加强苏陕扶贫协作项目管理工作的通知》，规范帮扶资金项目申报、实施、管理和绩效评价的全过程监管。

第二方面是深化产业合作，增强造血功能。

着力推动文创产业和生态产业两大产业的大发展。常州工作组敏锐捕捉东西部产业转移机遇，促使安康市委、市政府决定承接毛绒玩具文创产业，与安康联合打造中国（安康）创意玩具之都。

一是推动产业从无到有。2017 年，常州工作组向安康市政府提交《关于抢抓中国毛绒玩具产业转移机遇 打造中国（安康）创意玩具之都》专题报告，安康市委、市政府随后提出打造"中国毛绒玩具文创产业新都"目标，相继出台了《关于加快推进毛绒玩具文创产业发展打造安康新兴支柱产业的意见》等一系列支持毛绒玩具文创产业发展的优惠政策，先后举办"河北雄安""扬州仪征""广东东莞""山东青岛"等毛绒玩具专场招商会，吸引全国 400 多家企业到安康考察洽谈。常州、安康两市共同努力开通了安康至扬州、安康至上海、安康至南京等毛绒玩具物流专线，推动安康毛绒玩具走向世界。实现了毛绒玩具产业从无到有。

二是推广"总部＋社区工厂 1+X"模式。2019 年，常州工作组提出发展劳动密集型企业，必须要按照规模发展的市场规律，建成壮大一批毛绒玩具总部企业，通过"总部＋社区工厂 1+X"模式，带动广大社区工厂、扶贫车间发展，提升员工技能水平，提高工作效率和管理水平。积极应对疫情冲击，采取抱团取暖、联合接单，提升整体竞争力，增强抗风险能力，同时加快建立海外仓，抢占市场恢复先机。既解决了就业，又壮大了企业，真正实现了产业从有到优的可持续发展。

三是延伸产业链。围绕"延伸产业链、畅通供应链、构架价值链"，建设"文创设计研发中心""原辅料批发中心""产品营销展示中心""电商服务中心""物流服务中心"五大中心，打造产业服务集成平台。

截至 2021 年 5 月，安康已建成毛绒玩具"社区工厂"562 家，吸纳就业 1.1 万人，其中贫困人口就业 2694 人，2020 年毛绒玩具产值实现 27.57 亿元，14 家工厂已达到规模以上企业水平。毛绒玩具文创产业已成为安康市发展最快的新兴产业、扶贫产业和富民产业。"安康新社区工厂暨毛绒玩具文创产业"模式在人民日报社举行的第七届中国民生发展论坛暨第十三届中国国际公益慈善论坛上，被评为 2019 年中国民生示范工程。

安康市地处中国南北气候过渡带，面积 2.35 万平方公里，境内秦岭巴山雄奇挺拔，湖光山色交相辉映，峡谷溶洞遍布其间，气候湿润温和，四季分明，植被丰茂，森林覆盖率达 65%，有各种动植物数千种，大熊猫、金丝猴、朱鹮、羚牛等珍稀动物在此栖息，是中国生物多样性最为丰富、珍稀动植物最为集中的地区之一，被誉为"秦巴明珠"。因此，因地制宜发展生态产业是安康产业发展的又一大特色。

一是引进龙头企业。引进了立华牧业年产 10 万头生猪现代化养殖项目，以立华牧业为生猪养殖龙头企业，运用先进的"养殖小区"、"楼房养猪"经营方式，带动安康"猪沼园"模式创新发展，提升安康生猪供给能力和水平。依托亚邦中药、方圆制药等大型中药企业，建设秦巴道地中药材示范种植基地，整合安康秦岭、巴山中药材资源，引领高质量发展，助力安康打造全国知名的"秦巴药乡"。通过龙头企业建设示范基地，带动农业合作社和贫困农户进行规范养殖、种植，带动安康本地特色农产品走向规模化、标准化、品牌化、市场化发展之路。

二是提质升效传统产业。依托安康自然资源禀赋，重点支持生猪、中药材、果蔬茶、渔业等生态种养殖产业。以平利县茶饮产业为例。通过把茶饮产业作为苏陕协作的重点产业项目，围绕"5个10万"（10万亩富硒茶、10万亩绞股蓝、10万亩中药材、10万亩富硒粮油、10万头生态猪）产业化布局，将4710万元苏陕扶贫协作项目资金注入44个发展基础好、带动能力强的新型经营主体，撬动社会投资1.46亿元，辐射建成面积达18492亩的镇村级茶叶基地，助推平利茶产业实现镇、村、户全覆盖。截至2019年12月，全县累计发展绿茶18万亩，绞股蓝5万亩，稳定实现人均1亩园、户均1万元，2019年全县茶饮产品产量1.38万吨、产值15亿元。在发展普通红茶、绿茶的基础上，帮助对接国内研发院所发展金花菌黑茶、提取茶多酚等深加工项目，进一步延伸产业链，提升产品附加值，助力1.0版的扶贫产品升级成2.0和3.0版的致富产品。2020年4月21日，习近平总书记视察老县镇蒋家坪村女娲凤凰茶业现代示范园，同茶农们亲切交谈，提出了"人不负青山，青山定不负人"的科学论断。该茶园得益于苏陕扶贫协作资金的支持，建设高效茶园基地1200亩，辐射带动农户种茶1800亩，先后带动72户234名贫困人口，实现人均增收都在1000元以上。

三是引进优质新品种。坚定不移走环保优先、绿色发展之路。积极推广良种的试种试养，发展大闸蟹、太湖银鱼、江苏花鹅、溧阳三黄鸡、有机白菜、溧阳白茶、金坛软香米、碧根果等高品质种植养殖产业。镇坪、汉阴县的"扶贫蟹""苏陕蟹"得到江苏领导的点赞。"陕西良田长出江苏黄金大米"入选全国"携手奔小康"经典案例。开展"农技强兵"活动，选派科技特派员手把手指导，引进新品种，推广新技术，申请常州市科技项目立项 11 个，支持科技经费 310 万元，培育绿色农业新增长点。

第三方面是强化劳务协作，增强就业惠民。

安康属秦巴山区连片扶贫开发重点区域，据统计，全市 60 万劳务大军，占安康市总人口的五分之一，外出务工收入占农民人均纯收入的比重为 29.8%，对农民人均纯收入增长贡献率为 32%，是农民增收的主要来源。近年来，安康市实施移民搬迁，将山上的群众分批搬迁至交通、基础条件较好的移民搬迁社区，同时也形成了劳动力资源的局部富余。

一是推进转移就业。搭建劳动力资源对接服务平台，推进常州—安康两地劳务转移协作。推广溧阳—汉阴人力资源超市模式，多渠道开展线上线下招聘，精准对接企业劳务需求和劳动力就业需求，实现线上招聘、在线面试，"点对点"组织转移就业。通过"春风行动""民营企业招聘会""民营企业招聘会""大中专毕业生洽谈会"等专项行动，组织企业到安康招聘劳务人员，拓展贫困劳动力来常来苏就业空间。

二是推进就地就近就业。通过苏陕协作资金支持产业园区、社区工厂等建设，深化苏陕协作产业合作，招引一批适合当地发展的产业，实现贫困劳动力就地就近就业。开展贫困劳动力岗前培训、订单培训和岗位技能培训。组织培训安康农村致富带头人，提升综合素质，增强对接市场，带动贫困户发展的能力。

两年以来，借助苏陕劳务协作平台，搭建网上就业服务平台，推行网上招聘和远程面试，促进用工企业和贫困劳动力需求双向精准对接。举办苏陕劳务协作培训班 55 期，培训贫困劳动力 1248 人次。累计组织贫困劳动力赴江苏就业 3522 人、帮助贫困人口就地就近就业 3422 人。常州—安康扶贫劳务协作工作项目获"全国创业就业服务展示交流活动优秀项目奖"。

第四方面是开展产销对接，实施消费扶贫。

一是广泛动员引导社会各级参与。积极开展苏陕协作农产品进机关、进学校、进企业、进社区等活动。常州市各级党政机关和国有企事业单位带头参与消费扶贫，市机关事务局定点采购白河农产品，各级工会、爱心企业优先采购了一批贫困农户产品。2019 年以来，常州已累计采购、销售安康特色农产品货值 2.54 亿元，惠及贫困人口 2.48 万人。

二是全链条解除农户后顾之忧。创新实施"扶贫超市 + 经营主体 + 电商 + 贫困户"模式，通过"常安协作网""扶贫超市 O2O""第一书记扶贫超市"等线上线下销售平台，促进订单进山、产品出山，打通扶贫农产品销售"最后一公里"。常州膳坊食材、扬子餐饮等企业与旬阳县天佑等合作社签订长期供货协议，让巴山黑猪源源不断打入常州消费市场，完成销售黑猪 1200 余头。江苏优鲜到家与多家汉阴供应商建立产业发展联盟，2020 年采购汉阴农产品 800 余万元。

三是多渠道促进产销精准对接。通过直播带货、商超开设安康产品专柜、媒体推介和集团采购等方式，高效对接长三角和成渝消费市场。平利县特色茶饮和岚皋县"秦巴深处猕猴桃"通过"江苏卫视荔直播"迅速热销。常州天目湖南山竹海食品有限公司在 50 个分销点设立扶贫专柜，近三年来为安康销售了 1200 万元农副产品。

四是优化产品供给结构。广泛邀请电商、供应链龙头企业来安康考察调研，通过专业企业对接，挖掘和对接市场需求，引导企业优化产品供给结构，培育了一批特色优势产品，着力打造了"巴山黑猪""高山猕猴桃""高山竹笋""有机白菜"等一批深受市场欢迎的特色产品。积极探索长效扶贫模式，精准对接产销需求，逐步改变以前"安康有什么，常州卖什么"的老路，走出"市场要什么，安康产什么"的新路。

第五方面是加大帮扶对接力度，开展携手奔小康活动。

持续加大帮扶对接工作力度，落实各辖市区党政主要领导前往结对县区开展调研对接。进一步深化拓展结对帮扶关系并向镇村延伸下沉，累计实现镇镇结对 45 个、村村结对 47 个、村企结对 10 个、学校结对 56 个、医院结对 51 个。培训创业致富带头人 1783 人次，创业成功 424 名，带动 14098 名贫困人口就业增收。

广泛动员常州社会各界开展爱心捐赠活动，动员社会力量、爱心组织参与社会扶贫。社会各界和爱心组织积极参与社会帮扶，新北区总工会等群团组织开展"微心愿"圆梦爱心行动，为安康贫困儿童实现"微心愿"800个；溧阳晨曦公益联合会等慈善公益组织，通过援建高标准运动场地、捐赠学生爱心大礼包，大力开展"教育帮扶，情暖童心"活动。在白河2019年"8·3"洪灾后，溧阳社会各界慷慨解囊，捐款捐物100余万元。新冠疫情期间，常州向安康捐赠口罩67.52万只、防护服5010套，测温仪116把、消毒液50箱等，捐赠的防疫物资总价值243万元，极大地缓解了安康防控压力，"苏陕协作·常安携手"共同打好、打赢疫情防控阻击战和脱贫攻坚战。

2019年以来，我们紧紧围绕国家东西部扶贫协作成效考核的要求，做好规定动作，做优特色亮点工作。常州安康的苏陕扶贫协作在2019年、2020年国家东西部扶贫协作考核中位列陕西省第一，2019年、2020年连续两年国家考核具体问题"零反馈"。

2020年4月21日，习近平总书记来到安康市平利县老县镇，实地察看了女娲凤凰茶业现代示范园、锦屏社区工厂等苏陕扶贫项目，对安康"山上兴产业，山下建社区，社区办工厂"的发展模式和发展思路给予了肯定。

两年来，常州安康苏陕协作工作得到了国务院扶贫办、国家东西部协作成效考核组、苏陕两省和常安两市领导的充分肯定，常州对口帮扶安康工作组被党中央、国务院授予全国脱贫攻坚先进集体，被陕西省脱贫攻坚领导小组授予2020年陕西省脱贫攻坚奖组织创新奖；天宁区驻旬阳县联络组获2019年陕西省脱贫攻坚奖组织创新奖，夏国中、戴胡爽、赵明、石伟峰4人次获得陕西省脱贫攻坚奖创新奖、贡献和奉献奖，倪云泽、周立平、莫宏强3人获得陕西省脱贫攻坚先进奖个人，获奖数连续2年在全省10个对口帮扶市中位列第一。常州工作组、汉滨等9个县区联络组获安康市脱贫攻坚先进集体，周立平、沈涛、裴谨、金军、杨军、潘永泗、徐志雅、张云逸、赵明、许立新10人获安康市脱贫攻坚先进个人。

四

除了在资金支持、人才支援、产业合作、劳务协作、消费扶贫、携手奔小康等方面开展帮扶工作,常州对口帮扶安康工作组还积极搭建发展合作平台,进一步拓宽合作领域,深化交流合作,在航线交通、园区建设、疫情防控等方面给予安康大力的支持。

一是开通安康直飞常州航线。常州工作组积极协调,推动常安两地飞机直航。2021年4月20日,由安康直飞常州的春秋航空9C6737次航班平稳降落在常州国际机场,标志着安康至常州航线成功开通。两地的交通时间由原来十多个小时缩短为现在不到两个小时,有力推动了常州、安康两地各领域的对接合作,促进了产业转移力度,拓展了文旅交流合作,增加了两地旅游需求,扩大安康至常州的劳务就业规模,实现互利共赢。常州安康航线已成为安康机场上座率最高的航线,甚至出现了买不到机票的情况。

二是推动常安科技城项目。先后两次在常州举办常安科技城招商推荐会,重点布局先进制造、电子信息等产业,目前已有多家企业意向签约,并成立了常州安康企业家合作发展促进会,为两市企业交流合作搭建平台。

三是发挥供给优势,支援安康"疫"线。疫情就是命令,防控就是责任。常州积极发挥卫生医疗产业链全的优势,第一时间为安康提供口罩、防护服等防疫物资,协调企业安排熔喷布、口罩机等生产计划,支持安康防控疫情。1月31日,满载10万只口罩、1000套防护服的专车到达安康"疫"线。常州对口帮扶工作组自费购买口罩1万只,第一时间寄往安康防疫指挥部。2020年疫情期间,常州市共向安康市捐赠一次性口罩67.52万只、防护服5010套、测温仪16把、消毒液50箱……捐赠的防疫物资价值243万元,有效地缓解了安康防控压力,极大地鼓舞了战疫士气。常州积极协助安康市采购口罩机、熔喷布等紧缺资源，帮助安康市新建口罩生产企业 3 家、熔喷布企业 1 家，为安康市复工复产复学打下了坚实基础。

两年来，我很荣幸与我们团队一起为安康打赢脱贫攻坚战做了一些事情。脱贫摘帽不是终点，而是新生活、新奋斗的起点。下一步按照习近平总书记提出的"四个不摘"（摘帽不摘责任、摘帽不摘政策、摘帽不摘帮扶、摘帽不摘监管）要求，常州与安康将继续深化合作协作，全面助力安康乡村振兴。我相信，在两地市委市政府坚强领导下，在大家的共同努力下，安康的未来会更加美好，"苏陕协作、常安携手"必将取得更加丰硕的成果。

汉中扶贫这两年

程枫叶

东西部扶贫协作和对口支援，是以习近平同志为核心的党中央作出的重大决策部署，是推动区域协调发展、协同发展、共同发展的重大战略。南通市自 2016 年起，选派多批党政干部、专业技术人员到陕西省汉中市挂职和对口帮扶。2019 年 5 月，我作为南通选派至汉中挂职的第二批干部，开启了为期两年的扶贫历程。

入乡先"知俗"

南通与汉中，相隔千里，地跨东西。在我的印象中，与陕西所联系的，应该是千山万壑的黄土高坡，怒吼奔腾的黄沙之水，沙尘蒙蔽的无边尘暴，白巾裹头的衣着打扮……但飞机落地后才发觉汉中俨然是一派绿意盎然的江南景象，碧绿清秀的秦岭巴山，温婉澄清的汉江汉水，平坦广袤的汉中盆地，丰富多样的各种物产……无不显示着这块土地的秀丽丰饶。汉中与家乡南通诸多相似之处让我一踏上这片土地就产生了强烈的亲切感。

南通市对口帮扶汉中市工作组共有 23 名成员,我们第一批来到汉中的有 7 人,2019 年 11 月又有一批同志来到汉中,人员全部到位。我们市工作组有 3 人,组长汤池挂职汉中市政府副秘书长、办公室党组成员,我挂职市政府办公室政办科副科长,李维维则挂职汉中市发展改革委苏陕办副主任。其余同志则分布在除主城区汉台区外的 10 个县,每县 2 人,分别担任县(区)委常委、副县长和发展改革局副局长。

我们到位后做的第一件事就是通过"纵横"结合的方式着手开展调研,了解汉中当前情况,规划今后的发展方向。一方面,我们坚持"纵向深入",前往各地调查了解。在到达后的一个多月内,我们跑遍了 10 个县(区),对汉中的情况和现有的工作基础有了初步的了解。另一方面,我们着眼"横向沟通",积极向发展改革、文旅、经合、扶贫办等部门了解相关政策,并与之建立起常态化联系。这次调研中,我们不仅掌握了许多第一手资料,初步研判贫困原因,还逐渐融入当地生活。大家在一个多月的时间里迅速过了语言关和饮食关。

在此后的工作中,我们始终把调研了解一线情况作为推进工作的重要手段。2020 年,我们创新工作方式,采取"月月看、家家到"的方式按月在对口帮扶的各县区轮流举办月度工作讲评会,通过看项目、谈体会、议思路,既让大家相互取长补短、推进各项工作,又有效地把干部队伍凝聚在一起,增进交流、增加友谊。工作组党支部还主动与贫困村进行结对共建,通过党组织共建的方式帮助贫困村一起解困难问题、找致富门路。

定向方起航

汉中地处群山环抱的盆地,这里气候条件温和宜人,属于那种夏天不太热,冬天不太冷的宜居地带。汉中具有丰富的森林资源和生物资源,适宜中药材和多种珍稀动物生长生存,其中元胡、天麻、杜仲、山茱萸等主要药材种植面积达 170 万亩,产值超过百亿元。同时还生存着四大国宝动物,分别是朱鹮、大熊猫、羚牛、金丝猴。汉中因地理位置特殊,历史上也是兵家必争之地,"两汉三国"历史文化源远流长。然而这座美丽丰饶而充满历史底蕴的城市,在 2019 年时,竟有洋县、西乡县、宁强县、略阳县、镇巴县、勉县、城固、佛坪、留坝、南郑区 10 个贫困县(区),其中略阳县和镇巴县为深度贫困县。

为了有效助力汉中脱贫攻坚,我们在省工作队的指导下,除了围绕组织领导、资金支持、产业合作、劳务协作、人才支援、携手奔小康开展一系列规定动作,还聚焦特色创新,着力培育通汉扶贫协作亮点品牌。

一是坚持"输血"与"造血"结合,着力发展园区经济。立足"汉中所需,南通所能",不断嫁接引入服装加工、中医药、现代材料等特色优势产业,依托现有园区、策应移民搬迁、引导产业集聚、实现带贫益贫。到我们离开汉中时,汉中已先后建成以通城外贸轻工产业园、宁港产业园、西乡县国动产业园为代表的"区中园"13 个,入园企业 31 家,总投资 38.71 亿元,带动 1 万多名贫困人口实现就近就地就业,为群众持续稳定增收构筑起了坚强有力的产业支撑。

二是坚持"品牌"与"长效"互融,着力培育专业人才。充分贯彻"扶贫先扶智"的原则,通过两地人才的交流提升汉中各类专业人才的素质。汉中每年向南通选派一批挂职干部、专业技术人才,南通教育、卫生系统的 115 所学校和 23 家医院分别与汉中的 115 所学校、20 家医院结成共建单位,帮助汉中培养专业技术人才、提升学科专业化水平。在全面对接的基础上还注重品牌培育,将南通特有的资源优势推广到汉中,推动海安市将对口支教的特色品牌引入略阳县荣程中学,该中学"海安班"教学质量跻身全县一流。

三是坚持"数量"与"质量"并重,着力提升共建水平。本着通汉两地"一家人、一条心、一个目标"的原则,组织推动镇村、镇企等各类主体的结对共建。推动江苏贵玲、思睿达、苏中江等多个劳务机构在汉中建立基地。我离开汉中时,南通共有 66 个镇、160 个村、73 个东部企业与汉中的 70 个镇、160 个贫困村和 53 个贫困村进行结对帮扶,结对数位居江苏省第一。

架起沟通桥

我所在的市工作组承担整个工作组的管理及上下左右沟通协调。政办科的具体工作比较琐碎,主要是办文办会、沟通协调、综合文字等。我坚持做好每一件事,当好联系前后方的纽带和通汉两地互通交流的使者。

还记得初到汉中时,每月所需填报来自上级的表格有27套。这些表格不仅数量多,填报子项也多,加上需统计进去的县有10个,极为耗时耗力。在每次填报时,我对每一个数据进行审核,对校辅证材料,并与上月数据进行对比,发现有异常变化时与各县同志及时联系沟通,经过审核后的数据再手动输入,确保准确无误。第一个月填表时,由于对情况不熟悉,我每晚12点以后回宿舍,早上8点到办公室继续开工,连续花了三天才完成任务。不过好在后来上级减少了表格数量,我也改进工作方法,将可能用到的统计内容汇集成一张表格,各县每月月底进行一次报送,对外的数据都由这张表中提取,如有超出范围的再即时联系,这样大大减轻了工作量。

为了集中了解到汉中创业的南通企业遇到的困难,帮助纾困解难,2019年8月26日,市工作组召集苏陕协作项目企业家座谈会,邀请相关县的分管县长及市有关部门负责人参会。座谈中,11家企业围绕劳务用工、产业配套、政策支持等方面提出了30多条建议和诉求。除了当场答复外,对反映较为集中、亟待解决或需要出台配套政策的,进行分类汇总,书面汇报给时任常务副市长陈晓勇。陈市长对这项工作极为重视,将各项内容责任分解到各职能部门,要求尽快完善政策,及时解决问题。事后,我按照各企业所提问题进行回访,积极与有关部门联系,加速推动问题解决,为企业解除了后顾之忧。

2020年1月,南通在汉中创业的13家纺织类企业联名反映汉中机场大幅度提高货运价格的问题。经过了解,原来因疫情原因,乘坐飞机的乘客少，南通至汉中专线航班入不敷出，不得已进行提价。而联名反映情况的这些纺织类企业因物料、产品往来调运频繁，物流成本较高。机场大幅提高货运价格无疑对疫情下的企业来说是雪上加霜。针对这一情况，我们经过汇报协商，一方面由政府进行资金扶助，另一方面，积极联系有关物流公司，以陆地运输的方式缓解运输矛盾，问题得到了较好的解决。

通过这两件事情，我也充分感受到当地党委政府对经济发展的迫切需求，对来汉企业的重视，以及对帮扶挂职干部工作的信任和支持。我相信，通汉两地在一次次携手共进中建立起的紧密联系，将会更加坚定来汉创业企业的发展信心，在加强协作中不断完善和延长产业链。

办好民生事

群众利益无小事。在对口帮扶工作中，我们注重办好民生实事，积极协调各方力量，努力以小项目托起大民生。

助建养牛场。勉县莲水社区地处浅山丘陵，耕地面积少，生产经营分散，历史上没有规模化产业，村级经济弱、带动力差。该社区有农业人口 815 户 2372 人，其中建档立卡贫困户 197 户 530 人。汉中市政府办和南通市工作组与该社区结对帮扶，经过走访调研发现，该社区有 30 多户养牛分散养殖户，存在"有技术、有意愿、缺资金"的产业发展局限。针对这一情况，我们与社区党支部联合开展村集体养牛场项目论证。2020 年 3 月，在新冠疫情防控形势持续向好的条件下，养牛场项目进行现场选址。通过多方协调，我们落实苏陕扶贫资金 150 万元扶持村级合作社牵头领办养牛场，另外组织社区党支部骨干成员和养殖户代表到周边县区学习考察。经过近半年的准备和建设，当年 10 月底，养殖场初步建成，首批 20 头肉牛进场。至 2021 年初，共养殖 50 头牛，带动了周边贫困群众 40 户 100 余人增收。2021 年 4 月，我又一次来到养牛场查看项目实施情况，联系落实养牛专业户提供定期技术指导。

创办星级菜市场。南郑区汉山街道幸福里路的附近是搬迁农户集中居住区，周边原本没有规范的农贸市场，占道经营严重、路边小摊到处摆放。为解决这一问题，我们积极与相关部门协调，将幸福里星级农贸市场建设纳入苏陕协作重点扶持项目，成为汉中市首个苏陕协作的菜场建设民生项目。参与了项目申报、场地选址到规划布局的全程工作，市场于2020年5月底建成投入使用。市场总占地面积26.4亩，总建筑面积1.3万平方米，由汉中市幸福里市场运营有限公司统一招商、统一运营，是陕南首家五星级农贸市场。市场由产品交易区、餐饮配套区、生活配套区、冷链物流区和自产自销区等五大区块组成。幸福里农贸市场的建成，满足了附近百姓餐桌的需求，改善了周边环境。我们还与市场投资方协商，开辟建档立卡贫困人口销售专区，免费提供贫困农户自产蔬菜销售摊位等。该项目总投资500万元，其中苏陕资金200万元，直接带动贫困人口80多人。

站在新起点的思考

脱贫摘帽不是终点，而是新生活、新奋斗的起点。两年的对口帮扶工作经历，让我磨炼了意志，增长了才干，提升了适应多领域工作环境、解决综合性问题的能力，对党中央的大扶贫格局有了更加深刻的认识。

今后一段时间，仍需要进一步巩固脱贫攻坚成果，实现脱贫攻坚与乡村振兴的有效衔接。通汉两地除进一步保障资金、人才支援外，需要将更多精力投入到西部地区产业协作发展上，增添西部地区经济发展活力。目前，通汉两地在产业协作上，还存在一些困难和问题有待进一步解决。

一是引进企业相对单一，轻资产投入多，技术层次不高、带动力不强。目前引进汉中的多为技术需求程度低，劳动密集型的服装纺织等企业，苏陕协作项目扶持的多为带贫效果大的种养殖类项目。不少企业仅仅将帮扶地区作为生产基地使用，产品多运往东部地区销售，对当地产业链的完善和延伸贡献不强。建议今后苏陕协作项目逐步增大对民生改善类项目的投入，进一步增强群众获得感、幸福感。

二是产业发展堵点、难点还亟需攻克。由于产业政策不完善、产业链缺项和行政审批等方面的制约，再加上对企业考察对象筛选不够精准，工作谋划不够细致，导致产业合作上出现合作热情高、实际落地少的现象。在今后推进乡村振兴的过程中，发展产业的要求会更加突出，苏陕协作中产业合作必将上升到更加突出的位置，需要我们从现在开始就要深入谋划，着力改进，以更好的顶层设计和更强的基层执行力，争取更大的成效。

三是营商环境、要素支撑和顶层设计还需系统发力。扶贫攻坚虽然取得了巨大成效，但要长久发挥作用还需一系列顶层设计。期待上级出台更多产业协作扶持优惠政策，国家、省、市建立受援地产业发展政策和要素保障信息共享平台，整合产业准入、土地供给、环境评价、安全生产、用电、用水、用气、排污等各类企业投资必备信息，提升政策透明度。同时，结合受援地资源禀赋等特点自上而下制定产业协作扶持政策指导意见，坚持原则性和灵活性相结合、统一指导和因地施策相结合，建立跨区域产业发展协作政策体系，推动援助地企业有序向受援地转移，积蓄受援地区产业招商新活力。

我的这场扶贫之旅已经画上句号，但通汉两地携手奋进的步伐还在继续。在向着第二个百年奋斗目标进发的新征程上，南通和汉中一定能够勠力同心、携手并进，一起走向共同富裕的美好明天。

（黄雨蓓　整理）

扎根秦巴腹地　用心用力帮扶结硕果

李维维

2019 年 5 月，我带着领导的嘱托，从江海之滨的南通来到秦巴腹地的汉中开展对口帮扶工作。在为期两年的挂职期间，我和同事们一起深入调查研究，察实情、思良策，引项目、拓销路，办成了一系列实事项目，带动汉中的乡亲们脱贫致富。在脱贫攻坚、全面小康的历史伟业中，我有幸成为一名参与者和见证者，在三秦大地唱响青春之歌，留下了一段难忘的人生经历。

找到"根"才能扶到"点"

说来也巧，2018 年 7 月，为落实南通团市委结对帮扶项目，我带队到汉中与一个学校结成帮扶对子，走访当地的困难家庭子女，一年后上级委派我到汉中挂职。我到汉中打的前站就这样无意之中完成了。

汉中地处川、陕、甘三省交会，北临高耸的秦岭，南倚绵亘的大巴山，是一块群山环抱的狭长盆地。早在 1996 年，根据中央决定，苏陕两地开始对口帮扶。2016 年，苏陕两省全面开展新时期对口帮扶和全方位合作，江苏各级在人财物等各方面予以大力支持，助推受援市县脱贫攻坚。汉中市辖 9 县 2 区，除主城汉台区外其余 10 个都是贫困县（区），其中略阳县、镇巴县是国家级深度贫困县。20 多年的对口帮扶和援助成效是巨大的，留下来的都是难啃的硬骨头。

我们这批南通扶贫工作队共有 23 名队员，3 人留在市里，其余都分配到下属各县（每县 2 人）。市工作组主要任务是对上对下的联络，通汉两地工作协调，汉中当地相关工作的协调，以及扶贫项目的调研、发布、推进、考核、验收等全过程工作。我们市工作组的 3 人分别是：南通市发展改革委的汤池挂职汉中市政府副秘书长，也是工作组的组长；市农业农村局的程枫叶挂职汉中市政府办公室政办科副科长，我挂职汉中市发展改革委苏陕协作办公室副主任，3 人分工合作，既有独立操作，也有抱团作战。我之前干的工作都和青少年打交道，没有真正接触过扶贫工作，因此抓紧学习、转换角色放在第一位。

为了确保苏陕协作帮扶的每一分资金都花在"刀刃"上，我和扶贫工作队的队员们一到汉中，就开始走访调研。早有耳闻汉中是"汉家发祥地"，有着悠久的历史文化和优美的自然生态，但真的到了以后才发现现实远没有想象的那么美好。我们到边远的县区调研，经常是走泥路、趟河渠。有一次，去南郑区红庙镇罗帐岭村时，突降暴雨，车子陷在泥潭里一时动弹不得。尽管大家担心暴雨和激流可能会引发泥石流，但为了不耽误工作，等雨势稍小后仍继续前进。按原定计划考察了苏陕协作项目——秦山茶厂，详细了解企业生产、用工等及落实脱贫带贫机制等情况。村民们得知扶贫工作队来了，自发到路边迎送，叮嘱大家路上一定要当心。

通过普遍走访、重点调研和个别踩点，情况摸清楚了，症结找到了，思路也逐渐清晰起来，逐步形成了产业扶持为主导、教育扶持为支撑、劳动力转移为补充的组合式扶持模式，推动贫困户在规定时间内脱贫。在具体工作上，根据实际情况实施精准帮扶，瞄准贫困之"根"，聚力脱困之"点"。针对部分贫困户居住在高山、交通不便、居住条件差的实际，或动员搬迁或帮助改善基础设施；针对缺少实用项目、缺少销售门路的问题，帮助开发现有资源、搭建销售渠道；针对缺技术、缺岗位的问题，开展技能培训、组织劳动力输出，等等。

产业扶贫是苏陕协作的重点内容，主要有两种方式：一是从江苏引进，在当地建立大型企业；二是在移民集中点（安置地质灾害、洪涝灾害和扶贫移民、生态移民四类搬迁户）建立社区工厂。苏陕协作扶贫项目在此先后建立了 41 家社区工厂，有电子厂、玩具厂、家纺厂等。这些工厂的开办为当地群众提供了家门口的就业机会，纺织服装产业成为产业扶贫的特色亮点。

在产业扶贫基本形成体系的基础上，我和同事们还注重深度挖掘本地资源，下足绣花功夫，酿造甜蜜事业。这里有几个故事。故事之一是宁强羌绣的推广。羌绣是国家级非物质文化遗产，宁强县有许多人从事羌绣业，但大多数都是小作坊模式，没有太大规模。有一家开办十几年的作坊里面都是残疾人在制作绣品。苏陕扶贫项目在资金、设备、厂房等方面给予大力支持，同时帮助他们将产品销售到南通及江苏多地。南通的几家羌绣店都有很好的盈利。故事之二是蜂蜜的品牌化营销。相传三国时期诸葛亮受到蜜蜂的启发而定下智取汉中的连环计。把三国故事和常见的蜂蜜挂上钩的是略阳县的"90后"青年张崇军。2019年苏陕项目技术培训期间，我了解了他的创业经历，养蜂 4 年，产量和品质都不错，也带出了一个团队，但销售成了问题。我就启发他，要用好本地的资源，最大的资源就是文化，如果把传统产品植入文化元素就能大大提高产品附加值。后来我又推荐他去南通参观、培训，创业思路很快打开。"山里人家"团队变成"故事大王"，"诸葛亮的蜜""关羽的蜜""刘邦的蜜""韩信的蜜"，每一款蜂蜜都捎带着一个独特的故事。在苏陕协作项目资金的扶持帮助下，先后建立起了 8 个中华蜂良种繁育基地及 1 条蜂蜜自动灌装生产线。产品包装和销售模式更是焕然一新，融入汉中的三国文化，创立了品牌新形象。2020年实现销售 1024 万元，带动 2400 多户贫困家庭走上养蜂致富的道路，甜蜜的事业让更多的乡亲们尝到了甜头。

汉中自然生态好，农特产品数量多、品质高。长期以来，由于销售环节的不畅，产业做不大，形不成规模效应。我们组织实施"陕货入苏"、供需对接，为汉中农副产品打通产供销完整"产业链"。我们邀请 10 余家南通采购商前往汉中各县区实地考察，先后签订 5000 余万元销售合同。同时推动汉中的 10 个贫困县区在南通对应县区开设扶贫产品展销中心，让南通消费者不出远门就可买到汉中的香菇、天麻、黑木耳等优质农产品。依靠南通市县各级支持，开展"消费扶贫"，机关、企事业单位优先采购汉中农产品。近两年来累计帮助销售农副产品 8000 余万元，带动近万名贫困人口人均增收 2600 多元。

两年多来，苏陕帮扶协作资金发挥应有的脱贫带贫效果。累计实施协作项目 578 个，完成实际投资 15 亿余元，其中南通投入协作资金 9.14 亿元，先后引进克莱德服装等 66 家企业，推动了地方经济的发展，带动贫困人口 1.5 万余人，超额完成省下达的扶贫协作任务。

荒山上长出了"金果果"

习近平总书记就精准扶贫作过一系列重要论述，要求扶贫工作注重精准发力。我们在实际工作中也深刻体会到，扶贫的精准性不仅是做好具有特殊性的个案，还要注重普遍性，取得以点带面的效果。

基础设施抓紧"补课"。经过多年努力，镇巴县的路、水、电讯等基础设施建设明显加快，但还有一些"尾巴"。有一个叫龙子湾的村民小组位于海拔 1000 米的半山坡，距村中心 5 公里，有村民 40 户 180 人，其中建档立卡贫困户 10 户。有一条机耕路但通不了车，交通极为不便；农电网多年失修，木质电杆东倒西至，线路老化锈蚀，村民每度电费用达到 2 元，是城里的 4 倍；吃水靠天，卫生条件差。这些问题不解决，就谈不上整村脱贫。通过将近一年努力，完成农网升级改造，用电问题彻底解决，之后，路、水等问题也逐步得到解决。龙子湾成为灯亮、水净、路通的"天上人间"。

发掘资源扶持主导产业。以一村或多村联合为单位，选择骨干产品，发展主导产业，让贫困户在整体经营中脱贫。镇巴县有 25 度以上荒坡地近万亩，而栽种核桃和梨是当地的传统（我们称之为"干""水"两果），我们聘请农林技术人员进行调查规划，写出专题报告，递交农林部门，争取列入全县产业发展规划，获得资金技术支持，带动村民整体致富。新栽种核桃 1000 亩，梨树的栽种面积也不断拓展。通过宣传和招商，江苏等地的大户纷纷前来承包土地、山林，栽下"发财树"，结出"金果果"。如今，通过消费扶贫架起了西货东输的"快车道"，让山沟沟里的农产品源源不断出现在南通人的餐桌上，当地农户持续受益。

随着先进生产力和生产方式不断注入，走路靠腿、运输靠肩、吃水靠天的落后面貌越来越少了。昔日荒凉的山坡上，不时传出《薅秧歌》《放排歌》等悠扬的汉中民歌。

授人以鱼，还是授人以渔？

授人以鱼，还是授人以渔，这是我在调查研究和工作实践中常常思考的问题。在深入了解主客观情况和贫困户的思想动态后，我深深感到既要扶贫还要扶"志"，培育和激发他们自主脱贫、勤劳致富的内生动力至关重要。

原以为把厂办到家门口，没有就业门路的贫困户可以挣钱顾家两不误，我们的工作也就差不多了。没想到办厂不易，招工竟然也不容易。有些贫困户面临招工时，会打退堂鼓："我没有技术，不会干。"我就和企业沟通，有技术的员工直接上岗，其他新进员工先安排培训，给予一定适应期，培训期间开 600—800 元的生活费。经过多方沟通、协调，一批批贫困户就业了。谁知没过多久，得到消息，有几名贫困户没打招呼，就不来上班了。我上门走访，得到的答复让人惊呆：拿到钱了，休息几天，等钱没了再去上班。我压根没想到会发生这样的事，赶紧会同当地村干部进行劝说、教育，上班劳动和自己种田不同，是要遵守制度规矩的，有了钱可以存起来，以备不时之需，不能全部花光。还制作了

"一人就业，全家脱贫""想当贫困户，永远不会富"等横幅挂在村子里。经过几番思想工作，加上优秀员工的榜样，那几位贫困户最终回去上班了。

扶贫先扶志是现实的要求。经过梳理，主观方面的表现是：一是部分贫困户存在等靠要思想，认为脱贫攻坚是政府和干部的事，就是国家大包干，坐等脱贫；二是自主发展产业积极性不高，发展集体经济缺乏信心，自主创业又无从下手，没有思路，怕担风险。客观方面也有两条：一是文化素质偏低，小学及以下文化程度占农民总数一半以上，近两成的贫困人口是文盲或半文盲，思想观念落后，难以理解利用扶贫款发展种养业、土地流转等做法；二是农村空心化较严重，以略阳县为例，全县贫困人口劳动力1.3万，已就业的1万人中有7800多人在县外打工，留在家务农的占少数，且大部分年龄偏大。

扶志励志不能一蹴而就而是久久为功。这几年，我们工作组配合地方政府开展多种形式的主题教育活动，选树一批勤劳致富、自强励志等典型，引导贫困群众坚定脱贫信心，形成自力更生、脱贫光荣的氛围。

转移就业是脱贫增收的一台"大戏"。通过多方协调，我们推动江苏贵玲、思睿达等南通知名劳务公司在汉中建立劳务基地，搭建"通汉就业直通车"。两年来400多家次南通企业赴汉中开展招聘活动，累计推送就业岗位5万多个。2020年3月，新冠疫情好转后，我第一时间返岗汉中。动员39家已建成的社区工厂复工复产，900余名贫困人口就近就业。同时，抓紧与汉中人力资源部门对接，联系南通用工企业，保障汉中劳务人员第一时间返岗就业，先后组织3架包机、6趟专列、90多辆大巴，"点对点"护送汉中劳务人员到南通返岗务工。

全面小康，无问东西。在脱贫攻坚的道路上，南通、汉中结下了亲如一家的深厚情谊，我们的工作得到汉中干部群众的支持。到2020年4月，汉中的10个贫困县区摘下贫困县区"帽子"，基本解决区域性整体贫困。2021年2月，我有幸参加全国脱贫攻坚总结表彰大会，聆听习近平总书记的重要讲话，我为自己能够在全面建成小康这一历史性伟业中贡献绵薄之力感到无比自豪。我深知从全面小康到共同富裕、从整体脱贫到乡村振兴还有很长的路要走。

难忘那些孩子们

教育是切断贫困代际传递的重要手段。围绕青少年成长开展公益活动是我原单位的主要工作内容。援陕之后，我把关注点投向当地的孩子。

教育扶贫、智力扶贫十分必要，但也异常艰巨。经过我们不懈努力，目前汉中市有115个村、127所学校、21家医院、42家社会组织与南通市建立结对帮扶关系。通汉研学夏令营活动继续推广，两地职业教育协作也将全面开展，以勉县为试点建立的公益支教团队项目也已经启动。为解决当地孩子看不到书、没有公共图书馆的问题，我与洋县城南学校校长商议，在学校建一座图书馆，服务本校学生，同时面向周边校区的学生们开放。江苏银洲集团负责人得知消息，捐出30万元，作为筹建图书馆的资金，该图书馆不仅面向本校学生开放，还将通过周末开放日的形式向周边覆盖，目前图书馆已正式建成并投入运行。这两年，我累计筹集助学资金50余万元，150多名贫困儿童受益，新华保险签下助学协议，为结对学生提供学费，直至上完高中、大学。

我珍藏着一封信，那是镇巴县杨家河小学的一名学生写来的："在南通的5天里，我欣赏了雄伟的建筑、宽广的江河，还学习了南通的历史，看到当地人民安居乐业，感受到他们的热情好客，我更加热爱南通了。我一定会刻苦努力（学习）勤俭节约（生活），用我的成绩回报社会，回报每一个关心我的人。"2019年7月，两地团委共同主办"遇见科技"南通汉中青少年科技夏令营。来自镇巴、略阳两县的10名少先队员乘飞机来到南通，参观南通博物苑，随后到海安、如皋、海门等地，还赴上海参观上海科技馆。七一勋章获得者张桂梅说："学生们远方有灯、脚下有路、眼前有光，在山沟沟里也能看到外面精彩的世界，看到美好的未来。"一次难忘的旅行在孩子们心中播下希望的种子，这也许就是我们组织这些活动的意义所在吧。尽管我已离开汉中回到南通工作，但汉中的孩子们一直是我不舍的牵挂。

"我家住在汉江边，家后山有万亩绿茶园，丝绸之路张骞从咱家走……汉中汉中是我最爱的家园，石门栈道绝壁留下诗篇，萧何月下追韩信，求得良将美名在人间……"一曲山歌，余音绕梁。喝过汉江水，终生汉中人。汉中，永远在我心中；汉中，我们永远在一起！

（周磊　整理）

扬州市对口帮扶榆林市工作回顾

郎俊

有一种情谊叫心手相牵，有一种激励叫共同发展。2016年底，江苏扬州、陕西榆林，两市围绕贯彻落实中央东西部扶贫协作工作部署，携手结为友好城市，建立对口帮扶关系。

结对帮扶五年来，榆林市及所属八个国定贫困县的脱贫攻坚工作取得了显著成效，发生了历史性的变化。针对这些变化，我们联系了扬州市对口帮扶榆林市工作组负责人郎俊，就近年来的扶贫工作具体情况对他进行了采访。

问："东西扶贫协作和对口支援"是落实国家"两个大局"战略的重要举措。请您谈谈中央确定江苏等发达地区对口支援对榆林市的发展有何重要意义？

郎俊：东西部扶贫协作和对口支援这一伟大战略，不断促使东西部发展差距扩大的趋势得到逐步扭转，提高西部地区发展的质量和效益，必将推进东部产业向西部梯度转移，实现东西部互利双赢、共同发展，开创优势互补、长期合作、聚焦扶贫、实现共赢的新局面。做好新形势下东西部扶贫协作和对口支援工作，是如期全面打赢脱贫攻坚战、实现第一个百年奋斗目标的必然要求，是推动区域协调发展、协同发展、共同发展的大战略，是加强区域合作、优化产业布局、拓展对内对外开放新空间的大布局，是实现先富帮后富、最终实现共同富裕目标的大举措，是深入实施西部大开发战略、培育新的经济增长点、拓展我国经济发展空间的战略选择，是我国实施互利共赢开放战略、发展全方位对外开放格局的重要部署，是加强民族团结、维护祖国统一、确保边疆地区长治久安的迫切要求。

近年来，国家新一轮东西部扶贫协作战略将两座历史文化名城紧紧连在一起，在江苏、陕西两地省委省政府的坚强领导下，江苏和扬州的援陕挂职干部们带着情感与责任，将扶贫工作落在了实处。我们援榆团队时刻牢记，实现"两个百年"的奋斗目标和中华民族伟大复兴的中国梦，是全党全国各族人民的共同意愿，是全体中华儿女的共同责任。东西部扶贫协作和对口支援工作的重大意义，远不止于经济和物质两个层面。以东部发展优势弥补西部发展短板，以东部先发优势促进西部后发崛起，变"输血式扶贫"为"造血式扶贫"，不仅成为缩短东西部差距的加速器，更激活了西部自身发展的内生动力，进而力争实现跨越式发展。同时，"东西部扶贫协作和对口支援"扶贫模式，是中国特色社会主义制度优越性的具体体现，无疑为全世界解决贫困问题提供了"中国方案"，展示了"中国智慧"。未来，扬州将进一步积极帮助榆林，切实巩固脱贫成果，推动苏陕两地携手奔小康，努力成为东西部互利共赢的典范。

问：扬州对口帮扶榆林取得了哪些突出的成绩，给当地带来哪些发展变化或观念上的改变？

郎俊：2016年明确了苏陕两省结对帮扶关系，根据苏陕协作工作总体部署和安排，扬州市对口帮扶榆林市。2017年2月，两市签署了《关于进一步加强扶贫合作和经济协作的框架协议》。2017年4月和10月，扬州市先后从市直部门和所属6个县（市、区）及经济技术开发区、生态科技新城抽调两批19名干部，来榆林挂职开展苏陕协作工作，并实现了8个国定贫困县"携手奔小康"结对帮扶全覆盖。2019年4月和2020年1月，又分别轮换了两批共计19名干部，同时增加了扬州市蜀冈——瘦西湖风景名胜区管委会对口帮扶横山区。

至2020年，扬州市共计派出36名挂职干部和470名"支医支教支农"专业技术人员，赴榆林及 8 个国定贫困县开展对口帮扶脱贫攻坚工作。累计投入财政性帮扶资金 6.2 亿元，县均投入 7751 多万元，实施扶贫项目 353 个，带动贫困人口 14.25 万人。广泛动员社会各界捐款捐物 2506.541 万元，用于助学、助残、助老等方面。努力帮助贫困地区增强"造血"功能，积极推进产业合作发展，多方协调邀请 280 多家企业来榆林考察洽谈，引导到扶贫协作地区开展扶贫企业数达到 55 家，实现落户实际投资 9.91 亿元，建成合作产业园区 2 个，援建扶贫车间 36 个，共计带动吸纳 1.2 万余贫困劳动力就业。千方百计帮助解决贫困地区农特产品售卖难问题。按照"政府引导、市场主体"原则，累计帮助采购销售扶贫协作地区带贫农畜牧产品 1.553171 亿元，带动贫困人口 1.6 万余人。加大劳务协作工作力度，帮助贫困人口 3375 人通过就业实现脱贫，其中输出至东部地区就业 409 人，帮助实现就地就近就业 2624 人，帮助输送至其他地区实现就业 342 人，同时克服疫情影响帮助贫困人口返岗就业，目前已在东部稳定就业贫困人口 168 人。深入推进"携手奔小康"，开展多种形式的结对帮扶，累计乡镇结对 36 个、扬州的村（社区）与贫困村结对 36 个、扬州企业与贫困村结对 32 个、扬州社会组织和贫困村结对 10 个、扬州各级卫生机构与贫困县医院结对 24 个、扬州各类学校与贫困县学校结对 15 个。特别是 2020 年，额外财政援助资金 2848 万元，是 2019 年的 184%、2018 年的 254%；社会帮扶资金 1539 万元，是 2019 年的 272%、2018 年的 397%；招引企业实际投资额 7.38 亿元，是 2019 年的 306%、2018 年的 817%；消费扶贫 1.26 亿元，其中销往扬州的 5255 万元，是 2019 年的 234%、2018 年的 713%；帮助贫困人口东部就业 194 人，是 2019 年的 170%、2018 年的 184%。此外，2020 年江都对口子洲、2019 年高邮对口米脂，连续两年，代表苏、陕两省接受国家考核，均获得"好"的评价，未让国务院扶贫办带走一个问题，2020 年苏陕高层联席会议在榆召开，两省主要领导高度认可扬榆成果。

通过对口帮扶，加上榆林市各级党委政府和所有扶贫力量的参与，榆林市及所属 8 个国定贫困县的脱贫攻坚工作取得了显著成效，发生了历史性的变化。一是全市贫困人口由 2016 年底的 25.17 万人到目前全部脱贫，贫困发生率由 8.46% 降为零，899 个贫困村全部退出，8 个贫困县全部摘帽，千百年的绝对贫困问题彻底消除，区域性整体贫困得到解决。二是增粗拉长能化产业发展链条。工作组围绕榆林能化产业"所需"和东部地区能化产业"所能"，积极协助做好能源化工产业配套招商引资工作，先后配合协助引进无锡三木集团、苏州恒力集团等东部地区高端能化企业，助力榆林建设精细化循环经济产业基地、煤化一体化产业基地，打造纺织新材料产业园，从根本上改变了榆林传统能源型产业结构，由单纯的能源输出型城市向延伸能源上下游完整产业链转变。三是填补扬州、榆林两地直飞航班空白。经扬州工作组多方坚持不懈地协调推动，在扬榆两市和春秋航空的共同努力下，2020 年 7 月 12 日，扬州至榆林的苏陕对口帮扶航线正式通航。该航线的开通，进一步拉近了扬州与榆林的距离，促进两地间对口帮扶协作及经贸旅游文化交流，在扬州和榆林之间构建快捷的空中桥梁，更高效地推进两地多层次、多领域的交流合作，实现资源共享、优势互补，为榆林文旅资源、投资环境推介搭建平台，进一步提升了陕北榆林对长三角地区的区域辐射能力和区域中心带动能力。

问：产业提升振兴是区域发展的不竭动力和内生驱动，对于贫困地区而言，产业扶贫是促进贫困人口较快增收达标的有效途径，在这一方面援榆工作组主要做了哪些工作？

郎俊：产业提升振兴是巩固长期脱贫成果的根本举措，更是落实精准扶贫的关键举措和打赢脱贫攻坚战的重要保障。我们援榆工作组始终围绕产业合作这根主线，积极招引项目，激活内生动力，巩固脱贫成果，夯实转段基础，助推扬榆两地协同发展。

一是发展"特色农业"，促贫困人口转职业农民。农业是国民经济的基础，是陕北贫困地区的主要产业，贫困人口转为职业农民是脱贫致富的主要渠道。我们工作组围绕"做强本土优势，引入全新品种，转变销售方式"三篇文章，开创了"特产＋特种＋特许"的"特色农业"发展新模式。改良"特产"见精品。我们发挥榆林杂粮、山地苹果、黄芪、红枣等特色农产品基础优势，通过技术指导、技能培训等方式，变"靠天吃饭"为"靠技术吃饭"。近年来，扬州共派驻 140 余人次支农专家赴榆林指导农业发展，为当地农、林、牧及种养经营单位提供品种选用、病疫防控、种养管理关键技术支持，帮助合作社、种养户提高经济效益，就有了佳州缘生态农业、东方红农产品加工等龙头企业，打造出横山羊肉、大明绿豆等名优品牌，叫响了绥德山地苹果、子洲黄芪等地理标志产品。引进"特种"创收益。工作组根据榆林土壤、雨水等自然条件，创新引进第三代甜味剂甜叶菊、高营养价值昆仑雪菊等"特种菊"种植项目，通过"公司＋政府＋合作社＋贫困户"的模式，在佳县推广750亩甜叶菊种植项目，一期带动130余人顺利脱贫；在吴堡县推进500亩雪菊试种项目，一期带动480余名贫困人口增收。扩大"特许"广销路。积极开展消费扶贫，在扩大产销渠道上下功夫，通过承办榆林地方风味美食节、举办榆林特色农产品展销会、布局驻扬农产品展销中心、设立榆林农特产品专柜、打造特色产品专营小木屋等形式，进一步扩大榆林名优农特产品销售渠道。截至2020年，实施苏陕合作农业项目110个，累计销售榆林农特产品4000余万元，带动贫困户1.1万余人增收。

二是聚焦"工业强基"，促贫困人口转产业工人。工业是推动经济增长的基石，加快工业发展，可以带动农业产业化发展，推进城镇化进程，提供大量就业岗位。扬州工作组聚焦"工业强基"，紧扣产业梯度转移、"互联网＋"建设和园区平台打造三个重点，使"面朝黄土背朝天"的农民逐步转变为"有技能、有岗位、有保障"的产业工人，有效实现了他们的角色转换、技能转型和生活转变，充分发挥了产业扶贫的带动作用。抢抓东西部产业转移机遇。扬州工作组依托榆林资源、人力和交通优势，积极招引产业合作项目向西部地区转移落户，先后洽谈和引进制造业项目10余个，其中江苏（扬州）金橡塑新材料科技有限公司投资5000万元落户榆林，打造国内最大的万吨级聚乙烯蜡生产基地，预计年产值6亿元，上缴各类税收3000万元，可带动400余贫困劳动力实现稳定就业；扬州工作组积极承办陕西省首场"榆林市承接长三角能化产业转移招商会"，对接江苏徐矿集团、国信集团、红太阳集团等大型国企和上市公司30余家，招引三木集团投资50亿元的精细化工项目和佳山重工集团投资2亿元的能化装备制造业项目落户榆林；依托榆林贫困人口易地搬迁后劳动力相对集中且年轻化的优势，分别在子洲、吴堡、佳县、绥德等贫困县建立"扶贫车间"和"社区工厂"5个，有序承接东部劳动密集型产业向西部转移，精准解决242名贫困劳动力的就业。提升信息化建设水平。扬州工作组积极探索"互联网+"新模式，引进专业医疗科技企业在榆林实施"互联网+健康精准扶贫"医疗平台建设，帮助榆林推进分级诊疗政策落实，推动优质医疗资源在全市的覆盖。该项目总投资3000万元，一期全部完成，二期将开发和推广具有榆林特色的移动医疗服务平台，建设完善专家数据库，实现优质医疗服务资源的跨地区共享。下一步，将推进"智慧医疗"事业转型为"医疗智慧"产业，走出一条"互联网+普惠医疗"拓宽健康扶贫的新路子。夯实园区平台建设。工业园区是招引企业项目的承载地，是带动区域经济发展的发动机。榆林贫困县区的工业园区数量少且成效低，扬州工作组根据这一实际，统筹谋划设立苏陕产业合作"区中园"，逐步规范园区规划建设、管理机构、融资平台和企业落地，使之成为县域经济的集中地、企业项目的聚集地和贫困人口的致富地。佳县——广陵产业合作"区中园"占地1平方公里，首批引进5家企业，其中PVC卫生防护手套项目总投资4.5亿元，一期工程已基本完成，生产线正在安装调试，全部建成预计实现年销售5亿元，可安排500余名贫困劳动力就业。扬州扬杰电子科技股份有限公司投资2000万元建设的"半导体产教融合园"项目，预计每年可培养500名半导体技术人才，安排100余名贫困劳动力就业。邗江——绥德扶贫协作示范工业园总投资4000万元，2019年预计投资2800万元，产业规划、空间布局、土地平整已基本结束，年底完成厂房建设。宝应——定边能化产业合作区中园正在推进规划招商，总投资5000万元，规划面积100亩。截至2020年，已落户和意向进驻"区中园"的企业总计10余家，总投资约6亿元，可提供就业岗位2000余个，带动贫困人口800余人稳定就业。

三是注入"三产理念"，促贫困人口转私营业主。三产就业灵活、岗位多样，是一产和二产的重要补充和有效延伸，是脱贫解困的有效渠道，为贫困人口转变成私营业主提供了较大空间。我们扬州工作组瞄准"特色电商、乡村旅游、技能人才"这三个方向，引导观念转变，开展技能培训，鼓励就业创业，推动贫困人口向个体经营业主迈进。发展特色电商促增收。农村电商已经成为推动农村经济发展和提高农民生活水平的重要力量。扬州工作组力争将电子商务与精准脱贫深度融合，帮助建立和拓展贫困村的电商市场，先后开展 5 期电子商务人才培训班，培训农村电子商务人才 500 余名，其中近百人参与电商企业工作或个人开设网店创业。高邮市邮驿电商联合米脂县"淘米易购"电商中心为米脂县新建电商企业 71 个、村级电商服务站 144 个、网店 500 个，帮助实现网上交易农产品 7900 余万元。仪征市、扬州经济技术开发区和生态科技新城通过设立销售网店、消费扶贫 App 等方式，帮助结对贫困县线上销售农产品大礼包等总值 4000 余万元。开展乡村旅游助脱贫。榆林拥有黄土高原和风沙草滩交织的独特风光、黄河血脉与红色基因融合的独有文化，具有旅游开发的巨大潜力。我们扬州工作组利用扬榆结对平台，大力帮扶贫困地区开展乡村旅游项目：支持杨家沟革命旧址、郝家桥、袁家沟、佳县东方红等红色文化教育基地，按照 4A 级标准打造文化旅游景区，通过"公司＋合作社＋贫困户"模式，吸纳周边贫困户，发展农家乐、文化表演、农特产品销售等，实现村民变股东，参与集体收益分红。在我们工作组协调下，面向江苏省的榆林乡村游项目已经完成产品设计，陆续投放市场，扬州至榆林旅游的人也越来越多了。

问：扬州在榆挂职干部都是舍小家为大家，投身扶贫一线，主动挑起担子，扛起责任。落实在具体工作中，是如何在"规定动作不走样"的前提下做到"自选动作创特色"的？

郎俊：扬州市对口帮扶榆林市工作组积极贯彻习近平总书记关于东西部扶贫协作重要讲话精神，围绕国家《东西部扶贫协作成效评价办法》，在两地市委市政府和省工作队的坚强领导下，按照年初制定的工作思路：充分发挥扬州产业基础良好、人才资源丰富的优势，紧密结合榆林实际，深化能源化工、农副产品、文化旅游等领域的产业合作和消费扶贫，共享技能培训资源、创业就业市场和社会治理经验，努力在劳务协作、社会帮扶方面取得重点突破，在产业合作、消费扶贫方面得到优化提升，做到规定动作不走样、自选动作创特色，各项工作推进有的放矢。

一是消费扶贫，在黄土高原释放爱的力量。消费扶贫是预算单位和社会各界通过消费来自贫困地区和贫困人口的产品与服务，帮助贫困人口增收脱贫的一种扶贫方式，是开展脱贫攻坚的重要途径。扬榆协作以来，扬州工作组结合榆林农副产品特色，2018年在全省首推"消费扶贫"特色大礼包，受到社会广泛关注与热情支持。2020年，工作组通过搭建消费扶贫工作平台，实现了8个结对县礼包套餐的全覆盖，做到了统一收购、集中发货、专线运输，进一步做强榆林"陕北大礼包"品牌。不仅如此，工作组和横山区联合榆林农业农村局、扬州发改委，共同打造榆林农特产品市区旗舰店，形成"一点多核"的政府实体平台，产生集聚效应。疫情期间米脂苹果销售受阻，通过高邮驻米脂帮扶联络组积极协调，最终通过多种渠道购买米脂滞销苹果，解决了销售难题，将1万多斤米脂苹果通过快递发往江苏高邮销售。为了让榆林特色农产品卖出好价钱，扬州挂职干部积极帮助榆林农产品开发国内市场，拓展海外市场，助推榆林苹果、小米、黄芪等农产品出口新加坡、孟加拉国、东帝汶等国家。2020年，帮扶榆林向东部消费扶贫金额1.23亿元，较2019年全年增长了5倍，带动贫困人口数8860人。

二是劳务输出一人，脱贫致富一家。2019年11月，清涧县在苏陕扶贫协作项目的支持下，抓住"AI豆计划"人工智能产业扶贫项目投入小、见效快、绿色环保、培训简单，可充分解决就业问题等诸多优点，协调引进了清涧县"AI豆计划"人工智能产业扶贫项目。这一扶贫项目通过商业订单支持，让贫困群众，尤其是贫困女性、移民搬迁群众、待业青年、家庭妇女、残疾人等弱势群体在家门口实现就业脱贫，吸引外出务工人员回乡就业。

把扶贫同"扶志、扶智"结合起来，推动就业扶贫。扬州工作组通过建立健全劳务协作机制、加大用工信息宣传、创新劳务对接形式，创造贫困人口就业机会。提高培训的针对性和有效性，加强技能培训，提高贫困人口就业能力，不断提升就业培训成效。2020年，已帮助贫困人口向江苏地区就业数140人，完成省下达全年目标数140%。就地就近就业数603人，完成省下达全年目标数253%。其他地区就业数59人。援建扶贫车间21个，吸纳贫困户就业365人。

三是支医支教，给千万家庭带去希望。掌握一技之长是贫困人口创业脱贫的关键。我们扬州的很多扶贫干部从踏上陕北大地的那一刻起，就在思考着如何通过"三支队伍"的示范作用，在"授人以鱼"的基础上"授人以渔"，切实提高子洲当地医疗和教育水平，从而真正打造一支带不走的"专技人才队伍"。近年来，我们扬州工作组先后协调两地各级人社部门以及扬州安康职业学校等国家级职业教育理事单位和江苏技师学院等高等职业院校，组织近 50 期 3000 多人的劳务协作和创业致富技能培训班，涉及月嫂、家政、厨艺、电商、刺绣、插花、缝纫、种植养殖、电焊、汽修等不同领域，培训人员中 90% 以上通过各级技能鉴定考核。截至 2020 年，200 余名参训贫困人员就地创业或转移外出稳定就业。

扶贫先扶智，教育必先行。在扶贫协作中，我们扬州驻榆林工作组抓住教育扶贫这个牛鼻子，将东部地区先进的教育理念带进榆林。为改变当地落后的教育面貌，扬州工作组充分调动社会力量，鼓励扬州派出的"三支"人员积极投身助学助困帮扶，以因病、因残、因灾致贫家庭为重点，积极开展形式多样的助学关爱活动，确保不因经济困难而导致贫困学子在义务教育阶段失学、辍学，阻断贫困代际传播路径。

仅 2020 年，扬州市援助榆林社会帮扶资金 1523 万元，完成省下达全年目标数 354%，其中社会帮扶捐资 894 万元，社会帮扶捐物 629 万元。工作组帮助榆林建立首家医用防护口罩生产企业，医院结对已累计接诊患者破万，现场开展手术 500 余台，捐赠医疗设备 20 余台，免费筛查、救治先心病患儿 30 余名。

对我们扶贫干部而言，带着感情和责任不是挂在嘴上、写在纸上，要落在实处，就必须工作动真、考核过硬。近年来，在扬州、榆林两地市委市政府的坚强领导下，"人才支援、资金支持、产业合作、社会帮扶"全面推进。

问：作为扬州援榆工作组负责人，您在工作中有哪些收获或感悟？

郎俊：扬州和榆林对口协作，是黄河文明与长江文化不远千里的互惠联姻，是同志们"家国情怀与奉献精神"志在千里的生动实践。这场跨越千里的脱贫硬仗，淬炼了同志们"站在大多数劳动人民一面"的党性初心，激发了"像牛一样耕耘，像土地一样奉献"的奋斗精神。两年来，同志们在沟通交流中，共同有三点收获。

收获一：团队一定比个人走得更远。"以一当十"形容大家很贴切：市组3人县组2人，同志们在脱贫攻坚战役中筚路蓝缕，实干创新，独当一面。这也充分印证了团队的重要性，只有把一个人放在优秀的团队中，他才能"以一当十"，不然就是以卵击石。人在一起是聚会，心在一起是团队。2019年，围绕"争先进位，决胜大考"，我们寻找出路，统一思想：抛开业务谈管理，就是形同虚设；淡化绩效搞帮扶，如同纸上谈兵。在八个县的支持下，工作组在全省率先统一了对口帮扶"三方考核"，形成了扬州市、榆林市、工作组"目标统一、考核合并、评价一致"的有效机制。通过大家勠力同心的奋斗，2020年干出了振奋人心的成绩：考核全面达标，数据几何级增长，工作超额完成，跻身全省前三。"行百里者半九十"，"脱贫攻坚"和"乡村振兴"都是国之大事，成大事如走百里路，走了九十里才能算走了一半。两年的国考让我们意识到：愈接近成功愈困难，愈要认真对待，更加谨慎，只有坚持不懈，才能取得最终胜利。2019—2020年接受国考，高邮对米脂、江都对子洲均获得"好"的等次，都是大家团队迎国考，善作善成、善始善终的结果。大家给出了团队的成绩，证明了团队的力量；党中央、国务院颁发的国家脱贫攻坚先进集体，就是对我们19名援陕干部最好的肯定。

收获二："躬身入局"方能主动成长。"山静似太古，日长如小年"，两年时间的"长短"完全看个人把握。援陕让大家有了独立思考的空间、自主可控的时间、主动作为的平台，如何顺应变化，深度学习，主动成长，这是2020年3月，开年第一次大会上我和大家探讨的课题。会上，我还分享了一个故事：两个农夫挑着重担，相遇在狭窄的田埂上，各不相让，都不愿意下到泥泞水田。作为一个旁观者该如何相劝？曾国藩给出了独到的见解：做一个躬身入局的人，自己跳入水田，接过担子，让他们先过。这样，把自己置身其中，入心入局，无解的问题就能迎刃而解。两年来，工作中，大家不等不靠，不推不让，把两地的事一手下，把单位的事当家事，"白＋黑"、"5+2"，贡献个人资源拉帮扶，消耗私人情面落项目，放下健康问题迎考核，真正做到了担当作为，躬身入局；生活上，大家像海绵一样吸收养分，用眼睛看书学史，用嘴巴品尝甘苦，用双手触摸历史，用两脚丈量山川，在自己的知识库里，增加了一条黄河，留下了一片陕北，在人生积淀中画上浓墨重彩的一笔，实现个人的主动成长。我相信大家，抓住了这两年的宝贵时光，丰富了知识，历练了才干，提升了境界，拿出了成绩。两年后的今天，大家一定能给单位和家人一个不一样的自己。

收获三：迎难而上成为"创业者"。创业者不仅是我们的收获，也是市组对援陕工作的定位。2019 年 8 月，我受周鸿祎演讲内容的启发，把大家定位成"创业者"。因为有什么样的定位，才有什么样的收获。我们援陕同志作为"创业者"，做到了以下三点：一是敢于承担不确定性。敢于接受种种政策的不确定性，敢于面对全新的任务挑战，敢于接受可能的失败，工作中我和部分同志交流过：成功固然值得恭喜，失败才真正值得尊重，不要怕，大胆干。二是用创新破解难题。《国家东西部评价办法》是 2019 年 6 月才下发的，要求是新的，环境是新的，团队是新的，时间紧任务重。唯有创新思路，各显神通，相信自己，依靠团队，才能决战决胜脱贫攻坚，在乡村振兴中快人一步。三是有归零心态。在后方，大家是领导；到了前方，我们就是战斗员，就是服务员，很多工作要依靠地方。大家逐步学会放下，不断归零，懂得容忍，变得低调，一切服务考核，一切以大局为重。

就是因为有了创业者的心态，不断归零，不断创新，敢于承担不确定性，同志们迸发了激情，倍加努力，即使年过五十，也依然年轻。所以我理解：成为创业者，不仅要大家创新创业，基业长青；还要让更多的人具备创业者的精神，在平凡的岗位上，干出不平凡的事业。我们援陕团队在榆林做到了，而且会将这份创业精神带回扬州。我相信在未来的工作岗位上，这份收获依然是大家的宝贵财富和精神动力。流淌在大家血液里的创业者精神，成为我们这批援陕干部最大的收获！

（朱毓哲　整理）

镇江市对口帮扶渭南市工作组工作实录

林丹如

2015 年 11 月 29 日，中共中央、国务院作出《关于打赢脱贫攻坚战的决定》。按照中央、省、市的安排部署，我有幸和同志们一起参与脱贫攻坚工作，光荣加入镇江市对口帮扶陕西省渭南市工作组，并取得显著战果。挂职渭南，担任渭南市政府副秘书长、镇江对口帮扶渭南工作组组长，带领 13 人的工作组参与到对口帮扶、脱贫攻坚的伟大历史使命中。苏陕协作对口帮扶助力脱贫攻坚的两年经历，令我终生难忘。

脱贫攻坚有成效

苏陕协作是国家东西部扶贫协作长期战略的重要组成部分，镇江、渭南两市自 1997 年就建立了对口关系。从长江之滨到渭河之南，从江南名城到关中古城，镇江与渭南守望相助，同心协作，至 2021 年已走过 24 年的春华秋实。2017 年，两市按照中央和江苏、陕西两省关于脱贫攻坚的要求和东西部扶贫协作的部署，签订《对口交流与经济协作工作协议书》，明确了丹阳对富平、扬中对白水、句容对蒲城、丹徒对澄城、镇江新区对合阳的协作关系，开展了全方位、深层次、多领域帮扶协作，两地迈入了苏陕扶贫协作新阶段。

在挂职的 2019—2020 年期间，共实现省拨统筹资金 24600 万元，实施苏陕扶贫项目 127 个；产业合作招引 22 家企业，实际投资额 18.84 亿元，带动贫困人口 6139 人。富丹产业园连续三年列为陕西省 10 个试点"区中园"建设综合评估第一名。争取对口县、乡、镇财政资金 10272.7 万元，社会帮扶捐资捐物折合人民币 1894.36 万元。消费扶贫镇江对口采购 13317 万元，带动贫困户 9243 人。各类结对 120 个。培训贫困村创业致富带头人 298 人次，创业成功 219 人，带动贫困人口 2529 人。两地互派挂职干部 64 名，互派三支专业技术人才 484 人。帮助贫困人口赴江苏就业 767 人。5 个对口国定贫困县提前脱贫"摘帽"。苏陕协作助力渭南的脱贫攻坚义不容辞，成绩斐然。

2021 年 2 月 25 日，在全国脱贫攻坚总结表彰大会上，镇江农业专家赵亚夫、镇江市对口帮扶渭南市工作组和句容支农人才阮祥忠一起获得党中央、国务院表彰，分别被授予全国脱贫攻坚楷模、全国脱贫攻坚先进集体及先进个人称号。工作组还被评为渭南市 2020 年脱贫攻坚先进集体。此外，2021 年 10 月，丹阳、扬中、句容、丹徒、镇江新区 5 个联络组获江苏省委、省政府全省脱贫攻坚暨对口帮扶支援合作工作表现突出的先进集体（"三对"工作先进集体）通报表扬；富丹产业园连续三年陕西省 10 个试点"区中园"建设综合评估排名第一名，渭南苏陕扶贫协作的先进事迹，先后被央视《朝闻天下》和《新闻直播间》、陕西新闻联播等国家级和省级主流媒体多次报道。

攻坚克难有举措

2017—2020 年期间，镇江、渭南市及 5 个对口县党委和政府主要负责同志率队互访对接 88 次，其中赴东部 49 次，赴西部 39 次。考察交流、研讨决策，全面部署和深入推进脱贫攻坚期间的苏陕扶贫协作。主要领导、相关部门、企业先后共 3733 人次赴两地考察交流。高层互访、部门互动、社会力量互助成为常态，一个多层次、高频度、广领域的大协作机制已经构建。

（一）人才交流

四年来，两地互派挂职干部 124 名，其中镇江挂职渭南 26 人，挂职期限 2 年；渭南挂职镇江 98 人，挂职期限 1 年。围绕"三支"（支教、支医、支农），两地互派专业技术人才 978 人（其中镇江选派 365 人）。两地不仅为挂职干部和专业技术人才提供了适当的工作生活补贴和用房，还为他们更好地开展工作提供了有力保障。

通过互动交流、学习借鉴、共商共谋、共建共享，工作组充分发挥两市干部和人才的经验、技术、信息、资源等优势，围绕"问题导向、因地制宜、整合资源、形成特色"精准施策，不仅有力助推了脱贫攻坚和苏陕协作工作，而且在实践中进一步锻炼和提升了干部和人才综合素质。大多数干部和人才返回后得到提拔和重用。逐步探索、实践、成熟了一条干部和人才的培养成长途径。

（二）资金支持

两地严格按照省、市《苏陕扶贫协作项目资金管理办法（试行）》及补充说明的有关规定，充分用好省级统筹财政帮扶资金，指导各对口县切实规范项目谋划、审批、监管和资金使用。资金使用全部向县以下基层和深度贫困村倾斜。挂职的两年时间内，共实施苏陕扶贫项目 127 个，使用省级统筹资金 24600 万元，完工率和资金使用率均为 100%。除省统筹外，各市（区）乡（镇）还安排各类财政资金 1.03 亿元，主要用于产业帮扶和壮大集体经济。社会帮扶捐资捐物折合人民币 1894.36 万元。

（三）产业合作

两年来，5个对口县不断加大招引力度，先后招引陕西圣唐乳业羊奶加工项目、中冶陕压环保PMC优质金属涂层项目、陕西飞磁科技电器等结对帮扶地区的企业共22个，实际到位投资18.84亿元，带动贫困人口6139人，其中吸纳就业带动贫困人口954人，利益联结机制带动贫困人口5185人。针对疫情之下农特产品销售特别难、贫困人口保收增收压力较大的问题，集中资源和力量开展消费扶贫活动，进一步拓展消费渠道、创新营销模式，镇江两年共采购、销售结对地区特色农产品1.33亿元，带动贫困人口9243人，创历史新高。苏陕协作对渭南农业主导产业发展特别是推进当地农产品销售发挥了明显作用。

（四）劳务协作

2017年以来，两市人社部门通过积极搭建就业信息平台、举办招聘活动等形式，帮助渭南市贫困群众赴江苏就业1262人；通过苏陕协作就近就地就业1016人；通过苏陕协作到其他省份就业734人。全力克服疫情影响，两地人社部门"一对一""点对点"接送，加快复工复产和社区工厂建设，有效解决贫困劳动力就业难问题，40个扶贫车间和社区工厂的复工和落地，为贫困群众"家门口就业"提供了可靠的保障，实现移民搬迁"搬得下、稳得住、能致富"目标。

（五）消费扶贫

由于扶贫产业类项目以种养殖农业项目居多，要解决初级农产品变成商品"卖难"的问题，关键要拓展市场销售渠道。我们通过消费扶贫"五个一平台"（展馆、批发市场、电商、专店专柜、生产基地）创建、系列多地农特产品展销推介活动、网络电商、专营店联合、多媒体直播带货等形式,多形式多渠道销售渭南扶贫产品。消费扶贫销售额逐年上升,2017—2020年,仅镇江对口采购17548万元,带动贫困户15041人。其中我挂职的2019—2020年,镇江对口采购13317万元,带动贫困户9243人。

开拓创新有特色

唯有创新作为,才能"顶天立地,纵横四海"。工作组围绕脱贫攻坚大局,依照精准扶贫要求,尊重规律,因地制宜,开拓创新,克难奋进,突破"老思路不通了,老办法不灵了"的困扰,走出了有生命力的特色发展之路。

一是确定了"1236"的工作总思路:"一个聚焦",即聚焦脱贫攻坚;"两个统筹",即统筹好精准扶贫和苏陕协作的关系,统筹好前后方的工作任务;"三个导向",即在谋划和开展工作中始终确立考核导向、问题导向和效果导向;"六项任务",即按照国务院扶贫开发领导小组东西部扶贫协作成效评价办法,做深做细组织领导、人才交流、资金使用、产业合作、劳务协作、携手奔小康等各项工作。

二是制定完善了挂职的"六好角色""六不原则",即好使者、好参谋、好先锋、好红娘、好同事、好表率和参与不替代、帮忙不添乱、融合不融化、求质不求量、依靠不依赖、尽职不越位。有效指导了与挂职地的关系协调,保障了工作顺利开展。

三是探索实施了"三集一劳"的项目联贫益贫机制,即形成集体资产、产生集体收益、采取集体支配、实行按劳取酬,规范而有效解决了项目选择难、联贫益贫难、可持续难、防返贫难的问题。各县深入践行,形成了一批成熟的特色做法。例如白水县和家卓村,苏陕资金投入120万元,纳入村集体股份经济合作社,建设占地2000平方的花卉基地。通过设立公益岗位和零工,与贫困群众签订劳务协议,多劳多得,带动65户贫困户劳动力优先务工,无劳动力兜底帮扶分红。3年发展,村集体经济组织经营性资产从 150 万元已壮大到 1000 余万元，村集体累计创收 79 万余元，带动 200 余人实现就近就业创业。先后 6 次为贫困群众和村民分红 42.48 万元。

四是创新推进了消费扶贫"五个一平台"模式，即在目标城市建一个展示馆、一个批发市场、一批电商平台、一批专店专柜，在渭南建一批特色农产品示范基地，用系统集成思维、市场化手段有效拓宽了扶贫产品的销售渠道。2020 年 9 月 7 日，镇江市长徐曙海、渭南市长王琳共同为"镇江市渭南农特产品展示馆"揭牌。江苏省商务厅领导也专程到渭南调研"五个一"消费扶贫平台建设，给予充分肯定。截至 2020 年底，通过"五个一"消费扶贫平台已采购、销售渭南农特产品 5400 多万元，其中扶贫农特产品 3400 多万元。

五是全力推进了各对口县联络组工作创新。各对口县积极创新思路、举措、机制和模式，特色工作亮点纷呈。

丹阳、富平共建的富丹产业园，连续三年年在陕西省苏陕扶贫共建"区中园"综合考核中排名第一；富丹产业园"张桥模式"更是被国家扶贫办列入东西部扶贫协作典型案例。丹阳投资 3200 万元的富丹友谊幼儿园是苏陕对口帮扶最大的教育项目，可容纳 450 名幼儿入园，是富平目前条件最好、设施最新的幼儿园。江苏社会各界先后出资 100 万元在富平设立扶贫教育基金，"史洪严扶贫助学基金"、"丹阳温暖天使心基金"、"苏海教育基金"，收益全部用于帮扶贫困学生。同时实施教师培训计划，采取"组团式"帮扶的形式，带动富平教学质量的全面提升。

镇江新区、合阳聚焦深度贫困村持续助推产业发展。渭南 6 个深度贫困村一半在合阳同家庄镇，四年来连续实施苏陕项目 7 个，投资额 1941 万元，重点建设高塬自流灌溉、花椒多功能交易市场、贮存冷库等设施项目，达到了精准扶贫补短板的效果。该镇共有 5 万多亩花椒，带动 2468 户贫困户，实现户均增收 8000 元。系统性扩大社会帮扶参与面，国企、民企、外企、社团、党派社会帮扶全面覆盖。

句容、蒲城新建草莓（种）苗示范基地，由种植为重点向育苗等产业链上游延伸。以嘟嘟农场为龙头，引进最先进的温控设施和最优质的技术服务指导，捐赠优质种苗 28500 余株后，同时选派了全国劳模、草莓专家纪荣喜来到蒲城与当地莓农"结对联姻"，手把手传授草莓种植技术，改变了蒲城草莓苗外购的历史。蒲城草莓亩均效益达到 5 万多元。在 2020 年的中国（句容）草莓旅游文化节上，嘟嘟农场送评的"红颜"草莓获得银奖。

扬中、白水走特色"白杨之路"，建立完善了"政府搭台、部门牵手、结对帮扶、平台合作"的协作交流机制；充分发挥自身优势，引进国企光伏发电、废弃生物质的有机肥生产等产业；围绕打响"白水苹果"品牌，提质、增效、开拓市场发力，成效显著。

丹徒、澄城开展农特产品进机关、学校、企业、社区"四进"活动，消费扶贫成效明显。特别是在移民搬迁的社区工厂引建工业园区的标准化厂房建设方面干出了特色。

援助帮扶有感触

脱贫攻坚收官的 2020 年已过去，冲锋的号角仿佛还在耳边回响。虽然我的挂职已经结束，但接力棒仍在传递，各项工作仍在有条不紊地推进，而我的渭南情已然更浓，她已然成为我的第二故乡。

（一）难舍脱贫攻坚的责任担当

在充分调研和边学边干中，我们深刻认识到：

苏陕协作是国家东西部扶贫协作长期战略的重要组成部分，在脱贫攻坚期间必须精准聚焦"两不愁三保障"，围绕问题、效果、考核这三个导向，瞄准人才交流、产业发展、劳务协作、消费扶贫、携手奔小康等方面精准发力。

在坚持"六好定位"和"六不原则"的同时，必须紧紧依靠前后方力量，团结和整合一切积极因素和资源，与广大干群一起同呼吸、共命运，才能充分发挥我们挂职干部和"三支"人员的作用，完成好光荣使命。

一定要处理协调好四个关系：一是前后方和两地的关系。两地主要领导的互访是工作的抓手。及时向主要和分管领导的汇报和建议是关键。二是苏陕工作与挂职工作关系。遵从渭南的领导和管理，遵守当地的纪律和规范。在聚焦苏陕工作的同时，适当承担受援地其他工作。三是市组与省队、县联络组的关系。遵从省队领导和指导，及时汇报沟通，以赢得工作先机和支持。关心、理解县联络组，做好服务，力争协调解决好他们生活和工作中的困难。四是工作组与部门的关系。及时多与当地相关部门走动、交流、沟通。不仅结交了朋友，得到工作帮手，还能得到启发，找到工作思路与办法。

（二）难舍红色文化的精神财富

渭南不仅是华夏文明的发源地，更是一片红色的热土，红色基因和血脉永续。渭华起义蕴含的革命精神，是我们党宝贵精神财富的重要组成部分，激励着共产党人不忘初心、牢记使命，矢志为中国人民谋幸福、为中华民族谋复兴。挂职期间，我们曾多次到富平爱国主义教育基地拜谒学习，老一辈革命家习仲勋"党的利益在第一位"的坚定政治信仰和崇高品质，"英勇奋斗、无私奉献"的奉献精神、"天天奋斗、天天快乐"的高尚情操，"把屁股端端地坐在老百姓的这一面"坚持走群众路线的思想和方法，不断锤炼了我们的政治品格和担当精神。他的人民、革命、统战、赤子、法治情怀已深深融化在我们心里。

（三）难舍同甘共苦的鱼水情谊

"勇挑重担不为难，开拓创新不畏难。"两年来，我们亲历参与了渭南的脱贫攻坚，在贯彻中央政策部署、服务基层和人民群众时多了份责任，多了份担当，多了份自觉；两年来，我与渭南的领导和同事一起并肩作战，他们"特别能吃苦、特别能战斗、特别讲奉献、特别守纪律"

的优秀品质，激励着我始终坚持以身作则、苦干实干、求真务实；两年来，我与联系科室、镇江渭南工作组的同志们和"三支"人员一起同甘共苦、克难奋进、创新作为，不断取得和巩固新成果，努力向党和人民交出一份满意的答卷。13人的工作组是我曾带过的最好的一支胸怀大局、充满激情、敢打硬仗、能打胜仗的队伍；两年来，我们与渭南的干群结下了深厚友情，心系两地，共期共创美好明天。

两年挂职路，终生渭南情。长江渭河，守望相助！

（姚丽华　整理）

句容草莓成为蒲城脱贫致富的农业大产业

阮祥忠

2018年夏末，听说农委要派人赴陕西支农，要大家报名，心想这都是年轻人的事，我都是57岁的人了，也没放在心上。突然有一天领导把我叫到办公室，说你在基层时间长，担任过农技推广中心副主任，主持过农业科工作，又是研究员职称，决定派你到陕西蒲城参加对口协作支农工作，要扎扎实实地做一些事情。就这样我抱着发挥余热的决心，于2018年11月来到蒲城开展对口协作支农工作，我任支农组长，分配在农业局，挂职于农业技术推广中心任中心副主任，开始了我的支农生涯。三年中，我将压力变动力，努力地投入到草莓种植和脱贫攻坚工作当中。

蒲城农业概况

蒲城位于陕西关中平原东北部，渭河平原东北隅，属渭南市。这里土地肥沃，物产丰富，其中农业人口63.4万，是陕西省农业大县，蒲城被誉为将相故里、"中国酥梨之乡""中国报时城""焰火之乡"。蒲城属暖温带季风型大陆性气候，四季分明，年平均气温13.2℃，较句容低2℃，年均降雨量550㎜，约是句容的一半，年光照时间2500小时，较具梅雨季节的句容多500小时，海拔370—900米。

选择草莓种植为切入点

草莓是鲜果，蒲城发展草莓可以弥补冬季鲜果短缺带来的不足，草莓种植是劳动密集型产业，比较适合家庭经营，也能解决当地劳动力的就业。

来蒲城之前，我在句容掌握一定的草莓种植技术和经验。句容有"草莓之乡"称号，是全国知名草莓生产大县，也是中国发展大棚草莓的最佳气候生态区之一，年种植面积近万亩，其种植技术、规模在江苏省都处领先水平，在全国享有知名度。句容白兔镇草莓种植区为江苏省级农业园区，大棚草莓为国家级标准化示范区。

初来蒲城，我在下镇入村调研中了解到，蒲城的种植业主要有粮食和水果二大类，粮食作物小麦80万亩、玉米60万亩，是全国100个优质小麦基地县之一，水果类面积70万亩，其中苹果25万亩、酥梨25万亩、西（甜）瓜17万亩，是陕西最大的果品生产基地，是全国果品生产百强县之一，且种植面积和技术都已达到相当规模和水平，而草莓种植刚处于起步阶段，只有椿林、孙镇、党睦、紫荆街道零星种植，面积少水平低。但是，我发现蒲城也是草莓的适种区，在气候条件上，蒲城发展草莓与句容相比，具有光照时数长、温差大、湿度低的有利条件，也有极端温度低易受冻害、土壤碱性大的不利因素。本着发挥地域特长、带动农民增收致富的目标，充分发挥句容"草莓之乡"在栽培技术、市场渠道、绿色发展等方面的优势，我通过反复精心思考，选择以草莓种植产业为切入点，加强技术协作交流，发展蒲城草莓产业，带动农民脱贫致富。

帮助提升草莓产业

草莓种植效益高，但技术要求高，种植难度大，我们采取带着他们干，做给他们看，让他们掌握种植技术，真实见到效益，我们从技术培训观摩、落实技术措施、引进优质品种、自行露地育苗、建立草莓示范区几个方面入手。

一是进行技术培训观摩。在农业农村局和驻蒲联络组领导的安排下，我在农业技术推广中心，以中心技术人员、草莓种植户为培训对象，进行《草莓新品种及高架栽培技术》技术培训。我就国内草莓发展的现状、新品种的培育引进以及草莓省力化发展方向"高架栽培技术"等作讲解。我在孙镇、兴镇"蒲城县 2019 年度苏陕劳务协作暨易地搬迁贫困劳动力培训班"上，讲授了《草莓新品种及种苗繁育》《草莓水肥一体化技术要点》，同时深入到椿林草莓种植户的大棚内，从理论到实践上开展指导，受到了种植户的好评，蒲城电视台《蒲城新闻》栏目进行了报道。为提升当地草莓产业发展，让句容的草莓技术、品种、模式扎根蒲城，我多次组织安排蒲城县农业技术推广中心技术人员和种植大户到句容白兔镇考察草莓种植情况，参加句容草莓节和第十九届中国句容草莓文化节，让他们接受国内草莓专家的草莓种苗繁育技术培训，开拓了他们的视野。我同全国劳模纪荣喜共同在蒲城收草莓基地嘟嘟农场冯强为徒弟，结成"草莓师徒"，让技术有专门传承人。

二是落实技术措施。为保证句容草莓在蒲城种植的成功，我们会同蒲城农技推广中心，进行了草莓大棚高压钠灯增温补光试验示范。在党睦镇党北村和紫荆街道双酒村的草莓基地，进行试验示范，采用目前技术最为先进的瑞莱星高压钠灯植物补光系统，产生红橙光，不但能补充光照而且能产生热量增加温度，解决了蒲城普通钢架大棚温度较低、草莓开花易受冻害、雾霾重、光照不足的问题。经初步观察，补光系统在凌晨前温度最低时能提高 4.2℃，达到增温补光目的，提高了产量和品质。在党睦镇，我进行大棚草莓套作西（甜）瓜套种高效模式示范。句容是"草莓之乡"，蒲城是"西（甜）瓜之乡"，大棚草莓在 5 月初采收结束，到 8 月底栽植草莓，中间有 3 个月的时间大棚和土地处于闲置状态，温光资源未能得到充分利用。我将自己的《一种大棚草莓套种网纹甜瓜种植方法》发明专利技术，应用到蒲城大棚草莓套种西（甜）瓜上进行示范，取得了成功。甜瓜品种采用获得国家地理标志产品的高石脆瓜，西瓜采用中小果型的早佳 8424，4 月初套栽，6 月中下旬收获，套种甜瓜高石脆瓜或西瓜早佳 8424 每亩均可增加产值 1.8 万元，增加效益 1.4 万元，是一种值得推广的高效种植模式。在示范过程中，我为了观察西（甜）瓜生长情况和掌握第一手数据，因为温度要求，我只能利用早晨和傍晚时间进行，经常是早晨 6 点多下田和晚近 8 点才离开；而整理枝蔓要求在温度高的中午前后进行，利于伤口愈合减少病害，我也常常在棚内 40 多度的高温下操作。在灌水施肥、病虫防治、整枝吊蔓和授粉环节，我也大都亲自操作。

三是露地育苗示范和引进草莓品种。针对蒲城草莓种植面积小时间短，没有育苗经验和基地，从外地购苗病害严重，异地种苗适应性差且调运种苗时间长，栽种后造成死苗缺棵断垄的情况，帮助蒲城引进优质品种自行繁苗，繁苗季节我驾车 1100 余公里，将句容赠送的全国劳模纪荣喜优质红颜草莓种苗送到蒲城，保证了种苗新鲜和成活，3 年共赠送草莓种苗 4.8 万株。

育苗示范。我在紫荆街道、党睦镇、桥陵镇建立 3 个总面积 26 亩的草莓自繁育苗基地，进行露地育苗和高架穴盘育苗两种方式的示范。育苗期间，我每星期到田间两三次，解决育苗过程中遇到的如炭疽病防治、碱性土壤缺铁失绿黄化、喷滴灌水肥一体化应用和沙土匍匐茎固定等技术问题。现场手把手指导农工进行种苗药液浸苗、种苗的栽植深度、去老叶病叶和花序、引茎和使用育苗卡固定匍匐茎，自费购买塑料育苗卡和农药送给育苗户。由于当地农药品种不全，我便想办法从句容配全农药，利用回句容的机会和托来蒲城的同事带药来给育苗户使用。每次降雨前我都和育苗基地电话联系，要他们分别在雨前和雨后做好病害防治，并注意药剂的使用顺序和交替使用。2019 年，一个育苗户草莓种苗栽植后，土壤过干灌水操作因晚上疏忽，使部分区块土壤成泥浆状，造成土壤含水过多根系缺氧死苗，育苗户很是着急。我发现情况后，立即与句容方面联系并支付了顺丰快递费，急发 2000 株进行第一时间补苗，确保了大田用苗。经过努力，两种育苗方式都获得成功，蒲城草莓育苗取得了零的突破，其中露地育苗方式因其成本低易掌握而具有推广价值，深受草莓种植户的喜爱，能使草莓种植户每亩减少种苗费近 4000 元，降低了草莓种植的门槛，到 2020 年秋蒲城草莓种植面积上升到 300 多亩。

引进草莓品种。我们选择以红颜为主，红颜草莓色泽艳、果型大、耐贮运、口味好。同时，为探索草莓不同品种在蒲城的适应性和种植的经济效益，2018 年 9 月初，从句容引进了紫金久红、容莓 5 号、艳丽、白雪公主、通州公主五个品种，在双酒村的嘟嘟农场进行了包括红颊、桃薰、随珠共八个品种的展示种植，以获得适宜本地种植、且当地人群喜爱和效益较好的草莓品种，满足入园采摘人员的不同个性要求和选择，将草莓的效益最大化。

在党北村、双酒村嘟嘟农场示范点上，红颜草莓种苗繁育和栽植都取得了显著的经济效益，更起到了较好的带动示范作用。草莓种苗自行育苗，每亩育苗田可生产草莓苗 3.5 万株，产值达 2 万元。嘟嘟农场 2019 年共种植草莓 19 亩，亩产值 6 万元，亩效益 4 万元，其中句容提供繁育种苗的栽植 10 亩。党睦镇党北村，句容提供繁育种苗的栽植 5 亩，亩产值 5 万元，亩效益 3 万元。共计带动周边贫困户近 50 户，除实现分红外，还为贫困户提供草莓园用工 1600 余个，全县草莓种植已达 400 亩。草莓与金银花、食用菌、西（甜）瓜、奶山羊已成为蒲城脱贫的五大农业产业。

四是建立草莓示范园区。草莓育苗种植示范园坐落在紫荆街道双酒村，在苏陕扶贫协作项目投入资金 190 万元的基础上，我协调我工作地句容再投资 70 万元，新建 1216 平方米的大棚 6 座，并配套高架、水肥一体化、供电、道路硬化等设施；建设一座 100 平方米的草莓苗冷藏库；对 10 个日光温室大棚在北墙增设 5 层立体高架种植及配套设施。以示范园作为草莓新技术的载体，进行草莓高架穴盘育苗、草莓苗冷藏处理、草莓高架栽培、日光温室大棚草莓立体栽培、草莓新品种展示、大棚草莓套作西（甜）瓜等新技术示范。草莓苗冷藏处理是在定植前，采用穴盘扦插草莓苗进行冷藏处理，降低温度缩短光照，使草莓苗达到一定的冷量提前花芽分化，草莓上市提早一个月，改变了10月没有秋冬季草莓的空缺，从而增加产量和提高经济效益。草莓高架栽培可以避免传统种植的土传病害，使用全营养基质种植，使游客采摘不用弯腰就能采到草莓，基质种植可以加大草莓苗种植密度，从而提升品质和提高经济效益。日光温室大棚草莓立体栽培，可有效利用温室保温墙的剩余空间，每座温室北面墙增设5层高架，可提高温室近30%的种植面积，从而提高产量。

五是接轨技术需求。我全面融入蒲城县农业农村局的工作中，聚焦工作重点，接轨百姓需要一是参加所在支部党员活动。参加农业推广中心党员"最美赞歌献给党"、中心新党员宣誓和党员学习等活动。二是参加农业技术推广中心每周一的工作例会，进行工作交流，听取经验介绍，及时了解中心的工作内容和工作动态。三是下乡调研和参加技术交流。随中心的技术人员到龙池镇走访瓜农，了解西（甜）瓜连作土壤障碍、作物秸秆处理等情况；参加2019中国蒲城"农掌门杯"瓜王大赛；参加"西（甜）瓜化肥减施增效基础及关键技术研发"项目现场测评会；了解桥陵、椿林等镇的节水灌溉示范工程等。同蒲城有关部门和草莓种植重点户，考察了铜川海升集团草莓种植园、苹果种植园、周至县草莓和猕猴桃生产基地、太白海升蓝莓谷草莓种植基地。

在句蒲两地对口协作联络组和农业农村局领导的关心下，为句容草莓扎根蒲城，提升蒲城草莓产业，我带领的支农小组在蒲城草莓产业上所做的工作，得到了苏陕省、市、县对口协作领导和部门的肯定。时任江苏省委书记娄勤俭在苏陕两省扶贫协作高层联席会议上特别提到：常州大闸蟹试养汉阴、东台西瓜落户耀州、句容草莓扎根蒲城、盱眙龙虾引入勉县。中国江苏网以《句容优质草莓助力蒲城农民增收》为题对句容草莓落户蒲城进行了报道。2019年12月29日，《渭南日报》刊登了题为《嘟嘟草莓甜到群众心里头》的文章，对帮助嘟嘟农场引进种植草莓、带动贫困户脱贫和长期提供就业岗位作了报道，蒲城电视台、

《镇江日报》也都作了相应的报道。同时句容草莓扎根蒲城的消息在中央电视台《朝闻天下》、陕西卫视、渭南电视台均有播报，江苏卫视以《在共奔小康的路上携手前行苏陕协作》为题作了专题报道。

（孙燕宾　整理）

当好"双面绣" 助推铜仁打赢脱贫攻坚战

查颖冬

　　江南水乡苏州与黔东山城铜仁，相隔千山万水，结缘于东西部扶贫。2013年以来，苏州一批批干部跨越千山万水，与铜仁合力攻坚产业扶贫，促进消费与生产的双向互动，开展了全方位、多层次、宽领域的扶贫协作，不断结出累累硕果，铜仁10个贫困县（区）从2017年到2020年分四批全部顺利脱贫摘帽。为了记录好苏州与铜仁对口帮扶工作的历程与经验，2021年5月，苏州市委党史工作办公室口述史采访组远赴铜仁，实地采访了铜仁市委常委、副市长（挂职）、苏州市政府党组成员查颖冬同志。

　　问：2013年2月，国务院明确苏州市对口帮扶铜仁市。2016年7月，苏州市对口帮扶铜仁市工作上升到全国东西部扶贫协作范畴，江苏省对口帮扶铜仁由苏州市具体负责，苏州市下辖的10个县市（区）分别与铜仁市的10个区（县）建立了"一对一"帮扶结对关系。我们知道，查副市长您是2017年4月到铜仁任职的。作为江苏省对口帮扶贵州省铜仁市工作队领队，当时您来的时候是什么心情呢？对苏州与铜仁两地扶贫又怀着怎样的期望？这些期望现在都实现了吗？

　　查颖冬：从2013年至2021年，苏州与铜仁结对已经有八年的时间。2015年苏州派工作队来铜仁对口帮扶，当时工作队只有五个人。2017年习近平总书记在银川召开全国东西部扶贫协作座谈会以后，对口帮扶上升到东西部协作范畴。这个任务党中央国务院交给了江苏省委省政府。由于苏州原来与铜仁是结对帮扶的关系，这个任务还是交给苏州来负责。所以我们这个工作队名称叫江苏省对口帮扶铜仁工作队。

铜仁是一片红色热土，黔东革命根据地在此创建，红二、红六军团在这里留下了长征的历史印迹。当我踏上这片土地，心中对这片土地充满了敬畏。同时，作为工作队的领队，面对党中央交给江苏和苏州对口帮扶铜仁的任务，我深感责任重大、使命光荣。当时明确我们到这里的任职是两年时间，怎样利用这短短两年时间，尽快融入角色，我感觉压力大，责任大，动力也大。到2019年4月任职期满以后，我们考虑到工作的延续性，考虑到铜仁的需求，将组织的要求转化成自身的追求，连我在内12名同志，又继续延长了一个任期。两个任期一共四年，更有利于工作的连续性、稳定性、开创性。记得在2017年4月5日工作队首次到铜仁召开的座谈会上，市委书记、市长都参加了。我当时就表了态，决心当好"双面绣"，充分发挥自身在苏、铜两地间的桥梁纽带作用，助力铜仁按时保质打赢脱贫攻坚战。东西部扶贫工作是一项非常重要的工作。我们要在全省、全国争先创优，现在回过头来看，这个目标还是实现了。

4年多来，我和工作队全体队员一起，紧扣铜仁市到2020年全面建成小康社会的目标，对标对表国务院扶贫办东西部扶贫协作考核指标，统筹协调"后方"江苏、苏州和"前方"贵州铜仁的资源和力量，坚持将当前与长远相结合，整体推进资金支持、产业合作、人才支援、劳务协作、携手奔小康等重点工作，奋力走在全国东西部扶贫协作工作的前列，帮助铜仁下辖10个贫困县（区）分四批全部顺利摘帽，94.3万建档立卡贫困人口全部脱贫，有力地助推了铜仁夺取脱贫攻坚历史性胜利。

问：这几年，苏州与铜仁两地在经济社会发展各领域开展了全方位、多层次、宽领域的扶贫协作，您是怎么协调双方的合作，实现苏州和铜仁扶贫协作工作的落地落实呢？

查颖冬：如果说近几年我们工作取得了一些积极成效的话，主要是在习近平新时代中国特色社会主义思想的指导下，有苏、黔两省、苏、铜两市党委、政府正确的领导，以及两地之间各级部门的协作支持，也离不开当地干部群众在脱贫一线的苦干、实干，当然也凝聚着我们江苏省对口帮扶贵州铜仁市工作队队员及支教、支农、支医人员付出的心血和汗水。我们工作队的定位就是当好信息员、联络员、服务员，发挥好桥梁和纽带作用，把大后方的支持和大前方的落地落实紧密结合起来，把江苏苏州所能和贵州铜仁所需紧密地结合起来，把东部地区技术、资金、理念等各方面的优势和西部的市场、劳动力、资源等紧密结合起来。我们该做的就是积极主动向苏、黔两省、苏、铜两市党委、政府和东西部扶贫协作主管部门、相关部门的有关领导汇报工作，夯实组织领导基础。2017 年以来，我们先后协调并配合做好了苏、黔两省、苏、铜两市党政主要领导 22 次互访交流和 13 次高层联席会议的相关工作。在这个互访的过程中，我们加深了友谊，加强了沟通，形成了一些共识。另外，一些重要会议的精神、要求以及工作重点，我们利用会议或是文件的形式进一步明确，比如铜仁的工作要点在苏州转发，苏州的工作要点也在铜仁转发，这样上上下下工作重点就明确了。从我们领队的角度，工作队的角度，怎样来推动这些工作的落实呢？在人员安排上，我们工作队一共 23 名同志，在市里有 3 名同志，在区县是 20 名同志。每个区县 1 名处级干部，挂任常委、副县长或副区长，1 名科级干部挂职副主任。所有队员跟当地干部融合在一起，组织协调脱贫攻坚工作。他们和我一样，都要做好沟通、协调、督促、检查工作。这样呢，环环紧扣，形成一个责任链条，内外力形成合力，把一些工作项目化推进。工作中，我们按照中央和苏、黔两省、苏、铜两市有关东西部扶贫协作会议精神和双方实际，先后牵头会同苏铜两市扶贫协作主管部门出台了一系列中、长期东西部扶贫协作政策和工作规划、计划，并逐年制定实施年度扶贫协作工作要点，有力有序有效地推动苏铜扶贫协作工作的落地落实。

问：两地扶贫协作离不开资金的支持。2017 年以来，您带领工作队积极发挥桥梁纽带作用，全力推动苏州、铜仁两地的扶贫协作，累计为铜仁争取江苏（苏州）财政帮扶资金17.1亿元，资金规模年均增幅达58.2%。请您和我们谈谈，是如何高效利用资金实施项目帮扶的呢？

查颖冬：为支持铜仁脱贫攻坚，江苏省和苏州市都投入了大量财政帮扶资金。2017年以来，我们累计争取到江苏省和苏州市支持铜仁财政帮扶资金17.1亿元，资金规模年均增幅达58.2%。我们牵头会同铜仁市扶贫办、财政局、审计局等部门先后两次制定完善财政帮扶资金管理使用办法，把上级的要求与地方的实际结合起来，严格按照资金管理办法来高效实施，再加上财政、审计监督，包括我们平时的监督检查，切实提高帮扶资金使用的规范性。按照精准扶贫、精准脱贫要求，帮扶资金聚焦铜仁"两不愁三保障"，抓产业就业重点，补住房饮水短板，强教育医疗弱项，重点向深度贫困县、极贫乡镇和深度贫困村倾斜，向易地扶贫搬迁安置点学校、医院、扶贫车间等配套设施建设倾斜。四年累计在铜仁实施美丽乡村、农业产业化、教育医疗、人才培养、劳务协作等方面帮扶项目1243个，使铜仁72.8万名贫困人口受益。先后投入东西部扶贫协作资金近3.6亿元，用于铜仁易地扶贫搬迁移民安置点94所中小学校（幼儿园）、医院（卫生院、社区卫生服务中心）建设，覆盖贫困群众14.7万人。7.3亿用于农业上，老百姓就有务工收入，土地流转收入及股份分红。

我们在铜仁玉屏县、德江县、印江县、沿河县建成了一批食用菌基地，在思南县、印江县建成了一批茶叶基地，在碧江区、石阡县、松桃县建成了白玉枇杷、百香果、蓝莓等经济果林基地，有效推动了铜仁特色农林产业的发展。如工作队思南县工作组引进常熟茶企，采用"公司＋村集体经济组织＋农户"模式，投入东西部扶贫协作资金1500万元，常熟茶企投资1500万元并提供技术支持，共同打造茶园2500亩及1个加工中心，并与700余户建档立卡户建立利益联结。2020年，该基地春鲜茶产量达10万斤，加工销售干茶2万斤，村集体稳定增收超过200万元，发放务工收入1000余万元，带动群众户均增收1.2万元、年人均增收5000元。又如2020年在沿河县投入东西部扶贫协作资金1亿元，联合当地自筹资金5500万元，建成黑木耳智能化菌包厂和170亩黑木耳示范种植基地，年产干木耳 975 吨，产值 4900 余万元，覆盖当地农户 7096 户 26963 人，其中建档立卡贫困户 1011 户 3229 人。该项目实施以来，已带动长期就业人口 104 人，聘用临时工 8679 个，发放农户务工收入 455.7 万元、土地流转收入 24.5 万元。此外，工作队还积极引导、争取江苏省和苏州市社会各界向铜仁捐赠扶贫物款超过 2.7 亿元，惠及铜仁 694 个贫困村，困难群众 12 万人（次）。如江苏省、苏州市和常熟市慈善总会联合常熟波司登集团捐赠 1100 万元改扩建思南县波司登长坝中心小学，覆盖当地 15 个行政村 1.4 万余人，惠及 1119 户贫困家庭的 650 多名适龄儿童。江苏省工商联、省光彩会向铜仁市捐赠帮扶资金 500 万元，并联合苏州市光彩会向沿河县捐赠帮扶资金 30 万元。江苏省妇联、国资委、省妇儿基金会和苏州市妇联、张家港妇联联合江苏国信集团、苏豪控股集团、省农垦集团、华泰证券、省港口集团、省铁路集团等多家省属企业捐资 676 万元助学金，并通过腾讯公益平台征集社会募捐资金，在沿河县发起实施"苏黔精准扶贫·春蕾计划"，帮扶沿河县 2587 名贫困女童。苏州东吴证券股份有限公司向铜仁市捐赠爱心助学金超过 1100 万元，援建了思南县、石阡县、松桃县等地 8 所中小学校的教育基础设施，并资助贫困学生 1000 余人。苏州银行向沿河县捐赠 150 万元帮扶资金，用于建设中界镇高峰村农业产业园茶叶基地。聚焦特殊贫困群体，针对贫困残疾人，从 2019 年起制订实施"助力脱贫幸福工程"两年行动计划，整合 1000 余万元资金，帮助 16207 名贫困残疾人脱贫。

问： 在您任江苏省对口帮扶贵州省铜仁市工作队领队期间，苏州市除了协调选派党政干部到铜仁挂职帮扶外，还选派专业技术人才到铜仁开展支教、支医、支农等专项帮扶。请您和我们具体谈谈这些情况好吗？

查颖冬： 挂职帮扶和专项帮扶是比较重要的。当时，按照中央和省委省政府、市委市政府的要求，东西部协作工作我们坚持五个结合——眼前和长远结合，"输血"与"造血"相结合，政府力量和社会力量相结合，扶贫与扶志、扶智相结合，对口支援和双向协作相结合。2017年以来，苏州市选派 420 名党政干部到铜仁挂职帮扶（含短期，其中工作队先后有 33 名队员为长期挂职），1564 名专业技术人才到铜仁开展支教、支医、支农等专项帮扶，并在铜仁联手打造教育、医疗"组团式"帮扶试点 26 个，在支教、支医、支农方面都取得了比较好的成效。

太仓选派的陆振东校长带领支教团队到玉屏以后，组建了一所新的学校——玉屏一中，直接把太仓的办学理念、管理制度、师资力量复制到玉屏，实现课堂、教师、学生、样貌四大改变。该帮扶模式入选国家发改委第二批新型城镇化试点经验。玉屏一中在支教团队帮扶下教育教学水平名列前茅，2020 年中考平均分超出第二名 70 多分。陆振东校长一年支教到期后，又延期一年，两年到期后又担任该校的顾问。铜仁市第八小学在昆山教育专家"组团式"帮扶下，从学校管理改革、网络教室建设、德育活动开展、"空中"教学研讨、家校互动合作、科技航模比赛、创新思维培育等方面着手，教学质量从 2018 年碧江区第 13 名提升至 2019 年的第 4 名。

支医采用的"组团式"医疗很受当地人的欢迎。苏州的医护人员到铜仁以后，填补了很多技术上的空白。比如，石阡县人民医院在苏大附一院神经外科专家刘建刚等医疗专家团队的帮扶下，成功创建为贵州省第九家县级三级综合医院，建成了贵州省首家县级医院脑卒中防治中心，并在静脉溶栓治疗、胸腔镜微创外科、神经外科等方面成功开展了首例手术。铜仁市"五着力"扎实推进东西部医疗卫生对口帮扶入选 2020 年度贵州全面深化改革优秀案例。

以昆山市植保站站长汤留弟为首的昆山支农团队 2020 年帮助碧江区成功防治了较往年十倍量的水稻纵卷叶螟病虫害，并围绕机械化作业、农药管控、品牌创建、技术支撑、营销体系等方面，建立绿色防控核心示范区，打造碧江特产"白水贡米"品牌。2020 年 5 月，"白水贡米"获得国家农产品地理标志，被国家农业农村部授予第九批全国"一村一品"称号。

两地交流不仅是我们苏州的干部到铜仁来挂职，还有铜仁的 291 名党政干部赴苏挂职交流，3151 名医生、教师等专业技术人才到苏州结对医院、学校跟岗锻炼。苏州发挥培训资源优势，帮助铜仁培训党政干部 8424 人次，专业技术人才 33217 人次。苏铜两地组织部门创新优秀年轻干部培养模式，2017 年至 2020 年，采取"集中培训＋跟班锻炼＋调研总结"方式，每年分两批选派 100 名优秀年轻干部赴苏州锻炼培训 5 个月，着力增强铜仁年轻后备干部的综合能力。从 2018 年起，依托国务院扶贫办全国贫困村创业致富带头人培训基地——张家港市善港村农村干部学院，苏铜两市合作举办了 32 期、3427 人参加的铜仁贫困村创业致富带头人培训班，已成功创业 1489 人，带动贫困户就业 10748 人。

在强化文化交流方面，苏州市先后组织大型音乐剧《桃花笺》、苏剧现代戏《国鼎魂》、滑稽戏《顾家姆妈》、管弦乐《华乐苏韵》等优秀戏曲赴铜仁演出，整合社会帮扶资金在铜仁市各区（县）建设移动图书馆（文化方舱）、"土家书屋"、新时代文明实践驿站等文化设施，进一步提升铜仁贫困人口的文明素质，坚定脱贫摘帽的信心和决心。

问：产业协作是苏州市和铜仁市结对帮扶的亮点。苏州市是如何推进与铜仁市的产业协作呢？取得了哪些成绩？请您谈一谈。

查颖冬：产业协作方面，一方面，财政性资金一部分投到产业上。另一方面，通过招商引资等推动东部的产业向西部转移。2017 年以来，我们通过苏铜扶贫协作平台累计招引锦超服饰、矽美仕新能源、铁近机电、同仁之光 LED 等 311 家东部企业到铜仁投资，实际完成投资额 275.5 亿元，带动 4.7 万名贫困人口增收。产业协作增强了西部的造血功能，对于脱贫攻坚和乡村振兴都是非常重要的，产业发展了，税收增加了，再去弥补其他短板。东部的资金与西部的资源，积极推动苏、铜两市各结对县级市（区、县）合作共建 10 个工业园区、9 个现代农业园区，着力提高铜仁各类省级产业园区建设水平和产业承载能力。苏铜产业园加快装备制造产业园建设，先后获评"产城融合示范区"和国家级、省级"双创"示范基地，2020 年实现工业总产值 190 亿元、税收 13 亿元，较 2019 年分别增长 13.4% 和 13%。相城—石阡共建农旅文融合发展的现代农业产业园，投入帮扶资金 3100 万元，打造以"园区＋果蔬＋苗木苗圃"的产业发展体系，已建成区 958 亩，通过土地流转、就业务工、项目分红等方式覆盖贫困群众 600 名，累计分红 25 万元。

加强产学研合作，瞄准铜仁茶叶资源优势，协调江南大学与铜仁贵茶集团合作设立江南大学国家技术转移中心江口分中心、江南大学贵茶集团抹茶联合研究中心，加大抹茶食品研发应用和推广力度。全力推动消费扶贫。协调苏铜两市分别从生产、销售、物流、消费等层面制定消费扶贫优惠政策，引导苏州农发集团等农产品生产、经销企业与铜仁共建特色农产品直供基地 4.98 万亩，培育重点农业企业 33 家，为江苏等东部地区提供优质茶叶、大米、蔬菜、水果、食用菌、中药材等铜仁特色农产品。由江苏省中医院和贵州信邦制药共同投资 2 亿元建设的同德药业公司，实行"政府＋公司＋专业合作社＋农户"的运行模式，在铜仁市石阡县、松桃县、德江县等地自建 2 万余亩的中药材种植基地，并带动当地 1800 余户近 5000 名建档立卡贫困户种植中药材 20 多万亩。2020 年，该企业生产各类中药饮片 2000 吨，90% 以上销往江苏省中医院，销售额突破 2 亿元。

消费扶贫是我们参与脱贫攻坚的重要抓手。铜仁的农产品进江苏，一方面带动了铜仁贫困户的脱贫、增收，另一方面也满足了江苏对西部优质农产品的需求，像铜仁的黑木耳、食用菌，在苏州市场上很受欢迎。在这个过程中，我们一直在探索怎么形成从生产、加工到销售的全产业链消费扶贫。以前都是把农产品运到苏州再进行加工。现在苏高新集团在万山区投资 1.5 亿元，建设集农产品交易、冷链仓储物流、农产品分拣加工、农产品电商及其他附属配套设施为一体的苏高新农产品供应链示范基地，引入苏州食行生鲜、鸿海食品和铜仁亿创电商 3 家农产品销售企业。比如食行生鲜，这是一家生鲜电商，已经入驻上海、苏州、无锡。这样呢，农产品在铜仁就完成了加工，直接运到苏州就可以销售。2020 年 4 月投运以来，该基地累计销售铜仁农特产品 2256 吨，销售额达到了 1 亿元，带动 4700 多户贫困户增收。像苏高新集团这种项目，就是国资介入，按照市场化运作，政府力量、社会力量、市场力量共同推动，发挥了经济效益和帮扶的社会效益。

铜仁市及各区（县）在苏州设立铜仁"梵净山珍"（苏州）展示中心、铜仁"梵净山茶"苏州推广中心、铜仁优质农产品（苏州）推广中心等线上线下农产品展销中心（旗舰店、专柜）37 个，争取中国农业银行苏州分行和苏州银行在手机 App 客户端开通苏铜消费扶贫（黔货出山）专区，联系苏宁集团开设苏宁易购中华特色馆·铜仁馆。会同苏州市科协组织苏州餐饮企业和烹饪大师编撰《梵净山遇见太湖水：铜仁食材·苏州味道》图书，提高了铜仁优质农产品在苏州的知名度和美誉度。2017 年以来，累计实现"黔货入苏"销售额 29.9 亿元，惠及建档立卡贫困人口 112.6 万余人。在 2019 年和 2020 年国家发改委主办的全国消费扶贫论坛上，工作队先后有 4 个消费扶贫案例入选优秀典型案例。

大力开展旅游也是脱贫攻坚的一个方面。绿水青山怎么转换为金山银山？我个人觉得一个途径就是绿色优质的农产品从大山走出去，另一个途径就是外面的人来旅游。为了发展旅游，我们帮助铜仁市在苏州举办旅游推介活动近 40 次，广泛宣传铜仁精品旅游线路和产品；协调苏州专业团队，助力铜仁古城规划建设；引导苏高新集团、苏州文旅集团、创元集团、树蛙部落公司等企业在铜仁投资运营万山区牙溪生态农场、苏州大厦、江口县云舍·姑苏小院、书香门第酒店、碧江区范木溪精品民宿等农文旅结合项目。在这些过程中，苏州发挥市场的力量、品牌的优势，加上国资、民资的参与，取得很好的成效。2017 年以来，到铜仁旅游的江苏游客数量逐年递增，年均增幅在 30% 左右。2019 年 11 月，经协调苏州市科协和铜仁市文广旅游局、江口县联合申报，国际天文学联合会小行星命名委员会将中科院南京紫金山天文台发现的一颗国际编号为"215210"的小行星，永久命名为"梵净山星"，成为苏、铜两地真情帮扶的永恒见证。

问：劳务协作是帮助建档立卡贫困户增收脱贫的重要措施。苏铜两市制定出台了哪些方面的劳务协作扶持政策，两市又是如何进行劳务协作的呢？请您介绍一下。

查颖冬：劳务协作也是我们扶贫协作的一个重要的组成部分。抓好劳务协作促进就业是苏铜扶贫协作工作的"压舱石"。不论是在铜仁还是在贵州，老百姓脱贫实际上 70% 还是靠就业。因为一个贫困户，只要有一个人就业，基本上这户人家就可以脱贫达标。我们协调苏、铜两市分别从职业中介补贴、免费技能培训、就业保障服务等各方面制定出台了一系列扶持政策，鼓励铜仁务工人员尤其是贫困劳动力到苏州就业。在这个过程当中，我们两地之间围绕劳务协作建立了互动机制，制订相应的劳务协作协议，建立信息互通机制，加强阵地的建设、平台的建设、载体的建设。为此，在苏、铜两地互设 11 个劳务协作工作站，在苏州建立 16 个"铜仁之家"，对在苏州就业的铜仁籍贫困劳动力实行"一人一档"服务。

铜仁的人力资源市场原本都是分散的，我们就争取苏州市人社部门支持，帮助铜仁建成首个大型人力资源市场。同时，启用"苏州·铜仁就业创业培训远程课堂"、"苏州铜仁远程视频招聘平台"和"苏州·铜仁人才科技培训远程课堂"三个网络招聘就业、职业培训平台。实施职业技能人才千人培养计划，引导苏州技师学院等中高职技校和 35 家重点用人企业与铜仁贵州健康职业学院、铜仁交通职业学校等中高职院校开展校校合作、校企合作，以"1+2"、"2+1"、"1.5+1.5"等"订单"模式成批量培养技能人才。比如"1+2"模式，就是在铜仁学习一年，再到苏州学习两年。先后开设"订单班"28 个，1292 名铜仁籍学生到江苏（苏州）就读职业学校。在苏州技师学院成功打造"1+1+1"读书助贫帮扶品牌（1 名建档立卡贫困学生来苏就读 +1 名学生家长来苏就业 +1 户贫困家庭实现长期脱贫）。协调张家港沙洲工学院从 2018 年起，每年在沿河县定向投放招生指标，先后招收沿河籍学生 796 人，其中贫困学生 398 人，张家港财政给予其 5000 元至 1 万元一年的生活补助金。强化市场导向，支持苏州人力资源公司到铜仁开展人力资源中介服务。2017 年以来，累计举办贫困劳动力职业技能免费培训班 506 期，培训贫困劳动力 17572 人；帮助 44461 名贫困劳动力实现就业，其中6615 人在苏就业。

铜仁的老百姓除了一部分外出打工，还有一部分是就地就业。比如我们刚刚讲的一些项目，通过财政资金投入和社会的招商引资这些项目的实施，建立当地的就业扶贫车间，推动当地老百姓就地就近就业。

问：在开展苏铜扶贫协作工作的过程中，您带领工作队探索了张家港市善港村与沿河县高峰村"整村推进全面提升"结对帮扶新模式，形成了可复制、可推广的东西部扶贫协作典型经验和工作亮点，多次入选中国优秀扶贫案例和国务院扶贫办组织的全国"携手奔小康"培训班典型案例。请您谈一谈"整村推进全面提升"新模式是如何形成的，您当时是如何考虑的？

查颖冬：在东西部协作中，我们有一个"携手奔小康"行动。在苏铜两市各县级市（区、县）"一对一"结对帮扶的基础上，不断推动"携手奔小康"行动不断往深里走、往实里走。2017年以来，累计组织苏州102个镇（街道、开发区）、379个村（社区、协会、商会、企业）、469所学校、136所医院与铜仁市119个贫困乡镇、417个贫困村、579所学校、208所医院（卫生院、疾控中心、妇幼保健院等医疗机构）结对帮扶，实现对铜仁319个深度贫困村和乡镇以上中小学校、医院的结对帮扶全覆盖。例如苏州工商联先后组织了60多个行业商会及骨干龙头企业等，结对帮扶铜仁的一些贫困村及深度贫困村。这就是我刚才讲发挥政府作用和社会力量，两种力量形成一个合力，推动携手奔小康行动不断地向纵深推进。

刚才提到张家港善港村来帮扶沿河县高峰村这个模式，在全市也得到了一些推广。善港村原来是一个经济薄弱村，在几个村合并以后，慢慢地从薄弱村成长为骨干村先锋村。善港村积极参与脱贫攻坚，与井冈山古城镇沃壤村、睢宁县杜湖村等都是结对帮扶关系。2017年，在东西部扶贫协作和对口支援中，善港村与沿河土家族自治县最偏远、最贫困的高峰村结对帮扶。善港村与高峰村的挂钩结对，相当于是一种升级版结对帮扶，我们叫整村推进全面提升。我们想树立这么一个很好的典型。按照我们常规的一些工作方法，以点带面，典型引路，而且在之前善港村在与其他地方结对帮扶上已经有了成熟的经验，不是简单的复制，那么升级版又是什么概念呢？

它不是简单开展产业协作等工作，而是综合的整体的一个提升。整村推进全面提升的第一条就是党建引领，善港村工作队临时党支部与高峰村党支部开展"支部联建"，抓好全村产业规划、收益分红等重大事项。第二是建强文化阵地，创新文化服务。分层分类地引导群众摒弃等靠要思想，树立"学习光荣""勤劳致富"观念。这就是脱贫攻坚志智双服。第三条是因地制宜发展高效产业。邀请著名农业专家、善港现代农业首席顾问赵亚夫，规划建设高峰村"一水两园三业"产业布局，并根据土壤及气候条件，对种什么养什么进行精心的指导。我们现在有林芝、美国金瓜、高山红颜草莓等产业。张家港善港农村干部学院是全国第三家贫困村创业致富带头人培训基地，我们每年组织1000多名铜仁劳动力，特别是贫困劳动力到学院进行培训，我们在其中选拔了一些骨干分子作为农村致富带头人进行培育。

这几年下来我们培育了3400多名农村致富带头人，他们回到家乡以后再带动当地的创业。在善港村的帮扶下，高峰村有的人学会了种林芝，成了林芝大王，有的成了草莓大王等。那么，以后工作队撤出来，还是留下了技术，留下了人才，对当地的发展是可持续的。所以我觉得整村帮扶模式的意义在于脱贫攻坚跟乡村振兴进行了有效衔接，以人为本，按照科学的态度、客观的规律来办事，同时加上整个全面的一种帮扶，全面的推进一种模式，这是比较成功的。

2019年10月16日，善港村与高峰村"整村帮扶"的做法被《光明日报》"光明视野"整版刊登。善港村获得全国脱贫攻坚先进集体，善港村党委书记葛剑锋获得全国劳动模范、全国脱贫攻坚奖创新奖、全国农业劳动模范等荣誉称号。

携手奔小康行动要做深做实，需要下沉，不是简单停留在县级层面，而是要到村级层面上。比如，碧江区、万山区在脱贫以后，还有剩余的一些贫困家庭，我们就组织家庭结对，如昆山组织了一些党员与碧江区剩余的贫困家庭结对，苏州高新区的文明单位跟万山区的一些贫困家庭结对。这种家庭的结对，让脱贫攻坚工作更细更实了，可以从根本上解决一些问题，效果还是不错的。

问：您在铜仁工作四年来，带领工作队尽职履责抓好苏铜扶贫协作的各项工作，得到了贵州省委省政府、铜仁市委市政府和广大干部群众的高度认可。我们知道，2019年4月，您在两年挂职期满后，考虑到铜仁脱贫攻坚的实际需要和苏铜扶贫协作工作的延续性，克服自身困难，继续延长一个任期留在铜仁挂职两年，并带动12名队员同样延长一个任期。在您的带领下，江苏省对口帮扶贵州省铜仁市工作队连续两次获评贵州省脱贫攻坚先进集体，28名队员和4名支教、支医、支农人才荣获贵州省脱贫攻坚优秀共产党员或先进个人称号。请您谈谈您是如何加强队伍建设的呢？

查颖冬：作为一个领队，首先要严于律己，当好表率，以身作则，树立党员干部的良好形象，树立江苏援外干部的一个良好形象。在铜工作四年来，我带领工作队始终坚持以习近平新时代中国特色社会主义思想为指导，认真学习领会并深入贯彻落实中央和苏黔两省、苏铜两市关于东西部扶贫协作工作的有关会议和重要指示精神，切实加强思想、组织、作风、制度建设，不忘初心、牢记使命，牢固树立做好扶贫协作工作的光荣感、责任感和紧迫感，充分发挥好自身信息员、联络员、服务员的作用和党员干部的先锋模范作用，在"精准"上下苦功，在"创新"上花大力，在"融合"上做文章，在"落实"上见实效，尽职履责抓好苏铜扶贫协作的各项工作，得到了贵州省委省政府、铜仁市委市政府和广大干部群众的高度认可。

一是树立争先目标。紧紧围绕助力铜仁市到 2020 年建成全面小康目标，对标对表国务院扶贫办东西部扶贫协作考核指标要求，发扬苏州干部"有精气神、干精细活"的优良传统，奋力走在全国东西部扶贫协作工作的前列。二是强化协作意识。当好苏州与铜仁两地间的"双面绣"、"双面胶"，统筹协调"后方"江苏苏州和"前方"贵州铜仁的资源和力量，形成了全社会广泛参与、积极推动苏铜扶贫协作工作的强大合力。三是弘扬奉献精神。以身作则，培育全体队员"把他乡当故乡、把挂职当任职、把口碑当奖杯"的自觉意识。2019 年，工作队首批 23 名队员两年挂职期满。考虑到苏铜扶贫协作工作的延续性、稳定性，在我的带领下，工作队 10 个区（县）工作组组长及 2 名科级干部克服自身困难，舍小家、为大家，继续延长一个任期留在铜仁工作。四是坚持务实作风。带领全体工作队员矢志担当作为，深入基层，脚踏实地，以"绣花"功夫做好苏铜扶贫协作各项工作。组织在铜挂职帮扶的党政干部、专业技术人才等成立临时行动支部，定期到扶贫一线为贫困人口解决生产生活困难，并先后开展了"三个一"计划（每名工作队员联系一个帮扶项目、挂钩一个贫困村、帮扶一户贫困户）、"三学三比"活动（学理论、比党性，学先进、比作风，学本领、比贡献），努力打造一支政治强、业务精、作风实、纪律严的工作队伍。五是强化创新意识。

结合苏铜两地实际，在把握东部所能、西部所需的基础上，持续加强"立体式"组织领导，推动"组团式"人才帮扶，严格"滴灌式"资金使用，深化"造血式"产业合作，扩大"交互式"消费扶贫，推进"订单式"劳务协作，凝聚"融合式"帮扶合力，不断推动苏铜扶贫协作工作高质量发展。六是营造廉洁形象。严格执行工作队政治思想建设、议事决策、项目资金管理、干部人才队伍管理、日常运转及服务保障等方面管理制度，认真贯彻执行苏黔两省、苏铜两市关于作风建设的相关规定和要求，主动接受派出地和挂职地双方监督，将作风建设持续抓、扎实抓、盯住抓。在铜仁市4年，工作队员未出现违规违纪行为。

2017年以来，工作队连续两次被评为贵州省脱贫攻坚先进集体；所有工作队员在铜年度考核均为"优秀"，现有23名工作队员全部获得省级以上荣誉称号，15名工作队员被铜仁市政府荣记二等功；工作队员和支教、支医、支农专家获得贵州省级以上荣誉称号47人（次），工作队沿河县工作组组长陈世海在第三届中国优秀扶贫案例报告会上入选"最美人物"案例。2021年2月25日，工作队及碧江区工作组，我和一名队员被授予全国脱贫攻坚先进集体和个人荣誉称号。

（靳海鸥　整理）

后 记

  为总结脱贫攻坚的历史和实践经验，推进中国特色社会主义新时代口述史资料征集研究工作，2021年中央党史和文献研究院第七研究部组织全国各省区市党史和文献部门，对征集到的一些领导同志、亲历者的口述史料进行整理，选取反映党和国家脱贫攻坚重大决策在地方贯彻执行情况、本地区具有全国意义或地方特色的重大事件、帮扶对口支援地区合作中的重大事件等史料，编辑了脱贫攻坚口述史丛书。

  本丛书在策划、选稿、编辑、出版过程中，得到地方党史和文献部门以及各位作者的大力支持。中央党史和文献研究院院长曲青山和副院长、中央编译局局长柴方国给予了精心指导，中央党史和文献研究院第七研究部刘荣刚、李树泉、徐鹏堂、谢文雄、宿凌、刘一丁、孙迪、张晓飞等同志承担了具体选编工作。中共党史出版社领导和编辑为本丛书的编辑、出版付出了辛勤劳动。中共江苏省委党史工作办公室周小川等同志承担了本书大量编务工作。在此表示衷心感谢。

  由于编辑时间紧迫，编者水平有限，书中难免存在不当之处，欢迎广大读者提出宝贵意见。

编　者

2023 年 10 月